Gerd Ruge · Michail Gorbatschow

Gerd Ruge

# Michail Gorbatschow

Biographie

Büchergilde
Gutenberg

Lizenzausgabe für die Büchergilde Gutenberg,
Frankfurt am Main, Wien,
mit freundlicher Genehmigung
des S. Fischer Verlags, Frankfurt am Main

Umschlaggestaltung: Hennes Maier, Bad Homburg
Satz: Fotosatz Otto Gutfreund, Darmstadt
Druck und Einband: May + Co, Darmstadt
Printed in Germany, 1990
ISBN 3 7632 3818 2

Dank an Jelena Korenewskaja, die mir bei den Recherchen für dieses Buch mit Neugier, Intelligenz und Mut geholfen hat.

# Inhalt

# Einleitung

So, denke ich mir, hätten Zeitungen im Jahre 1991 auch aussehen können – zum Beispiel die *Prawda*:

Das Foto auf Seite eins zeigt Michail Gorbatschow, er wird von Politbüro-Mitglied Boris N. Jelzin mit dem Zweiten Goldenen Stern des Helden der Sozialistischen Arbeit ausgezeichnet. In einer kurzen Ansprache erklärt er, nach der Erneuerung des Sozialismus trete die Sowjetunion nun in das Stadium des Kommunismus ein.

Eine dicke Überschrift verkündet »Höher das Banner des Marxismus-Leninismus in der Landwirtschaft!« Der Artikel darunter berichtet über Ernteerfolge und schreibt die Transportverluste an Getreide und den mangelhaften Zustand des Maschinenparks der Sabotage durch vom westlich-bourgeoisen Denken beeinflußte Elemente zu.

Auf der dreitägigen Frühjahrssitzung des Obersten Sowjet nehmen die Abgeordneten das Budget und alle Vorlagen der Regierung einstimmig wie vom Zentralkomitee beschlossen an.

In Bukarest wird Nicolae Ceaucescu vom dankbaren Volk mit dem Titel »Retter der Nation« ausgezeichnet.

Auf einer Parteikonferenz in Berlin nennt der Staatsratsvorsitzende Egon Krenz den Bau eines neuen Braunkohlekraftwerks einen Erfolg der DDR und ein Zeichen der Überlegenheit des sozialistischen Systems.

Vor den Vereinten Nationen schlägt ein stellvertretender sowjetischer Außenminister in anderthalbstündiger Rede die Auflösung aller Militärblöcke, den Abzug aller Truppen aus ausländischen Stützpunkten und die totale Abrüstung vor.

Auf der letzten Seite zeigt ein Foto junge Konditorinnen, die in einem Moskauer Café Nationalgebäck verschiedener Republiken ausstellen. Weiter unten informiert eine kleine Meldung die Sowjetbürger, daß die Zuckerration der Lebensmittelkarten in diesem Monat nur zur Hälfte bezogen wird und daß Kartoffeln in den Geschäften jeweils nur bis zur Menge von fünf Kilo abgegeben werden.

So hätte die *Prawda* 1991 aussehen können, und in der *New York Times* desselben Tages wären dann solche Meldungen zu lesen gewesen:

Neue Steigerung des Rüstungswettlaufs. Ein ziviler Experte des Pentagon beruft sich auf abgefangene sowjetische Weltraumsignale und folgert, die Sowjetunion habe in der Lasertechnik einen Durchbruch erreicht, der es unumgänglich mache, die Technologie des »Kriegs der Sterne« in den USA schnell voranzutreiben.

Ein Korrespondentenbericht aus Moskau meldet Proteste und Streiks aus den Bergwerken von Kemerowo und die Verhaftung der Streikleitung.

In Leningrad werden nach Angaben von Touristen zwei junge Schriftsteller wegen der illegalen Weitergabe von Werken Solschenizyns zu fünf Jahren Lagerhaft unter verschärften Bedingungen verurteilt.

In Washington lehnt das State Department die Visaerteilung für eine Delegation von zehn sowjetischen Kinderärzten ab.

Bei der Unesco in Paris streiten Osten, Westen und Dritte Welt über ein Verbot grenzübergreifender Fernsehsendungen und den Einsatz von Störsendern.

In Berlin wird ein junger Volkspolizist von seinen Kameraden erschossen, als er versucht, in einem scheinbar unbewachten Moment über die Mauer zu fliehen.

Nachrichten von 1991 hätten auch so lauten können. Heute jedoch, nach einem Jahr des Umbruchs, ist klar, daß die Welt so nicht wieder werden kann. Aber so ähnlich wäre sie wohl, wenn der Generalsekretär der KPdSU nicht Michail Gorbatschow hieße oder wenn er in die Fußstapfen seiner Vorgänger getreten wäre – ein ziemlich konservativer Partei- und Staatschef, dem nichts wichtiger ist, als die eigene Macht und die Macht des Apparats zu erhalten, legitimiert allein durch die alten ideologischen Leerformeln.

Wir brauchen den alten Marxisten-Streit, ob Männer oder Massen Geschichte machen, nicht neu aufzurollen. Bestimmt hätte die Geschichte der letzten Jahre ohne Gorbatschow anders ausgesehen. Die

Bereitschaft, sich einer Zeit des Umbruchs zu stellen, und die Fähigkeit, Veränderungen durchzusetzen, sind bei keinem anderen sowjetischen Führer im Politbüro erkennbar. Natürlich wäre die Entwicklung auch ohne Gorbatschow nicht stehengeblieben, weil sich die tiefe Krise des Systems längst nicht mehr verbergen ließ. Aber die Veränderungen wären mit Sicherheit langsamer vor sich gegangen, die Reformversuche versandet wie bei früheren Ansätzen. Niemand in der Sowjetunion bezweifelt, daß Gorbatschow der Motor der Umgestaltung ist, der Mann, dessen Reden die Worte Perestroika und Glasnost in allen Sprachen der Welt zu geläufigen Begriffen machten. Selbst jene sowjetischen Kritiker Gorbatschows, denen sein Vorgehen zu zögerlich scheint, gestehen zu, daß er die Dinge in Bewegung brachte.

Gorbatschow hat diesen Prozeß einmal eine Revolution genannt. Die Revolution, die wirkliche und völlige Umwälzung der Machtverhältnisse, hat sich in der Sowjetunion indessen bisher nicht vollzogen. Statt dessen gab es wichtige Machtverschiebungen mit noch unbekanntem Ausgang, eine völlige Veränderung des politischen Klimas, in dem die Probleme der Sowjetunion offengelegt und diskutiert werden können, den Beginn einer Wirtschaftsreform, der es noch an Konsequenz und Ergebnissen fehlt, und eine neue weltpolitische Lage, in der sich die Supermächte hauptsächlich dank Gorbatschows »Neuem Denken« aus der erstarrten und verbissenen Konfrontation gelöst haben. Das Reden und Handeln dieses Michail Gorbatschow zielt auf eine menschlichere Politik und verfolgt dieses Ziel mit undogmatischer Offenheit. So wurde das Wort Perestroika zu einem Signal der Hoffnung, und in den Köpfen der Westeuropäer und der Amerikaner änderte sich das Bild der Sowjetunion stärker als irgendwann seit Beginn des Kalten Krieges. Gorbatschow wurde zum sicheren Sieger in den politischen Schönheitskonkurrenzen der ganzen Welt. In der Sowjetunion allerdings überschritt seine Popularität um 1987 ihren Höhepunkt. Seither schwankt sie, wenngleich Kritik oder Enttäuschung noch nicht überwiegen. Selbst seine intellektuellen Kritiker unterstellen ihm ehrliche Absichten, und die meisten einfachen Leute sehen ihn immer noch als den einzigen Mann, dem man vertrauen kann.

Die fast rückhaltlose Bewunderung des Auslands erklärt sich daraus, daß mit dem veränderten Bild der Sowjetunion als einer friedensfähigen und friedensbereiten Macht ein Albdruck von der Welt genommen wurde. Ein Jahrzehnt lang hatte es ausgesehen, als sei der Wettkampf um mehr Raketen und Atomwaffen unaufhaltsam, drohend und waffenstarrend schienen die beiden Supermächte einem Kollisionskurs zu folgen, der in einer gigantischen Katastrophe enden müßte. Michail Gorbatschow aber schien bereit und entschlossen, sein Land in weltpolitische Verhandlungen zu führen, deren Ziel nicht mehr Rüstung, sondern mehr Zusammenarbeit sein sollte. Das empfanden auch die Sowjetbürger, aber ihre kritischere Haltung gegenüber Gorbatschow ist die Folge der bisher mangelhaften Ergebnisse des Umbruchs, in dessen Verlauf Härten und Ungerechtigkeiten oft verschärft oder wenigstens deutlicher sichtbar wurden. Sie ist auch die Folge eines allzu hoffnungsvollen Optimismus der ersten Aufbruchszeit, als Führer wie Bürger glaubten, der Umgestaltungsprozeß könne besonders auf wirtschaftlichem Gebiet in wenigen Jahren ein besseres Leben in einer menschlicheren Gesellschaft schaffen.

Gorbatschow selber hat, wenn nicht alles täuscht, in dieser Zeit einen schwierigen Lernprozeß durchgemacht. Erst allmählich jedenfalls ließen seine Reden den neuen Grundsatz erkennen, daß eine Wirtschaftsreform nur bei tiefgreifender Veränderung des politischen Systems und der Gesellschaft Erfolg haben könne. Viele Denkgewohnheiten eines kommunistisch erzogenen Politikers mußten in der Auseinandersetzung mit den Problemen der Umwandlung überwunden werden, bis Gorbatschow, der mit dem Konzept eines modernisierten sozialistischen Ein-Parteien-Staats angetreten war, im Januar 1990 aussprechen konnte, daß auch ein Mehr-Parteien-System keine Tragödie sein müsse. Es ist diese Wandlungsfähigkeit im Umgang mit neu erkannten Realitäten, aber mehr noch die bei keinem anderen Staatsmann unserer Zeit vorhandene Offenheit beim Nachdenken über die Zukunft des eigenen Landes und der Welt, die Michail Gorbatschow zu einer faszinierenden Gestalt machen. Gleichgültig, ob sich das ungeheuer große Projekt der Umgestaltung nach seinem Entwurf verwirklichen läßt, ob das Neue Denken die alten Realitäten besiegt, ist dem Mann, der aus einem Bauerndorf an die Spitze einer Weltmacht gelangte, ein Platz in der Geschichte sicher.

Für den Prozeß, den er in Gang gebracht hat – man mag ihn nun eine Revolution nennen wollen oder nicht –, gilt, daß er eines mit allen Revolutionen gemein hat: Das Ergebnis wird schließlich anders aussehen, als die Revolutionäre zu Anfang glaubten und erwarteten. Der Umbruch in der Sowjetunion hat gerade erst begonnen, und es spricht für die politische Klugheit Gorbatschows und seiner Mitkämpfer, daß sie den Prozeß nicht in ein starres, pseudowissenschaftliches Korsett pressen, ihn nicht mit den Formeln überlebter Ideologie kanalisieren, sondern die Ereignisse und Erfahrungen der lebendigen Entwicklung aufnehmen und einbeziehen. Sie lernen im Vorwärtsgehen. Das wiegt, so scheint mir, jene Kritik durchaus auf, die im Rückblick einen ausgearbeiteten Wandlungs-Fahrplan vermißt. Mit den Ratschlägen und Patentrezepten aus dem Erfahrungsschatz westlicher Politik allein ließe sich Problemen dieser historischen Größe so wenig beikommen wie mit marxistischen Formeln. Niemand weiß, ob ein zentral gesteuerter, sozialistischer Ein-Parteien-Staat überhaupt ohne Bruch zu modernisieren, reformieren und demokratisieren ist. Und niemand weiß, ob sich dieses von den Zaren, von Lenin und Stalin hinterlassene Imperium, das ein Sechstel der Erde bedeckt, ohne schwere Erschütterungen verändern und verwandeln läßt. Auf beide Fragen gibt die politische Erfahrung der sowjetischen Geschichte keine Antwort.

Gorbatschow und seine Politik haben mich ziemlich früh angezogen – das war bald nachdem er als neuer Generalsekretär der KPdSU Profil zu gewinnen begann. Vorher hatte ich wenig von ihm gewußt. Als ich um 1980 als Korrespondent in Moskau arbeitete, war mir aufgefallen, daß einige meiner Bekannten aus wissenschaftlichen Instituten Hoffnungen auf den jüngsten Mann im Politbüro setzten. Sie nannten ihn einen Wirtschafts- und Landwirtschaftsfachmann mit organisatorischen Fähigkeiten, der seinen Weg an die Spitze machen könnte. Aber in der Führung der Sowjetunion konnte und durfte sich damals ein kommender Mann nicht durch eigene Ideen profilieren. Wich er von den Vorstellungen der Nummer eins ab, zollte er ihnen keine uneingeschränkte Anerkennung, so riskierte er, alle Chancen für die Nachfolge zu verlieren. Anfang der achtziger Jahre fiel mir Gorbatschows Name dann auf, als ich mit einem Wissenschaftler aus dem Institut für Weltwirtschaft und Internationale Beziehungen sprach. Das Institut war wegen seiner kritischen Beurteilung der sowjetischen Wirtschaftslage und seiner Arbeiten über die notwendige Reform scharf angegriffen worden. Ich fragte meinen Bekannten, was man nach diesen Schwierigkeiten im Institut denn so mache. »Ach«, sagte er, »wir schreiben genau das gleiche wie vorher. Im Politbüro liest es sowieso nur Gorbatschow.« Es war das erste Mal, daß ich Gorbatschows Namen in einem so interessanten Zusammenhang hörte.

1985, so denke ich, hat Gorbatschows Amtsantritt mich vor Schwierigkeiten bei weiterer Arbeit in der Sowjetunion bewahrt. Ich hatte im Jahr zuvor ein Buch veröffentlicht, in dem der Zustand Amerikas, aber auch der der Sowjetunion kritisch beschrieben wurde. Sowjetische Kollegen, die die offizielle Reaktion zu kennen glaubten, sagten mir voraus, nun werde ich auf lange Zeit kein Einreisevisum für die Sowjetunion mehr bekommen. Aber eine böse Zeitungskritik wurde vor dem Erscheinen gestoppt, und als sich unter Gorbatschow die Schleusen der Selbstkritik in der Sowjetunion öffneten, wirkte mein Buch wie eine verhältnismäßig milde Vorausnahme dessen, was nun an sowjetischen Zuständen kritisiert wurde. Wichtig für mich aber war, daß ich aus der beginnenden Debatte in der Sowjetunion Töne heraushörte, die mich an meine ersten Moskauer Jahre, die Zeit Nikita Chruschtschows, erinnerten. Ich war 1956 nach Moskau gekommen, zur Zeit des Tauwetters und der Enthüllungen über die Verbrechen Stalins, als Zehntausende aus den Lagern zurückkehrten, als sich das elende Leben der Bauern in den Dörfern am Rande von Moskau sichtbar zu verbessern begann, als ein Gefühl von Hoffnung über Moskau lag.

Was 1985 in den Theatern und in der Literatur an Auseinandersetzungen mit der Wirklichkeit aufbrach, erinnerte mich an die fünfziger Jahre, als Wladimir Dudinzews Buch *Nicht vom Brot allein* erschien, als Chruschtschow durchsetzte, daß Solschenizyns Lager-Erzählung

*Ein Tag im Leben des Iwan Denissowitsch* gedruckt werden konnte. Das war für mich eine aufregende und bewegende Zeit gewesen, auch wenn auf uns Deutschen damals noch die Verbrechen des Krieges lasteten und über den Russen der Schatten Stalins lag, der erst drei Jahre zuvor gestorben war. Gespräche waren damals schwierig. Viele fürchteten sich vor dem Kontakt mit Ausländern, der jahrzehntelang lebensgefährlich gewesen war. Meistens sprachen wir mit Leuten, die wir die »Halbleiter« nannten, sowjetischen Kollegen, die Genehmigung und Auftrag hatten, uns etwas mitzuteilen, und von denen einige bis heute meine Freunde geblieben sind. Aber es war auch eine Zeit, in der »unabhängige« Persönlichkeiten sich auf Unterhaltungen einließen. Der Schriftsteller Ilja Ehrenburg, dessen Roman *Tauwetter* der Zeit ihr Etikett aufdrückte, war bei aller Vorsicht offener. Der Komponist Dmitrij Schostakowitsch wirkte bedrückter und nervöser. Und es gab Dichterlesungen mit jungen, künftigen Sternen der Literatur: Jewgenij Jewtuschenko, Andrej Wosnessenskij, Bella Achmadulina und Bulat Okudschawa traten damals zum ersten Mal im Institut für Weltliteratur auf, und nun waren ihre Stimmen in Gorbatschows Frühling deutlicher und entschiedener. Was sich 1985 als Öffnung der Sowjetunion ankündigte, hatte ich 1957 schon einmal gesehen, als Tausende junger Ausländer zum Weltjugendfestival nach Moskau gekommen waren, als junge Sowjetmenschen dem unverkrampfteren Lebensstil fremder Freunde begegneten, als sie auf den Straßen zusammen tanzten und sogar die Komsomolführer, die das Festival organisierten, von der Fröhlichkeit und Begeisterung mitgerissen wurden.

Aber ich hatte auch erlebt, wie schnell das neue Klima umschlagen konnte. Zu Boris Pasternak, dessen Freundschaft mir viel bedeutete, schlich ich, indem ich Taxi, U-Bahn und Vorortbahn wechselte, um nicht aufzufallen. Von ihm lernte ich Nachsicht, wenn er eher traurig über Kollegen sprach, die ihn verurteilten und verfolgten und die doch, wie er wußte, ein schreckliches Doppelleben zwischen Anspruch und Anpassung, Kunst und Lüge führten. Ich hatte erfahren, wie nach der Nobelpreis-Ehrung im Walde vor Pasternaks Haus organisierte Horden von Fabrikarbeitern und Jungkommunisten demonstrierten, ihn als »Judas« beschimpften, ihn ein »Schwein« nannten, »das in den eigenen Trog scheißt«. Jüngere Dichter, die auf dem Majakowski-Platz ihre rebellischen Gedichte vortrugen, wurden verhaftet und verurteilt. In der Chruschtschow-Zeit, die doch so viel Hoffnung in sich trug, begann der Staat die psychiatrischen Krankenhäuser als Gefängnisse zu benutzen.

Bei Gorbatschow nun klang manches an von dem, was uns bei Chruschtschow trotz allem Hoffnung gemacht hatte. Da gab es nicht die bäuerisch-drastische Ausdrucksweise, in der Chruschtschow mit uns Korrespondenten über die wahre Lage der Landwirtschaft gesprochen hatte – was die Zensurbehörde dann aus unseren Berichten herausstrich. Gorbatschow sprach sachlicher und polterte nicht. Aber auch bei ihm war deutlich, daß er, der wirklich aus einem Dorf kam, die Situation des Landes kannte und sich weigerte, vor ihr die Augen zu verschließen.

Dieser Gorbatschow hatte, so las ich, Anfang der fünfziger Jahre in Moskau studiert. Ich erinnerte mich an Gespräche, die ich 1956 mit Moskauer Studenten geführt hatte und in denen sie erregt über einen besseren, demokratischeren Sozialismus geredet hatten. Ich fragte mich, ob Gorbatschow vom Geist jener Zeit geprägt worden sei. Ich sah auch, daß Freunde oder Bekannte, die sich zur Chruschtschow-Zeit für Veränderungen eingesetzt hatten, in neue Funktionen aufrückten oder wieder in einer Sprache zu veröffentlichen begannen, die erkennen ließ, daß sie noch einmal auf den Wandel setzten. Manche von ihnen waren mir in den Breschnew-Jahren enttäuscht und verbittert begegnet, denn der Sieg des Apparats über den Umbruch hatte ihnen wichtige Arbeitsjahre geraubt, selbst dann, wenn sie in guten Positionen anständig durchgekommen waren.

Was ich bei Besuchen im Moskau Gorbatschows erfuhr, schien mir aufregend. Auf einer Konferenz über Wirtschaftsfragen verlasen die sowjetischen Teilnehmer nicht mehr vorformulierte Erklärungen, sie diskutierten und widersprachen einander sogar im Streit über die Ursachen der Krise und die Wege zu ihrer Überwindung. Manchmal schienen die Fronten solcher Ost-West-Diskussionen sich verkehrt zu haben: Amerikanische Teilnehmer argumentierten zu Anfang der

Reagan-Ära starr und dogmatisch, etwa in der Enge, aus der sich die sowjetischen Wissenschaftler gerade befreiten.

Das Moskauer Klima veränderte sich. Mir schien, ich müsse mehr erfahren über Michail Gorbatschow, der diesen Wandel bewirkt hatte, über seine Herkunft und die Entstehung seiner politischen Vorstellungen. Wie tief saß, wie neu war das »Neue Denken«? Wann hatte er angefangen, über Reform und Perestroika nachzudenken? Was hatte er, der im Apparat aufgestiegene Funktionär, an eigenen Erfahrungen und Denkanstößen eingebracht? Ich dachte an Pasternaks Wort vom Doppelleben, das auch Funktionäre, mehr noch als andere, führen müssen, sowohl die, die Erneuerung für nötig halten und es nicht aussprechen, als auch jene, die sich nur an ihre Macht klammern, während sie Gleichheit und Demokratie predigen.

1985 wollte ich mit einem amerikanischen Kollegen eine Fernsehsendung mit dem Titel »Die Welt des Michail Gorbatschow« machen. Es sollte ein ausführliches Interview werden, ergänzt durch Aufnahmen aus seiner Heimat, Gespräche mit Freunden, dokumentarischen Bildern von seinen Lebensstationen. Wir wollten nach den geistigen Wurzeln der Perestroika suchen, die so unvermittelt anzubrechen schien. Unsere Anträge bei sowjetischen Botschaften und unser Brief an Michail Gorbatschow blieben ohne Antwort. Ich versuchte es weiter mit schwedischen Kollegen und einer Interviewsendung »Europe asking«, die viele westliche Fernsehstationen übernehmen wollten. Dann noch einmal mit der holländischen Alerdinck-Stiftung und deren Projekt »Facing the World«, bei dem das sowjetische Fernsehen mitmachen wollte. Auch Präsident Reagan sollte darin interviewt werden. Aber es scheiterte schon, als Nancy Reagan gegen ein Interview ohne schriftliche Fragen mit ihrem Mann Einspruch erhob. Falls überhaupt eine Chance bestanden hatte, war sie damit bei den auf Parität erpichten Sowjets verloren.

1987 ging ich als Fernsehkorrespondent zurück nach Moskau. Kein anderes Land interessierte mich so sehr. Ich wollte wissen, was aus den Menschen in einer Zeit großer Veränderungen geworden war. Moskauer Freunde sprachen über die Modernisierung, als werde Rußland ein zweites Amerika. Das wollte ich doch mal sehen. Ich war hungrig nach Informationen über Gorbatschow, die Entstehung und die Wirkung seiner Politik. Aber Nachrichten aus dem »Großen Inneren« waren noch immer schwer zu bekommen. Die Mitarbeiter aus dem Umkreis des Hauses am Alten Platz, dem Sitz des Zentralkomitees, blieben verschlossen. Noch immer galt, was mir ein alter Bekannter, mit dem ich in den Jahren zuvor offenere Gespräche geführt hatte, nach Aufnahme seiner Arbeit im Zentralkomitee zitierte: »Stillschweigen. Wer im Kloster lebt, muß sich an die Ordensregeln halten.« Nur aus zweiter Hand ließ sich von Wissenschaftlern oder Schriftstellern etwas über Stil und Inhalt der Arbeit an Reformprojekten erfahren.

Ein Freund, der mit Gorbatschow an der Universität in einem Zimmer gewohnt hatte, verlor kein Wort darüber, obwohl er wußte, daß ich es wußte. Interviews gab Michail Gorbatschow nur vor Staatsbesuchen im Ausland für eine Fernsehstation des Landes, das er besuchte. Da erfuhr man dann einiges über seine Art zu reden und zu denken, aber nichts über seine Person. In der Sowjetunion erschien nichts – nicht einmal mehr die geschönten Lobgesänge auf seine Arbeit. In seiner Heimat Stawropol, so hörte ich, hätten Fernsehkollegen versucht, einen Film über seine Jugend zu drehen, aber das war ihnen – auf Wunsch Gorbatschows – abgeschlagen worden. In der Sowjetunion selbst wurde über sein Leben nichts veröffentlicht. Bis zum Mai 1989: Da brachte das neu erscheinende Mitteilungsblatt des Zentralkomitees ein Interview, in dem er sich etwas persönlicher äußerte. (Dieses Dokument, das das einzige seiner Art blieb, veröffentlichen wir im Anhang dieses Buches.) Es erschien ungefähr zu der Zeit, als mein ständiges Weiterbohren doch noch Erfolg zu haben schien. Vielleicht waren meine Briefe schließlich an die richtigen Adressaten gekommen, und vielleicht hatten sie Gorbatschow davon überzeugt, daß es Zeit sei, sich der Welt etwas persönlicher und menschlicher vorzustellen.

Der amerikanische Kollege, mit dem ich das Projekt begonnen hatte, war schon pensioniert und hatte die Lust verloren, als ein guter Bekannter im sowjetischen Außenministerium mir den Rat gab, es wieder einmal zu versuchen. Die Zeit vor Gorbatschows Besuch in der Bundesrepublik sei vielleicht günstig. Er riet mir, wie und an wen ich schreiben sollte. Zugleich wandte ich mich an einen der stellvertretenden Vorsitzenden des sowjetischen Fernsehens, mit dem ich lange über Gorbatschow gesprochen hatte. Er kommt selber vom Dorf und spricht über das Leben der Bauern wie über Gorbatschows Politik mit starker emotionaler Anteilnahme. Er verstand, warum ich nach den Wurzeln des politischen Denkens von Michail Gorbatschow suchte, und glaubte mir, daß ich nicht bloß hinter Sensationen aus seinem Privatleben her war. Was danach geschah, und wo die Entscheidungen fielen, habe ich nie erfahren.

Eines Tages, der Bonn-Besuch stand bevor, rief mich ein Freund aus einer Telefonzelle des Moskauer Flughafens an. Er war auf dem Wege nach Peking, um Gorbatschows Staatsbesuch vorzubereiten. »Die Sache ist okay«, sagte er, »du darfst das machen.« Was ich machen durfte, wußte er auch nicht genau zu sagen. Vielleicht Aufnahmen von Gorbatschow im engen Kreis seiner Berater während des China-Besuchs, wohl auch Gespräche mit einigen alten Freunden und Mitarbeitern, sagte er, »alles Weitere später«. Damit flog er ab. In der Maschine nach Peking erzählte ich dem Pressesprecher des Außenministeriums, daß ich ganz nahe an Gorbatschow dranbleiben dürfe. »Völlig ausgeschlossen«, sagte er. »Uns ist nichts bekannt.« Ich fragte den Sprecher des Zentralkomitees. Der konnte nicht helfen, wußte von nichts, aber er hatte einen Trost. »Wir haben verschiedene Computer, und die sind nicht kompatibel. Vielleicht ist Ihre Erlaubnis auf einem, den ich nicht kenne.« In Peking, in der allgemeinen Verwirrung der Studentendemonstrationen, die Gorbatschows Besuch überschatteten, war dann ohnehin nichts zu machen, und die Ereignisse auf dem Tian-An-Men-Platz nahmen das Kamerateam und mich gefangen.

Nach Moskau zurückgekehrt, hielt ich immer noch nichts in den Händen. Aber sowjetische Kollegen gratulierten mir schon neidlos, daß ich einen Film über Gorbatschow machen könne und Zugang zu Heimatort und Freunden bekommen würde. Genaueres habe ich nie erfahren. Auf meine Bitten stellte mir das sowjetische Fernsehen einen Redakteur bei, der seinen Ausweis vorzeigen und möglichen

Interviewpartnern versichern konnte, ich dürfe nach Gorbatschow fragen. Ich rief eine alte Freundin aus den fünfziger Jahren an und bat sie, mir zu helfen. Ich kannte sie als gescheite und couragierte Person, die sich das zutrauen würde. Immerhin wagt nicht jeder Sowjetbürger, Einblicke ins Vorleben des Parteichefs zu suchen. Meine Genehmigung für das, was ich vorhatte, war ziemlich unklar. Gemeinsam mit dem Researcher des ARD-Studios begannen wir herumzutelefonieren. In den Jahren zuvor hatte ich Namen gesammelt von Leuten, die Gorbatschow gut gekannt haben sollten. Nun mußte man sie finden und zu Interviews überreden.

Wir flogen nach Stawropol, und wir hatten Glück. Der Leiter des Fernsehstudios, Iwan Iwanowitsch Schlachtin, ist ein praktischer, unbürokratischer Mensch, bauernschlau und selbstsicher. Was ihn überzeugt, setzt er durch, und er befand, daß es in Gorbatschows Heimat nichts zu verstecken gebe. Wir hatten die Namen einiger Bauern aus Gorbatschows Dorf mitgebracht, Iwan Iwanowitsch kannte sie schon und auch den Leiter des Kolchos, dessen Zustimmung und Hilfe wir brauchen würden. Er erwartete uns an der Chaussee, wo die Nebenstraße ins Dorf abzweigt, hatte ein üppiges, rustikales Essen vorbereitet und hielt uns den landesüblichen Vortrag über die Kolchose und ihre Erfolge. Es schien zum Verzweifeln. Wir würden routinemäßig abgespeist werden, dachte ich. Ich hatte unser sowjetisches Kamerateam mitgenommen, weil ich hoffte, ein russischer Kameramann würde den Bauern weniger fremd vorkommen als die deutschen Kollegen. Sie wollten die Chance nutzen.

Während ich aß und Gespräche führte, filmten sie, was sie nur kriegen konnten: die Dorfstraßen und Häuser, alte Bauern und ihre Enten, Motorradfahrer und Hirten und den Fluß, in dem Michail Gorbatschow als Junge gebadet hatte. Das Haus von Gorbatschows Mutter wollte ihnen auch Iwan Iwanowitsch nicht zeigen. Die Straße sei gesperrt und unbefahrbar, sagte er, aber sie erwies sich nur als verschlammt und voller Schlaglöcher, als wir nach langem Drängen doch dahingelangten. Ein Interview mit Gorbatschows Mutter sei völlig ausgeschlossen, hatte man mir schon in Moskau gesagt, und ich hatte das akzeptiert. Vom sowjetischen Fernsehen bekamen wir schließlich ein kurzes Stück Film, das bei Gorbatschows Besuch in Peking im chinesischen Fernsehen gezeigt worden war und dann nie wieder. In den zweiundfünfzig Sekunden, die aus einem längeren Gespräch stammen müssen, erzählt eine alte Frau, Gorbatschows Mutter, in ukrainisch gefärbtem Russisch, wie schwer es war, Michail am Ende des Krieges ein Paar Stiefel zu besorgen. Viel, so dachte ich am Mittagstisch des Kolchosvorsitzenden, wird hier nicht herauskommen, aber immerhin sind wir die ersten, die überhaupt Gorbatschows Heimatdorf filmen dürfen.

Und dann ging es plötzlich weiter: Wir gingen zur kleinen Schule, und dort wartete Mischas erste Lehrerin. Wir sahen ein paar ältere Männer in Sonntagsanzügen zur Kolchosverwaltung gehen, Freunde aus Gorbatschows Jugend, die dann am langen Tisch im Zimmer des Vorsitzenden saßen, unter dem Porträt Gorbatschows, das wohl ein örtlicher Künstler gemalt haben muß – ein bißchen anders also als die offiziellen Fotos, die in allen Chefzimmern hängen. Die Bauern, die Lehrerin und eine ehemalige Mitschülerin Gorbatschows saßen ein wenig unbeholfen am Tisch, zwei hatten die großen Hände gefaltet. Der pensionierte Agronom sprach gebildet über Gorbatschows Friedenspolitik und bat, dem Volk der Bundesrepublik Deutschland Grüße auszurichten. Der Kolchosvorsitzende, der uns die Bauern vorgestellt hatte, meinte Wichtigeres zu tun zu haben und ging.

Allmählich kamen wir ins Gespräch, und die Bauern bekamen Gesichter. Einer war schwerfällig, brachte immer nur ein paar Sätze heraus, er war ein Traktorfahrer aus Gorbatschows Nachbarhaus, der als Gehilfe des Vaters gearbeitet hatte. Ein anderer mit pfiffigem, schmalem Gesicht und großen, sehr abstehenden Ohren machte trockene Witze. Wir redeten über die neue Landwirtschaftspolitik, von der sie Verbesserungen erwarteten, und er meinte, halb ernst und halb im Scherz: »Die müssen uns doch nur die Dollars geben, mit denen sie heute amerikanisches Getreide kaufen. Dann kaufen wir moderne Maschinen und Saatgut, unsere Jungs legen sich ins Zeug, und wir brauchen den teuren Weizen aus dem Ausland nicht mehr.« Die beiden Frauen saßen weit vom Tisch entfernt, fast an der Wand. Die ehemalige Mitschülerin wirkte befangen, irgendwie beschäftigte sie der

Mischa der Schulzeit noch immer, und einmal sagte sie, sie könne sich nicht mehr recht erinnern, wie er angezogen war, sie wisse nur noch, daß er schön war. Es dauerte lange, bis wir erfuhren, was ihnen von ihrem Jugendfreund in Erinnerung geblieben war.

Im Nachbarort Krasnogwardejsk, wo Gorbatschow drei Jahre zur Schule gegangen war, trafen wir seine Lehrerinnen, rührende alte Frauen, die sich an ihren bedeutendsten Schüler erinnerten. Der Direktor, zu jung, um Gorbatschow gekannt zu haben, brachte das Klassenbuch mit, immer noch etwas betreten, daß Gorbatschow die Schule nicht mit einer Goldmedaille, sondern nur mit Silber abgeschlossen hatte. Im Heimatmuseum erzählte uns ein pensionierter Schuldirektor von der sozialistischen Entwicklungsgeschichte des Bezirks. An den Wänden hingen ein paar alte Fotos des Dorfes Priwolnoje, und da war ein Fotoalbum mit Bildern vom jungen Gorbatschow und seinem Vater, das wohl einem Freund der Familie gehören muß und das man uns zögernd zeigte. Fotos gab es auch in Stawropol im kleinen Museum des kommunistischen Jugendverbandes. Auf der ersten Etage des alten Kaufhauses hatte Gorbatschow seinen ersten Arbeitsplatz in Stawropol gehabt. Nun war eine kleine Ecke des Raums mit offiziellen Bildern des Parteichefs dekoriert. Wir sprachen mit Freunden und Mitarbeitern aus seiner Zeit als Komsomol-Funktionär und Parteisekretär. Sie waren eher zurückhaltend und vorsichtig, drückten sich am liebsten allgemein aus, und das nicht aus Furcht, sondern weil sie, so schien es, Leute waren, die wie die Gorbatschows selbst ungern Privates preisgaben. Aber langsam wurden auch sie gesprächiger. Wir redeten mit den Professoren der Institute und Schulen, an denen Raissa Gorbatschowa gelehrt und ihre Tochter Irina studiert hatte, sahen die Häuser an, in denen die Gorbatschows gewohnt hatten, sammelten jeden Hinweis darauf, wie die Gorbatschows gelebt hatten und gewesen waren.

In Moskau war es dann leichter, mit Gorbatschows Freunden aus der Studentenzeit ins Gespräch zu kommen. Sie sind Professoren, Chefredakteur, Staatsanwalt, zum Teil schon pensioniert und im Umgang mit Ausländern, die nach Gorbatschow fragen, zwar nicht erfahrener, aber selbstsicherer. Ein Professor hatte vorsichtshalber bei einem Kollegen, einem außenpolitischen Berater Gorbatschows, nachgefragt, ob er sich über den Studienkameraden Mlynář, der unter Dubček im Prager Frühling Parteisekretär gewesen war, äußern dürfe, und man hatte ihm abgeraten: Das sei vielleicht noch zu früh. Der Professor war zwanzig Jahre zuvor ausführlich vom KGB nach Gesprächen zwischen Mlynář und Gorbatschow befragt worden. Er sagte mir im Mai 1989 ganz offen, daß er über diesen Freund Gorbatschows nicht sprechen wolle. Ein halbes Jahr später war er schon bereit, über die gefährliche Jugendfreundschaft zu erzählen. Inzwischen war bekannt geworden, daß Zdeněk Mlynář 1989 in Moskau und bei Gorbatschow gewesen war.

Wir hatten kaum drei Wochen Zeit, um den Bericht über Gorbatschow aufzunehmen, zu schneiden und zu texten. Mehr als vierzig Minuten Sendezeit gestand uns die ARD am Vorabend des Gorbatschow-Besuchs in Bonn nicht zu. Mehr als knappe Streiflichter auf das, was er an entscheidenden Punkten seiner Entwicklung erfuhr und erlebte, waren also nicht unterzubringen. Die sowjetischen Kollegen, die den Bericht in Bonn sahen, erfuhren zum ersten Mal etwas aus Gorbatschows Lebensgeschichte, und was sie sahen, gefiel ihnen. Einige schrieben Berichte darüber und fragten, wann denn auch Sowjetbürger ein Porträt des Staats- und Parteichefs zu sehen bekämen. Beim sowjetischen Fernsehen entschied man jedoch, das sei noch zu früh. Die Leute, die sich für die Genehmigung des Projekts eingesetzt hatten, aber waren erleichtert. Einer nahm eine Videokassette für Gorbatschow mit, und der muß sie sich am zweiten Abend in Bonn wohl angeschaut haben. Vielleicht hat ihn die Wiederbegegnung mit seiner Jugend berührt. Seine Begleiter vom Sicherheitsdienst hatten am nächsten Tage den dringenden Wunsch, sich mit mir händeschüttelnd vor Schloß Brühl fotografieren zu lassen. Das war die klarste Reaktion, die ich aus Gorbatschows engerem Umfeld erfuhr.

Einiges hatte der knappe Film, fast ohne Kommentar und Erläuterungen, doch deutlich machen können. George Kennan, Amerikas großer alter Mann der Sowjetologie, fand darin Belege für die Außergewöhnlichkeit des sowjetischen Partei- und Staatschefs, als er vor der Sendung des Films in Amerika eine Einleitung sprach.

Wir aber fragten und sammelten in Moskau weiter. Es wurde uns klar, wie schwer es noch immer ist, etwas darüber zu erfahren, wie in der Führung der Sowjetunion Politik entsteht oder wie die Weichen eines Lebenslaufs gestellt werden, der die Hochebene von Zentralkomitee und Politbüro erreicht. Auffällig aber war die Veränderung, die zwischen Frühjahr und Winter 1989 vorging: Nun war es weniger schwierig, einen Wissenschaftler oder Abgeordneten für ein Gespräch über Gorbatschow zu gewinnen. Frühere Freunde und Mitarbeiter berichteten offener über ihn. Aber auch Leute, die in verschiedenen Phasen an der Formulierung seiner Politik mitarbeiteten, sind oft nicht sicher, welche Beweggründe Gorbatschow für seine Entscheidungen, für die eine oder andere Taktik oder Erklärung hatte. Gelegentlich widersprachen ihre Eindrücke oder Urteile der zeitlichen Einordnung alter Erinnerungen. Manche, deren Reformprojekte nicht voll verwirklicht wurden, sind heute enttäuschte Kritiker. Andere sehen in Gorbatschow die einzige, letzte Hoffnung, aber sie hätten sich von ihm deutlichere Entscheidungen und weniger Kompromisse gewünscht. Die nationalistischen Führer in den Republiken sagen, Gorbatschow habe ihre Probleme nicht oder zu spät verstanden, aber auch sie greifen ihn nicht persönlich an. Häufiger als irgendeine andere Bemerkung hörte ich den Satz, Gorbatschow sei ein Rätsel. Professor Andrej Sacharow sagte das kurz vor seinem Tode, Abgeordnete und Wissenschaftler äußerten sich immer wieder ähnlich, wenn sie Gorbatschows Politik abwägend beurteilten. Ein scharfer persönlicher Ton klang nur in Äußerungen Boris Jelzins an. Zwar gibt es in Moskau zunehmend Kritik, die sich nach dem Ausbruch der Unruhen in Aserbaidschan in die besorgte Frage verwandelte, wie Gorbatschow eigentlich die Zukunft bewältigen wolle. Aber kaum einer sprach ohne Respekt über ihn. Die Anständigkeit dieses Mannes schien niemand in Zweifel zu ziehen. Wir selber suchten natürlich auch nach Negativem. Was wir hörten, erschien uns zu schön, um wahr zu sein. Aber es war nie standardisierte Lobhudelei wie über frühere Parteichefs. Wenn dieses Gorbatschow-Buch ein Bild ohne Warzen und Runzeln zeigt, dann nicht, weil meine Kollegen und ich alle in unterschiedlichem Maße Gorbatschow-Fans sind, sondern weil uns niemand jene blauen Flecken von Ellenbogen-Härte gezeigt hat, die ein Aufsteiger im Parteiapparat aller Erfahrung nach eigentlich hinterlassen müßte.

Dieses Buch über Michail Gorbatschow ist weder ein Stück wissenschaftliche Sowjetologie noch eine psychoanalytische Studie. Es ist das Buch eines nachdenklichen Reporters, ein Buch über Michail Gorbatschow, den ganz normalen und ganz ungewöhnlichen Menschen, der ein außerordentlicher Führer in einer Zeit weltpolitischen Umbruchs wurde.

# Kindheit

Michail Sergejewitsch Gorbatschow stammt aus einem kleinen Dorf und aus einer richtigen Bauernfamilie. Das unterscheidet ihn von allen früheren Führern der Sowjetunion. Alle, auch Nikita Chruschtschow, der in Sprache und Gehabe wie ein Bauer wirken konnte, waren nicht auf dem flachen Land des weiten Rußland aufgewachsen. Wie alle Führer der Russischen Revolution und der zwanziger Jahre hatten sie ihre Erfahrungen in Städten oder industriellen Siedlungen gesammelt. Gorbatschow war der erste politische Führer in der sowjetischen Geschichte, der seine Jugend auf dem Dorf und auf dem Felde erlebte, ehe er in den Apparat aufstieg.

Priwolnoje ist noch heute ein normales Dorf, wie es in dieser Gegend viele gibt. Nur wenige Straßen sind gepflastert oder asphaltiert, die Häuser einstöckig, mit kleinen, umzäunten Höfen, auf denen die Kolchosbauern ein paar Stück Vieh, Hühner und Enten halten. 3200 Menschen leben in rund tausend Bauernhäusern. In der Mitte des Dorfs liegen das einstöckige Verwaltungsgebäude und, etwas größer, ein Kultur- und Klubhaus für Filmveranstaltungen, bunte Abende und Versammlungen. In der Motoren-Traktoren-Station stehen die Landmaschinen – für sowjetische Verhältnisse sind sie überdurchschnittlich gut in Schuß. Auf fruchtbarem Boden produziert der Kolchos gute Ernten – auch wenn die Viehhirten mit ihren Kühen am kleinen Fluß, in dem einst Gorbatschow und die Dorfjungen badeten, noch dastehen wie Männer aus einer vorindustriellen Welt. Das Dorf liegt ein paar Kilometer entfernt von der großen Hauptstraße, die nach Süden führt. Zwischen den einstöckigen Häusern, die sich die Bauern gebaut haben, sind die kleinen Straßen meist nicht gepflastert, und wo die Häuser enden, werden sie zu Feldwegen. Selten fährt ein Auto durch die Dorfstraßen, etwas häufiger tuckern Traktoren vorbei, an Wochenenden bringt ein Lastwagen die Frauen zum Einkaufen in die Kreisstadt. Am Dorfrand liegt ein kleiner Friedhof, zwischen Birken und Erlenbüschen stehen hölzerne Bänke neben den Gräbern, und an Feiertagen kommen die Bauern, um ihren Toten bei einer Mahlzeit nahe zu sein. Im Dorf haben viele der kleinen Häuser Fernsehantennen auf dem Dach, aber noch immer werden die Bauernhäuser jedes Jahr zu Ostern mit weißer und blauer Farbe frisch gestrichen, wie es schon vor der Revolution Sitte war. Die kleinen Gärten wirken freundlich – Bauerngärten mit vielen Blumen, wie sie Gorbatschows Mutter als eine der ersten angelegt und gepflegt hat. Sie wohnt immer noch in dem kleinen Haus, das ihr Mann gebaut hat. Die Leute im Dorf kennen sie als Oma Manja. Die Dörfler finden es gut, daß sich ihr Leben kaum verändert hat, seit ihr Sohn in Partei und Staat aufstieg, und daß sie mit den alten Möbeln im alten Haus wohnt, ihre 36-Rubel-Rente bezieht und ein paar Hühner und Kleinvieh hält.

Zwanzig Kilometer sind es bis zur Kreisstadt, hundertsiebzig bis zur Großstadt Stawropol. Priwolnoje unterscheidet sich kaum von anderen Dörfern nördlich von Stawropol. Aber eins fällt allen Besuchern aus dem Norden Rußlands auf. Sie sind gepflegter, in besserem Zustand als die meisten Dörfer in Nord- und Mittelrußland, wo viele Häuser verlassen sind und andere, noch bewohnte, Zeichen des Verfalls tragen. Das Gebiet von Stawropol liegt im besten Weizenland. Die Bauern im Süden Rußlands sind ein besonderer Menschenschlag. Auch wenn das Dorf Priwolnoje nicht zu den Kosaken-Siedlungen gehört, so haben es die Traditionen und Überlieferungen der Kosaken mitgeprägt. Auch Gorbatschows Großvater mütterlicherseits stammt aus einer Kosakenfamilie.

Die Kosaken hatten dieses Land für das russische Reich erobert. Im achtzehnten Jahrhundert, unter der Zarin Katharina, setzten sie sich im Süden fest, gründeten Militärstationen, um die sie sich ansiedelten. Sie drängten die einheimische Bevölkerung ins Vorland und die Berge des Kaukasus, aber sie vermischten sich auch mit den Stämmen der Tschetschenen, Kabardiner und Karatschajen. Da waren auch Griechen gewesen und dann die Ukrainer und Russen, die alle ihre Spuren in den Gesichtern Südrußlands hinterlassen haben. Man sagt, diese Menschen seien besonders beweglich, geschäftstüchtig und energisch, nicht nur in den Städten und in den Ausläufern des Kaukasus. Die Bauern hier waren nicht jahrhundertelang Leibeigene. Die Abenteuerlustigsten und Selbständigsten, Bauern mit dem größten Drang nach Unabhängigkeit, hatten sich hier angesiedelt. Schon der Name des Dorfes, aus dem Gorbatschow stammt, erzählt davon. Priwolnoje, das heißt Weite des Raums, der einmal Steppe war, als die ersten Bauern kamen, und es heißt soviel wie Freiheit. Manche waren ihren Gutsherren entlaufen, andere waren aus den Kosakensiedlungen gekommen. Weite der Steppe und Freiheit, das sind Begriffe, die sich in diesem Teil Rußlands mit der Tradition und der Geschichte der Kosaken verbinden.

Die Kosaken waren Soldaten und Bauern, die im Auftrag der Zaren an den Grenzen des Reiches siedelten und sie immer weiter nach Süden und Osten verschoben. Sie fühlten sich nicht als Untertanen, sondern als unabhängige und freie Menschen. In ihrer Staniza, ihrer Siedlung, hatten nicht Gutsherren oder Staatsbeamte das Sagen, sondern sie selber. In Dörfern mit weniger als dreißig Häusern entschied die Dorfgemeinschaft, in größeren Siedlungen wählten jeweils zehn Familien einen Vertreter in den Kosakenrat. Meist war alles Acker- und Weideland gemeinsames Eigentum, und das änderte sich erst, nachdem ein Dekret der Zaren in vielen Regionen Kosakenoffiziere mit Ländereien belohnte. Im großen Rußland aber waren die Kosaken die einzigen, die ihre Führer selber wählten, von den unteren Offizieren bis hinauf zum obersten Hetman – und auch die einzigen, die ihre Führer wieder abwählen konnten. In den letzten Jahrzehnten des Zarenreichs galten die Kosakenregimenter als die Stützen der Autokratie, welche die Demonstranten mit Peitschen auseinanderjagten, hart und arrogant, weil sie fast alle anderen als unterwürfige Unfreie ansahen. Für sie selber aber standen Freiheitsliebe und Unabhängigkeit an erster Stelle, und nirgends in Rußland gab es ein stärkeres persönliches Gefühl für Gleichberechtigung und Demokratie. Im Bürgerkrieg nach der Revolution kämpften Kosaken auf beiden Seiten – für die Unabhängigkeit einer von Rußland getrennten Ukraine, oder für die Revolution wie in der legendenumwobenen Roten Reiterarmee Budjonnys.

Gorbatschows Großvater Pantelej Jefimowitsch Gopkalo stammte, wie gesagt, von Kosaken ab. Was von ihm berichtet wird, spricht dafür, daß in seinem Charakter viele Züge der Selbständigkeit des Denkens und der Bereitschaft zu Entscheidung und Verantwortung erhalten geblieben waren, und manche Freunde Michail Gorbatschows meinen heute, auch dessen Lebenshaltung sei von der Nachwirkung kosakisch-bäuerlicher Traditionen bestimmt. Von Pantelej Gopkalo erzählt man auf dem Dorf, er sei einer der ersten gewesen, die die Bauern nach der Revolution in einer Genossenschaft zusammenbrachten. Er organisierte im Dorf einen sogenannten TOS, eine Genossenschaft, in der die Bauern zwar ihr eigenes Land behielten und bebauten, aber gemeinsam Anbaumethoden und Erträge zu verbessern suchten. Pantelej Gopkalo war ein angesehener Mann im Dorf, ein wohlhabender Bauer, der sich für die Genossenschaftsbewegung einsetzte, als sie in den meisten Dörfern von armen Bauern organisiert wurde. Anders als die Kolchosen, in die Stalin später die Bauern zwang, war ein TOS eine freiwillige Gemeinschaft, die den Bauern eine Verbesserung ihrer Lebens- und Arbeitsbedingungen sichern sollte. Als Stalin die Landwirtschaft kollektivierte, sah Pantelej Gopkalo wohl wie andere klarsichtige Bauern, daß man sich der Entwicklung nicht widersetzen könne. Er war Mitglied der Kommunistischen Partei und übernahm es, auch die Kolchose zu organisieren und ihr Vorsitzender zu werden. Im Dorf erzählen ältere Leute, ihm sei es zu verdanken, daß Priwolnoje die schreckliche Zeit der Hungersnot und der Bauernverfolgung in den frühen dreißiger Jahren besser überstand als die meisten anderen russischen Bauernschaften.

Daß es auch für Priwolnoje eine schwere Zeit war, das weiß man im Dorfe natürlich auch noch. Der ehemalige Agronom des Kolchos, Nikolai Ljubenko, erzählt: »Ich kann mich noch gut an die Kollektivierung erinnern, und bis heute erzähle ich den jungen Leuten davon. 1929, ich war noch ganz jung, machte sich meine Familie auf den Weg, damit wir in die Kolchose eingetragen würden. Ich komme aus einer großen Familie, und wir haben alles an die Kolchose abgegeben. Anfangs haben sie sogar die Hühner bei uns abgeholt. Erst zwei, drei Monate später konnten wir sie uns zurückholen. Innerhalb von zwei Jahren war das Dorf praktisch vollständig kollektiviert. Unsere Familie zählte damals acht Seelen, wir waren sechs Brüder. Mein Vater wurde zehn Jahre lang verbannt, sein Eigentum beschlagnahmt. Unser Haus wurde abgerissen, alles wurde zugeschüttet. Innerhalb eines Jahres mußten wir sechsmal umziehen. 1933 starben zwei meiner Brüder, sie sind auf dem Feld verscharrt, jedesmal wenn dort gepflügt wird, denke ich, daß ihre Knochen hervorkommen könnten. Mein ältester Bruder wurde politisch verfolgt und ist umgekommen, das war eine schwere Zeit. 1932 war die große Hungersnot. Alles hatte man den Bauern weggenommen, in den Dörfern lag fast in jedem Haus ein Toter, ein Verhungerter. Ich glaube, Pantelej Gopkalo hat damals Priwolnoje gerettet, weil er einen starken Charakter hatte, der Hunger war hier ein bißchen geringer als in anderen Orten. Wir alle fürchteten, daß er in den Säuberungen der dreißiger Jahre verhaftet würde, und wir waren dankbar, daß er bei uns blieb.«

Am 2. März 1931 wurde Michail Gorbatschow geboren. Seine Mutter arbeitete auf dem Feld, sein Vater wurde und blieb fast vierzig Jahre lang »Mechanisator«, das heißt, er fuhr Mähdrescher und Traktoren und war für die Reparatur und Instandhaltung der Landmaschinen zuständig. In der Familie war die Mutter, Maria Pantelejewna, die Energische, erzählen die Nachbarskinder von damals. »Die hatte Ellenbogen und konnte ganz schön Krach machen.« Der Vater Sergej war ruhig, fleißig, einer, den die Dorfleute respektierten. Von ihm sagt der Agronom Ljubenko, er sei zwar auch nicht besonders gebildet gewesen, hätte aber im Umgang mit dem Maschinenpark große Erfahrungen gesammelt. »Also kamen wir jungen Leute oft zu ihm und holten uns Rat, wie etwas zu machen sei. Was mich bei ihm besonders beeindruckte – es ist traurig, daß er so früh gestorben ist –, war, daß er immer die Ruhe bewahrte. Er vergriff sich nie im Ton. Wissen Sie, auf dem Lande, wenn es Pannen gibt, kommt ja alles mögliche vor. Aber keiner hat ihn je fluchen hören.« Der Bauer Iwan Maliko, ein Junge aus der Nachbarschaft, bestätigt das. Er hat als junger Mann als Helfer bei dem Mechaniker und Traktoristen Sergej Gorbatschow gearbeitet. »Es kam überhaupt nie vor, daß er irgend jemanden beschimpft hat. Wenn man sich mit irgend etwas an ihn wandte, war er immer bereit zu helfen. Ganz egal, ob man über ihm oder unter ihm stand, er half immer.« Auf dem Lande war es damals ungewöhnlich und wichtig, daß sich einer Zeit nahm, um jungen Leuten etwas beizubringen, denn sie bekamen kaum eine Ausbildung, meinen die Dorfleute heute noch.

Das deckt sich mit den Erinnerungen, die Gorbatschow selbst hat. Er sagte: »Vaters Nachbarn schätzten ihn als einen arbeitsamen, bescheidenen und verständnisvollen Menschen. Ich bin stolz auf meinen Vater.« (Siehe Anhang.)

Während die Eltern arbeiteten, verbrachte der kleine Mischa viel Zeit im Hause seiner Großeltern mütterlicherseits. Er selbst schrieb 1989, in der einzigen ein wenig persönlich gehaltenen autobiographischen Notiz, die Atmosphäre und die Lebensweise einer Bauernfamilie, die gemeinsame Arbeit mit den Älteren von früher Kindheit an, hätten ohne Zweifel die Entwicklung seines Charakters und seine persönliche Lebenshaltung beeinflußt. Er war zu klein, um die Zwangskollektivierung und die schweren Jahre danach bewußt mitzuerleben. Aber sicherlich haben ihn auch diese Erfahrungen seiner Eltern und Großeltern geprägt und beeinflußt, selbst wenn er zur Zeit der großen politischen Säuberungen erst sechs oder sieben Jahre alt war. In dem heutigen Bezirk Krasnogwardeijsk und im Nachbarbezirk Petrowsk wurden in jenen Jahren siebzig bis achtzig Prozent der Kader aus Partei und Verwaltung verhaftet, deportiert oder hingerichtet: leitende Funktionäre, Aktivisten des Jungkommunistenverbandes, einfache Leute. Der Bauernvernichtung war die Verfolgung angeblicher politischer Gegner des Stalin-Kurses gefolgt – eine doppelte Vernichtung, welche die besten und aktivsten Menschen des Landes traf.

Ein Mann, der in den fünfziger Jahren in Stawropol Gorbatschows Chef und einer seiner frühesten Förderer war, Nikolai Dorochin, erzählt über die Zeit: »Mein Vater war Dorfschmied, er war überhaupt nur zwei Jahre zur Schule gegangen. Ihn verhafteten sie auch, und er bekam fünf Jahre für irgendeine erfundene konterrevolutionäre Aktivität. Jede Nacht verhafteten sie zehn bis zwanzig Leute. Es gab einfach nicht genug Funktionäre, damit die Geheimpolizei ihre furchtbare Verhaftungsquote erfüllen konnte. Da griffen sie eben auch Bauern, die kaum lesen und schreiben konnten.« Gorbatschows Freunde aus seiner späteren Parteiarbeit in Stawropol wie die damalige Jungkommunisten-Funktionärin Lilija Koloditschuk sagen heute, daß sie in den Jahren nach Stalins Tod mit Gorbatschow darüber gesprochen haben: »Er wuchs auf in den Jahren 1937 und 1938. Obwohl er noch klein war, sah er, was mit den Menschen um ihn herum geschah. Mit einfachen, ehrlichen Menschen, die die Revolution gemacht hatten, die im Bürgerkrieg gekämpft hatten, die diese Kolchose gegründet hatten. Sie alle mußten unschuldig leiden. Das hat er natürlich nicht akzeptiert.«

Aber es bleibt fraglich, ob der junge Michail Gorbatschow, auch zu der Zeit, als er als Student nach Moskau kam, eine Vorstellung von dem haben konnte, was in der Zeit der Kollektivierung und der politischen Säuberungen wirklich geschah. Das Ausmaß der Verfolgungen, Verhaftungen und Hinrichtungen war noch bis vor wenigen Jahren den meisten Sowjetbürgern unbekannt oder unvorstellbar. In den fünfziger Jahren, nach Stalins Tod, war Chruschtschow der erste, der das Tabu, das diese Verbrechen umgab, durchbrach. In den sechziger Jahren erfuhren sowjetische Intellektuelle mehr aus den Untergrundtexten, dem sogenannten Samisdat, und aus eingeschmuggelten westlichen Veröffentlichungen. Aber erst in der Zeit der Glasnost erschienen Artikel mit Zahlen und Tatsachen über die schrecklichen dreißiger Jahre, und bis heute ist diese Tragödie in der Sowjetunion weder ganz erforscht noch umfassend dargestellt. Was sich während der Zwangskollektivierung ereignete, gehörte lange zu den bestgehüteten Staatsgeheimnissen der Sowjetunion. Viele Menschen verdrängten auch, was sie darüber wußten, so wie ein großer Teil der Berichterstattung im Westen seinerzeit die Folgen der Kollektivierung und das Ausmaß der Hungersnot herunterspielte, weil die Journalisten es einfach nicht glauben wollten.

Natürlich gab es in Moskau und in den Städten der Sowjetunion Gerüchte, aber sie wurden nur flüsternd weitergegeben, und die meisten Menschen hatten zuviel Angst, um hinzuhören. Es war sicherer, nicht zu glauben, was die Zeugen dieser unerhörten Ereignisse, die über sie zu sprechen wagten, berichteten. Michail Gorbatschow war ein Baby, als sein Heimatdorf kollektiviert wurde, und ein kleiner Junge, als die Verhaftungswelle der Säuberungen über das Land ging. Sicherlich hat er zu Hause die Atmosphäre der Bedrücktheit und des Verstummens empfunden. Vielleicht hat er gemerkt, daß die Verwandten und Nachbarn eine Art Doppelleben führten: das der öffentlichen Begeisterung und Zustimmung und das der persönlichen Angst vor dem, was um sie herum vorging. Vielleicht haben sich seine Eltern und Großeltern verhalten wie die meisten sowjetischen Familien, die ihre Kinder nicht mit dem schrecklichen und gefährlichen Wissen um Bedrohung und Verfolgung belasten wollten. Als er alt genug war, um verstehen zu können, war der Krieg vorbei. Eine neue schwere Erfahrung hatte die Erinnerung an das Vorhergehende überlagert. Es war für die Menschen leichter, die Vergangenheit zu verdrängen und sich an den optimistischen Aufbauparolen der Partei festzuhalten. Rußland, die Sowjetunion, hatten nach Kampf und Leiden überlebt, nun begann die Zukunft. Schließlich war es immer noch selbstmörderisch gefährlich, über die Vergangenheit zu sprechen. Wer es tat, setzte Leben und Freiheit seiner Familie aufs Spiel.

»Für Stalin waren die Bauern Dreck«, hat Nikita Chruschtschow gesagt, als er 1956 mit dem toten Diktator abzurechnen begann. Aber nicht erst seit Stalin waren die Bauern den russischen Marxisten fast unbekannte, verdächtige Wesen. Selbst Plechanow, einer der ersten und klügsten Marxisten, sah sie als »barbarische Bearbeiter des Bodens, grausam und gnadenlos, Lasttiere, deren Leben ihnen den Luxus des Denkens nicht erlaubte«. Bei Lenin taucht das von Marx anders gemeinte Zitat von der Idiotie des Landlebens auf, wenn er von der ländlichen Abgeschlossenheit und Rückständigkeit spricht. Später wurde Lenin immer wieder zur Bauernfrage mit dem Satz zitiert, Tag um Tag, Stunde um Stunde erschaffe die Kleinproduktion den Kapitalismus. Sozialisten und Bolschewiki waren von Anfang an Parteien der Städte mit ihren Intellektuellen und Arbeitern. Vor der Revolution gab es in den Dörfern nur ein halbes Dutzend Parteizellen, weniger als fünfhundert Bauern gehörten der Kommunistischen Partei an.

Nach der Revolution verschaffte die Forderung, den Bauern das

Land zu übereignen, den Kommunisten auch in den Dörfern Anhang. Aber die Bauern meinten damit das Land der Großgrundbesitzer, weniger das Land anderer reicherer Bauern. Ihnen fehlte, wie die Kommunisten sagten, das Bewußtsein von der Notwendigkeit des Klassenkampfes. Vor dem Zentralen Exekutivkomitee erklärte J. M. Swerdlow, der seit der Revolution für Lenin die Verbindungen zwischen der revolutionären Zentrale und den Kommunisten in den Provinzen organisierte, im Jahre 1918: »Wir müssen uns sehr ernst des Problems annehmen, wie die Dörfer nach Klassen getrennt werden können, wie in ihnen zwei feindliche Lager geschaffen werden können, und wir müssen die ärmsten Schichten der Bevölkerung gegen die Kulaken-Elemente organisieren. Nur wenn wir das Dorf in zwei Lager teilen können und denselben Klassenkampf wie in den Städten hervorbringen, werden wir in den Dörfern erreichen, was wir in den Städten erreicht haben.« Kulaken, das waren die wohlhabenderen Bauern, und im Jahrzehnt nach der Revolution richteten sich die Kampagnen der »Entkulakisierung« immer wieder gegen sie, die die erfolgreichsten und angesehensten Leute ihres Dorfes waren, bis die Kollektivierungskampagne um 1930 so weit um sich griff, daß sie jeden im Dorf erfassen und vernichten konnte.

In den ersten nachrevolutionären Jahren, unter dem »Kriegskommunismus«, hatten die Bolschewiki auf dem Lande das Getreide einfach beschlagnahmt. Die Städte und das revolutionäre Potential der Arbeiterschaft mußten versorgt werden. Die Bauern, die ihr Getreide verkaufen wollten, galten als kapitalistische Spekulanten, die ihre Ernten zu verstecken versuchten. In den Bauernaufständen des Bürgerkriegs starben Zehntausende. Lenin verstand, wie schädlich und gefährlich der Kampf gegen die Bauern war, den die Beschlagnahmepolitik hervorgerufen hatte. Die Neue Ökonomische Politik führte in den Dörfern feste, steuerähnliche Ablieferungsquoten ein – mit bemerkenswertem Erfolg: Nach relativ kurzer Zeit endete die Hungersnot, die landwirtschaftliche Produktion stieg, und die Dörfer beruhigten sich.

Aber als Stalin und die Partei ihre Macht gefestigt hatten, veränderte sich die Politik wieder. Es waren die Dörfer, deren Leistungen den Aufbau einer gigantischen Industrie ermöglichen und finanzieren sollten. Stalins Politik des brutalen Auspressens der Bauern führte 1928 zu einer neuen Krise der Getreideversorgung. Sie war die Folge der verfehlten Landwirtschaftspolitik der Regierung und noch keine Krise von katastrophalem Ausmaß, aber für Stalin war sie Anlaß und Rechtfertigung des Generalangriffs auf die Bauern.

Die außerordentlichen Maßnahmen der gewaltsamen Beschlagnahme der Ernten hatten sich als kostspielig und sogar gefährlich erwiesen. Nun ging es darum, das Ernteaufkommen direkt unter die Kontrolle der Partei zu bringen. Die Partei hatte von Anfang an die selbständigen Bauern und die marktwirtschaftlichen Elemente der ländlichen Wirtschaft aus ideologischem Mißtrauen abgelehnt. Die Kollektivierung der Landwirtschaft und die Zusammenfassung der Bauern in sogenannten Kolchoswirtschaften unter der Kontrolle der Funktionäre erschienen den meisten kommunistischen Führern logisch, vernünftig und erforderlich. Erneut begann der Kampf gegen die sogenannten Kulaken, obwohl die Zahl derjenigen, die man vor der Revolution so hatte bezeichnen können, in den vergangenen Kampagnen immer geringer geworden war und die wirtschaftliche Rolle der Kulaken im Dorf kaum noch ins Gewicht fiel. Zehntausende von Funktionären strömten aus den Städten in die Dörfer, viele von ihnen mit ehrlicher Begeisterung für die Aufgabe, die Versorgung der Revolution und den Aufbau des Kommunismus zu retten, indem sie den Bauern das gehortete Getreide nahmen und die Dörfer neu organisierten. Und natürlich gab es nicht nur die fanatischen, aber ehrlichen Funktionäre und Aktivisten, die für sich Zwangsmaßnahmen, Hunger und Elend mit der Hoffnung auf die sozialistische Zukunft zu rechtfertigen vermochten, sondern auch die anderen, von denen Wassilij Grossmann schrieb: »Die Giftigsten und Bösesten waren die, die ihre eigenen Abrechnungen machten. Sie tönten vom politischen Bewußtsein, aber sie waren angetrieben vom Neid. Sie stahlen aus nackter Selbstsucht, einige Kleider, andere ein Paar Schuhe.«

Sie alle kamen im Schutz der Waffen und der Geheimpolizei, den Leuten in Lederjacken und mit der Mauser-Pistole, und als sie gingen, war das Land in 240000 Kollektivfarmen organisiert. Millionen

Bauern waren umgekommen oder aus ihren Dörfern vertrieben worden. In Viehwagen hatte man sie nach Sibirien geschafft, vierzig bis sechzig Menschen eingeschlossen in einem Waggon, in dem viele von ihnen schon auf dem Transport starben. Am Ural und in den fernen Regionen Sibiriens fanden sie keine Unterkünfte vor. Man trieb sie auf gefrorene Felder, auf denen sie kaum ein Erdloch für sich graben konnten. In der Nähe von Krasnojarsk sperrte man viertausend Bauern in einen Stacheldrahtverhau, und innerhalb von zwei Monaten war die Hälfte von ihnen tot. Wolfgang Leonhard sah, wie sie in Kasachstan leben sollten: Ein paar Pflöcke waren in den nackten Boden geschlagen, an denen stand »Siedlung fünf« oder »Siedlung sechs«. Die Bauern wurden dorthin gebracht und mußten sehen, wie sie überlebten. Sie hausten in Erdlöchern, und in den ersten Jahren starben viele von ihnen an Kälte und Hunger. Wassilij Grossmann sagt über Stalins Dekret: »Es schrieb vor, daß die Bauern der Ukraine, am Don und am Kuban zum Tode durch Verhungern verurteilt waren, daß sie mit ihren kleinen Kindern getötet wurden.«

Geheimpolizei und Aktivisten sorgten dafür, daß diese Gebiete abgeriegelt wurden und die Bauern sie nicht verlassen konnten. Victor Serge, einer der alten Revolutionäre, beschreibt das in seinen Memoiren: »Massen schmutziger Leute überfüllten die Bahnhöfe, Haufen von Männern, Frauen und Kindern, die auf Gott weiß welchen Zug warteten. Man jagt sie fort, und sie kommen zurück ohne Geld und Billett, sie klettern auf irgendeinen Zug und bleiben, bis man sie herunterjagt. Sie sind still und passiv. Wo wollen sie hin? Irgendwo nach Brot und Kartoffeln suchen oder nach Arbeit in den Fabriken, wo die Arbeiter besser ernährt sind.«

In der Ukraine starben in diesen Jahren etwa fünf Millionen Menschen. In den Gebieten am Don und am Kuban, auch dort, wo Gorbatschows Heimatdorf lag, war die Hungersnot ebenso schwer. Dies waren die Teile Rußlands, in denen die Bauern am meisten Unabhängigkeitsgeist gezeigt und am erfolgreichsten gewirtschaftet hatten. Anders als in den nördlichen Gegenden, wo die Bedrückung der Leibeigenschaft die Bauern abgestumpft hatte, gehörte in diesen Teilen Südrußlands Unabhängigkeit und Selbständigkeit zu ihrem Wesen. Vielleicht richtete sich Stalins Kampagne deshalb besonders gegen sie. Ein englischer Reisender berichtete 1933, das Gebiet sei wie ein Lager in der Wüste, keine Arbeit, kein Getreide, kein Vieh, keine Zugtiere, nur Bauern und Arbeiter in einer halbzerstörten Landschaft. Der Zusammenhalt der Kosaken sei durch Tod und Deportation zerschlagen. Aus einzelnen Kosakensiedlungen liegen Berichte vor: In Labinskaja lebten nach den Deportationen nur noch 24000 Menschen, und von ihnen starben 14000 am Hunger. In Starokorsunskaja überlebten von 14000 Menschen nur tausend. Viele Dörfer lagen verlassen, ihre Einwohner waren in die Steppe geflohen, lebten von Wurzeln oder dem Fang kleiner Murmeltiere.

Der Hunger in Südrußland und am nördlichen Kaukasus griff auch auf die Städte über. In Stawropol, wo Gorbatschow dreißig Jahre später Parteichef wurde, verhungerten fünfzigtausend Menschen, ein Drittel der Bevölkerung.

Im Dorf Priwolnoje war Gorbatschows Großvater Pantelej Gopkalo Vorsitzender des Kolchos. Daß er einer der Organisatoren der Genossenschaftswirtschaft von früh an gewesen war, ist sicher – manche Leute im Dorf sprechen außerdem ungenauer davon, Gorbatschows Großväter hätten schon von Anfang an, in Revolution und Bürgerkrieg, für die Errichtung der Sowjetmacht im Vorland des Kaukasus gekämpft. Genaues scheinen sie auch nicht zu wissen über die Anfänge der Sowjetherrschaft im Stawropoler Gebiet, die fast ein dreiviertel Jahrhundert zurückliegen. Die Vorgänge bilden kaum mehr als eine Fußnote der mehrfach umgeschriebenen Parteigeschichte. Sicher ist, daß im »Stawropoler Gouvernement« zwei Monate nach der Oktoberrevolution eine »Stawropoler Sowjetrepublik« ausgerufen wurde, aber nicht von den Bolschewiki, sondern von den Sozialrevolutionären, einer Partei, deren Führer, Ministerpräsident Kerenskij, von den Kommunisten bereits aus Petersburg vertrieben war, die aber nach wie vor unter den Bauern sehr viel mehr Anhänger hatte als die Kommunisten. Eine Woche nach den Sozialrevolutionären versuchten die Bolschewiki, die Macht in der kleinen Sowjetrepublik zu übernehmen, wurden aber von den Sozialrevolutionären verhaftet und später wieder freigelassen. Anfang Juli 1918 trat die

Stawropoler Sowjetrepublik in eine Nordkaukasische Sowjetrepublik ein. Schon wenige Tage danach wurde Stawropol von Weißgardisten besetzt und erst zwei Jahre später von der Roten Armee erobert.

Das ist Lokal- und Frühgeschichte einer Revolution, die nicht gradlinig verlief und selbst für Menschen, die sie durchlebten, nicht mehr durchschaubar ist. Gorbatschows Altersgenossen, die im Revolutionsjahrzehnt noch nicht geboren waren, erinnern sich gerade noch an die späten dreißiger Jahre. Damals habe Pantelej Gopkalos Ansehen – wie schon berichtet – das Dorf und die Kolchose geschützt und vor Maßnahmen bewahrt, die andere Dörfer härter trafen. Wir wissen nicht, wie sich Pantelej Gopkalo in jenen Jahren verhalten hat. Es gab gerade im Süden Rußlands, bei den Kosaken, alte Traditionen, nach denen das Land um die Siedlungen herum Gemeineigentum war, und bald nach der Revolution hatten sich mancherorts solche Traditionen im kommunistischen Sinne wiederbeleben lassen, um in den Dörfern Zustimmung, ja sogar Begeisterung für genossenschaftliche Organisationsformen der Landwirtschaft zu erwecken. Das könnte Pantelej Gopkalo auf den Weg geführt haben, auf dem er Kolchosvorsitzender in Priwolnoje wurde. Was er während der Jahre der Zwangskollektivierung empfand, ist uns unbekannt. In Moskau erzählt der Chefredakteur einer großen Zeitung, Gorbatschow habe ihn im Laufe eines Gesprächs gefragt: »Weißt du eigentlich, daß mein Großvater 1937 anderthalb Jahre lang in Haft war und daß unsere Familie zu Volksfeinden erklärt wurde?« In seiner Zeitung hat der Chefredakteur nichts derartiges auch nur angedeutet. Öffentlich wird über diese Tatsache auch in Priwolnoje nicht gesprochen. Natürlich muß sie auf den jungen Gorbatschow, der seinen Großvater bewunderte, einen tiefen Eindruck gemacht haben.

Ansonsten aber wissen wir nicht, wieviel der junge Michail Gorbatschow vom Ausmaß der sowjetischen Bauerntragödie erfuhr, ob und wie lange er die Zwangskollektivierung für eine notwendige Maßnahme auf dem Wege zur sozialistischen Gesellschaft verstand und die Erzählungen von Hungersnot und Verhaftungen nur als Randerscheinungen eines großen politischen Prozesses zur Kenntnis nahm. Wenn er heute eine der Ursachen der Agrarkrise in der »Entbauerung der Bauern« sieht, wird er mit Sicherheit auch an die Ereignisse und die ungeheuren Fehler der Landwirtschaftspolitik Stalins denken.

Sein Großvater, der Kolchosvorsitzende, war Parteimitglied. Aber in seinem Hause – wie in vielen Häusern des Dorfes – lebte man in diesen Jahren, so gut es ging, ein russisches Bauernleben weiter. Die Großmutter nahm den kleinen Mischa mit in die Kirche, jedenfalls während des Krieges, als die Kirchenverfolgung für einige Zeit nachließ, weil Stalin alle Kräfte Rußlands für die Verteidigung der Sowjetunion einspannen mußte. Seine Mutter Maria Pantelejewna hatte es sogar durchgesetzt, daß der kleine Michail Gorbatschow getauft wurde, in einer Zeit, als jeder Kirchgang gefährlich war. Gorbatschow selbst hat einmal erzählt, daß es im Haus seiner Eltern hinter den Porträts von Lenin und Stalin versteckt Ikonen gegeben habe. Seinem Vater, so heißt es, sei das eigentlich nicht recht gewesen, aber die starke Mutter setzte sich durch, mit Unterstützung der Eltern, die nicht mit dem Glauben gebrochen hatten, obwohl der Vater Kolchosvorsitzender und Kommunist geworden war.

Das Haus, das seine Eltern sich bauten, war einstöckig, nichts Besonderes im Dorf. »Ein kleines Haus, aber alles ganz schön sauber, sogar der Hof war immer sauber. Sie waren natürlich arm, da gab's keinen besonderen Reichtum, ganz normal, wie bei allen anderen auch. Es gab wenig zu essen, Extrazuweisungen kriegten sie natürlich nicht«, sagt Iwan Maliko von nebenan.

Michail Gorbatschow war zehn Jahre alt, als die Deutsche Wehrmacht in Rußland einmarschierte und große Teile der westlichen Sowjetunion besetzte und verwüstete. Sein Vater war vier Jahre lang Soldat in der Sowjetarmee, kämpfte in der großen Schlacht am Kursker Bogen. Er erhielt eine Tapferkeitsmedaille, als seine Einheit den Dnjepr-Fluß überquerte, wurde schließlich in der Tschechoslowakei verwundet und kam in Krakau ins Lazarett. Als mehrfach dekorierter Soldat und Parteimitglied kehrte er aus dem Krieg zurück.

Der Krieg aber hatte inzwischen auch Priwolnoje erreicht. Auf dem Ehrenmal des Dorfs steht unter den Gefallenen siebenmal der Familienname Gorbatschow, der im Ort häufig war. Gorbatschows Mutter war dienstverpflichtet und belud Güterzüge auf entfernteren Bahnhöfen des Bezirks. Selten kam sie abends nach Hause. Der kleine Mischa mußte Vieh und Geflügel versorgen, aber er lebte in dieser Zeit meistens im Hause seiner Großeltern. Fast sechs Monate lag das Dorf in besetztem Gebiet, aber es befand sich abseits der Hauptstraße. Nur wenige deutsche Soldaten waren im Dorf, so heißt es heute. In anderen Orten des Stawropoler Gebiets hatte es Verhaftungen und Erschießungen gegeben. In Priwolnoje erzählten die Leute nicht von solchen deutschen Untaten.

Über Mischa Gorbatschows Leben in dieser Zeit ist kaum etwas bekannt. Er war erst zwölf Jahre alt. Seine Mutter kehrte in diesen Monaten nicht nach Priwolnoje zurück. Ihr Dienst im unbesetzten Gebiet und die militärischen Auszeichnungen seines Vaters dürften die Familie später vor Schwierigkeiten bewahrt haben, denn alle, die auch nur entfernt mit den Deutschen in Kontakt gekommen waren, schienen Stalin und seiner Polizei verdächtig. Parteisekretär des Stawropoler Gebiets war zur Zeit der deutschen Besetzung Michail Suslow, der auch den Kampf der Partisanen leitete. Da er später als Politbüro-Mitglied einer der Männer war, die den Aufstieg Gorbatschows unterstützten, kann es gegen den jungen Michail Gorbatschow und seine Familie nicht den Vorwurf der Kollaboration mit den Deutschen gegeben haben. Im Süden des Stawropoler Gebiets, am Kaukasus, ließen Stalin und Suslow kleinere Völkerschaften, die unter deutscher Besatzung gelebt hatten, nach Sibirien und Zentralasien deportieren.

Die Fremdarbeiter und Fremdarbeiterinnen, die in Deutschland noch als endlich befreite Menschen unter der Musik sowjetischer Militärkapellen in den Zug gesetzt wurden, erreichten ihre Heimat nie, weil die Züge in Lager umgeleitet wurden. Kriegsgefangene, die die deutschen Lager überlebt hatten, wurden in der Heimat erneut zu Lagerhaft verurteilt. Die Spuren von Gefangenen, die in deutschen Lagern starben, wurden ausgelöscht, und ihre Familien wissen bis heute nichts über ihr Schicksal. Noch viele Jahre nach dem Kriege mußte jeder Sowjetbürger, der einige Zeit in von Deutschen besetzten Gebieten gelebt hatte, dies in allen Lebensläufen, Bewerbungen und Anträgen angeben. Es war ein schwarzer Fleck in der Biographie, eine zusätzliche politische Belastung, wenn es zu Beschwerden oder Denunziationen kam, ein karrierebehindernder Umstand. Bis heute sprechen die Leute im Dorf ungern davon, daß es im besetzten Gebiet lag. Sie haben nach dem Krieg dadurch zu viele Schwierigkeiten gehabt.

Als Priwolnoje befreit war, begann allmählich wieder ein normales Leben. In der einstöckigen Dorfschule wurde der Unterricht wieder aufgenommen. Aber Gorbatschow fehlte in der Klasse. Das Leben war hart geworden, er hatte in diesem Winter nichts anzuziehen, um in die Schule zu gehen, sagt seine Mutter. Ein Vierteljahr mußte er zu Hause bleiben. Maria Pantelejewna Gorbatschowa erzählte einem sowjetischen Fernsehjournalisten in einem Interview, das in der Sowjetunion nie gesendet wurde und von dem nur im deutschen und chinesischen Fernsehen ein Ausschnitt erschien: »Da schrieb mir mein Mann von der Front, du mußt um jeden Preis etwas besorgen, damit Mischa zur Schule gehen kann. Da habe ich die Schafe genommen und bin mit ihnen in den Ort Salsk gefahren und habe sie verkauft. Mit dem Geld – anderthalbtausend Rubel waren das damals – habe ich Militärstiefel gekauft. Dann ging ich zum Direktor der Schule, Gitalo hieß er, und der Direktor sagte, ›Maria Pantelejewna, ein Vierteljahr ist schon vorbei‹, aber ich habe gesagt, ›Mischa sagt, er wird alles nachholen.‹«

So konnte Mischa wieder zur Schule gehen, ein fleißiger, aufmerksamer Schüler, aber kein Streber, wie seine ehemaligen Schulkameraden berichten. Für einen Dorfjungen gab es in den Nachkriegsjahren weit Schwereres als das Lernen. In dem zerstörten Land mußte in dieser Zeit des Wiederaufbaus trotz fehlender Maschinen, trotz völlig unzureichender Lebensmittelversorgung mit aller Kraft gearbeitet werden. Das erforderte der Aufbau, das erzwangen auch Partei und Geheimpolizei: Wer in der Arbeit nachließ, wer seine Aufgaben nicht erfüllen konnte, der mußte mit schwerer Bestrafung und Lagerhaft rechnen, auch wenn ein Versagen nicht seine Schuld war, sondern an fehlendem Saatgut, an fehlenden Ersatzteilen für die Maschinen lag. 1944, mit dreizehn Jahren, begann Gorbatschow in der Kolchose mitzuarbeiten, seit seinem fünfzehnten Lebensjahr arbeitete er in der

Maschinen-Traktoren-Station bei den Mähdreschern, oft als Gehilfe seines Vaters.

Er arbeitete hart, härter als die Mitschüler. Vielleicht war es eine besonders ausgeprägte politische Überzeugung, eine besondere Gläubigkeit, die der Vater als neues Mitglied der Partei aus dem Kriege mitgebracht hatte und die sich auf den Sohn übertrug. Vielleicht ging Sergej Gorbatschow auch davon aus, daß ausgezeichnete und nachzuweisende Arbeitserfolge jene Nachteile ausgleichen konnten, die das kurze Leben im von der Wehrmacht besetzten Gebiet im Lebenslauf des jungen Michail darstellten.

Mischa Gorbatschow schaffte es, beides, Landarbeit und Schule, zu bewältigen. Daß er ein intelligenter Junge war, daß er schnell lernte und ein gutes Gedächtnis hatte, das sagen alle seine ehemaligen Mitschüler. Reden konnte er gut und überzeugend. Das nützte ihm, nachdem er mit vierzehn Jahren in den Jungkommunistenverband, Komsomol, aufgenommen worden war. Er war nichts Besonderes, ein Junge wie alle anderen, sagen die Leute im Dorf immer wieder, aber dann sprechen sie über ihn, als ob er doch schon ein wenig anders, ein wenig auffallend gewesen wäre.

Ljubow Stulijewa, eine Schulkameradin, als Leiterin der Jungkommunistengruppe der Dorfschule die »Chefin« ihres Stellvertreters Gorbatschow, wie sie heute gern sagt, hat immer noch etwas leicht Schwärmerisches im Blick, wenn sie erzählt, wie er aussah: »In den ersten Jahren nach dem Krieg hatte er so eine Art Reithose an, ich glaube man nennt das ein Halifescht oder so, ein gebrauchtes Uniformstück, aber es paßte. Dazu eine Steppjacke, auch in Tarnfarben, und eine graue Pelzmütze, die oben rosa abgesetzt war. Und wenn ich mich recht erinnere, trug er keine groben Lederstiefel, sondern welche aus Chromleder. Ganz genau kann ich das nicht mehr sagen, aber er sah einfach gut aus. Das fand ich jedenfalls, und die anderen jungen Mädchen fanden das auch. Wissen Sie, er wurde wohl von allen geschätzt, von den Mädchen wie von den Jungs. Und er war sich seiner Kenntnisse durchaus bewußt, sehr selbstbewußt. Vielleicht wiederhole ich mich, aber er war klug und schön. Ich weiß noch, daß ich als junges Mädchen mit ihm getanzt habe. Ich war ein Jahr älter als er, darum war ich die Komsomolsekretärin der Schule und er mein Stellvertreter. Aber eigentlich hätte er Komsomolsekretär sein müssen, denn er wußte viel mehr als ich und konnte Fragen viel besser beantworten. Viele der Mädchen bewunderten ihn, aber irgendwie wußten wir, daß er sich seine Frau anderswo suchen, daß er nicht in unserem Dorf bleiben würde.«

Der Agronom Ljubenko war älter als Gorbatschow. »Aber ich mochte mich gern mit dem Jungen unterhalten. Er war einer von den wenigen Leuten im Dorf, die ein kleines Radio hatten, und ich erkundigte mich bei ihm nach der internationalen Lage. Ich hatte doch viel gesehen, war verwundet worden, mein Vater war politisch verfolgt worden, aber wir waren trotzdem Freunde. Als Gorbatschow vor ein paar Jahren ins Dorf zu Besuch kam und im Kulturklub auf dem Podium saß, da sah er mich unten unter den Leuten, und da sagte er: ›Nikolai Iwanowitsch, du solltest hier oben sitzen, du verdienst einen Platz im Präsidium mehr als ich.‹«

In den Erinnerungen seiner alten Lehrerin gibt es ein paar Momente, die auf etwas Besonderes beim jungen Gorbatschow hinweisen, etwas, was für seinen Charakter typisch erscheint. Matilda Emiljewna Ignatenko erzählt: »Die Schule war damals wie heute, nur zwei Klassenräume. Nach dem Krieg, 1946 und 47 fehlte uns alles. Es gab keine Lehrbücher, kein Schreibpapier, wir machten Schreibübungen auf alten Zeitungen. Die Kinder hatten wenig zum Anziehen. Gorbatschow trug Hosen, die er von seinem Vater hatte, ein Hemd, das aus einer Militärbluse genäht war, aber er sah immer ordentlich aus, und die Pelzmütze aus Karakul, die Kosaken-Kubanka, stand ihm gut. Er war ein neugieriger Junge, er stellte mehr Fragen als die anderen, das weiß ich noch. Er arbeitete fleißig, drückte sich nicht um die Aufgaben, wollte immer noch mehr lernen. Und er hat schließlich auch in allen Fächern die höchste Note gehabt, außer im Fach Deutsch. Aber das lag daran, daß es in der Schule keinen Deutschunterricht gab, ehe ich kam. Er hat immer gut zugehört, wenn ich der Klasse über die großen Deutschen erzählte, über Marx und Engels, Liebknecht und Thälmann, aber besonders beeindruckt war er, als ich von Rudolf Diesel erzählte. Das war wohl so, weil er mit Traktoren und Mähdreschern arbeitete und immer mit Dieseln zu tun hatte und das Wort nun mit einem wirklichen Menschen in Verbindung bringen konnte. Er bat mich, ihm doch etwas über diese Deutschen zu lesen zu geben.

Er war eigentlich ein lustiger Junge, lachte gern und machte gerne Späße. Einmal versuchte er mich reinzulegen, kurz nachdem ich an die Schule gekommen war. Er brachte mir eine lange Liste deutscher Worte und bat mich, sie ihm zu übersetzen. Ich sah sie mir an, sie sahen wie Deutsch aus, hatten aber keinen Sinn. ›Solche Worte gibt es in der deutschen Sprache nicht‹, sagte ich. Mischa, wie wir ihn nannten, lachte und entschuldigte sich: ›Ich hab sie bloß erfunden, um zu sehen, ob Sie wirklich Deutsch können oder uns nur etwas vormachen.‹ Ich fragte ihn, wie er es geschafft hätte, Worte zu erfinden, die deutschen Worten so ähnlich seien. ›Mit meinem Lexikon‹, sagte er. So fand ich heraus, daß er im Dorf, wo es keine Bücher und kein Papier gab, ein deutsch-russisches Lexikon besaß, das ihm sein Vater aus dem Krieg mitgebracht hatte. Das fand ich ungewöhnlich.«

Der junge Mischa konnte seiner Deutschlehrerin einen wichtigen Dienst erweisen. Einige ihrer Schüler hatten sie kritisiert und verdächtigt. Der Anlaß scheint, von heute gesehen, absurd und nebensächlich, kurz nach dem Kriege aber war er lebensgefährlich. Matilda Ignatenko hatte mit ihren Schülern ein deutsches Gedicht durchgenommen, das mit dem Satz begann, »Lenin war ein Freund und Führer«. Einige Jungen behaupteten daraufhin, sie betreibe faschistische Propaganda und beleidige Lenin, indem sie ihn mit Adolf Hitler, dem Führer, vergleiche. In jener Zeit konnte selbst so ein unsinniger Vorwurf zur Verhaftung führen. Matilda Ignatenko war besonders gefährdet. Sie stammte aus einer Familie von Rußland-Deutschen. 1937 war ihr Vater mit vielen Nachbarn verhaftet und deportiert worden. Sie hatte einen Ukrainer geheiratet, und der ukrainische Name Ignatenko schützte sie zu Beginn des Krieges, als die anderen Rußland-Deutschen nach Sibirien und Zentralasien deportiert wurden. »Aber mein Vorname Matilda verriet mich, und ich floh mit meinem Kind von Dorf zu Dorf, um unerkannt zu leben. Mein Mann fiel an der Front. Es war schwer, so als Deutsche zu leben. Als die Jungen mir vorwarfen, ich machte faschistische Propaganda und verleumdete Lenin, hatte ich entsetzliche Angst. Da war nichts, womit ich sie überzeugen konnte. Aber am nächsten Tag kam Mischa Gorbatschow mit seinem Lexikon, und er sagte allen, daß das Wort Führer kein faschistischer Begriff und das Gedicht ein kommunistisches Gedicht sei. Er stellte sich vor mich, und die anderen Schüler glaubten ihm schließlich.«

Daß der fünfzehnjährige Mischa nicht schüchtern war und seinen eigenen Kopf hatte, erfuhr Matilda Ignatenko ein wenig später. Er war oft mit jungen Leuten befreundet, die älter waren als er – einer von ihnen um sieben Jahre. Wenige Wochen, nachdem Matilda Ignatenko als Lehrerin in Priwolnoje angefangen hatte, sagte er diesem Freund, das sei doch eine interessante, gebildete Frau, sie könne wunderbar Deutsch und unterrichte gut. »Auch wenn sie ein Kind hat und fünf Jahre älter ist als du – das ist eine außerordentliche Frau, die du heiraten solltest.« Matilda Ignatenko weiß von diesem Gespräch, weil ihr Mann es ihr erzählt hat, der Freund Gorbatschows, der ihr wirklich später, wenn auch, wie sie sagt, nicht nur auf Gorbatschows Rat, einen Heiratsantrag machte. »Aber eigentlich hat Michail Gorbatschow damals doch soviel für mich getan, daß ich ihn und seine Familie nie mehr um irgendeine Hilfe bitten wollte, auch wenn mich seine Mutter manchmal einlädt und sagt, ›Matilda, du hast meine Kinder soviel gelehrt, und Mischa hält soviel von dir‹.« Matilda Ignatenko hatte in der Dorfschule zehn Jahre nach Michail auch seinen Bruder Alexander unterrichtet.

Von Alexander weiß man wenig, außer daß er heute als Berufsoffizier, als Oberst im Generalstab, in der Nähe von Moskau lebt. Auf Fotos aus den sechziger Jahren, die ihn zusammen mit Gorbatschow zeigen, sieht man einen gutaussehenden, frischen Burschen, im Gesichtsschnitt Michail ähnlich. Weil er sechzehn Jahre jünger ist als sein Bruder, wissen Gorbatschows Schulkameraden über ihn wenig zu erzählen.

Die Dorfschule endete mit der siebten Klasse. Aber Sergej Gorbatschow wollte, daß sein Sohn weiterlernte, auch wenn das nur schwer zu machen war. Die nächste Zehn-Jahres-Schule lag zwanzig Kilometer entfernt in dem Ort Molotow, der heute Krasnogwardejsk heißt.

Zwanzig Kilometer zweimal am Tage zu Fuß zurückzulegen, das war zuviel, auch für einen Jungen, der bereit war, alles zu tun, um weiterzukommen. In einem einstöckigen Holzhäuschen, das inzwischen abgerissen ist, mietete Vater Gorbatschow seinem Sohn einen Schlafplatz, ein Bett in einem Zimmerchen mit zwei anderen Dorfjungen. Auch die beiden anderen haben bemerkenswerte Karrieren gemacht: der eine ist Generalleutnant, der andere Universitätsprofessor – nicht schlecht für drei Jungen vom Lande. Der Schlafplatz kostete hundertfünfzig Rubel im Jahr, das war für eine Bauernfamilie viel Geld, zumal in diesen Jahren auch die Schulgeldpflicht für die oberen drei Klassen wieder eingeführt worden war. Es war klar, daß Mischa dafür in der Schule hart arbeiten würde, aber nicht nur in der Schule. An Feiertagen kam er zurück, um bei der Landarbeit zu helfen, und in den Sommerferien arbeitete er zusammen mit seinem Vater auf dem Mähdrescher. Sein Altersgenosse Alexander Jakowenko ist in Priwolnoje geblieben und heute Landmaschinenmechaniker und Traktorist, wie es Gorbatschows Vater war. Er hat mit Sergej Gorbatschow gearbeitet und auch als Helfer seines eigenen Vaters in jenen Sommern, in denen Michail Gorbatschow mit seinem Vater aufs Feld fuhr. Die beiden Vater-und-Sohn-Teams arbeiteten ungewöhnlich hart und erfolgreich, beide wurden später für ihre Leistungen ausgezeichnet.

Alexander Jakowenko erzählt: »In den Sommerferien kam Mischa zu seiner Mutter und zu seinem Vater, vor allem zu seinem Vater, der als Mähdrescherfahrer arbeitete und dem er half. Ich denke, in der Schule hat er viel gearbeitet, aber in den Ferien hat er die Feldarbeit deshalb nicht hingeschmissen. Er hat sich nicht ausgeruht, war gleich, wenn er ankam, bei der Arbeit. Wir mußten praktisch Tag und Nacht arbeiten. Also, schon im Morgengrauen ging es los, sobald der Tau getrocknet war. Früher ließ das Getreide sich ja nicht aus den Ähren dreschen. So früh es ging, fingen wir mit unseren Mähdreschern an. Abends kamen wir spät zum Schlafen. Bei uns war es nämlich üblich – vielleicht war es unser Arbeitseifer –, daß wir die Mähdrescher nach der Arbeit immer abfegen und reinigen mußten. Dann legten wir uns in die Strohhaufen. Decken oder Laken hatten wir natürlich nicht, wir krochen einfach ins Stroh, und die Beine guckten ein Stück heraus. Und dann dösten wir ein paar Stunden vor uns hin, zwei Stunden oder so, bis die Arbeit weiterging. So war das. Gebadet haben wir natürlich nicht, wo auch schon, warmes Wasser gab es nicht. So schmutzig, wie wir waren, haben wir uns hingehauen. Und das Essen – na ja, die Armut war damals groß, zum Frühstück gab's Mehlsuppe mit Graupen, mittags Kohlsuppe, abends Galuschki, Teigtaschen. Das war natürlich alles magere Kost. Fleisch gab es gar nicht. Da geht's uns heute doch bedeutend besser.

Mischa hatte es damals ganz schön schwer. Wenn er von der Schule kam, setzte er sich gleich auf den Mähdrescher. Auch wenn seine Kumpels im Sommer im Fluß baden gingen oder sich ausruhten, Mischa arbeitete bis zum 1. September, bis die Schule wieder anfing. Er hatte also keinen Urlaub, keine Pause. Mischka nannte ich ihn damals, und er nannte mich Sanja.

Unsere Väter fuhren beide Mähdrescher. Mein Vater war ein guter Mann, aber wie die Leute vom Dorf. Da kriegt man schon mal einen an den Hals, viel zu reden hatte man nicht, und fluchen tat er ganz schön, besonders, wenn er einen genommen hatte. Aber wenn Onkel Sergej dabei war, dann hat er sich immer zusammengenommen.«

»Onkel« bezeichnet auf dem Dorf nicht immer ein Verwandtschaftsverhältnis, es ist bis heute eher eine respektvolle Form der Anrede. Die beiden Gorbatschows und Jakowenkos arbeiteten mit ihren Mähdreschern zusammen, eine »Zeppe«, ein Gespann nannte man das. Sie hatten mehrere Sommer so hart gearbeitet, daß sie im Landkreis bekannt waren. 1948 meldete sogar das Kreisblatt, daß Gorbatschow und Jakowenko bereitstünden, um mit ihren Söhnen auf den Mähdreschern in die Ernteschlacht zu ziehen. »Bei dieser Ernte haben wir mit unseren Mähdreschern 19600 Doppelzentner eingefahren. Das war ein guter Index«, sagt Alexander Jakowenko. »Dafür bekamen wir alle von der Regierung eine Auszeichnung. Unsere Väter bekamen jeder den Lenin-Orden, wir Jungens den Orden des Roten Banners der Arbeit. Die wurden uns in Stawropol verliehen, und da kriegten wir auf einmal die Möglichkeit, da hat man es uns erlaubt, in Stawropol in einem Geschäft jeder einen Anzug zu kaufen. Wir hatten gar keine Ahnung, was für eine Größe wir brauchten. Die Anzüge paßten uns auch nicht richtig, waren aus grober Wolle, heute würde sie keiner haben wollen, aber wir freuten uns über die Anzüge, und als wir sie angezogen hatten, da hielten wir uns für die bestangezogenen Kerle im Dorf.«

Orden waren zu jener Zeit auf dem Lande ungewöhnliche Auszeichnungen, besonders bei zwei so jungen Männern. Da mußte schon eine ungewöhnliche Arbeitsleistung dahinterstecken und natürlich auch die Anerkennung allgemeinerer und älterer Verdienste, wie sie sich der Vater Gorbatschows als Kommunist im politischen Alltag des Dorfs erworben hatte. Der Orden des Vaters wie der des Sohnes aber trugen sicherlich dazu bei, daß Michail später seinen Weg nach Moskau machen konnte.

Zunächst aber ging er noch in der Kreisstadt auf die Zehn-Jahres-Schule. Er war fleißig, lernte viel. Er wußte, seine Eltern erwarteten von ihm, daß er es weiterbringe. Selbst wenn er nicht ehrgeizig gewesen wäre – auch in dieser Schule erinnert ihn keiner als Streber –, so trieb ihn doch der Wunsch der Eltern an. Seine Lehrerinnen aus der Zehn-Jahres-Schule erinnern sich an die Besuche seiner Mutter und ihre genauen, zielbewußten Fragen nach den Leistungen des Sohnes. Der Vater, der häufiger kam, sprach auch bei der Klassenlehrerin vor, aber er fragte nicht nur nach seinem Sohn, so erinnert sich Antonina Tschurbanowa, sondern auch nach den Leistungen der anderen Schüler und ebenfalls, das hebt sie heraus, nach den Schülerinnen, ehe er sich die Noten seines Sohnes zeigen und erläutern ließ.

»Michail, Mischa Gorbatschow, denn für uns war er damals Mischa, hat sich immer aktiv am Unterricht beteiligt«, sagt Maria Grewtschewa, die pensionierte Direktorin. »Er konnte oft die schwierigsten Fragen beantworten und gab immer die ausführlichsten Antworten, unser Mischa, Michail Sergejewitsch Gorbatschow. Natürlich sind wir nicht auf den Gedanken gekommen, er könne einmal Generalsekretär werden, er war so normal wie alle anderen, aber er zeichnete sich vielleicht doch dadurch aus, daß er besonders aktiv in der Schule war.« Und eine andere pensionierte Lehrerin fügt hinzu: »Er war wirklich ein sehr aktiver Junge, der immer fragte. Und er hat eigentlich nie irgend etwas einfach von sich aus getan. Immer beratschlagte er sich mit den Schülern seiner Klasse und mit mir, ob etwas gut oder schlecht sei. Wenn es Streit gab – Kinder sind ja so, sie streiten sich, und dann raufen sie gleich –, hat sich Mischa nicht gerauft. Oder nur unfreiwillig, wenn es gar nicht anders ging, wenn ihn jemand zu fassen bekam. Ich glaube, es ist nicht vorgekommen, daß er selbst eine Rauferei angefangen hätte. Wenn es Streit gab, hat er sich immer bemüht zu zeigen, daß man es nicht so, sondern anders machen müsse; das hat er so lange versucht, bis die Jungens das endlich verstanden hatten, und dann war Frieden.«

Faulpelze habe er nicht leiden können — »schon damals in der Schule nicht«, sagt Lydia Tschaiko, eine seiner Lehrerinnen. Und die andern erzählen, daß er Schülern, die in Russisch oder Mathematik schlecht waren, Nachhilfe-Unterricht gab und sich nicht drückte, als eine solche Arbeitsgruppe organisiert wurde. Allgemein, so erinnern sich seine Lehrerinnen, sei er den Erwachsenen gegenüber immer zuvorkommend gewesen, habe sie um Rat gefragt und aufmerksam zugehört. Seine Geschichtslehrerin weiß noch, wie hilfsbereit er war. Im Lehrerzimmer stand ein Holzöfchen, und die Lehrerinnen mußten selbst das Holz hacken und sägen. Gorbatschow habe ihnen das oft ohne Aufforderung abgenommen und ohne ein Lob dafür zu erwarten.

Aber Lehrerinnen wie Schulkameraden behaupten, der überaus ordentliche und fleißige junge Mann sei durchaus beliebt gewesen. Außer beim Sport habe er bei allem gerne mitgemacht. Er spielte Ziehharmonika und Balalaika, er sang gerne, bei den Abendveranstaltungen tanzte er mit allen Schülerinnen, manchmal in den Volkstanzgruppen, manchmal im Paar. Er sei fröhlich gewesen, erzählt man, und er habe gerne Theater gespielt. Seine Russischlehrerin Julia Schuschkowa meint, sie habe ihm beigebracht, Alexander Puschkin zu lieben: »Gorbatschow hatte ein außerordentlich gutes Gedächtnis, bald kannte er viele von Puschkins Gedichten auswendig, Lermontow liebte er auch. In dessen Stück ›Maskerade‹ spielte er Arbenin, eine Art russischen Othello, der seine Frau aus Eifersucht umbringt. Da muß man sich mal diesen Landjungen in seinen armseligen Kleidern vorstellen, der am Wochenende zweimal zwanzig Kilometer nach Hause und zurück zu Fuß gehen mußte, und der genoß es, die Rolle eines russischen Aristokraten zu spielen.« Was Gorbatschow in der Schule mitbekam, war eine gute sowjetische Allgemeinbildung, wie sie kulturbeflissene und liebevolle Lehrerinnen den jungen Leuten mitzugeben versuchten. Er las die russischen Klassiker wie die gängigen Aufbau- und Kriegsromane der Sowjetliteratur. Bis heute kann er Gedichte auswendig, die er damals gelernt hat – was unter gebildeten Russen nicht so ungewöhnlich ist wie in Westeuropa.

Er hatte eine solide Grundlage mitbekommen und etwas von Literatur und Kultur entdeckt – später würde er in Moskau mit seiner Frau darauf weiter aufbauen können. Er las viel, war oft vom Text der Schulbücher nicht befriedigt und holte sich mehr Material aus der Bibliothek. Er beteiligte sich gern an Diskussionen, die man in den Schulen zu jener Zeit »politische Kämpfe« nannte. Da setzten sich die Schüler mit den Argumenten auseinander, die sie in den politischen Ausbildungskursen kennengelernt hatten, traten sich im Rollenspiel als Diskussionspartner gegenüber und argumentierten gegeneinander. Gorbatschow blieb oft Sieger. Er konnte gut reden und seine Zuhörer überzeugen, aber das allein hätte nicht genügt. Er mußte die offiziellen Texte genau studiert haben und sich an die Linie halten können, sie überzeugend vortragen, ohne abzuweichen. Er verstand es, sich über die im Unterricht vorgelegten Texte hinaus zu informieren, aus Ehrgeiz oder aus Neugierde. Was er sich selbst beibrachte, verschaffte ihm in der Kleinstadt-Schule einen Vorsprung. Er gab sich nicht zufrieden mit dem, was auf dem Lehrplan stand.

»In der zehnten Klasse hat er mich sehr überrascht«, sagt die Klassenlehrerin Tschurbanowa. »Da legte er einen Aufsatz vor über Lenin, und zwar über Lenins Arbeiten zur Genossenschaftsbewegung. Ich kann Ihnen sagen, das Thema war 1950 nicht gerade populär.« Tatsächlich war die Behandlung eines solchen Themas nicht einmal ungefährlich. Es paßte nicht in die Zeit nach Stalins Kollektivierung der Landwirtschaft. Niemand kann heute mehr sagen, ob das Interesse für Lenins Text über die Genossenschaften etwas damit zu tun hatte, daß Michails Großvater die Genossenschaft in Priwolnoje gegründet hatte, ehe sie zum Kolchos gemacht wurde.

Was seine Jugendfreunde und Lehrer heute über Gorbatschow erzählen, klingt fast zu schön, um wahr zu sein. Vielleicht ist ein guter Schuß nachträglicher Verehrung dabei, aber es kann nicht allein daran liegen, daß überhaupt keine unfreundlichen Gefühle anklingen. Gorbatschow hat sich, so scheint es, keine Feinde gemacht. Er war einer, der mit allen auszukommen suchte, eher auf Ausgleich als auf Streit bedacht, den Älteren gegenüber respektvoll, zu den Gleichaltrigen kameradschaftlich. Das ist die eine Seite. Aber er war zugleich jemand, der seinen eigenen Kopf hatte, ein Gefühl für Wahrheit und Gerechtigkeit besaß, eine gewisse Unabhängigkeit des Denkens, die sich indessen ohne Schärfe ausdrückte. Das sind Züge, die sich später im Charakter Gorbatschows wiederfinden. Was in den Erinnerungen seiner Jugendfreunde fehlt, ist jener Zug von Ungeduld und manchmal Unduldsamkeit, der sich später häufiger zeigte, wenn der Generalsekretär Gorbatschow den Einsprüchen anderer Redner in politischen Debatten nicht mehr folgen mochte.

Die Leute in seinem Heimatdorf nennen ihn heute einen sehr menschlichen Mann. Sie mögen es, daß er als Politiker zu seiner Mutter nach Hause kam, daß er als Generalsekretär versuchte, den Polizeischutz der Leibwächter zu verscheuchen, wenn er das Dorf besuchte. »Das muß man sich mal vorstellen«, sagt einer seiner alten Freunde, »da kommt ein Mann nach Hause, und die Wachen wollen nicht einmal seine Freunde mit ihm sprechen lassen. Die hat er aber schön weggeschickt.« Und sie sagen, daß er nie, niemals ins Dorf gekommen sei, ohne das Grab seines Vaters zu besuchen. »Das gefällt den Leuten«, sagt der Agronom Ljubenko. »Die Menschen verstehen, daß er ganz menschlich ist und daß er nicht vergessen hat, wie man im Dorf lebt und die Toten ehrt. Und wenn er gekommen ist, hat er auch immer uns besucht. Da weiß man doch, das ist ein guter Kerl. Und nach allem Schweren, das wir im Dorf erlebt haben, gefällt uns an Michail Sergejewitsch nicht nur, daß er aus Priwolnoje stammt, sondern eben, daß er aus dem einfachen Volk kommt. Er will, daß auch die einfachen Leute Menschen sein können. Früher waren wir kleine Schrauben in der großen Maschine, jetzt merken wir, daß wir doch auch Menschen sind.«

Auf dem kleinen Dorffriedhof stehen zwischen Birken und Gebüsch heute wie früher viele hölzerne Kreuze und nur einige steinerne Grabmäler. Gorbatschow hat seinem Vater eines gesetzt. Nach seinem Tode 1976 kam Gorbatschow vom Parteikongreß in Moskau ins Dorf gereist. Vom Friedhof ging er zum Ehrenmal der im Krieg Gefallenen und dann zu dem Haus seiner Mutter. Sie stand in Schürze und Kopftuch an der Tür, erzählt ein Nachbar, und als sie Gorbatschow sah, begann sie zu weinen. Er lächelte sie an und sagte: »Mutter, hast du Sülze für uns gemacht?« »Natürlich, mein Söhnchen,« sagte die alte Frau. »Dann brauchst du doch nicht zu weinen«, sagte der Sohn. So etwas erzählen sich die Leute im Dorf weiter, nach Jahren, in denen hohe und auch mittlere Parteiführer durch die Propaganda zu Übermenschen und Übervätern stilisiert wurden. Da kam ihnen der Mann, der es aus ihrem Dorf am weitesten gebracht hatte, natürlich ganz menschlich vor.

In der kleinen Stadt Krasnogwardejsk erinnert man sich, daß der Politiker Gorbatschow auch seine alten Lehrerinnen besuchte, daß er fragte, was sich für seine Schule tun lasse, daß noch aus Moskau Postkarten mit Feiertagsgrüßen kamen. Alles nichts Besonderes, aber etwas, was sich seinen Jugendfreunden und Lehrern in das Bild fügt, das sie sich vor vierzig Jahren von ihm gemacht haben. Manche der Beispiele, die sie erzählen, wirken wie frühe Hinweise auf Gorbatschows Kunst der Menschenführung und die Art, wie er seine Politik bis heute taktisch durchsetzt. Heute rufen sich die alten Frauen natürlich jene Charakterzüge Gorbatschows aus der Erinnerung zurück, die zum Bild eines großen Generalsekretärs passen. Sicher hat die Gegenwart die Erinnerung veredelt, obwohl mir manchmal schien, daß die alten Lehrerinnen als Star unter ihren Schülern eher den in Erinnerung hatten, der später General wurde. »Wir konnten nicht ahnen, daß Gorbatschow mal einen sehr hohen Posten bekommen würde«, sagt Lydia Tschaiko. »Aber wir wußten, daß dieser Junge seinen Weg durchs Leben selbständig machen würde.«

# Studium

Gorbatschow verließ die Schule 1950 mit einem sehr guten Abschlußzeugnis. Er hatte in fast allen Fächern eine Fünf, was in Deutschland einer Eins entsprechen würde, nur eine Note trübte das Bild: Seine Leistungen im Deutschunterricht waren bloß mit »gut« bewertet worden. Offenbar hatte der junge Michail nie den Rückstand aufgeholt, der in der Dorfschule entstand, als einige Jahre kein Lehrer Fremdsprachen unterrichten konnte. So reichte es nur zu einer Silbermedaille, nicht zu der Goldmedaille, die den Zugang zum Universitätsstudium sozusagen automatisch geöffnet hätte. Michail Gorbatschow hatte aber eine sehr gute Allgemeinbeurteilung von der Schule und vom Jungkommunistenverband vorzuweisen. Für sie gab es keinen Zweifel daran, daß Michail für das Studium geeignet war: Intelligenz und schulische Leistungen waren mehr als gut, und in der Schule wie in der politischen Arbeit des Komsomol hatte er sich als aktiver und überzeugter junger Kommunist erwiesen.

Dies waren die letzten Jahre Stalins mit ihrem überzogenen Führerkult, den Huldigungshymnen und Gedichten. Niemand konnte sich erlauben, sie nicht zu kennen und zu zitieren. In den Städten, besonders unter den Intellektuellen, den Wissenschaftlern und Schriftstellern, herrschte drückende Furcht vor der Geheimpolizei Stalins und seines Innenministers Berija, die jeden verfolgte und verhaftete, der vom vorgeschriebenen Kurs abwich. Diese Furcht bestimmte auf andere Art auch das Leben der einfachen Leute auf den Kolchosen und in den Fabriken, wo kleine Arbeitsverstöße oder ein Zuspätkommen mit Gefängnis und Lager bestraft werden konnten. Zugleich aber wurden in den Zeitungen, im Radio und im Unterricht der Schulen die Lehren Stalins und die Erfolge seiner Politik gepriesen und den Menschen unablässig eingebleut. Daß die deutschen Okkupanten unter Stalins Führung aus dem Lande getrieben wurden, hatte ihn zum Retter der Sowjetunion erhoben und trug dazu bei, die ganze stalinistische Propaganda glaubwürdig zu machen. Dieser Propaganda war jeder ständig ausgesetzt, und niemand konnte es wagen, auch nur flüsternd Kritik an Stalin und seiner Partei, an der Sowjetunion und ihrer Politik, an den Schwierigkeiten des ärmlichen und harten Lebens in der Sowjetunion zu üben.

Wenigstens in den letzten drei Jahren in der Schule in Krasnogwardejsk, das damals noch Molotow hieß, war Gorbatschow unter den Einfluß dieser unablässigen politischen Erziehung gekommen, und er hatte sie auch selber als Jungkommunist an die anderen weitergegeben: als schwungvoller Redner, den der eigene Erfolg in seinen Überzeugungen bestärkte. Die Aussicht, in der Hauptstadt studieren zu dürfen, mag seinen Glauben an das System noch vertieft haben. Der Tschechoslowake Zdeněk Mlynář, der später mit Gorbatschow im vierten Studienjahr in Moskau befreundet war, schreibt, daß Gorbatschow als »Stalinist« zur Universität gekommen sei, womit er wohl meint, daß er an Stalin und Stalins Politik geglaubt habe. Mlynář selber, der aus der Tschechoslowakei an die Moskauer Universität entsandt wurde, muß bei seinen Lehrern und Funktionären ebenfalls den Eindruck absoluter politischer Zuverlässigkeit gemacht haben, sonst wäre er nicht ausgewählt worden. Beide waren als Jungkommunisten und Elitestudenten wohl überzeugte und unkritische Anhänger des Systems, das sie förderte. Das hinderte beide allerdings nicht, Reformer zu werden, Gorbatschow in der KPdSU, Mlynář in der Tschechoslowakei – er war Parteisekretär unter Dubček in der Ära des Prager Frühlings.

Von solchen Problemen freilich war der neunzehnjährige Junge, der von Priwolnoje nach Moskau reisen sollte, selbstverständlich noch weit entfernt. Manche seiner damaligen Freunde erzählen, daß er eigentlich Arzt werden wollte. Andere sagen, er habe in Stawropol an der Pädagogischen Hochschule Mathematik studieren sollen, sein Vater habe ihm dazu geraten, weil er fürchtete, Michail würde in Moskau Schwierigkeiten bekommen. Lehrer werden war zwar eine sichere Sache, bei aktiven jungen Männern allerdings als Frauenberuf verpönt. Alte Freunde Gorbatschows sind der Ansicht, es sei weder der Rat des Vaters noch die Entscheidung einer Auswahlkommission gewesen, die schließlich seine Studienrichtung bestimmten. Er allein habe beschlossen, sich um die Aufnahme in die juristische Fakultät der Moskauer Universität zu bewerben. In jenen Jahren fuhren Zehntausende von Studenten zu den Universitätsprüfungen nach Moskau, wo ein Studienplatz auf hundert oder zweihundert Bewerber kam. Wer während der Prüfungs- und Ferienzeit nicht im Wohnheim des erstrebten Instituts unterkommen konnte, schlief bei Freunden auf dem Boden oder in den überfüllten Wartesälen der Bahnhöfe. Seinem Vater soll Gorbatschow damals gesagt haben, wenn er in Moskau abgelehnt werde, habe er noch Zeit, sich in Stawropol als Fernstudent zu bewerben.

Mit einem hölzernen Koffer und etwas Verpflegung von zu Hause kam Gorbatschow nach fast zweitägiger Reise Ende August 1950 in Moskau an. Das war kurz vor Beginn des Semesters. Auf den Jungen, der bisher keine größere Stadt als Stawropol gesehen hatte, der vom Zug aus die Industriestädte noch in den Trümmern des Krieges liegen sah, muß die Hauptstadt mit den prunkvollen Mosaiken und Kronleuchtern ihrer Untergrundbahnen, mit ihren breiten Straßen, ihren großen Theatern und mit dem Kreml, in dem Stalin lebte und arbeitete, einen tiefen Eindruck gemacht haben. Was der junge Mann in der Hauptstadt sah, konnte ihm als Versprechen für die Zukunft erscheinen und als Beweis dafür, daß Stalin und die Partei recht und Erfolg hatten. So hätte die ganze Sowjetunion aussehen können, wenn konterrevolutionäre Aktivitäten und die Zerstörungen und Opfer des Krieges den Sozialismus nicht behindert und aufgehalten hätten.

Daß er von Moskau überwältigt gewesen sei, erzählt freilich keiner der Studienfreunde, die ihn zwei Wochen später zum erstenmal trafen. In der Zwischenzeit hatte sich Gorbatschow bei der juristischen Fakultät zu einem Aufnahmegespräch mit Professoren melden müssen. Er hatte nur eine Silbermedaille als Erfolg der Schulzeit vorzuzeigen, deshalb war zwar keine Prüfung, aber doch ein Gespräch zur Intelligenz- und Charakterbeurteilung notwendig. Das Ergebnis war positiv. Obwohl die Sprache des jungen Mannes vom südrussischen Dialekt gefärbt war, obwohl ihm vieles an Kenntnis und Ausdrucksweise fehlte, was für Studenten aus der städtischen Intelligenzschicht selbstverständlich war, entschieden die Professoren für seine Aufnahme.

Natürlich spielte es eine Rolle, daß Gorbatschow mit dem Orden des Roten Banners der Arbeit ausgezeichnet worden war, und ohne die gute Charakterbeurteilung seiner Vorgesetzten im Jungkommunistenverband wäre es überhaupt nicht gegangen. Aber viele Moskauer Professoren, gerade auch an der juristischen Fakultät, hatten sich selbst unter dem Druck der Stalin-Jahre bei aller Vorsicht so viel Selbständigkeit des Urteils bewahrt, daß sie nicht jeden nur politisch ausgewiesenen Kandidaten akzeptierten. Sie seien von der kühlen Sicherheit des Kandidaten aus der Provinz durchaus beeindruckt gewesen, von seinen schnellen, aber überlegten und präzisen Antworten, meinen ehemalige Mitstudenten. Für die älteren Professoren, denen das Niveau der wissenschaftlichen Ausbildung am Herzen lag, war ein Bewerber wie Gorbatschow eine angenehme Überraschung. Sie standen unter dem Druck, die Zahl der Studenten aus Intellektuellenfamilien zu vermindern und die Zahl der Arbeiter- und Bauernkinder zu erhöhen, weniger Juden und mehr Russen zum Studium zuzulassen. Stalins Mißtrauen gegen Juden und Kosmopoliten war zur antisemitischen Richtlinie von Politik und Verwaltung geworden, und die Juden wurden von führenden Positionen wie von der Universitätsausbildung ausgeschlossen. Hier bewarb sich ein hochintelligenter junger Russe, der zudem noch ein Bauernsohn war. Seine Aufnahmechancen waren ausgezeichnet.

Für Gorbatschows Entwicklung war es ein Glücksfall, daß ihn die Moskauer Universität und ihre juristische Fakultät aufnahmen. Hier hatten Spuren der geistigen Liberalität und Offenheit der alten Moskauer Universität überlebt, die vor der Revolution und noch in den zwanziger Jahren die Atmosphäre bestimmt hatten. Auch wenn die Professoren sich nun vorsichtig und eng an die Parteilinie halten mußten, gab es doch Zwischentöne, die einen intelligenten Studenten zum eigenständigen Denken anregen konnten. Das traf weniger auf Gorbatschows erste Studienjahre zu, nach Stalins Tod aber brach die Tauwetterperiode an und schuf größere Spielräume.

Es hätte freilich für einen Jurastudenten auch anders kommen können. Schließlich waren spätestens seit den Schauprozessen der dreißiger Jahre Recht und Gesetz außer Kraft und den Forderungen Stalins und der Partei total unterworfen. Generalstaatsanwalt Andrej Wyschinskij hatte die Schauprozesse gegen hohe Funktionäre der Partei, angebliche Gegner Stalins, mit Haßtiraden, gefälschten Dokumenten und erzwungenen Geständnissen geführt. Die Folter war in der sowjetischen Justiz zu einem gängigen Mittel geworden, mit dem unsinnige und groteske Geständnisse erpreßt wurden, die lediglich einer formalen Urteilsbegründung in geheimen, nichtöffentlichen Prozessen dienten. Millionen Menschen waren von den sogenannten Dreiergruppen der Geheimpolizei, den Troikas, ohne gerichtlichen Prozeß zu Hinrichtung oder Lagerhaft verurteilt worden. Aber Juristen wurden gebraucht, um die Entscheidungen zu begründen und mit Paragraphen zu belegen. Die Schulung solcher Juristen pervertierte das Denken einer ganzen Nachwuchsgeneration.

Für die Moskauer Universität galt das nicht uneingeschränkt. Dies war die älteste Hochschule Rußlands, an der die Elite der russischen Intelligenz studiert hatte, und die nur die Besten aus der Sowjetunion zu Vorlesungen und Seminaren zuließ. Hier wurden in einiger Breite Jura, Geschichte der europäischen Rechtsphilosophie und die marxistischen Klassiker gelehrt, wenn auch gefärbt von der Enge der stalinistischen Ideologie, der sich niemand entziehen konnte. So kam der junge Michail Gorbatschow in eine Atmosphäre, die sich von dem, was er kennengelernt hatte, völlig unterschied. Das lag auch an den Studenten, die sich bei aller Linientreue als selbständiger in ihrem Denken und sogar in ihrer Art zu reden erwiesen. Die meisten von ihnen kamen aus Familien, die zur gebildeten Schicht der Intelligenzija gehörten. Sie waren aufgewachsen unter Journalisten, Wissenschaftlern, höheren Beamten. Viele von ihnen beherrschten Fremdsprachen und hatten eine breitere Kenntnis der russischen Kultur, als sie Gorbatschow von der Schule in Molotow mitbringen konnte. Er hatte in seiner Schulbibliothek fleißig nach Material gesucht, das die Textbücher ergänzte. Andere Studenten aber waren mit der Bibliothek ihres Vaters aufgewachsen, hatten manche der politischen Klassiker im Original gelesen, während Gorbatschow nur einseitig ausgewählte Zitate kannte, die in die Parteilinie paßten. Einige waren im Krieg gewesen und hatten andere Länder Osteuropas gesehen. Sie waren zum Teil auch älter als Gorbatschow, obwohl er in den Kriegsjahren in der Dorfschule Zeit verloren hatte und nicht zu den Jüngsten gehörte. Gorbatschow war hier ein Außenseiter, ein Provinzler. Er trug immer noch denselben Anzug, den er anläßlich der Ordensverleihung gekauft hatte. Seine Kleidung wies ihn ebenso wie seine Sprache und eine gewisse Unerfahrenheit als einen Mann vom Dorf aus.

Um so bemerkenswerter ist es, daß Michail Gorbatschow sehr schnell von anderen Studenten seines Kurses akzeptiert wurde und daß er – noch ungewöhnlicher – seine drei engsten Freunde unter Studenten fand, die durch ihre besondere Intelligenz oder durch ihre Herkunft auffielen: einer war Jude, einer Tschechoslowake und einer Russe, alle älter als er. Daß auch Gorbatschow als Junge vom Lande auf seine Art ein intelligenter Außenseiter war, erklärt noch nicht, warum die drei anderen ihn als Freund annahmen, und noch weniger, warum er selber mit einem Ausländer und einem Juden in einer Zeit Freundschaft schloß, als das zu Verdächtigungen und Benachteiligungen führen konnte.

Am 1. September 1950 zog Gorbatschow in das Zimmer 336 im Studentenheim an der Stromynkastraße. Es war eine lange Straßenbahnfahrt von der Universität entfernt, damals fast noch am Rande Moskaus. Sechzehn Studenten teilten sich den Raum, es gab sechzehn Betten und neben jedem ein Nachtschränkchen, nicht ganz so viele Stühle und einen riesigen Tisch, an dem sie sitzen konnten, wenn sie frühstückten, Geburtstage feierten oder diskutierten. Einen Schrank gab es nicht, Toiletten und Waschraum lagen auf der anderen Seite des Gangs. Die meisten Studenten bekamen ein Stipendium von – nach heutiger Rechnung – neunundzwanzig Rubeln im Monat. Wer mit einer Goldmedaille kam und alle Prüfungen mit »sehr gut« bestand, wer also zu den »Ausgezeichneten« gehörte, bekam sechsunddreißig Rubel. Ein paar hatten noch eine Zulage, weil sie mit einem Stalin-Stipendium ausgezeichnet waren.

Rudolf Koltschanow, ein Stalin-Stipendiat und heute Chefredakteur der Gewerkschaftszeitung *Trud*, lernte Gorbatschow in diesem Zimmer 336 am ersten Tag des ersten Semesters kennen. »Wir waren arme Studenten. In den fünfziger Jahren hatte man bei uns auch nicht gerade satt zu essen. Und das Stipendium war nicht eben besonders hoch. Gegen Monatsende haben wir uns von süßem Tee und trockenem Brot ernährt. Niemand hatte mehr Geld, wenn das Stipendium für den nächsten Monat ausgezahlt wurde. Manche bekamen etwas von ihren Eltern geschickt, Michail zum Beispiel bekam Speck und andere kleine Sachen aus seinem Dorf, und es kam nie vor, daß er uns andere nicht eingeladen hätte, obwohl seine Pakete auch nur klein waren.«

Ein anderer Studienkollege, der heute pensionierter Staatsanwalt ist, leckt sich noch die Lippen, wenn er von der Hausmacherwurst und dem Speck erzählt, die Gorbatschows Eltern aus dem Dorf nach Moskau schickten. Denn das Mensa-Essen war dürftig. In einem kleinen Laden gegenüber, so erinnern sich manche, konnte man damals Lebensmittel bekommen – mehr als es heute gibt, sagen sie. Aber meistens hatten sie kein Geld, um einzukaufen. Wladimir Kusmin, der ehemalige Staatsanwalt, meint: »Wenn das Stipendium verteilt wurde, fühlten wir uns zwei Tage lang als die reichsten Leute der Welt, aber lange vor Monatsende reichte es schon nicht mehr. Für die damalige Zeit hatten wir nicht viel, heute würde man es für gar nichts halten. Aber wir haben gelebt und studiert. Wenn wir auch nicht satt wurden, war es doch immer lustig wie unter Freunden. Damals, da konnten wir uns noch verlieben und den Mädchen nachlaufen und tanzen gehen und Feste feiern, wie man das als armer Student eben so kann.«

Und Rudolf Koltschanow ergänzt: »Wir waren in unserem Zimmer ganz fröhlich. Einige konnten Instrumente spielen, wie Wladimir Kusmin, andere konnten singen. Gorbatschow sang ausgezeichnet. Er hatte zwar kein gutes Gehör, aber singen konnte er hervorragend. Nach den Diskussionen oder zur Erholung an freien Tagen haben wir viel gesungen und viel Blödsinn gemacht, obwohl wir doch schon groß waren. Ich erinnere mich noch, einmal haben Mischa Gorbatschow und ich das Lied gesungen ›Über Rußland ist der Himmel blau‹, wir haben schön laut gesungen, weil es uns selbst gefallen hat. Aber das war schon nach Mitternacht, und der Hausmeister kam, und wir mußten aufhören.

Im Wohnheim nannten sie unseren Raum oft das ›offene Zimmer‹. Nicht, weil man's nicht abschließen konnte, obwohl es tatsächlich gar kein Schloß gab, wir waren ja arm, und zu stehlen gab es gar nichts. Offen nannten sie unser Zimmer, weil gerade bei uns so viel diskutiert wurde. Da kamen andere Studenten, auch aus anderen Semestern, und wir diskutierten alle möglichen Probleme. Diskutiert wurde endlos. Mal klug, mal nicht so klug, mal über innere Probleme, mal über Außenpolitik, über alles wurde ständig gesprochen. Was Michail in den Diskussionen gesagt hat, erinnere ich nicht mehr. Ich weiß ja auch nicht mehr, was ich gesagt habe, aber ich weiß genau, wie sehr er sich an diesen Diskussionen beteiligt hat. Und ich erinnere mich auch noch: Er konnte ausgezeichnet zuhören, auch wenn einer eine andere Meinung hatte. Er hat die Meinung der anderen immer respektiert. Aus einem Streit machte er nie eine scharfe Polemik mit Schimpferei oder gar Prügelei. Wir waren junge Leute, und da konnte sich das Verhalten zu einem Mitstudenten schon mal verschlechtern. Aber dann fand er immer irgendwelche Worte, mit denen er dafür sorgte, daß die Diskussion fortgeführt werden konnte, ohne daß wir übereinander herfielen, ohne die Situation zu verschärfen. Aber ich muß auch sagen, daß er nie von seinen Prinzipien abgewichen ist. Wenn er seine Position für richtig hielt, blieb er dabei. Er konnte sie auch gut darlegen und andere überzeugen. Wenn er jedoch sah, daß sich sein Gesprächspartner nicht überzeugen ließ, dann hat er das auch akzeptiert. Er neigte nie zu Extremen, daran kann ich mich sehr gut erinnern.«

»Ich saß im Flur des Studentenheims, als ich einen gutaussehenden jungen Mann mit einem kleinen Koffer kommen sah, er war angezogen wie einer vom Dorf«, erinnert sich Wladimir Kusmin. »Er fragte, wo ein Platz für ihn wäre. Das war Ende August oder Anfang September 1950. Von den sechzehn Betten waren noch nicht alle belegt, aber um dem Neuen einen Streich zu spielen, zeigten wir ihm das unbequemste Bett. Er fragte nicht und klagte nicht und schien froh, einen

Platz gefunden zu haben. Er war entwaffnend. Erst kam er uns etwas seltsam vor. Es gab noch billigen Wodka, im Geschäft gegenüber vom Wohnheim, aber Gorbatschow trank nicht, und das machte uns mißtrauisch. Aber das war nur am Anfang so. Bald hatte er mit vielen Freundschaft geschlossen. Wir waren sechzehn im Zimmer, und er war der einzige, der sich nie mit anderen stritt, und das, glauben Sie mir, war nicht einfach. Und er war hilfsbereit, gutmütig. Einmal mußte ich sehr früh morgens zum Bahnhof. Es war Winter und bitter kalt, ich stand morgens um fünf Uhr auf und wollte gerade gehen, als Gorbatschow aufwachte, meine dünne Jacke sah und sagte: ›Nimm lieber meinen Mantel, der ist wärmer.‹ Wenn wir auf unseren Betten nebeneinander lagen, redeten wir offen, aber natürlich leise, und auch das nur, wenn keiner da war. Die Zeiten waren böse und gefährlich, und ein unbedachtes Wort konnte den Verweis von der Universität bedeuten – im günstigen Fall.«

Ludmilla Komarowa, heute Professorin, meint, sie sei im Hörsaal gleich auf Mischa aufmerksam geworden, weil er schon einen Orden hatte. Einen Orden für Arbeit, das war immerhin ungewöhnlich – nur einige ältere Studenten besaßen Kriegsauszeichnungen.

»Sympathisch war mir, daß er alles mit seinen eigenen Kräften erreichte. Er hatte keine einflußreichen Verwandten oder Bekannten, war nicht einmal aus Moskau, er kam aus Stawropol, er kam ganz allein. Er war nicht viel älter als ich, wir waren praktisch gleichaltrig, aber da war ein junger Mensch mit einem Orden. Als wir uns etwas näher kennenlernten, im Laufe des Studiums, imponierte uns allen, daß er ein ganz normaler und guter Kamerad war, immer zu einem Scherz bereit. Wir haben ihn dann in der Fakultät ins Büro der Gewerkschaft und am Jahresende auch ins Büro des Jungkommunistenverbands gewählt. Aber er hat sich nie besonders produziert und auch später nicht als Komsomolvorsitzender der Fakultät aufgespielt.«

»Gorbatschows Bescheidenheit hat mich umgeworfen«, erzählt Wladimir Liberman, einer seiner engeren Freunde aus der Studentenzeit. »Das war, als wir zur Lateinprüfung gingen. Da sah ich, wie Gorbatschow vor der Tür seinen Orden abnahm. Da habe ich meine

Kriegsauszeichnung auch abgenommen, und in der Prüfung bekamen wir beide nur eine Vier, die zweitbeste Note. Mit den Orden hätte uns der Professor – der hatte Ehrfurcht vor Orden – vielleicht ein bißchen besser behandelt, weil wir irgendwie wie Respektspersonen ausgesehen hätten. Daß wir nicht die höchste Note bekamen, wirkte sich ganz erheblich aufs Stipendium aus. Denn Vierer-Kandidaten bekamen wesentlich weniger als die Ausgezeichneten.«

Im Fakultätsbüro des Komsomol war Gorbatschow für den Lehr- und Erziehungssektor zuständig. Seine politische Karriere begann an der Universität, wenngleich mit kleinen Schritten. Andere Studenten hatten oft keine Lust, Funktionen im Jungkommunistenverband zu übernehmen. Schließlich gab es sechs Studientage in der Woche, danach mußte man allein oder mit Freunden weiterarbeiten, schließlich gab es sogenannte gesellschaftliche Aktivitäten der Gewerkschaften und des Jungkommunistenverbandes. Da blieb ohnehin nicht viel Zeit für ein Privatleben, und gerade unter den intellektuellen Studenten legte man nicht nur Wert darauf, ins Theater zu gehen oder Bücher zu lesen, sondern verteidigte schon aus Prinzip seine Freizeit, so gut es ging, gegen politische Routineveranstaltungen.

Unter denen, die in der Jungkommunistenorganisation oder in den Gewerkschaften Funktionen übernahmen, waren manche, die darin ihre Aufgabe fanden, und viele Karrieristen, die ohne besonderen Enthusiasmus ihre Arbeit taten. Von jener Begeisterung, die in den zwanziger Jahren die Jungkommunisten auszeichnete, war wenig geblieben. Nun waren es häufig junge Männer, die sich auf eine Lauf bahn als Parteiarbeiter, vielleicht an der Universität oder in einem wissenschaftlichen Institut, vorbereiteten. Manche waren Söhne von höheren Funktionären, die die Aufnahme an die Universität Beziehungen verdankten. Oft merkten sie nach einiger Zeit, daß sie mit den intellektuellen Leistungen der Kameraden nicht mithalten konnten und daß ihnen eine erfolgreiche Karriere als Forscher und Lehrer verschlossen bleiben würde. Dafür übernahmen sie freiwillig die »gesellschaftliche Arbeit«, veranstalteten Diskussionen, politische Kurse und Versammlungen.

1

1
Großvater Pantelej Jefimowitsch, Vorsitzender des Dorfsowjets, Großmutter und der sechsjährige G.

Die historischen Fotos sind nicht von gewohnter Qualität – einmal aufgrund ihres Alters, dann auch, weil sie zum Teil in Vitrinen liegend aufgenommen wurden.
Einige Fotos wurden von Videomaterial abgenommen, was zu einer gewissen Unschärfe führt (z. B. die Dokumente).

2 bis 4
Ausschnitte aus Abb. 1

5 und 6
Bauern aus dem Dorf Priwolnoje vor Beginn der Aussaat im März 1932

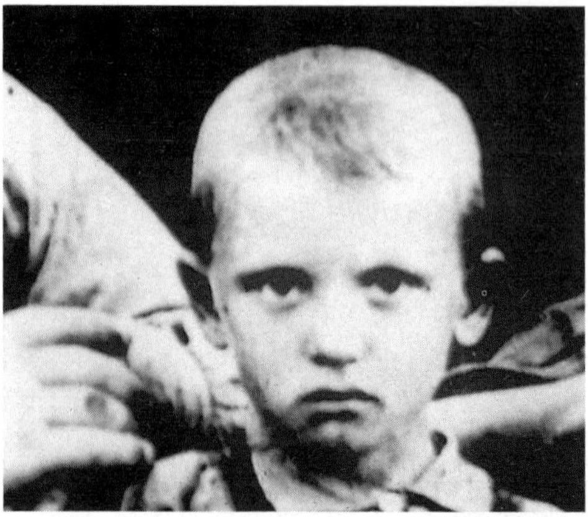

2

3

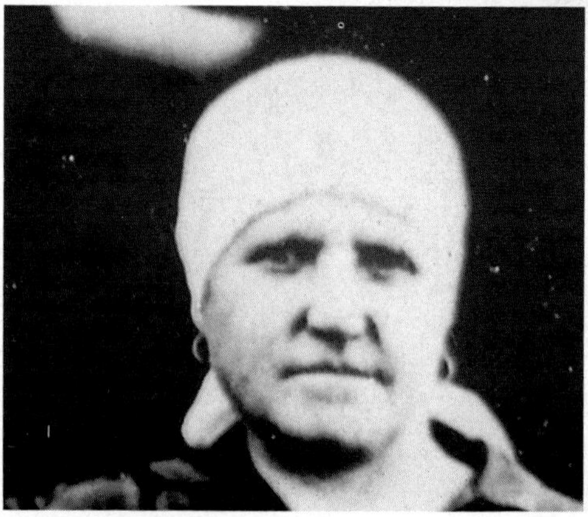

4

5, 6

7
In diesem Haus hatte G. einen Schlafplatz, als er im Ort Krasnogwardejsk zur Mittelschule ging

8
G. (2. von rechts, mit schwarzer Perücke) bei einer Schüleraufführung

9
Mähdrescher, auf dem G. und sein Vater arbeiteten

10
G. (rechts oben) mit Mitschülern in Priwolnoje

7

8

9

10

11

12

3

14

15

11
G.s Vater mit seinen Kriegs- und Arbeitsorden

12
Grabstätte, die G. für seinen Vater in Priwolnoje anlegen ließ

13
Haus der G.s, in dem die Mutter heute noch wohnt

14
G.s Mutter, Maria Pantelejewna

15
G. mit Raissa und Mutter in Priwolnoje, 1989

16
oben: Zeugnis über G.s Arbeit als Traktorist und Auszeichnung mit dem Orden „Rotes Banner der Arbeit" von 1949
Mitte: Zeitungsausschnitt über die Auszeichnung in der Komsomolzeitung des Bezirks, 20. Juli 1948
unten: G., 1950

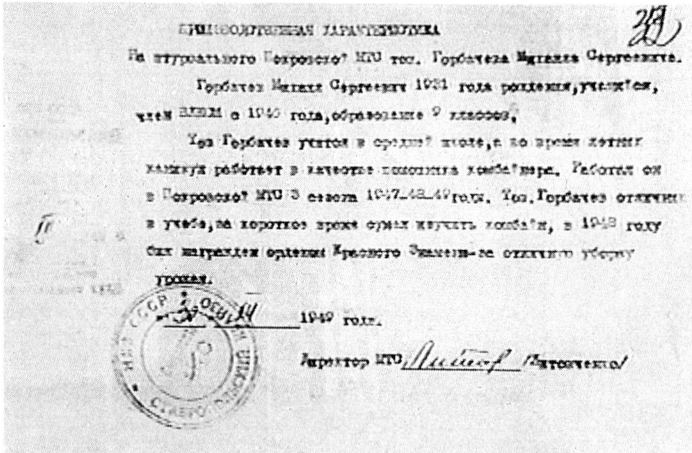
ПРОИЗВОДСТВЕННАЯ ХАРАКТЕРИСТИКА

На штурвального Покровской МТС тов. Горбачева Михаила Сергеевича.

Горбачев Михаил Сергеевич 1931 года рождения, учащийся, член ВЛКСМ с 1946 года, образование 9 классов.

Тов. Горбачев учится в средней школе, а во время летних каникул работает в качестве помощника комбайнера. Работал он в Покровской МТС 3 сезона 1947-48-49 годы. Тов. Горбачев отличник в учебе, за короткое время сумел изучить комбайн, в 1948 году был награжден орденом Красного Знамени за отличную уборку урожая.

[illegible] 1949 года.

Директор МТС [signature] /Литовченко/

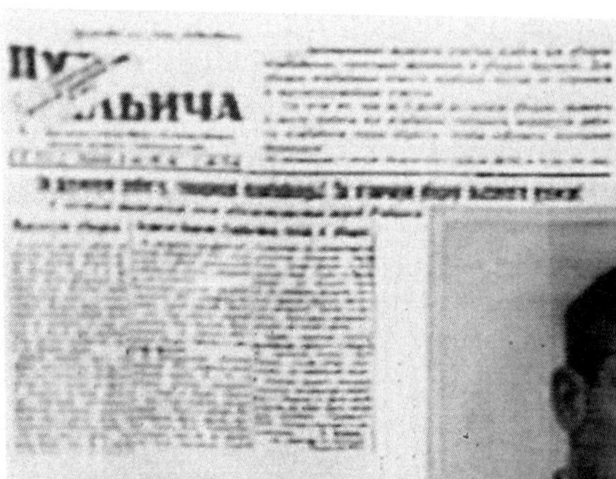
ПУ[illegible]ЛЬИЧА

[illegible]

16

Wenn sie sich politisch bewährten, und das konnte auch Bespitzelung der Mitstudenten bedeuten, durften sie damit rechnen, daß man ihnen, wenn nötig, ein zusätzliches Studienjahr vor der Prüfung bewilligte oder die Zeit für die Examensarbeit verlängerte. Nicht alle von ihnen waren Zyniker, aber wenn sie eine Politik des Idealismus und der Opfer propagierten, unterwarfen sich doch die Wenigsten den eigenen Forderungen. Der Unterschied zwischen der Ideologie, die sie verkündeten, und der täglichen Arbeit, die sie taten, war offensichtlich. Sie vertraten lautstark die politische Linie, entzogen sich aber der politischen Diskussion über Inhalte und Begriffe, denn solche Diskussion hätte ja unorthodoxe Argumente einbeziehen und behandeln müssen, und es war verboten und gefährlich, sie überhaupt heranzuziehen, selbst wenn man sie lediglich widerlegen wollte.

Andere Studenten, und unter ihnen gerade die mit hoher Intelligenz und starken wissenschaftlichen Interessen, bemühten sich, ihr Privatleben von politischen Aufträgen freizuhalten. Sie suchten Gründe, um auf politischen Versammlungen fehlen zu dürfen. Sie äußerten keine Kritik am herrschenden System, denn das mußten sie in der Öffentlichkeit oder auch im Gespräch unter Freunden aus Sicherheitsgründen ohnehin vermeiden. Viele hatten sich auch noch keine eigene Meinung gebildet oder gar Fakten gesammelt, die ihre vage Ablehnung des Regimes hätten unterfüttern können. Gelegentlich verurteilten Zeitungsartikel die Gleichgültigkeit solcher Studenten.

Man kann Gorbatschow weder der einen noch der anderen dieser Studentengruppen zurechnen, und auch nicht der größten Gruppe, die zwischen beiden einfach die rechte Mischung von politischem und wissenschaftlichem Eifer zeigte. Allerdings, Gorbatschow wurde Komsomolfunktionär und sollte zwölf Jahre lang im Jungkommunistenverband seine Karriere finden. Aber er geriet nicht aus einer Funktionärsfamilie automatisch in eine Funktionärskarriere. Bei seiner Auswahl kann seine frühere Tätigkeit in den Jungkommunistengruppen der Schule nicht die Hauptrolle gespielt haben. Solche Jugendfunktionäre gab es zu Hunderttausenden, und nur wenige schafften den Weg zu den Universitäten, die kaum ein Prozent der Gesamtbevölkerung aufnahmen. Von diesen Studenten entstammten auch nach der offiziellen Statistik nur ein Drittel der Arbeiter- und Bauernklasse. Tatsächlich waren es weniger, Nikita Chruschtschow sprach später von acht bis zehn Prozent, denn unter denen, die als Kinder von Arbeitern und Bauern bezeichnet wurden, waren viele, deren Väter zwar vor langen Jahren einmal Arbeiter gewesen waren, aber längst zur Funktionärsschicht gehörten.

»Im allgemeinen«, sagt Ludmilla Komarowa, »hatten wir Studenten aus Moskau keinen großen Respekt vor den Komsomol-Funktionären. Meistens waren sie Streber, die sich aufspielten, im günstigsten Fall Kriegsteilnehmer mit Auszeichnungen. Die meisten von ihnen lagen uns nicht. Aber Michail Gorbatschow war anders. Er wies nicht dauernd auf seine dörfliche Herkunft hin, oder auf seinen Orden, was normale Aufsteiger bestimmt getan hätten, weil die Oberen das schätzen. Im Gegenteil, wir sahen, daß er sich den Studenten anschloß, die wissenschaftlich arbeiteten und sich für Kultur und Bildung interessierten. Und er tat das, ohne sich anzubiedern und ohne daß es peinlich war.« Wladimir Liberman meint: »Als wir das Komsomolbüro wählten, stand sein Name sehr weit vorne, und das war ganz natürlich. Er war einer von den Unseren, war zuverlässig, und wir wußten, daß er die Dinge ernst nahm. Auch im dritten Jahr an der Universität, als er in die Partei aufgenommen war, hielt er nicht auf Abstand und gab sich nicht offiziell, wie das bei manchen anderen war. Er blieb ein guter Mann, den wir leiden konnten.«

Michail Gorbatschow lernte damals einen jungen Komsomolfunktionär kennen, an dem ihm Nüchternheit und Zurückhaltung, gepaart mit Fleiß und Organisationsfähigkeit – ein wenig Gorbatschows eigene Merkmale – gefielen. Anatolij Lukjanow ist heute im Obersten Sowjet der UdSSR Stellvertreter Gorbatschows im höchsten Staatsorgan. Bei seiner umstrittenen Wahl, als sich viele Delegierte gegen ihn als einen farblosen Mann des Apparats wandten, verteidigte ihn Gorbatschow mit der Bemerkung, er brauche einen Vertreter, auf dessen Arbeit er sich unbedingt verlassen könne. Zu dieser Zeit kannte er ihn schon mehr als fünfunddreißig Jahre, denn an der Moskauer Universität war Lukjanow sein Vorgesetzter gewesen. Lukjanow hatte damals als Sekretär im Komsomolbüro der Rechtsfakultät seinen Mitarbeiter sogar einmal öffentlich tadeln müssen. Das war im Oktober 1953, und das offizielle Dokument liest sich so: »In der Rechtsfakultät fand die Wahlversammlung des Komsomol statt. Man wies auf eine Reihe ernster Mängel in der Arbeit des Komsomolbüros der Fakultät und der Kurse hin. Einer der Mängel ist die schwache Erziehungsarbeit. Von 750 Komsomol-Studenten bestanden nur 633 den Kurs der Frühjahrssession mit ›sehr gut‹ und ›gut‹. Das Fakultätsbüro ergriff keine wirksamen Maßnahmen, um die Fortschritte zu steigern. Obwohl der Sektor des Büros, der für den Unterricht zuständig ist, auch ›Lehr- und Erziehungssektor‹ heißt (Genossen Gorbatschow und Serebrjakow), leistete er faktisch keine erzieherische Arbeit. Von den Mängeln der politisch-erzieherischen Arbeit an der Rechtsfakultät zeugt deutlich, daß viele Komsomolmitglieder aus den höheren Kursen schon kurz vor den Wahlen zur neuen Zusammensetzung des Büros die Versammlung verließen. Das neue Komsomolbüro an der Rechtsfakultät muß endlich verstehen, daß die Erziehungsarbeit das Wichtigste ist.«

Einen schweren Vorwurf gegen Gorbatschow kann man aus diesem Text allerdings nicht herauslesen, die Sprache läßt eher das Routinehafte der Komsomolarbeit erkennen. Zwar stellten sich die Komsomolfunktionäre gern als enthusiastische Aktivisten dar, aber sie hatten den Führungsstil der Parteibürokratie übernommen und benahmen sich im Grunde wie angehende Mitglieder der Neuen Klasse.

Wie gesagt, Michail Gorbatschow war ein Student, der wirklich aus einer Bauernfamilie stammte, der auf dem Lande gearbeitet hatte und dafür sogar ausgezeichnet worden war, der sich in der politischen Arbeit in der Schule ebenso bewährt hatte wie in akademischen Prüfungen. So gab es für ihn eine Aufstiegserwartung, die besser war als bei den Karrieristen unter den Jugendfunktionären. Für ihn war die Ausgangsposition anders: Wer so direkt aus dem Dorf an die berühmteste Universität der Sowjetunion gelangte, der konnte noch ehrlichen Enthusiasmus für die Arbeit von Jungkommunistenverband und Partei aufbringen. Gorbatschow war mit Sicherheit alles andere als ein Zyniker, eher ein Provinzler mit typisch naiver Begeisterung für das, was er an der Universität und in der Hauptstadt erlebte.

Das waren Gorbatschows nächste Mitstudenten nun aber gerade nicht. Einige hatten schon andere Lebenserfahrungen als in der Schule sammeln müssen. Jurij Topilin und Wladimir Liberman waren beide im Krieg gewesen und mit Auszeichnungen zurückgekommen. Topilin stammte aus einer Intellektuellenfamilie in Moskau. Wladimir Liberman kam aus einer Familie jüdischer Juristen. Seine Eltern und Großeltern hatten zu der kleinen Zahl von Juden gehört, die schon vor der Revolution in einer der Großstädte des Zarenreiches leben durften. Der dritte in der Gruppe enger Freunde wurde im letzten Studienjahr Zdeněk Mlynář aus der Tschechoslowakei. An ihm bewunderten die anderen, daß er vier Sprachen beherrschte und eine klassische europäische Schulbildung genossen hatte. »Das war eine ziemlich ungewöhnliche Gesellschaft für einen Jungen aus der Provinz«, meint Wladimir Liberman heute. »Wir drei anderen waren mit viel größerem Gepäck an Bildung von zu Hause gekommen. Außerdem: Zdeněk war zwar als Kommunist aus einem sozialistischen Land entsandt, aber dies war eine Zeit, in der jede Freundschaft mit Ausländern verdächtig war, auch mit Leuten aus sozialistischen Ländern. Gorbatschow wußte damals sicherlich nicht, daß Mlynář jüdischer Abstammung ist, ich selber wußte es nicht, und die Behörden wohl auch nicht. Das hätte alles noch schwieriger gemacht.«

Als Mlynář später einmal eine bloße Urlaubskarte aus Prag nach Priwolnoje geschickt hatte, erfuhr er von Gorbatschow, daß der örtliche Polizeichef persönlich mit der Karte aufs Feld gekommen war, wo Gorbatschow mit seinem Vater in den Ferien arbeitete. Die Karte aus dem Ausland war eine verdächtige Angelegenheit. Gorbatschow, so berichtete Mlynář, habe darüber gelacht, daß man etwas, was aus dem Ausland kommt, nur über die Polizei erhalten könne.

In den Jahren des Kampfes gegen die »Kosmopoliten«, wie in Stalins letzten Lebensjahren die Juden bezeichnet wurden, war der Umgang mit ihnen karriereschädigend. Um so ungewöhnlicher ist es, daß der Dorfjunge aus Priwolnoje, der im Jungkommunistenverband der Universität Funktionär geworden war, Freundschaft mit einem intellektuellen Juden wie Liberman schloß, dessen unorthodoxe und scharfsinnige Gedanken ihn in späteren Jahren mehrfach in Konflikte mit der Partei führen sollten. Alle drei seiner Freunde waren Parteimitglieder und hatten dort schon Funktionen innegehabt, ehe Gorbatschow 1952 in die Partei aufgenommen wurde.

Gorbatschow hatte sich drei ungewöhnliche und schwierige Freunde ausgesucht, aber ebenso bemerkenswert war, daß sich diese drei mit ihm anfreundeten, obwohl sie selber aus einer ganz anderen Welt kamen und geläufig über Dinge reden konnten, von denen Michail Gorbatschow noch nie gehört hatte. Sie kannten Autoren, deren Namen in Gorbatschows Schulbibliothek mit Sicherheit nicht auftauchten. Liberman und Mlynář hatten Marx und Hegel auf Deutsch gelesen, sie konnten mit Zitaten der Klassiker spielen, die in den stalinistischen Textbüchern nicht vorkamen, wenn sie einmal Marx als Zeugen dafür zitierten, daß in der künftigen kommunistischen Gesellschaft jede Frau sich die Männer so frei aussuchen könne wie Männer in einer kapitalistischen Gesellschaft die Frauen. Sie machten Witze über eine ernste Hochschullehrerin, deren Anrufung des Klassenkampfes sie in all ihren Wiederholungen persiflierten.

»Nach dem Krieg war der Bildungsunterschied zwischen den Schulen auf dem Lande und in der Stadt sehr groß«, sagt Rudolf Koltschanow. »Im ersten Studienjahr war der Unterschied in der Ausbildung spürbar. Aber Gorbatschow arbeitete soviel, mit so großer Ausdauer und Arbeitsliebe, und zwar von Anfang an, daß der Unterschied immer kleiner wurde und spätestens im dritten Studienjahr überhaupt nicht mehr bestand.«

»Von den anderen Kommilitonen hob er sich deutlich ab durch seine Aktivität in den Seminaren, durch das gründliche Studium der Materialien und Quellen, überhaupt im Niveau. Da war ein ihm angeborener Intellekt, anders kann man es nicht ausdrücken«, berichtet Liberman.

Der junge Gorbatschow hatte auch Mut. In einer Vorlesung ärgerten sich die Freunde über den Professor, der in seiner volkswirtschaftlichen Vorlesung fast ausschließlich Passagen aus Stalins Aufsatz über Fragen der Ökonomie zitierte, die längst zum auswendiggelernten, orthodoxen Kanon gehörten. Einer schrieb einen Zettel an den

Professor: auf solche Vorlesungen wolle man verzichten, lesen könne man schließlich selber. Das war ein Akt der Aufsässigkeit, wie er einem Professor gegenüber nicht erlaubt war und leicht so ausgelegt werden konnte, daß einen die Stalin-Zitate langweilten. Der Zettel ging auf den Hörsaal-Pulten zwischen den Freunden hin und her, einer mußte unterschreiben, wenn man ihn an den Professor schikken wollte, und das tat Gorbatschow. Später mußten der Professor besänftigt und ein kleiner Skandal verhindert werden. Was Gorbatschow vor einer Strafe bewahrte, wissen seine Freunde nicht. Vielleicht sein Ansehen als aktiver Student und Komsomol-Funktionär.

Anfang 1953 wagte sich Gorbatschow noch weiter vor. Wladimir Liberman hat ihm das nicht vergessen: »Im Februar 1953, ungefähr einen Monat, nachdem die Zeitungen von der Verhaftung einer Gruppe von Ärzten berichtet hatten, die sie die ›Mörder-Ärzte‹ nannten, fand in unserem Studienkurs eine Parteiversammlung statt. Die Ärzte, denen man vorwarf, hohe Parteifunktionäre vergiftet zu haben, waren überwiegend jüdischer Herkunft. Ich weiß nicht mehr genau, was ich auf dieser Parteiversammlung gesagt habe, aber vielleicht so etwas wie: ›Soll ich als einziger Jude unter euch die ganze Verantwortung übernehmen müssen für alles, was Juden überhaupt tun?‹ Das hielt einen unserer Kommilitonen aber nicht davon ab, mich anzugreifen. Sein Vater war den Säuberungen zum Opfer gefallen, man kann verstehen, daß er sich auf dieser Versammlung zu Wort melden wollte. Er sprach über mich. Alle schwiegen. Gorbatschow ergriff das Wort. Es gab nur ganz seltene Fälle, sie kamen wirklich nicht sehr oft vor, in denen seine Verärgerung und sein Zorn durchbrachen. Jeder weiß, daß Gorbatschow eine ungeheure Selbstbeherrschung hat, eine selten gute Selbstbeherrschung, die er sich bis heute bewahrt hat. Aber zu momentanen Ausbrüchen kommt es hin und wieder, auch heute noch. Soweit muß man ihn aber erst einmal bringen. Zu so einem Ausbruch also kam es nach dem Auftritt des jungen Mannes, von dem ich sprach. Gorbatschow sagte zu ihm: ›Du, du bist ein rückgratloses Vieh.‹ Sie können sich vorstellen, was Gorbatschow mit diesen Worten verurteilen wollte: Prinzipienlosigkeit. Daraufhin hörte das ganze Gerede um meine Person auf.«

Gorbatschows Verhalten war unter den damaligen gesellschaftlichen Bedingungen ein großes Wagnis. Man mag den Ausbruch seinem Charakter und seinem Temperament zuschreiben, aber vor allem ist bemerkenswert, daß die Angelegenheit ohne schlimme Folgen blieb. Denn dies war eine Zeit, in der Stalins Terror auf einen letzten Höhepunkt zusteuerte.

Gegen Ende der vierziger Jahre trug Stalin, der Sieger im Machtkampf in der Partei und im Zweiten Weltkrieg, alle Anzeichen eines wahnhaften Mißtrauens, das sich gegen alle Welt, auch gegen die Männer in seiner nächsten Umgebung, besonders aber gegen Juden richtete. In den besetzten Staaten Osteuropas hatte er schon Säuberungen durchführen lassen, bei denen sich kommunistische Führer nach Folterungen als Agenten des Zionismus, des amerikanischen Imperialismus oder – nach dem Bruch mit Tito – des jugoslawischen Geheimdienstes schuldig bekannten. Nun bereitete er auch für die Sowjetunion eine neue Säuberung vor.

In einigen Republiken, besonders in der Ukraine, machten die örtlichen Führer offen Politik mit dem Antisemitismus. Aus Gorbatschows Heimat gibt es keine Berichte dieser Art: Im Land der Bauern und Kosaken hatte der Antisemitismus zwar Tradition, aber er war zu dieser Zeit nicht so virulent wie in anderen Gebieten der UdSSR. Die Kriminalberichte in den sowjetischen Zeitungen waren voller jüdischer Familiennamen. Die Zulassung von Juden zu den Universitäten wurde durch Quoten beschränkt.

Nikita Chruschtschow erzählt in seinen Memoiren, Stalin persönlich habe ihm den Befehl gegeben, in der Flugzeugfabrik Nr. 30 Pogrome zu veranstalten, weil die Arbeiter dort mit den Arbeitsbedingungen unzufrieden waren. Er schlug Chruschtschow vor, Knüppel an die Arbeiter verteilen zu lassen, damit sie die Juden in der Fabrik nach Feierabend durchprügeln könnten. Stalin habe auf Politbüro-Sitzungen die jüdisch-russische Aussprache imitiert und sich offen antisemitisch geäußert, erinnert sich Chruschtschow. 1948 hatte er die überlebenden Mitglieder des Jüdischen Antifaschistischen Komitees, darunter hohe Parteifunktionäre, verhaften, foltern und erschießen lassen. Die Kampagne gegen die sogenannten »wurzellosen Kosmopoliten« führte zur Ermordung jüdischer Schauspieler und Schriftsteller. 1952 kam es dann zu den Verhaftungen jener Ärzte, die Stalin für Verschwörer gegen Leben und Gesundheit der Staats- und Parteiführung hielt. Eine Medizinerin, die Mitarbeiterin der Staatssicherheitsorgane war, hatte diese Ärzte beschuldigt. Zu jener Zeit nutzten die führenden Männer des Ministeriums für Staatssicherheit längst Stalins antisemitischen Verfolgungswahn.

»Ein solcher Brief genügte Stalin, um daraus zu folgern, daß es in der Sowjetunion ein Ärztekomplott gebe«, berichtete Chruschtschow 1956 auf dem XX. Parteikongreß. »Er befahl, eine Gruppe hervorragender medizinischer Spezialisten zu verhaften. Hier auf dem Parteitag ist der ehemalige Minister für Staatssicherheit, Genosse Ignatjew. Stalin erklärte ihm: ›Wenn Sie kein Geständnis von den Ärzten beschaffen, dann werden wir Sie um einen Kopf kürzer machen.‹ Stalin berief den Untersuchungsrichter zu sich, erteilte ihm Instruktionen und gab Anweisungen über die anzuwendenden Untersuchungsmethoden. Diese Methoden waren sehr einfach: schlagen, schlagen und noch mal schlagen. Als wir nach Stalins Tod diesen ›Fall‹ untersuchten, stellten wir fest, daß er von Anfang bis Ende erfunden war.«

1952 waren die Ärzte des Kreml-Krankenhauses unter der offensichtlich willkürlichen Beschuldigung, die Ermordung der Führer von Partei, Staat und Armee durch Anwendung falscher Behandlungsmethoden geplant zu haben, verhaftet und grausam gefoltert worden. Die Vorwürfe waren so unwahrscheinlich, daß sogar der Minister für Staatssicherheit, Abakumow, die sogenannten Geständnisse der Ärzte unglaubwürdig fand, aber Stalins Antwort war nur, die Angeklagten so lange weiter zu schlagen, bis sie ein volles Geständnis ablegten. Am 13. Januar 1953 berichteten alle sowjetischen Zeitungen über die angebliche Verschwörung jüdischer Ärzte, die als »Mörder in Weiß« oder »Mörder-Ärzte« bezeichnet wurden. Überall in der Sowjetunion fanden Protestkundgebungen statt, an denen sich Wissenschaftler, Schriftsteller und Funktionäre beteiligen mußten.

Im Präsidium der Akademie der Wissenschaften wurde auf einer Parteiversammlung einstimmig die Todesstrafe für die Ärzte gefordert. In den Krankenhäusern weigerten sich Patienten, sich von jüdischen

Ärzten behandeln zu lassen. Denunziationen gegen angebliche jüdische Giftmischer gingen überall bei der Geheimpolizei ein. In Krankenhäusern und Kliniken wurden jüdische Ärzte entlassen. In wissenschaftlichen Instituten, Universitäten, Künstlerverbänden, Verlagen und Fabriken stellten die Kaderabteilungen Listen zusammen, in denen jüdische Wissenschaftler, Intellektuelle oder Ingenieure gesondert aufgeführt wurden. Vorbereitungen wurden getroffen, um die Juden aus Moskau zu deportieren. Vierzig Jahre später fällt es auch den Überlebenden schwer, sich an die Ereignisse aus einem Jahrzehnt des organisierten Wahnsinns, für das der Begriff »Polizeistaat« eine Verharmlosung ist, zu erinnern und das eigene Verhalten zu verstehen. In einem solchen Klima für einen jüdischen Mitstudenten einzutreten, war mutig, äußerst ungewöhnlich, fast unerhört.

Es wäre nicht verwunderlich, wenn der junge Komsomolfunktionär eine Rede gegen Zionisten und Kosmopoliten gehalten hätte, wie es Professoren, Autoren und Vertreter des Parteiapparats taten – manche mit bösartigem Fanatismus, andere in unumgänglicher Pflichtübung. Eine solche Routinerede könnte man dem damals einundzwanzigjährigen Gorbatschow heute moralisch kaum vorwerfen. Tatsächlich tauchte im Juli 1989 das Gerücht auf, Gorbatschow habe an der Moskauer Universität im Januar 1953 eine antisemitische Rede gegen die »Mörder-Ärzte« gehalten. Ein sowjetischer Emigrant erinnerte sich, Ende Januar 1953 in der Jungkommunistenzeitung *Moskowskij Komsomolez* eine solche Rede gelesen zu haben. Sowjet-Experten in England, Amerika und Frankreich gingen dem Bericht nach. Ihr Mißtrauen wuchs, als die Lenin-Bibliothek in Moskau ihnen den Zugang zu den Zeitungen dieser Woche mit der Bemerkung verwehrte, sie seien in sehr schlechtem Zustand.

Vierzehn Tage später aber war die Suche erfolgreich. Das Pariser Institut für Sozialgeschichte hatte sich an die Kongreßbibliothek in Washington gewandt und die entsprechenden Ausgaben von *Moskowskij Komsomolez* dort gefunden. Tatsächlich war da die Rede eines Gorbatschow abgedruckt, aber es war ein Funktionär aus dem Landkreis Moskau, dessen Vornamen mit den Buchstaben W. I. anfingen, und die Rede beschäftigte sich nicht mit dem Ärztekomplott, sondern mit organisatorischen Routinefragen. Hätte man Michail Gorbatschow eine antisemitische Rede zuschreiben können, so wäre sein Ansehen im Westen schwer geschädigt worden, obwohl die Sowjetexperten, die dem Gerücht nachgingen, natürlich wußten, daß eine Rede, die unter den Umständen von 1953 gehalten wurde, nicht als Ausdruck der tatsächlichen Meinung des Redners zu werten ist. In Wirklichkeit aber war Gorbatschow nach dem Bericht seiner Studienkollegen, natürlich ohne auf die Vorwürfe gegen die Ärzte einzugehen, für seinen jüdischen Freund eingetreten.

Damals ging wieder eine Welle der Furcht über die Menschen in der Sowjetunion hinweg, sie fühlten, daß sich eine neue Säuberung ankündigte, eine Wiederholung der Massenverhaftungen und Liquidierungen der späten dreißiger Jahre. Die Studenten wie die meisten anderen Sowjetbürger konnten nicht ahnen, was Stalin vorbereitete und was auf und nach dem XX. Parteikongreß von 1956 bekannt werden würde: Stalin hatte begonnen, höchste Parteifunktionäre kaltzustellen. Einzelnen Politbüro-Mitgliedern wurde es verboten, an Sitzungen teilzunehmen, weil Stalin sie für britische Agenten hielt und bespitzeln ließ. Er bereitete, wie Chruschtschow später sagte, die Vernichtung der alten Mitglieder des Politbüros vor, und nur sein Tod verhinderte die Liquidierung der führenden Männer im Kreml.

Das wäre das Signal für Massenverfolgungen im ganzen Lande gewesen, welche die Menschen in der Sowjetunion herannahen sahen. In den Lagern, deren ganze Schrecken viel später erst in Berichten aus dem Archipel Gulag bekannt werden sollten, saßen etwa acht Millionen Gefangene. Rund sieben Millionen Mitarbeiter zählte der Apparat der Geheimpolizei, als Stalins Tod verkündet wurde.

»1953, wir waren im dritten Studienjahr, starb Stalin«, erzählt Rudolf Koltschanow über die gemeinsamen Studentenjahre mit Gorbatschow. »Man muß berücksichtigen – und ich glaube, die Deutschen können das besser verstehen als andere Europäer –, in was für einer Zeit wir erzogen worden waren. Wir waren Fanatiker. Eine andere Sache ist, daß sich unser Fanatismus von dem der Deutschen unterschied, denn Rassismus oder die Überlegenheit einer Nation gegenüber einer anderen war weniger sein Inhalt.

Aber dafür hatten wir den blinden Glauben an Stalin. Das zog sich durch die Familie, durch die Schule, durch die Lehrbücher, und das darf man nicht verschweigen. Eben deshalb gab es für uns einen drastischen Bruch zwischen der Zeit, in der wir lange gelebt hatten, und dem, was ihr folgte. Ich kann mich noch sehr gut an die Nacht erinnern, in der Stalins Tod im Radio verkündet wurde. Wir saßen zu mehreren in unserem Zimmer zusammen, auch Gorbatschow war dabei. Wir sprachen gar nicht über die Nachricht. Wir dachten darüber nach. Selten tauschten wir ein paar Worte, ein paar kurze Sätze darüber aus, wie es weitergehen sollte. Einige meiner Kommilitonen weinten sogar. Ich habe nicht geweint. Gorbatschow hat auch nicht geweint, das steht fest.

Die anderen weinten sowohl aus Schmerz um den Verlust als auch aus Unsicherheit und Sorge, weil sie sich nicht vorstellen konnten, wie es ohne Stalin weitergehen sollte, was nun kommen würde. So waren wir damals. Wir empfanden seinen Tod als Tragödie. Als Wladimir Liberman anzudeuten versuchte, er sei froh, daß Stalin tot sei, guckte ihn Gorbatschow in einer Weise an, daß Liberman nicht weitersprach. Aber geweint hat Gorbatschow nicht, während anderen am Tisch Tränen über das Gesicht liefen.«

Der tote Josef Wissarionowitsch Stalin wurde im Säulensaal des Gewerkschaftshauses, dem ehemaligen Adelsklub im Herzen von Moskau, aufgebahrt. In den vier Tagen der Staatstrauer schrieben Dichter, Journalisten, Wissenschaftler, Parteifunktionäre hymnische Nachrufe. Die Politbüro-Mitglieder, die am Sarg Ehrenwache hielten, bereiteten sich schon auf den unvermeidlichen Kampf um das Erbe Stalins, die Macht, vor. Zehntausende von Menschen aber zogen weinend an dem Sarg vorbei. Moskau war von Sondereinheiten der Geheimpolizei abgeriegelt. In der Innenstadt kam es zu einer Panik, und mehr als fünfhundert Menschen wurden von der Menge und von den Polizeistreitkräften erdrückt oder zu Tode getreten. Der Tod des Diktators, dessen Bild ihr Leben Tag und Nacht beherrscht hatte, stürzte die Sowjetbürger in Furcht und Verwirrung. Selbst Menschen, die die Todesnachricht als Gefangene im Gulag erfuhren, erzählten mir, daß sie damals weinten.

Die neuen Führer begannen sich von Stalins Terrormethoden abzuwenden. Einen Monat nach Stalins Tod wurden die Kreml-Ärzte freigelassen. Das Parteiorgan *Prawda* verkündete, Willkür und Ungesetzlichkeit sollten in Zukunft streng bestraft werden. Es gab ein erstes Amnestie-Dekret. Die Partei bemühte sich, die Kontrolle über die Geheimpolizei zurückzugewinnen. Im Juli 1953 wurde Stalins Geheimdienstchef Berija verhaftet, im Dezember meldeten die Zeitungen, er und sechs seiner engsten Mitarbeiter seien nach einem geheimen Prozeß erschossen worden. Im folgenden Jahr wurden andere führende Männer des Apparats hingerichtet, welche die Ermittlungen gegen das »Ärztekomplott« geführt und die Fälschungen angeblicher Beweise gegen führende Parteifunktionäre, etwa im »Leningrader Fall«, fabriziert hatten. Hunderttausende von Gefangenen kehrten aus den Lagern Sibiriens zurück in eine Welt, in der ihre Arbeitsplätze längst von anderen besetzt waren, in der sie jenen Verwandten, Freunden und Kollegen wiederbegegneten, von denen sie einmal aus Neid oder Furcht denunziert worden waren.

Über die Reaktion im Studentenwohnheim nach Stalins Tod erzählt Rudolf Koltschanow: »Das war eine sehr schwere Zeit. In den darauffolgenden Monaten und Jahren haben sich unsere Ansichten grundlegend geändert, besonders natürlich nach 1956, nach dem XX. Parteitag unter Chruschtschow. Wir erfuhren etwas von der ungeschminkten Wirklichkeit. Aber unsere Gefühle und Köpfe waren noch frisch, uns fiel es leichter als den älteren Menschen, die sehr schwere Vergangenheit, die Tragödie der Vergangenheit abzuschütteln und das Neue zu verarbeiten. Ich glaube, wir, die wir damals zusammen studierten, haben relativ schnell Kraft geschöpft, die Vergangenheit kritisch zu betrachten, kritisch einzuschätzen und die richtigen Schlüsse zu ziehen.«

Wladimir Liberman ergänzt: »Als uns im Spätsommer 1953 die berühmten Materialien des Juli-Plenums des Zentralkomitees bekannt wurden, des Plenums, das nach der Verhaftung Berijas abgehalten wurde und die Verhaftung begründete, löste das bei vielen Betroffenheit und Furcht aus. Bei Gorbatschow, der ja auch nach Stalins Tod nicht geweint hatte, habe ich nach Berijas Verhaftung nichts bemerkt, was auf Entsetzen schließen ließ, was dafür sprach, daß die Grundlagen unserer Weltanschauung bei ihm erschüttert worden wären. Da gab es eher eine Befriedigung darüber, daß Dinge aufgedeckt wurden, die eine Weiterentwicklung des Sozialismus verhindert hätten.«

Wladimir Kusmin war von Gorbatschows Verhalten schon damals nicht überrascht. Das Jura-Studium brachte es einfach mit sich, daß der Unterschied zwischen dem Recht, wie es gelehrt wurde, und der erlebten Wirklichkeit ins Auge fiel und sich unter den jungen Leuten nicht aus den Gesprächen verdrängen ließ. Als man das Kolchos-Recht behandelte, das auf ein Statut von 1935 zurückging, hatte Gorbatschow Kollegen, die das Leben auf dem Dorfe nicht kannten, in die wahren Zustände eingeweiht: wie wenig das Recht für die Kolchosbauern bedeutete, weil sie den Zwangsmaßnahmen der Verwaltung ungeschützt ausgesetzt waren.

Schon in den ersten Monaten des Studiums in Moskau hatte Michail Gorbatschow von der schlechten Lage auf dem Lande erzählt: »Er sprach von der großen Armut, die es während der Besatzung gegeben hatte und die auch nach dem Kriege blieb. Daß Dürre herrschte und Hunger und daß es an Arbeitskräften fehlte. Es war ja kein Zufall, daß er schon als dreizehnjähriger Junge zu arbeiten begann. Heutzutage laufen diese achtzehnjährigen Idioten herum und wissen gar nicht, was es heißt, ein Stück Brot zu verdienen. Gorbatschow kam vom Lande, er wußte das wirklich und besser als wir. Ich habe viel von ihm gelernt. Und schon ehe Stalin starb, habe ich, natürlich nur ganz vertraulich, mit ihm über die geheimen Fragen des Sozialismus unter Stalin gesprochen. Wir, das heißt er und ich, waren mit diesem ungeheuerlichen System nicht zufrieden, denn wir hatten vor allem Angst. Wir haben uns vertraulich und vorsichtig darüber unterhalten, ob der Sozialismus nach Stalins Art gut oder schlecht sei. Aber öffentlich, wo es ein Dritter oder Vierter mitbekommen hätte, haben wir zu diesem Thema nichts gesagt, wir hatten Angst. Da drohte einem die Todesstrafe. Der Kult hatte bereits ein solches Ausmaß an Unmenschlichkeit erreicht, daß alle diesem Verrückten, diesem Psychopathen, diesem Mörder und Verbrecher und seiner idiotischen Autorität zum Opfer fallen konnten, jeder Beliebige. Nach Stalins Tod haben wir offener darüber gesprochen, daß das kein Sozialismus ist, daß dieser Sozialismus schlecht ist. Und auch über das, was dann kollektive Führung hieß: eine idiotische Gruppendiktatur, die eine wildgewordene Bande übernommen hat. Darüber haben wir damals dann wieder vertraulich gesprochen.« So erinnert sich heute, mehr als fünfunddreißig Jahre später, der pensionierte Staatsanwalt an Gespräche mit dem Mitstudenten Gorbatschow.

Gennadij Borsenko, heute Professor an der juristischen Fakultät der Moskauer Universität, erzählt über die Zeit nach Stalins Tod: »Die Fragen der kollektiven Führung und der politischen Veränderungen wurden bei uns lebhaft diskutiert. Zuerst standen wir noch unter dem Schock durch den Tod des Führers. Viele waren noch verwirrt. Sie wußten nicht, wie sich das Land weiterentwickeln würde. Als dann die Partei begann, den Kurs der kollektiven Führung zu verfolgen – eine solche Periode hat es ja während des Tauwetters gegeben –, da wurden diese Fragen eingehend diskutiert. Damals wurde uns klar, daß nicht ein Mensch allein ein Land regieren und alle Fragen für alle entscheiden kann. Wir fingen an zu verstehen, daß wir selbst auch eine Form der Beteiligung an den Staatsangelegenheiten haben sollten. Nach der Zeit des Schocks und der inneren Spannung in den ersten Monaten nach Stalins Tod kam es zu einer gewissen Belebung, einem Aufschwung, so, als sei es leichter geworden zu atmen. Ich erinnere mich an das Klima unter den Studenten zu jener Zeit, das Klima, in dem auch Michail Gorbatschow erzogen wurde. Wir haben damals alle gern und mit Interesse studiert. Und wenn ich heute manche Reden von Michail Sergejewitsch Gorbatschow höre, dann erkenne ich natürlich nicht die Körnchen des Wissens wieder, die er sich damals erworben hat, aber doch den Stil des Denkens, der sich im Studentenkollektiv bei uns herausgebildet hatte. Das hat er sich aus jenen Tagen bewahrt, und das läßt einen zu dem, was er heute sagt und tut, Vertrauen schöpfen.«

Was Gorbatschows Mitstudenten über die Diskussionen in ihrem Kreise erzählen, entspricht durchaus anderen Berichten über das politische Klima, das in den ersten Jahren nach Stalins Tod und während der Nachfolgekämpfe unter einem größeren Teil der Studenten an der Moskauer Universität herrschte. Deutlicher erkennbar wurde das 1956, nach Chruschtschows Enthüllungen über Stalin, als die Studenten in der Zeit des Tauwetters ausführlicher und offener über die Politik ihres Landes zu diskutieren wagten.

Offizielle Veröffentlichungen schilderten dieses Verhalten der Studenten später und kritisierten es scharf. In der Januar-Nummer 1957 der Parteizeitschrift *Kommunist* wurden unter dem Titel »Hebet hoch das Banner der marxistisch-leninistischen Ideologie!« Diskussionen verurteilt, in denen die führende Rolle der Partei abgelehnt und eine reinere Demokratie gefordert wurde. Im September 1959, als die Zeit des Tauwetters schon zu Ende gegangen war, kritisierte ein Jurist in der Regierungszeitung *Iswestija* studentische Zirkel: »In jener verworrenen Zeit vor drei Jahren, als Stalins Persönlichkeit ernsthafter Kritik unterworfen wurde, entdeckten die Staatssicherheitsbehörden, daß einige Studenten, der Lebenswirklichkeit entfremdet und durch ein leichtes und bequemes Leben verdorben, feindlichem Einfluß verfallen waren. Diese jungen Leute trafen sich und führten häufig offen antisowjetische Reden. Sie lobten einander und verdammten anmaßend alles andere, und sie gingen sogar soweit, ihre politischen Ansichten in Form von Aufsätzen niederzulegen. Später gaben sie zu, einige von ihnen hätten sogar vorgeschlagen, schädliche Flugblätter zu schreiben und zu verteilen.«

Auch in den Versammlungen der Jungkommunisten-Organisationen wurden in jener Zeit scharfe Fragen gestellt. Der stalinistische Schriftsteller Kotschetow beschrieb in der Novelle *Die Brüder Jewsow*, wie Studenten solche Fragen angingen. »Ein Student fragt: ›Wenn wir die Formen des Personenkults ausrotten wollen, müssen wir dann nicht auch den alten Apparat zerstören? –‹ ›Welchen Apparat?‹ fragt ein anderer, und der erste antwortet: ›Den ganzen, zuallererst aber den bürokratischen.‹«

An der Moskauer Universität erschienen, nach Berichten der Jungkommunistenzeitung *Komsomolskaja Prawda*, inoffizielle Studentenzeitungen mit Titeln wie *Ketzerei* oder *Neue Stimmen*, die die Gleichschaltung der Kunst im sozialistischen Realismus ins Lächerliche zogen und Komsomolführer kritisierten. Auf Wandzeitungen wurden Diskussionen weitergeführt, die in den Hörsälen offiziell mit der Frage begonnen hatten, ob die sowjetische Literatur überhaupt noch etwas mit der Wahrheit zu tun habe. In kleineren Gruppen blieb es nicht dabei, politische Erörterungen als Diskussion über Kunst zu verkleiden. Ich selber traf im Herbst 1956 einige Philosophiestudenten der Moskauer Universität, die ein Programm für politische Veränderungen entwerfen wollten. Sein erster Punkt sah freie und ehrliche Wahlen vor, bei denen allerdings nur Mitglieder der Kommunistischen Partei kandidieren sollten. Denn, so meinten die Studenten, als Kinder ihrer politischen Erziehung, da es keine Klassenwidersprüche gebe, brauche man auch keine unterschiedlichen politischen Parteien. Es würde genügen, wenn im Ein-Parteien-System die Vertreter verschiedener Ansichten über das, was getan werden solle, vor den Wählern auftreten könnten.

Die Diskussionen dieser Philosophiestudenten wurden den Behörden bekannt. Alle mußten die Universität verlassen, und ich verlor ihre Spur, bis ich, Anfang der achtziger Jahre, zwei von ihnen als leitenden Mitarbeitern eines jener wissenschaftlichen Institute wiederbegegnete, an denen ohne Auftrag und zeitweise unter Kritik der Parteiführung über eine Reform der sowjetischen Wirtschaft gearbeitet wurde. An der historischen Fakultät der Universität Moskau druckten 1956 junge Wissenschaftler und Studenten Flugblätter, die sich gegen die Diktatur der Partei wandten und eine Rückkehr zum leninistischen Kurs und zur Sowjetdemokratie forderten. Sie sollen 1957 verhaftet und zu Strafen von drei bis acht Jahren Gefängnis verurteilt worden sein.

Dies alles erfuhren wir erst nach 1956, als Gorbatschow die Universität bereits verlassen hatte. Aber daß es solche Gedanken schon zu seiner Zeit unter den Studenten gab und daß sie auch sein Denken beeinflußten, scheint mir sicher. An seiner Fakultät studierten schließlich besonders ausgewählte, intelligente Studenten, die schon vor Stalins Tod zwischen den Zeilen lesen konnten und auch jene halblauten »Äsopischen« Nebenbemerkungen verstanden, die manche der Professoren in die Gespräche einflochten. Erst nach dem Ende des Tauwetters verfielen viele andere Studenten aus Unzufriedenheit über ihre Lebensbedingungen und Aussichten in eine zynische Resignation. Sie wurden zu jungen Technokraten, die offiziell politische Phrasen droschen, während sie heimlich den Kapitalismus als das angenehmere und erfolgreichere System bewunderten.

Zwischen 1953 und 1958 hatten die aktivsten Studenten noch über Veränderungen im eigenen System nachgedacht. Ihre Kritik richtete sich gegen die alles beherrschende Bürokratie des Staats- und Parteiapparats. Sie lasen Lenins Schriften über *Staat und Revolution* oder *Die nächsten Aufgaben der Sowjetmacht* und entdeckten, daß die sowjetische Gesellschaft sich von Lenins Ideen immer weiter entfernt hatte. Sie lehnten den Kapitalismus und den Westen ab und sahen im Sozialismus trotz aller schrecklichen Verzerrungen das bessere System. Aus der Herrschaft der Partei, so meinten sie, sei eine Diktatur der Bürokratie geworden, die jeder Weiterentwicklung im Wege stehe. So forderten sie die Wiederherstellung der innerparteilichen Demokratie nach leninistischen Normen, also die Umwandlung des Parteiapparats aus einer bürokratischen, fast erblichen Kaste in eine wirkliche politische Partei. Sie wollten einen Staat, in dem die Macht bei demokratisch gewählten Räten liegen sollte, die dann von der Macht und dem Willen des Volkes abhängig wären.

Es gibt keine Hinweise, die Gorbatschow mit Gruppen, die diese Fragen programmatisch diskutierten, in Verbindung brächten und schon gar nicht mit den wenigen Gruppen, die den Sowjetsozialismus so grundsätzlich kritisierten, daß ihnen schon die Oktoberrevolution als Anfang des Irrwegs erschien. Aber der Gedanke, daß das System reformiert und demokratisiert werden müsse, erreichte auch die Komsomolfunktionäre, von denen die Studenten verlangten, daß sie sich ehrlich zur Wahl stellen sollten. Solche Ideen lagen im letzten Jahr seiner Studentenzeit an der Moskauer Universität in der Luft, und es sind Themen, die sich dreißig Jahre später in Gorbatschows Denken und Reden wiederfinden sollten.

Natürlich wurde das Leben der Studenten nicht nur von Politik und Arbeit beherrscht. Sie gingen ins Theater, ins Konzert, saßen zusammen und sangen und lachten. Eine Moskauer Juristin erinnert sich heute noch gerne, daß Michail zu ihr in die elterliche Wohnung kam, in der er die Bibliothek des Vaters und den kultivierten Lebenskomfort einer gehobenen Moskauer Familie bewunderte. Er habe ihr ernst und still gelauscht, wenn sie auf dem Klavier der Eltern Rachmaninow spielte, und versucht, die Melodien mitzusummen. »Für uns Moskauer Snobs war er ein Landjunge, aber die Art, wie er Kultur aufsaugte, sprach mich an.« Die ältere Dame läßt heute anklingen, daß Mischa in sie verliebt gewesen sei. Aber die anderen Studienfreunde bezweifeln das.

»Ihn zog eine Welt der Kultur und der Bildung an, die er vorher nie erlebt hatte, weder auf dem Dorf noch in unserem Zimmer im Studentenheim. Wir waren damals eher verwundert, daß er Mädchen gegenüber so gleichgültig war«, meint Wladimir Liberman. »Jurij Topilin und ich führten doch ein ziemlich freies Leben, waren aus dem Krieg zurück, fluchten eine Menge und versuchten, kein hübsches Mädchen auszulassen. Michail fluchte nie, war nicht hinter den Mädchen her, und zunächst fanden wir ihn ziemlich prüde. Dann wurde uns klar, daß das eben seine Natur war und daß er andere nicht imitieren wollte. Dann hatte er auch dieses eigenartige Gefühl für Würde, und auch das erklärt, warum wir drei im zweiten Studienjahr enge Freunde wurden, ehe Zdeněk Mlynář aus der Tschechoslowakei zu uns stieß.

1953 gab es dann im Studentenwohnheim einen Anschlag, auf dem ein Kurs in den Standardtänzen angeboten wurde. Die Studenten lachten darüber, denn die Kurse kosteten auch noch Geld, waren sogar sehr teuer für die damalige Zeit, und wir alle waren knapp bei Kasse. Aber Jurij Topilin und ich dachten, da sollten wir uns mal anmelden und sehen, wer denn da Hübsches zum Tanzen käme. Als in der zweiten Stunde Walzer gelehrt werden sollte, hatten wir noch keine Partnerinnen, wir standen also da, bis man uns welche zuwies, und das tat der Leiter des Tanzkurses dann auch. Er brachte uns Raissa Titarenko und ihre Freundin. Jurij und ich teilten die beiden dann unter uns auf, wie man so sagt. Jurij bekam Raja, wie wir sie nannten, und ich ihre Freundin. Ein bißchen später kam Gorbatschow in den Saal, in dem der Tanzkurs abgehalten wurde. Er war gekommen, um uns auszulachen. Schon vorher hatte er sich über uns lustig gemacht. ›Mensch, was wollt ihr beiden da bloß‹, hatte er gesagt und so weiter. Nun kam er, um uns zuzugucken, wie wir tanzen lernten, mit einem bestimmten, spöttischen Gesichtsausdruck, lachte und winkte mit den Armen.

Aber nach der Tanzstunde stellten Jurij und ich ihm Raja und ihre Freundin vor. So lernten sie sich kennen. Und nach drei, vier Tagen, genau kann ich mich nicht mehr erinnern, aber es war nicht mehr als eine Woche später, kam Jurij Topilin zu mir und sagte, daß Michail sich ernsthaft in Raissa verliebt habe. Das fand ich damals deshalb so interessant, weil Michails Verhalten in dieser sozusagen lebenswichtigen Frage mir immer seltsam vorgekommen war. Er war schön, innerlich wie äußerlich, er war jung und ledig. Wo findet man schon einen Studenten, der an seiner Stelle nicht hinter den Mädchen her wäre, egal, ob er Russe, Engländer, Italiener oder Deutscher ist. Aber Michail hatte bislang keine besonderen Neigungen gezeigt. Erst in diesem Fall hatte es sofort gefunkt, und das für den Rest des Lebens.«

Raissa Maximowna Titarenko war auch nicht in Moskau aufgewachsen. Aber anders als Gorbatschow stammte sie nicht vom Dorf, sondern aus einer Eisenbahnerfamilie, und war in verschiedenen kleinen und mittleren Städten aufgewachsen, in die der Vater versetzt wurde. Als sie geboren wurde, arbeitete ihr Vater in der Kleinstadt Rubzowsk im Altai-Gebiet Sibiriens, dort wo China und die Mongolei am Altai-Gebirge die Sowjetunion berühren. Mit ihren beiden Geschwistern mußte sie oft die Schule wechseln, wenn der Vater auf einer anderen Bahnstation des weiten Landes eingesetzt wurde. Aber alle drei Kinder der Familie Maxim Titarenkos wurden gute und erfolgreiche Schüler. Raissas ältere Schwester wurde zum Medizinstudium in der Stadt Ufa zugelassen, ihr älterer Bruder wurde Journalist und Schriftsteller und lebt heute noch in Woronesch, der Stadt, in der Raissa ihre Schulzeit beendete. Seine Bücher hat Raissa Gorbatschowa ihren Kollegen später gern und stolz gezeigt. Sie selber hatte in ihren Zeugnissen immer nur die besten Noten. In ihrem Abschlußzeugnis gab es nicht eine einzige Vier, in allen Fächern hatte sie mit »Fünf« die höchste Note bekommen, schloß also mit einer Goldmedaille ab.

Damit hätte sie an der Universität oder an jedem anderen Institut von Woronesch, einer größeren Stadt fünfhundert Kilometer südlich von Moskau, studieren können. Aber sie wollte in die Hauptstadt, an die philosophische Fakultät der Moskauer Universität, obwohl dort die Aufnahmebedingungen zu den strengsten der Sowjetunion gehörten. Sie arbeitete hart, war gut organisiert, sogar ein bißchen pedantisch, erinnern sich einige Mitstudenten. Einige meinen heute, sie sei damals schon auffallend schön gewesen, und das als Studentin in der Abteilung für Philosophie und Psychologie, in der besonders hübsche Mädchen studiert hätten. Andere meinen nur, sie habe gut ausgesehen, aber am auffälligsten an ihr seien ihre russisch-tatarischen Augen gewesen.

In der philosophischen Fakultät der Moskauer Universität gab es nach Stalins Tod aufregende Jahre, an die sich ehemalige Studenten noch heute erinnern. Ein Teil der Professoren hielt am sturen Stil der Stalinzeit fest. Andere junge Lehrer der Philosophie wie der Georgier Mamadaschwilij, der heute einer der originellsten Denker in der Sowjetunion ist, oder Alexander Sinowjew, der später emigrieren mußte, begannen den trockenen Kanon marxistisch-leninistischer Schulphilosophie in Frage zu stellen. Studenten forderten die dogmatischeren Professoren durch Fragen und Gegenreden heraus. Zwar kann sich niemand erinnern, daß Raissa Titarenko in diesen Jahren mit rebellischen Reden aufgetreten wäre, aber auch sie lebte damals in einer Zeit, in der man wieder denken und reden konnte. Einige Jahre lang, bis zum Ende des Tauwetters, konnten gescheite Philosophieprofessoren an der Moskauer Universität mit gescheiten Studenten Gespräche führen und sie fördern, auch wenn sie nicht im immer noch vorgeschriebenen Schema dachten. Jedenfalls studierte Raissa Titarenko mit Erfolg, denn die Fakultät schlug sie am Ende der fünf Studienjahre für ein Promotionsstipendium vor.

Als Gorbatschow sie kennenlernte, war sie nach den Erzählungen ihrer Freunde eine hübsche, aber zurückhaltende junge Frau mit starkem Selbstbewußtsein. Manche meinen, sie habe damals intelligenter gewirkt als Gorbatschow. Jedenfalls hatte sie ein viel engeres Verhältnis zu Literatur und Kunst. Gemeinsam gingen die beiden von nun an häufig in Theater und Konzerte. Zwei ernsthafte junge Leute hatten sich gefunden. Sicherlich haben Raissas kulturelle Interessen und Kenntnisse Gorbatschow damals beeinflußt und weitergebildet. Schon in jener Zeit, so erinnern sich Freunde, war ihre Beziehung durch endlose Gespräche geprägt, was freilich unter jungen Russen nicht als ungewöhnlich auffallen mußte. Alle Russen und vor allen die jungen Studenten lieben lange und tiefe Gespräche über das Schicksal, die Welt und die Liebe. Sie rezitieren einander Gedichte, sie sind immer noch romantischer und naiver als junge Leute im Westen, und vor fünfunddreißig Jahren fühlten sie noch mehr wie Gestalten russischer Romane von Tolstoi und Lermontow. Raissa Titarenko, die Gebildetere von beiden, hatte in dem jungen Mann aus dem südrussischen Dorf einen Partner gefunden, dessen Wissensdurst und eigenständige Intelligenz sie beeindruckten.

»Als ich sie kennenlernte, unsere Raja, war sie klein, zierlich und zerbrechlich wie ein Grashalm«, erinnert sich Wladimir Kusmin. »Wie es zwischen ihr und Michail weiterging, weiß ich nicht mehr genau. 1953 jedenfalls kam es dann zur Hochzeit. Wir, besser gesagt, Mischa, hat die Hochzeit organisiert. Das war für die damalige Zeit eine reiche Hochzeitsfeier. Wir lebten schon in der Uni auf den Leninhügeln, aber wir zogen die Mensa im Studentenheim an der Stromynka vor, weil sie billiger war. Da konnte man für das gleiche Geld den Tisch viel reicher decken. Verwandte waren nicht gekommen, wir waren wohl fünfzehn oder zwanzig Studenten, die zum Essen eingeladen waren, nachdem Raissa und Michail vom Standesamt kamen. Es gab gute Vorspeisen und gute Gäste, es waren ja alles seine Freunde. Die Trinksprüche brachte Wolodja Safronow, unser Parteileiter, aus. Es gab auch genug zu trinken, was mich damals immer besonders interessierte, und ein Komsomolfunktionär packte sogar ein paar Flaschen ein, damit wir nach der Feier weitertrinken konnten. Alle waren schließlich angeheitert, nur Mischa selber nicht. Bei seiner eigenen Hochzeit hat er kaum etwas getrunken, und da wußten wir, das ist ein von Natur aus Trockener.«

Erst 1954, als der Wolkenkratzer der Universität auf den Leninbergen fertiggeworden war, konnte das Ehepaar Gorbatschow ein gemeinsames Zimmer im neuen Wohnheim beziehen. Dort lebten sie während ihres letzten Studienjahres in Moskau.

In diesem Jahr standen Michail und Raissa Gorbatschow vor der schwierigen Frage, was sie nach dem Studium tun sollten. Raissa hatte die Möglichkeit, an der philosophischen Fakultät zu promovieren und eine vielversprechende akademische Karriere einzuschlagen. Michail war vierundzwanzig Jahre alt, Mitglied der Kommunistischen Partei, Komsomolfunktionär und beendete sein Jurastudium mit Auszeichnung. Auch er konnte in Moskau eine gute juristische Karriere erwarten, und es wurde ihm damals ein Posten bei der Staatsanwaltschaft angeboten. Eins zeigte sich freilich im Antrittsgespräch mit dem neuen Chef: Die Staatsanwaltschaft hatte kein Wohnheim und keine Zimmer zu vergeben. Das machte es schwer, vielleicht unmöglich, in Moskau zu bleiben. Dennoch sprach vieles dafür, alles zu versuchen, um in Moskau zu bleiben, in der Hauptstadt mit ihren Theatern und Konzerten, mit dem Freundeskreis aus den Universitätsjahren und mit guten Aussichten auf eine Karriere für beide.

Aber die Gorbatschows zogen nach Stawropol, in die Heimat Michails. Manche seiner Bekannten konnten es damals nicht verstehen und vermuteten sogar eine politisch begründete Zurücksetzung. Aber Anhaltspunkte dafür können sie nicht nennen. Der einzige bekannte Tadel für seine Arbeit lag zwei Jahre zurück und war eine reine Routineangelegenheit im Komsomolbüro gewesen. Die Freunde verstanden nicht, warum er einen untergeordneten Posten in der Jungkommunistenorganisation von Stawropol annehmen wollte. Er selbst begründete es ihnen gegenüber mit dem Gefühl, es sei seine Pflicht, nach dem Studium in der Hauptstadt zur Arbeit in die Heimat zurückzukehren. Auch sein Vater habe ihn gebeten, auf das Land, das ihn ernährt habe, zurückzukommen. Schon in den Universitätsferien war er beim Komsomolkomitee von Stawropol vorbeigegangen und hatte sich nach einer Arbeitsmöglichkeit erkundigt. Da gab es für ihn keine Schwierigkeit, zur Arbeit angefordert zu werden, wenn nach dem Studienabschluß den Studenten ihre künftige Tätigkeit zugewiesen wurde. Ohnehin wurden vielen jungen Juristen Arbeitsplätze im Komsomol- und Parteiapparat zugeteilt.

Im Rückblick finden manche der Freunde, die seine Wahl damals für einen Fehler hielten, seine Entscheidung sei vernünftig gewesen und habe seinem Charakter entsprochen. In Moskau hätte er eine ordentliche und angenehme Karriere machen können, aber er wäre einer unter vielen geblieben. So könnte ihn damals neben seinem von allen anerkannten Pflichtgefühl die Überlegung beeinflußt haben, daß er in der Heimat, deren Menschen und Probleme er kannte, eine bedeutendere Aufgabe finden und eher in Positionen aufsteigen könnte, in denen wirklich etwas zu bewegen war.

# Stawropol

Im Herbst 1955 trat er nach kurzer Tätigkeit als Jurist eine Arbeit im Komsomolkomitee des Gebietes Stawropol an: Auf der untersten Führungsebene der Hierarchie von Komsomol und Partei wurde er Instrukteur für Propaganda. Lilija Michailowna Koloditschuk, die damals im Gebietskomitee des Komsomol arbeitete, sagt: »Wir hatten etwas Angst vor dem neuen Mann. Er kam mit einer Auszeichnung und gutem Ruf von der Moskauer Universität, und wir dachten, irgendwie würde er auf uns herabblicken. Aber schon nach einem Monat waren wir alle für ihn, denn er war ein guter Arbeiter, ein umgänglicher, fröhlicher und bescheidener junger Mann. Obwohl er viel besser ausgebildet war als wir, sprach er mit uns auf gleicher Ebene, und nach einiger Zeit brachte er uns sogar moderne Tänze bei, die er in Moskau gelernt hatte.«

Als Instrukteur stand Gorbatschow nicht einmal eine der Wohnungen zu, die für Funktionäre bereitgehalten wurden. Er und Raissa mußten sich ein kleines Zimmer in einer abschüssigen Straße am Rande des Zentrums suchen, und das kostete ihn schon ein Drittel seines geringen Gehalts.

In Stawropol lebten zu der Zeit rund 140000 Menschen. Es war die Hauptstadt des »Stawropolskij Kraj«, eines Gebiets, das mit achtzigtausend Quadratkilometern doppelt so groß ist wie die Schweiz. Die Bezeichnung *kraj* tragen in Südrußland größere Gebiete, die – am Rande des Imperiums liegend – im achtzehnten Jahrhundert für das Reich erobert wurden, nachdem die Kosaken schon im sechzehnten Jahrhundert ihre ersten befestigten Siedlungen an den Flüssen gegründet hatten. Auch Stawropol war zunächst nur eine Festung in der Linie von Stützpunkten, die Fürst Grigorij Potemkin anlegen ließ. Der Name Stawropol wurde aus dem Griechischen entlehnt, er bedeutet »Stadt des Kreuzes« – in antiker Zeit hatten die Griechen hier Handel getrieben. Zur Stadt wurde Stawropol erst 1822, als Verwaltungszentrum für die Gebiete am Kaukasus, und später Gouvernements-Hauptstadt. Über ihre Geschichte hat kaum jemand geschrieben. Von dem Gebiet berichtet das *Kleine Enzyklopädische Lexikon Brockhaus/Efron*, das damals in Russisch herauskam, im Jahr 1902 nur mit ein paar Zeilen: »Ein ausgedehntes Steppengebiet, in dessen südwestlichem Teil mittelhohe Berge als Ausläufer des Elbrus liegen [...] Neunzig Prozent der Einwohner sind Russen, 2,8 Prozent Turkmenen, 1,7 Prozent Kalmücken.«

Das klang nicht viel anders als in einem Kaukasus-Führer, der 1885 in Moskau erschien: »Dies ist ein Gebiet mit vielen nomadisierenden, nicht-christlichen Stämmen.« Die Stadt beschreibt der Führer von Grigorij Moskowitsch 1914 schon etwas freundlicher: »Die ganze Stadt ist voll von Gärten und Grünanlagen. Aus der Ferne scheint sie schön, aber wenn man näher hinsieht, verliert sie viel von ihrem Zauber. Nur die Hauptstraßen sind gepflastert, und die anderen sind wie typische schlammige Dorfstraßen.«

Als Gorbatschow 1955 nach Stawropol zurückkehrte, sah die Stadt längst anders aus. Die Industrialisierung war in scharfem Tempo vorangetrieben worden. Das umliegende Land galt als eines der Gebiete mit den höchsten Getreideernten. Im Süden des Stawropoler Gebiets, an den Ausläufern des Kaukasus, lagen Kurorte von hohem touristischem und politischem Stellenwert: Hier waren Sanatorien der Vierten Abteilung des Gesundheitsministeriums erbaut worden, »Kremlewka« genannt, in die hohe Parteifunktionäre und sogar Mitglieder des Politbüros regelmäßig zur Erholung reisten und von deren Komfort die Bauern in Priwolnoje und die Studenten in Moskau nichts ahnten. Die Provinzstadt Stawropol, in die Gorbatschow zog, war also so abgelegen nicht. Sie ist auch eine Stadt mit angenehmem, wärmerem Klima, in der die Versorgungsprobleme sich weniger scharf als im Norden stellten; sie war eingebettet in landwirtschaftliche Gebiete, in denen ja auch Gorbatschows Heimatdorf lag, aus dem die Eltern Pakete schicken konnten. Es ist keine häßliche, aus dem Boden gestampfte Industriestadt, Bauten aus katharinischer Zeit, dazu einfache, aber ansprechende Verwaltungsgebäude aus dem neunzehnten Jahrhundert schmücken das Zentrum ebenso wie die Parkanlagen und Freitreppen, welche die Gouverneure der Zaren anlegten, um sich den Aufenthalt in der Provinz zu verschönen. Aber der Abstand zum kulturellen Leben in Moskau war groß, und die Gorbatschows, besonders Raissa, müssen das schmerzlich empfunden haben.

Nun hatten sie ein Zimmer zur Untermiete in einem kleinen Haus, in dem es kein fließendes Wasser gab und man mit dem Eimer zur Wasserpumpe der Straße gehen mußte. Meistens kochten sie auf einem Petroleumbrenner. Nur im Winter, wenn der Ofen geheizt war, konnten sie auf ihm ihr Essen zubereiten. Das Moskauer Studentenleben war hiermit verglichen komfortabel gewesen.

Erst 1957, ehe ihre Tochter Irina geboren wurde, bekamen sie eine Ein-Zimmer-Wohnung mit eigener kleiner Küche. Leicht war das Leben nicht, aber Raissa Gorbatschowa, die am medizinischen Institut als Lektorin für Marxismus-Leninismus arbeitete, empfand es nach Ansicht ihrer Freunde nicht als Qual. Sie war in einer Familie aufgewachsen, die unter ähnlich schweren Bedingungen gelebt hatte. »Die Gorbatschows waren immer fröhlich, besonders nach Irinas Geburt. Raissa kochte gut, und ihr Mann half ihr immer. Das war damals für Männer ziemlich ungewöhnlich«, sagt eine Freundin.

Michail Gorbatschow arbeitete im Gebietskomitee des Komsomol, das eng mit der Parteiorganisation verbunden war. Die Aufgabe des Jungkommunistenverbands war es, die geltende Parteilinie zu propagieren und durchzusetzen, die jungen Leute zur Disziplin anzuhalten und zu freiwilliger Mehrarbeit zu motivieren. Dazu wurden die großen und kleinen Versammlungen auf den verschiedenen Ebenen ihrer Organisation genutzt, bunte Abende mit Musik, Volkstanz und Laientheater, und die Artikel für die Zeitungen des Jungkommunistenverbands. Gorbatschow war ein populärer Komsomolführer, zu dessen Versammlungen und bunten Abenden die jungen Leute gerne kamen, weil er sie lebendig zu organisieren verstand.

In diesem Jahr des XX. Parteitags, auf dem Chruschtschow mit Stalin abzurechnen begann, wandelte sich das Klima im Lande. Veränderungen wurden verlangt, nicht zuletzt im Arbeitsstil des Staats- und Parteiapparats. Eigene Initiative und persönlicher Einsatz galten wieder etwas bei den Komsomolführern. In einer Atmosphäre, die einen

Durchbruch zu einem besseren Sozialismus anzukündigen schien, konnte man wieder mit Energie und Enthusiasmus an die Arbeit gehen. Als Instrukteur der Propagandaabteilung war es Gorbatschows Aufgabe, bei jungen Leuten Zustimmung und Begeisterung für die Veränderungen und die neue Linie zu wecken. Er habe das mit viel Erfolg getan, sagt Nikolai Dorochin, heute ein weißhaariger, temperamentvoller alter Mann, der damals in Stawropol als Kaderchef des Komsomol-Gebietskomitees Gorbatschow vorgeordnet war. Er läßt gern durchblicken, daß er Gorbatschow, der später in anderen Funktionen sein Vorgesetzter wurde, früh als politische Begabung erkannt habe. Jedenfalls blieb Gorbatschow nicht lange einfacher Instrukteur. Schon nach einem Jahr wurde er Erster Sekretär des Komsomolkomitees der Stadt Stawropol. Das war eine wichtige Beförderung, denn nun hatte er einen Posten mit selbständiger Leitungsaufgabe und war in diesem Amt zugleich Mitglied der Parteileitung der Stadt. Ein wesentlicher Anfangsschritt zum Aufstieg war getan. Über die Ämter des Zweiten und dann des Ersten Sekretärs des Komsomolkomitees für den ganzen Bezirk Stawropol konnte es dann in Zwei-Jahres-Schritten weiter nach oben gehen.

In vieler Hinsicht paßte Gorbatschows Haltung als Jungkommunistenführer in diese Zeit, denn er glaubte an den Sozialismus und war zugleich überzeugt davon, daß man ihn verbessern könne und müsse. In Moskau verbreitete Nikita Chruschtschow einen dynamischen Optimismus. Er vermittelte den Eindruck, als sei der Schnellzug des Sozialismus nur durch Stalins Fehler auf seiner Fahrt behindert worden und als gelte es, nur ein paar Schienen umzubetten und Bolzen festzuziehen, damit er das Ziel, den Kommunismus, bald erreiche. Chruschtschow hatte sich seiner konservativen Gegner im Apparat entledigt und auf dem XX. Parteikongreß mit drastischen Enthüllungen über Stalin und sein System die Delegierten überrollt und hinter sich gebracht. Seine Rede wurde nicht gedruckt, aber sie blieb auch nicht geheim. Von Funktionären der Partei und des Komsomol wurde sie auf geschlossenen Versammlungen den Mitgliedern verlesen. Für Gorbatschow kann es nicht schwer gewesen sein, die neue Linie zu vertreten.

Lilija Koloditschuk, die fünfzehn Jahre lang mit Raissa Gorbatschowa an der philosophischen Fakultät der Landwirtschaftshochschule zusammenarbeitete, berichtet über den Beginn der Freundschaft mit den Gorbatschows: »Was uns enger zusammenführte, waren auch die langen Gespräche, die wir mit Michail über Stalin hatten. Auch nach dem XX. Parteikongreß und Chruschtschows berühmter Rede gab es in der Provinz unter unseren Bekannten nur ziemlich wenige Leute, die Stalin verurteilten. Ich gehörte zu ihnen, denn ich kannte die Folgen seiner Politik aus erster Hand. Meine Mutter war 1937 verhaftet worden. Ich war damals überrascht, daß Michail so viele Namen von Leuten kannte, die in unserer Gegend in den dreißiger Jahren Opfer der Repression geworden waren. Das war mir schon 1955 aufgefallen, und nach 1956 sprachen wir erst recht davon. Michail hatte niemals Sympathien für den Stalinismus, und daran hat sich in späteren Jahren nichts geändert, als es im Zentralkomitee offenbar Tendenzen zur Revision der Kritik an Stalin gab. Da wollten ja manche Wolgograd wieder in Stalingrad umbenennen. Gorbatschow hat da immer eine feste Position vertreten. Er war kategorisch dagegen. Auch in der Periode nach Chruschtschow also, möchte ich sagen, hat sich Gorbatschows Haltung nicht verändert.«

So sprach man jedenfalls im Kreise enger Freunde über die Erfahrungen, die die Eltern in den Jahren der Verhaftungswellen gemacht hatten, über das schwere Leben auf dem Lande und die Folgen der zentralen Kommandowirtschaft für die Landwirtschaft. Auch Nikolai Dorochin, Gorbatschows erster Kaderchef, war der Sohn eines Mannes, der während der Säuberungen zu fünf Jahren Gefängnis verurteilt worden war. Für viele der Leute, mit denen Gorbatschow zusammenarbeitete, mußte die schwere Vergangenheit und Gegenwart noch lebendig sein. Gorbatschows Freundeskreis war freilich damals schon klein und zugleich sehr eng vertraut. Mit nur wenigen Leuten saß er bei sich oder bei ihnen in der Wohnung zusammen, wenige wurden von ihm und Raissa eingeladen. Mit denen aber hat sich der Kontakt über die Jahre hinweg bis heute erhalten. Sie erzählen mit Wärme und Herzlichkeit von der Zeit, in der sie in Stawropol mit ihm arbeiteten. Er sei energisch und klug, ehrlich und lustig gewesen, nicht nachtragend, wenn jemand einen Fehler gemacht habe, aber sehr bestimmt in dem, was er forderte. Und er habe das, von dem er überzeugt war, mit großer Hartnäckigkeit vertreten. Seine Vergnügungen seien einfach, aber nicht einfältig gewesen: Waldwanderungen zum Beispiel, mit anderen jungen Leuten, bei denen viel gesungen wurde. »Michail sang immer zuerst, er kannte alle Liedtexte«, sagt Wladimir Koloditschuk, Lilijas Mann. Das klingt nach einem Jungkommunisten-Leben, wie es in dieser Einfachheit in der Hauptstadt Moskau schon nicht mehr Mode war.

Wladimir Koloditschuk war zwanzig Jahre lang Leiter der Kulturabteilung des Gebiets Stawropol, und so hatte er auch offiziell mit Gorbatschow viel zu tun. Natürlich hebt er hervor, daß Gorbatschow als Parteisekretär den Bau eines Kulturpalastes mit Räumen für Konzerte, Lesungen, Aufführungen und Ausstellungen durchgesetzt habe, gegen den Widerstand der Behörden in Moskau. Aber er erzählt auch davon, daß die Gorbatschows eifrige Benutzer der städtischen Bibliothek waren, daß sie Gedichte auswendig konnten und daß sie mit den in Stawropol ansässigen Schriftstellern, Journalisten und Künstlern Umgang hatten. Die ersten Kontakte hatte Wladimir Koloditschuk hergestellt, aber er schätzt diese Vermittlung nicht allzu hoch ein. »Michail Gorbatschow liebte die Kunst«, sagt er. Er habe oft und gerne Künstler in ihren Ateliers besucht, sei immer, wenn es ihm möglich war, zu den Premieren des örtlichen Theaters gegangen und habe in Stawropol ein Festival mit dem Namen »Musikalischer Herbst« eingeführt, zu dem regelmäßig der georgische Komponist Vano Muradeli kam, ein Musiker, der am Ende der Stalinzeit wegen seiner Oper »Die große Freundschaft« gleichzeitig mit Dmitrij Schostakowitsch als Formalist verurteilt worden und seither in Ungnade gefallen war.

»Er hatte wirklich ein Gefühl für Kunst, ein sehr sensibles, sehr menschliches Verhältnis zu ihr«, sagt Wladimir Koloditschuk. Und seine Frau Lilija fügt hinzu, dieses Interesse gehe nicht etwa auf den Einfluß von Raissa Gorbatschowa zurück, Gorbatschow, so sagt sie, sei eine sehr selbständige, schöpferische Persönlichkeit gewesen. »Raissa Maximowna aber auch. Jeder für sich ist eine Persönlichkeit.

Und sie arbeiten das ganze Leben zusammen«, sagt sie bewundernd. Man spürt, daß sie die Gorbatschows gegen den heute von Kritikern erhobenen Vorwurf schützen will, Raissa habe zuviel Einfluß auf das Denken oder gar die Politik ihres Mannes. Und Lilija Koloditschuk klingt durchaus ehrlich, wenn sie über die Selbständigkeit der beiden Ehepartner spricht.

»Die Frau ist das zweite Schicksal ihres Mannes«, heißt es in einem russischen Sprichwort. Das mag für Michail Gorbatschow durchaus zutreffen. Man kann sich schwer zwei Menschen vorstellen, die nach Herkunft und Charakter besser zueinander paßten. Raissa Gorbatschowa war fleißig, wißbegierig und intelligent, als Universitätslehrerin für hohe Anforderungen an die Studenten bekannt, einerseits freundlich und gesprächsbereit, aber zugleich zurückhaltend. Eine Frau, die kaum jemand von außen in ihr Familienleben blicken ließ, die den Kreis ihrer Freunde klein hielt. Einer von ihnen meint, ihr stärkster Einfluß habe da gewirkt, wo sie Gorbatschow vom Trinken abhielt, wenn er in den trinkfreudigen Kreisen, in denen er sich bewegen mußte, der Versuchung schon einmal verfallen konnte. Aber wichtiger für sein Leben war, daß sie ihr intensives Interesse für Literatur und Kultur in sein Leben einbrachte.

Sie hatte schon früh keinen Durchschnittsgeschmack, und was sie las, ging oft über den Rahmen dessen hinaus, was in jenen Jahren zur offiziell anerkannten Kultur gehörte. So liebte sie unter anderem die Gedichte von Nikolai Gumiljow, dem Mann der Dichterin Anna Achmatowa, der bald nach der Revolution als angeblicher Konterrevolutionär erschossen worden war und dessen Name bis in die achtziger Jahre in sowjetischen Literaturgeschichten nicht mehr erwähnt wurde. Wir wissen nicht, was sie alles ihrem Mann vermittelt hat, aber mit Sicherheit hat sie sein kulturelles Verständnis erweitert und vertieft.

Sie war mit einer Goldmedaille an die Universität gekommen, Gorbatschow nur mit einer Silbermedaille. Auch im Studium scheint sie die Erfolgreichere gewesen zu sein. Ihr hatte man am Abschluß die Aspirantur, ein recht hoch dotiertes Promotionsstipendium angeboten, ihrem Manne nicht. Aber sie war bereit gewesen, mit ihm nach

Stawropol zu ziehen und eine, an ihren Möglichkeiten gemessen, ziemlich bescheidene Lehrtätigkeit aufzunehmen. Am medizinischen Institut bekam sie eine Assistentinnenstelle und lehrte künftige Mediziner die Grundzüge der marxistischen Philosophie. In ihrem Fachgebiet wurde sie freilich noch schneller befördert als ihr Mann, der im Jungkommunistenverband aufstieg.

Man berief sie an die philosophische Fakultät der Landwirtschaftshochschule von Stawropol, die im Süden Rußlands einen guten Ruf hat. Die Beziehungen ihres Mannes können dabei kaum mitgespielt haben, denn er stand ganz am Anfang seiner Karriere, während die Professoren schon höhere Parteifunktionen innehatten. Der Dekan der Fakultät, Michail Pankratowitsch Tschugujew, war zuvor Parteisekretär in Krasnogwardejsk, dem Heimatbezirk Gorbatschows, gewesen.

Er erzählt heute: »Sie wurde auf diesen Lehrstuhl berufen, weil sich die Zahl der Studenten erhöht hatte. Die Leiter der Fakultät waren zwei Parteifunktionäre, die eigentlich schon im Rentenalter standen. Die beiden hatten erfahren, im medizinischen Institut arbeite seit einiger Zeit eine begabte junge Dozentin, die die Moskauer Universität absolviert hatte. Die beiden Professoren beschlossen, die junge Frau zu gewinnen. Da sie ohnehin eigentlich schon Pensionäre waren, gab jeder ein halbes Gehalt ab, und Raissa erhielt ein volles Gehalt, weil sie ja mit Auszeichnung von der Moskauer Universität kam. Sie war damals, glaube ich, sehr gerührt, daß man ihr solche Aufmerksamkeit schenkte. Sie mußte sich allerdings gegen andere Kandidaten durchsetzen, aber das fiel ihr nicht schwer. Und von da an arbeitete sie sehr erfolgreich und aktiv. Nach einem Jahr bekam sie schon den Titel einer Dozentin, ein paar Jahre später wurde sie leitende Dozentin unseres Lehrstuhls. Nun hatte sie wohl in Moskau die philosophische Fakultät besucht, aber in erster Linie die Abteilung für Soziologie. Jedenfalls hat sie bei uns nicht nur Philosophie gelehrt, sondern ihre soziologische Arbeit wissenschaftlich fortgesetzt. Sie fuhr in Gummistiefeln auf die Kolchosen und Staatsgüter verschiedener Bezirke, und aus ihren Untersuchungen machte sie dann ein Buch über den ›Alltag der Kollektivbauern‹. Daraus wurde ihre Dissertation zum Kandidaten der Wissenschaft, und sie hat sie in Moskau an der Pädagogischen Hochschule ›W. I. Lenin‹ sehr erfolgreich verteidigt.«

Soziologische Studien waren zu jener Zeit in der Sowjetunion selten. Seit den dreißiger Jahren war die Soziologie als Wissenschaft verdächtig, weil ihre empirischen Forschungen zu Ergebnissen führen konnten oder mußten, die im Widerspruch zu den Formeln und Forderungen der Partei standen. Dem Interesse der mittleren und örtlichen Führung, genauer zu wissen, was sich im Leben und in den Köpfen der Sowjetbürger vollzog, stand die Furcht gegenüber, etwas zu erfahren, was den Unwillen Stalins und seiner Umgebung erwekken könnte. Erst Ende der sechziger Jahre wurde wieder ein Institut für Konkrete Sozialforschung bei der Akademie der Wissenschaften in Moskau gegründet. Einer seiner Direktoren wurde Raissa Gorbatschowas Doktorvater, G. W. Ossipow.

Als Raissa im Gebiet Stawropol mit Fragebogen und Erhebungen Einblick in das Leben der Kolchosbauern suchte, gab es in Moskau kein eigenständiges Studium oder Fach der Soziologie. Die Soziologie war ein ungenau umschriebenes Interessengebiet, das in der philosophischen Fakultät untergekommen war. Diejenigen Professoren und wissenschaftlichen Mitarbeiter, die sich mit der Soziologie auseinandersetzten und ihre Methoden anzuwenden versuchten, waren Leute mit selbständigem Denken. Der Umgang mit ihnen war anregend für eine junge Studentin, die von ihnen mehr lernte als die Benutzung von Statistiken und offiziellen Berichten oder die Methoden konkreter soziologischer Untersuchungen. Das alles gehörte nicht zum Routinestudium, sondern mußte in Zusammenarbeit mit schöpferischen Wissenschaftlern selber erarbeitet werden. Was sie dabei lernte, wandte Raissa Gorbatschowa im Gebiet Stawropol an, als sie die Lage von fünf Kolchosen vor Ort untersuchte, Fragebogen ausfüllen ließ und in Gesprächen nachfragte. Sie entdeckte, daß es in den Wohnhäusern der Bauern so gut wie keine Zentralheizungen, Wasserleitungen und Kanalisation gab. Sie fand heraus, daß zwei Drittel der Bauernfamilien Ikonen im Hause hatten, viermal mehr als die Leute aus Verwaltung, Schule und Landwirtschaftstechnik. Sie stellte fest, daß sich die Lage der Frauen nur unzureichend verbessert hatte und daß ihnen die oft schwere körperliche Arbeit gewöhnlich von Männern zugewiesen wurde.

Alles, was Raissa Gorbatschowa für ihre Broschüre und ihre Doktorarbeit ermittelte, muß für Michail Gorbatschow von höchstem Interesse gewesen sein. Es war eine wissenschaftliche Bestätigung für vieles, was er aus Erfahrung wußte, und es vermittelte ihm Zahlen und überprüfbare Informationen für seine Arbeit, die in jeder ihrer Phasen direkt oder indirekt mit der Landwirtschaft und dem Leben auf den Kolchosen zu tun hatte. Nun hatte er eine Untersuchung über die Kolchosbauern in seinem Arbeitsbereich an der Hand, wie sie kaum einem anderen Funktionär in der Sowjetunion vorlag. Es war in erster Linie eine soziologische Faktensammlung und keine Auseinandersetzung mit der sowjetischen Landwirtschaftspolitik. Etwas anderes wäre zu jener Zeit auch nicht möglich gewesen. Die Schlußfolgerungen über das Leben der Kolchosbauern von Stawropol waren zurückhaltend: Ihre materielle Lage bessere sich. Das war einerseits richtig, andererseits hatte die Arbeit gezeigt, daß die Verbesserungen nicht schnell griffen. Michail Gorbatschow konnte für sich selber politische und organisatorische Schlüsse ziehen und Anhaltspunkte suchen für Veränderungen im materiellen und kulturellen Leben des Dorfes, wie sie später in seinen Plänen und Maßnahmen zum Ausdruck kamen. Seine Frau hatte ihm eine ungewöhnlich selbständige soziologische Studie dafür an die Hand gegeben, deren tatsachenbezogener Charakter manche Bekannten überraschte, die bei ihr mehr literarisch-philosophische Neigungen vermutet hatten.

Bei unserem Besuch in der Landwirtschaftshochschule von Stawropol holte der Dekan der philosophischen Fakultät aus dem Regal des Professorenzimmers einige Bände mit methodologischen Arbeiten Raissa Gorbatschowas für Vorlesungen und Seminare. Auch ein großes Schaubild hängt noch im Professorenzimmer: Raissa Gorbatschowa hat auf ihm die philosophischen Weltsysteme dargestellt – übersichtlich, aber nicht originell. Zu ihren anderen Arbeiten, die die Fakultät aufbewahrt, gehört eine Broschüre mit dem Titel »Der Kongreß unserer Partei über die Weiterentwicklung der sozialistischen

Kultur«, und zu einem Sammelband *Der Kolchos als die Schule des Kommunismus* hat sie auch einen Artikel beigetragen. »Sie arbeitete viel mit den Philosophie-Studenten, aber wissenschaftlich interessierte sie sich besonders für die Soziologie der Bauern«, sagt Michail Tschugujew. »Deshalb wurde sie auch aufgefordert, sich an der Planung der sozial-ökonomischen Entwicklung der Arbeitskollektive auf dem Lande zu beteiligen. Die Kolchosen und Staatsgüter baten sie um die Ausarbeitung solcher Pläne. Das war damals etwas ganz Neues, und sie hat die Verhältnisse studiert und war dann eine Autorin solcher Planungen.« Das ist deshalb bemerkenswert, weil solche Projekte natürlich auch zu den Arbeitsprogrammen gehörten, die Michail Gorbatschow als Komsomol- wie als Parteifunktionär anzuregen und zu organisieren hatte.

Was die persönlichen Beziehungen zu den Kollegen anging, so sind ihre Erinnerungen merkwürdig dünn. Vielleicht weil sie sich zum Privatleben der Frau des Parteichefs nicht äußern mochten, aber wohl eher, weil Raissa Gorbatschowa nur wenige Freundschaften pflegte. »Raissa hatte es gerne, wenn Kommissionen von Ministerien und Parteiorganen kamen, um bei ihren Vorlesungen zuzuhören. Das war nicht bei allen Professoren beliebt. Die Kommissionen kamen schließlich, um zu kritisieren, aber bei ihr gab es kaum Bemerkungen, da war sogar formal nichts auszusetzen, und das schon, ehe Michail Sergejewitsch Parteisekretär wurde. Sie war eine sehr ernste Dozentin und genau in ihrer Arbeit«, sagt Professor Tschugujew.

Nur einmal habe sie scharf protestiert: Als man ihre Vorlesung heimlich überprüft hatte. »Natürlich nahm sie auch an unseren kleinen Feiern unter Kollegen teil, aber nicht besonders gern, obwohl bei uns nicht getrunken wurde. Da gab es Tee und Torte, einmal haben wir ihr zum Geburtstag eine Schachtel Pralinen geschenkt, die hat sie gleich allen angeboten«, erzählt der Dekan. »Wir baten sie auch manchmal, sich mit uns fotografieren zu lassen. Unser Lehrstuhl gehörte zu den besten der Hochschule, da kam manchmal ein Fotograf. Aber jedesmal lehnte sie ab. Sie sei nicht fotogen, sie möchte nicht. Die meisten anderen ließen sich gerne fotografieren, aber sie nur, wenn es für ein offizielles Foto unbedingt nötig war.«

Eine Kollegin, die seit 1959 mit ihr befreundet war, sagt von Raissa: »Als sie zu uns kam, war sie jung, hübsch, sehr gut angezogen, modern. Sie wurde oft für eine Studentin gehalten. Die Studenten, die an der Tür der Hochschule Pförtner spielten, wollten sie manchmal nicht zum Professorenzimmer durchlassen. Dann kam sie und klagte, ›man hat mich schon wieder für eine Studentin gehalten, irgendwas muß getan werden‹. Sie war ein bißchen empört, aber es war ihr auch angenehm. Also lächelten wir alle. Raissa war immer freundlich und menschlich. Sie machte immer bei der freiwilligen Samstagsarbeit mit, nahm den Lappen und wischte Staub. Ich war jünger als sie, zuerst noch Studentin, und Raissa sagte zu mir: ›Komm, wir wollen zusammen lernen. Komm doch in meine Vorlesungen.‹ Ich besuchte ihren Kurs für Aspiranten, die sich auf die Promotion vorbereiteten. Sie wollte immer, daß ihre Freundinnen vorwärtskamen. Manchmal wurde es spät, wenn sie mit uns arbeitete, dann rief Gorbatschow mitunter an und kam, um sie abzuholen. Das geschah nicht so oft, aber es kam vor.«

Professor Tschugujew hat sie einige Male zu Hause besucht, genau genommen dreimal und einmal davon, als sie schon nach Moskau gezogen war. Der Professor wohnte in derselben Straße wie sie. Aus seiner Zeit als Parteisekretär von Krasnogwardejsk kannte er Gorbatschows Heimat, seinen Vater und die Motoren-Traktoren-Station, auf der er arbeitete. Er hatte früher, als er nach Stawropol versetzt wurde, einige Zeit in dem Haus für Parteifunktionäre gewohnt, eine Wohnung unter der, in der die Gorbatschows zu dieser Zeit lebten. »Zweimal hat sie mich dahin eingeladen«, sagte er. »Das war nach Feierabend, und sie schlug vor, daß wir zusammen nach Hause gehen. Und dann bestand sie darauf, daß ich mit hereinkomme und sehe, wie sie wohnten.«

Die ehemaligen Kollegen erinnern sich mit großer Freundlichkeit an sie. Sie bekommen zum Revolutionsfeiertag stets eine Glückwunschkarte von Raja – sie vergißt diese wie andere alte Bekannte vor den Feiertagen nicht. Beim Besuch in Stawropol ist sie auch zu den Kollegen ins Professorenzimmer gekommen. Ihnen ist nicht aufgefallen, daß sie sich verändert hätte, wenn, dann nur ganz wenig.

»Sie sprach jetzt so langsam, dozierend zu uns wie zu einer Schulklasse, und das haben wir ihr dann auch gesagt«, meint eine Kollegin, und die anderen lachen. Raissa habe den milden Tadel nicht übelgenommen. Auch als Frau des ersten Mannes der Sowjetunion ist sie Professorin geblieben, die Präsidentengattinnen und Königinnen, politischen Besuchern und neugierigen Journalisten ein wenig steif, korrekt und präzise gegenübertritt, also das ist, was man im Englischen nicht unfreundlich »prim« nennt, weil sie ein Lächeln damit verbinden kann. Sie hat eine Art von Charme, die ihren Auftritten einen vorsichtigen, etwas spröden Glanz gibt.

Schon in Stawropol, so scheint es, lebten die Gorbatschows eher zurückgezogen. In Moskau sagt man, das sei auch heute noch so. Den Eindruck besonderer Nähe erwecken solche Erzählungen nicht. Wenn Gorbatschow heimkomme, schicke seine Frau die Haushaltshilfe fort und esse mit ihm allein zu Abend, ebenso wie auf Reisen, auf denen Gorbatschow nur zu unvermeidbaren offiziellen Abendessen geht. Dies ist offenbar eine außergewöhnlich enge Verbindung, in der zwei Menschen die Stunden nutzen, um gemeinsam die Ereignisse des Tages zu bewerten und zu überdenken.

Die Leute, denen die Tür zur Wohnung der Gorbatschows offenstand, waren jedenfalls nicht einfach die Kollegen und Funktionäre, sondern fast nur Menschen, welche die kulturellen Interessen des Ehepaars teilten. Die Koloditschuks gehörten zu den engen Freunden. Lilija, die aus einer gebildeten Kleinstadtfamilie stammte, hatte im selben Jahr wie Raissa eine Tochter geboren. Im Stadtkomitee des Komsomol war sie Michails direkte Vorgesetzte. Ihr Mann leitete die Kulturverwaltung der Stadt. In der Ära des Tauwetters waren sie viele Jahre lang oft mit den Gorbatschows zusammen. Die Ehepaare lasen gemeinsam die Literaturzeitung *Nowij Mir*, die unter der Chefredaktion Alexander Twardowskijs mit offenen Augen auf die sowjetische Wirklichkeit zu blicken begann. Hier war Solschenizyns Lager-Novelle *Ein Tag im Leben des Iwan Denissowitsch* erschienen, hier wurde etwas später seine düstere Novelle *Matrjonas Haus* publiziert. Die Lager-Erzählung also las Gorbatschow mit Freunden, deren Familienmitglieder Opfer der Unterdrückung geworden waren.

*Matrjonas Haus* spielt unter Menschen auf dem Dorf, deren Lebensumstände er kannte. Er entdeckte auch, daß Alexander Solschenizyn sein Landsmann war, da er nicht weit von Kislowodsk an den Ausläufern des Kaukasus geboren wurde und seine Verwandten in der Nähe von Priwolnoje im Sowjetskij Rayon wohnten. Die befreundeten Ehepaare lasen auch den berühmten und einmaligen Sammelband *Seiten aus Tarussa*, den eine Gruppe jüngerer und älterer liberaler Schriftsteller in einer kleinen Stadt bei Moskau veröffentlicht hatte. Nach Jahren des sozialistischen Realismus, in denen Stalin die Dichter zu Ingenieuren der menschlichen Seele ernannt hatte, ertönte in diesem Band wieder die einfache, menschliche, immer ein wenig melancholische Stimme der großen russischen Erzähler. Raissa, so sagen die Freunde, habe besonders Gedichte geliebt: Anna Achmatowa, Boris Pasternak, Nikolai Gumiljow. Michail Gorbatschow konnte ganze Seiten und Kapitel aus den Werken russischer Klassiker auswendig, konnte aus Puschkins *Der bronzene Reiter* und *Poltava* zitieren. Er lernte nicht nur die Gedichte Lermontows auswendig, sondern suchte nach Spuren des Dichters in Pjatigorsk im Süden des Stawropoler Gebiets, wo Lermontow im Duell gefallen war. In seinen Werken beschreibt Lermontow Orte und Erlebnisse in diesem Gebiet, und das machte ihn für den praktischen Sinn Gorbatschows besonders interessant.

Gorbatschow hatte sich schon in der Schule angewöhnt, viel zu lesen. Er brauchte sich dazu nicht zu zwingen, sagen seine Freunde. Aber er lebte auch nach dem Motto: »Keiner kann ohne Kenntnisse ein Führer mit Autorität werden.« Seine Freunde staunten über sein gutes Gedächtnis, so wie seine Mitarbeiter bewunderten, daß er die Namen und Gesichter von Leuten, denen er nur einmal begegnet war, erinnern konnte – ein außerordentlich wichtiges Talent in der Politik.

1960 war Michail Gorbatschow Erster Sekretär des Jungkommunistenverbands des Gebiets Stawropol geworden. Das war auch das Jahr, in dem er sich zum ersten Mal in Moskau im Kreml aufhielt, noch als einer von vielen, die an der Allunions-Versammlung der Aktivisten der Kommunistischen Arbeit teilnahmen. Stawropol war nicht so weit von der Hauptstadt entfernt, daß die Berichte über die

Veränderungen und Auseinandersetzungen, die sich unter Chruschtschow vollzogen, nicht auch die örtlichen Funktionäre erreicht und beschäftigt hätten. Nikita Sergejewitsch Chruschtschow hatte seit 1957 versucht, Verwaltung und Wirtschaft zu reformieren, indem er die übermäßige Zentralisierung abbaute, um durch die Belebung größerer Eigeninitiative das Wachstum anzukurbeln. Im Politbüro stieß er damit auf Widerspruch, aber durch einen geschickten Schachzug – die Einberufung der Delegierten des Zentralkomitees mit Hilfe Marschall Schukows und des Militärs – hatte er die sogenannte »parteifeindliche Gruppe« mit Molotow, Malenkow und Kaganowitsch an der Spitze ausschalten können.

Die Zeit der kollektiven Führung ging zu Ende, Chruschtschow, der sich noch einige Zeit mit Bulganin die Macht geteilt hatte, übernahm von ihm nun auch das Amt des Ministerpräsidenten und vereinigte es in seiner Person mit dem des Parteichefs. Die beiden Ämter hatte zuvor nur Stalin gleichzeitig innegehabt. Chruschtschow verfügte nun über ungewöhnlich große Macht, auch wenn er sich in äußerer Bescheidenheit nicht Generalsekretär, sondern nur Erster Sekretär der Partei nennen ließ. Jetzt konnte er anfangen, die Landwirtschaft zu verändern. Er wußte, daß dies dringend notwendig war, denn die Unwirtschaftlichkeit des Kolchossystems und die damit verbundene Armut auf dem Lande waren eine der schwersten Belastungen der sowjetischen Politik.

In den ersten Jahren nach Stalins Tod war das Leben der Bauern, die zunächst keinen Personalausweis hatten und wie Leibeigene ihren Kolchos nicht verlassen durften, schrittweise verbessert worden. Man hatte die Normen für die Ablieferungen bei Kolchosbauern und Landarbeitern gesenkt, die Mechanisierung der Landwirtschaft zu verbessern begonnen und die Entscheidungsfreiheit vergrößert: Was auf dem Lande der Kolchosen angebaut werden sollte, wurde nicht mehr von den zentralen Planungsbehörden in Moskau, sondern von denen der ländlichen Bezirke bestimmt. Gegen Ende der sechziger Jahre wurden die Maschinen-Traktoren-Stationen aufgelöst und die Landmaschinen an die Kolchosen verkauft, die freilich durch die hohen Kaufsummen in neue Schwierigkeiten gerieten. Das ländliche Erfassungssystem wurde verbessert. Aus den Neuland-Gebieten Kasachstans, die Chruschtschow erschließen ließ, wurden zunächst gute Ernten gemeldet, die die Landwirtschaft in den anderen Gebieten entlasteten.

Die Entwicklung war jedoch keineswegs eindeutig. Zeitweise drängte Chruschtschow auf ein System, unter dem die Bauern der Kolchosen Lohnarbeiter von Staatsgütern werden sollten. Die Zahl der Kolchosen – die zwar dem Namen nach noch wirkliche Genossenschaften waren, in denen die Mitglieder aber doch Bauern blieben und nicht zu Lohnarbeitern wurden – ging in seiner Zeit um die Hälfte zurück, die Zahl der zum Teil riesigen Staatsgüter verdoppelte sich. Chruschtschow hatte auch die Forderung aufgestellt, innerhalb von drei bis vier Jahren die Fleisch-, Butter- und Milchproduktion der USA einzuholen, das heißt, die Leistung der sowjetischen Landwirtschaft um das Dreifache zu steigern, eine ganz irreale Zielvorgabe, die in den ländlichen Gebieten nur erneut zur Fälschung von Ablieferungsergebnissen führen konnte. Nach seinem Besuch in Amerika hatte Chruschtschow den Bauern überdies vorschreiben lassen, Mais anzubauen. »Mais ist das Würstchen am Stock«, hatte Chruschtschow proklamiert. In manchen, klimatisch ungeeigneten Regionen aber erwies sich dies als völliger Fehlschlag, in anderen als weit teurer als die üblichen Formen des Viehfutteranbaus.

In Verwaltung und Parteiorganisation wuchs die Verärgerung über eine Politik ständig neuer Kampagnen, bei der sich die Funktionäre ihrer Posten nicht sicher sein konnten und zudem noch in wirtschaftlich zweifelhafte Experimente hineingetrieben wurden. Außerdem wurde von ihnen verlangt, sich mit einer neuen ideologischen Ausrichtung der Lehre von Staat und Partei zu befassen. Chruschtschow sprach nun von einem Staat des gesamten Volkes, als sei die Sowjetunion nach seiner These 1959 in die Phase des Aufbaus des Kommunismus getreten, die der letzten und endgültigen Entwicklungsphase, dem verwirklichten Kommunismus, vorausgeht. Unter anderem entschärfte diese Lehre die Auseinandersetzung mit dem Volk und die Verfolgung politischer Gegner, sie diente als Grundlage für eine Reform des Rechts und des Gerichtswesens und auch für Chruschtschows Bemühungen, die sozialen Unterschiede etwa im Bildungswesen zu verringern und die Lebensbedingungen der Arbeiter und Bauern allgemein zu verbessern.

Neben solchen Entwicklungstrends, die stark von Chruschtschows Wesen bestimmt wurden, gab es subjektive Ausbrüche etwa gegen die Künstler und Intellektuellen, denen in seiner Herrschaftszeit zunächst größere Meinungs- und Arbeitsfreiheit gewährt worden war. Wenn diese Beschränkung der Toleranz und Verhärtung des Kurses durchaus dem Wunsch vieler höherer Parteifunktionäre entsprach, so wurden sie andererseits durch die abrupten Personalentscheidungen Chruschtschows beunruhigt, der Leute, die er für unfähig oder für Bremser hielt, absetzte und auswechselte, manchmal in schneller Folge. Auch die Enttäuschung über die ausbleibenden Erfolge der Landwirtschaft hatten ihn dazu veranlaßt, den Landwirtschaftsminister mehrfach auszuwechseln oder Abhilfe in dem wahrlich extremen Reformplan zu suchen, die Partei in zwei Apparate zu spalten, sozusagen eine landwirtschaftliche und eine industrielle Kommunistische Partei zu schaffen.

Die Probleme der Landwirtschaftspolitik in der Chruschtschow-Ära kannte Michail Gorbatschow aus eigener Erfahrung. Schließlich war er ja einer der wenigen Funktionäre, die in einem Gebiet arbeiteten, das sie schon selber auf dem Sitz eines Mähdreschers genau kennengelernt hatten. Von der Lage und der Stimmung der Schriftsteller und Intellektuellen kann Gorbatschow nur aus zweiter Hand erfahren, nur ein Echo der Auseinandersetzungen gehört haben. Aber sicher erfuhr er von den Zweifeln an der Allwissenheit der Partei, die der XX. Parteitag ausgelöst hatte und die sich in Kritik an der Führung oder dem Versuch, Funktionäre – besonders im Komsomol – abzuwählen, umgesetzt hatte. Das Echo der Führungskrise im Ostblock mußte aus Polen zu ihm gedrungen sein und erst recht die Nachrichten über den Aufstand von Volk und Partei in Ungarn, den die sowjetische Armee niederschlagen mußte. Hier war zu erkennen, welche Einbrüche ins osteuropäische Herrschaftssystem die offenere Systemkritik in der Sowjetunion auslösen konnte. Die Mehrheit der sowjetischen Bevölkerung hatte die Rebellion der Ungarn nach zwei oder drei Jahren aus dem politischen Bewußtsein verdrängt, aber man braucht dem jungen Funktionär in der Provinz von Stawropol keine ganz ungewöhnlichen Kenntnisse und Einsichten zuzuschreiben, um zu der Annahme zu kommen, daß diese Ereignisse nicht spurlos an seinem politischen Denken vorübergingen.

Natürlich verstand er, aus den parteiamtlichen Reden und Stellungnahmen, die er studieren und weitergeben mußte, ein ungefähres Bild der Wirklichkeit herauszulesen. Dies gilt noch stärker für die Schritte zur Reform von Ideologie, Wirtschaft und Gesellschaft. Jedes Mitglied der Kommunistischen Partei hatte die Veröffentlichungen darüber zu studieren. Für einen Funktionär war diese Kenntnis ein Handwerkszeug, ohne das er nicht überleben konnte. Es war selbstverständlich, daß die Funktionäre in allem, was sie sagten, der Linie folgen und sich dem Verdammungsurteil über gestürzte Gegner Chruschtschows anschließen mußten. Das hieß aber keineswegs, daß man sich keine eigene Meinung bildete.

Gorbatschow hatte seinen eigenen Kopf und seine eigenen Erfahrungen. Unter Freunden zitierte er manchmal das Wort von Plechanow, das Mehl, aus dem man einen sozialistischen Kuchen backen könne, sei noch nicht gemahlen. Das hieß nicht, daß er an den sozialistischen Ideen zweifelte, aber ihre Verwirklichung schien ihm unzureichend, und das Eigenlob der Organisatoren war in seinen Augen Selbstbetrug. In den frühen sechziger Jahren fand Michail Gorbatschow in Chruschtschows Reden und Plänen vieles, was ihn als Aufbruch zu einer besseren Wirklichkeit beeindruckte. Aber Gorbatschow war ein Realist, und seine Stellung zu Chruschtschow kann kaum unkritisch gewesen sein. Damals wie später hat er dennoch Chruschtschows Zerstörung des Stalin-Mythos für dessen große Leistung gehalten und auch nach 1964, als Chruschtschow gestürzt war, diese Einstellung nicht verändert. Aber da war vieles an Chruschtschow und seiner Politik, das ihm utopisch und unrealistisch erschien.

Im Oktober 1961 kam Michail Gorbatschow zum zweiten Mal in den Kreml, als Delegierter des XXII. Parteitags der KPdSU. Es war ein Parteitag, der nicht nur die Auseinandersetzung mit Stalins Verbrechen fortsetzte, sondern nun auch offenlegte, daß gestürzte Politbüro-Mitglieder wie Molotow, Malenkow oder Woroschilow an diesen Verbrechen beteiligt gewesen waren. Die Todesurteile, die sie gegen angebliche Volksfeinde und ihre Familien unterzeichnet hatten, tauchten in den Zeitungen auf. Stalins Leiche wurde über Nacht aus dem Mausoleum auf dem Roten Platz entfernt und an der Kreml-Mauer beigesetzt. Die Stadt Stalingrad, Stätte der größten Schlacht des Zweiten Weltkriegs, wurde in Wolgograd umbenannt.

Viele Delegierte des Parteitags waren von dieser Entwicklung überrascht. Die Älteren, die unter Stalin im Krieg gekämpft, die aber auch ihre Karrieren in der Zeit des Terrors gemacht hatten, als die Plätze von Opfern der Säuberungen freiwurden, waren besorgt und manchmal wohl auch ehrlich betroffen. Die Verurteilung der Verbrechen Stalins, so dramatisch und schockierend sie schien, beschränkte sich auf den Tyrannen und seine Helfer. Schon die offizielle Bezeichnung für Stalins Regime als »Zeit des Personenkults« war eine Verharmlosung. Weder das volle Ausmaß noch die Ursachen, die diese Perversion des Sozialismus ermöglicht hatten, wurden dargestellt. Aus der Führungsspitze der Geheimpolizei, die Berija zu Stalins schärfster politischer Waffe gemacht hatte, wurde eine Reihe hoher Offiziere und Funktionäre ausgestoßen und bestraft. Die Geheimpolizei war nicht mehr allmächtig. Chruschtschow hatte sie wieder der Partei unterworfen und, wie er glaubte, sich selber dienstbar gemacht.

Der Kritik an Entstehung und Folgen des Stalinismus waren Grenzen gesetzt, aber die Stalin-Kritik ging weiter. Die Funktionäre im Parteiapparat wußten nicht, wo Chruschtschows Kampagne enden würde. Blieben die Enthüllungen wirklich nur auf gestürzte Parteiführer beschränkt, oder konnten sie gegen andere, die noch an der Macht waren oder auf die Macht warteten, gerichtet werden? Ein großer Teil des Apparats fühlte sich gefährdet. Nun begann jene Kampagne, die Chruschtschow lächerlich machen sollte, indem sie manche seiner abenteuerlichen Pläne überzeichnete und vergröberte. Man warf ihm »hasenhirniges Abenteurertum« vor und verspottete seinen Glauben, daß in der Sowjetunion der »Neue Mensch« herangewachsen sei, der den Schritt zum Kommunismus tun könne. Ehrgeiz, Neid und Eifersucht sollten bis zum Jahr 1980 die Sowjetmenschen nicht mehr bewegen. Aber schon der Versuch, das Brot kostenlos abzugeben, weil doch keiner mehr nimmt, als er ißt, war fehlgeschlagen: Die Bauern begannen, mehr Hühner zu halten, und fütterten sie mit dem Brot, das sie nicht zu bezahlen brauchten. Vieles, was Chruschtschow gesagt und gedacht hatte, paßte nicht zur sowjetischen Wirklichkeit, und seine Gegner mokierten sich über seine Träume von einer zukünftigen kommunistischen Gesellschaft, die ihm so nahe schien, wenn er nicht gerade über den Zustand des existierenden Systems wütete.

Wenn die Sowjetbürger über ihre Führer Witze machen, dann zeigt das immer, daß ihre Herrschaft gefährdet ist. Chruschtschow hörte nicht, was immer lauter über ihn gesagt wurde, oder er nahm es nicht zur Kenntnis. Nun begann auch der hinhaltende Widerstand gegen seine gesamte Reformpolitik. Führende Funktionäre festigten die Verbindungen untereinander, um sich gegen Versetzung oder Absetzung zu sichern. Die Wurzeln der Verschwörung, die zu Chruschtschows Sturz führen sollte, begannen, sich als unsichtbares Geflecht durch Partei-, Staats- und Militärapparat zu ziehen.

Die jüngeren unter den Delegierten, die weder in der Stalinzeit nachgerückt noch so stark wie die Älteren vom Stalin-Mythos geprägt waren, mußten den XXII. Parteikongreß nicht unbedingt als Schock empfinden und auch nicht als Bedrohung ihrer Positionen und Karrieren. Freunde berichten über die Reaktion des Delegierten Michail Gorbatschow, damals wie später habe er Chruschtschow durchaus respektiert und sich auch in den Breschnew-Jahren nie beteiligt, wenn andere Funktionäre Chruschtschow lächerlich machten. Er habe jedoch auf viele Teile des Programms, das auf dem Kongreß vorgelegt wurde, sehr kritisch reagiert. Nikolai Dorochin, der Gorbatschows Kaderchef bei den Jungkommunisten von Stawropol gewesen und nun ins Parteikomitee des Gebiets übergewechselt war, teilte als Delegierter das Hotelzimmer mit ihm und saß im Kongreß neben ihm. »Wenn Chruschtschow darüber sprach, wie schnell es weitergehen würde und daß wir noch unter dem Kommunismus leben würden, dann schauten wir uns an. Wir schüttelten nicht den Kopf, aber wir wußten, was wir dachten. Das kam uns utopisch vor, denn wir kannten doch die wirkliche Situation in der Landwirtschaft. Darüber tauschten wir uns offen aus, wenn wir auf unserem Zimmer waren.«

Der 31jährige Gorbatschow war zu jung und noch zu weit vom Zentrum der Macht entfernt, als daß ihn Chruschtschows Gegner für ihre Palastintrigen eingespannt hätten. Aber auch auf seinem Außenposten in Stawropol war er nicht unbemerkt geblieben. Der Wirtschaftswissenschaftler Gawriil Popow, heute gleichermaßen bekannt als Berater und Kritiker der Reformpolitik Gorbatschows, erinnert sich, daß er von dem jungen Funktionär schon 1961 gehört hatte, und zwar zu einer Zeit, als er selber in Moskau auf einem politisch interessanten Gebiet arbeitete. Popow hatte ebenfalls in der Tauwetterzeit in Moskau studiert, war aber in der Hauptstadt geblieben. Als blutjunger Wissenschaftler arbeitete er in der Umgebung von Alexej Kossygin an den Grundlagen einer Wirtschaftsreform mit.

Den jungen Wissenschaftler faszinierte es, mit berühmten Männern seines Fachs und erfahrenen Regierungsfunktionären jene Vorschläge von Professor Jewsej Liberman, einem Volkswirtschaftler aus Charkow, auf ihre Anwendbarkeit abzuklopfen, die mehr Wirtschaftlichkeit und weniger Planung, marktwirtschaftliche Elemente wie Angebot und Nachfrage einführen und den Betrieben mehr Entscheidungsfreiheit überlassen wollten. Zugleich kam er durch diese Arbeiten in die Nähe der Leute, die im Staatsapparat Entscheidungen vorbereiteten. Das waren nicht die Minister und Politbüro-Mitglieder, sondern deren Assistenten.

Zwei dieser Assistenten, die bei Landwirtschaftsspezialisten und späteren Politbüro-Mitgliedern arbeiteten, bei Kulakow und Masurow, waren aus Stawropol nach Moskau gekommen. Sie erzählten Gawriil Popow von einem jungen Mann in ihrer Heimatstadt, der von der Moskauer Universität nach Stawropol zurückgekehrt war und im Jungkommunistenverband schnell befördert wurde. Gawriil Popow glaubt sich zu erinnern, sie hätten damals oder später darüber gesprochen, daß dieser junge Gorbatschow ein intelligenter, aber bescheidener Mann sei, ein disziplinierter Arbeiter ohne ausgeprägten persönlichen Ehrgeiz.

Das seien Qualitäten, sagt Popow heute, die beim Aufstieg in der Partei immer gefragt waren und die auch in Gorbatschows späterer Karriere von den älteren Männern der Führung geschätzt wurden. Interessant ist dabei zweierlei: Einmal ruft es ins Gedächtnis zurück, wie früh schon die Frage einer marktwirtschaftlich ausgerichteten Wirtschaftsreform in der Sowjetunion im Gespräch war, zum zweiten weist es erstmals auf eine freilich noch indirekte Beziehung zu zwei Männern, Kulakow und Masurow, hin, die später zu Gorbatschows Förderern gehörten. Daß es nur ihre Assistenten waren, die Gorbatschow erwähnten, wertet den Hinweis nicht ab: Die Institution der Assistenten hat bei den führenden Männern im Zentralkomitee oder im Ministerrat immer Gewicht gehabt. Sie sind es, welche die hohen Funktionäre in ihrer Isolation mit Informationen aus der Außenwelt versorgen, und deshalb sind sie, auch wenn sie für die Öffentlichkeit namenlos bleiben, Leute von schwer meßbarem, aber oft bedeutendem Einfluß.

Fjodor Kulakow sollte Michail Gorbatschow ohnehin bald wiederbegegnen. Chruschtschow überwarf sich wieder einmal mit seinem Landwirtschaftsminister und ließ ihn als Ersten Parteisekretär des Gebiets nach Stawropol versetzen. Dort wechselte im März 1962 Michail Gorbatschow in das Parteikomitee über. Es war die Zeit, in der Chruschtschow ein weiteres Mal die Wirtschaft und Landwirtschaft umorganisierte. Neue Verwaltungsformen banden die Wirtschaft wieder fest an den Apparat. Die Kolchosen sollten in Staatsgüter verwandelt werden. Die Partei bekam neue Aufgaben im Wirtschaftsprozeß zugeteilt. In einer der zu schaffenden großen landwirtschaftlichen Einheiten übernahm Gorbatschow die Rolle des Parteiorganisators. Seine Kenntnis der Dörfer und Bauern um Stawropol war für ihn dabei ebenso wichtig wie die juristischen Kenntnisse und die organisatorisch-propagandistische Erfahrung aus den Komsomol-Jahren. Daß Raissa Gorbatschowa die Lage der Bauern in ihren wissenschaftlichen Arbeiten untersucht hatte, war ein zusätzlicher Vorteil. Er bewegte sich bei der organisatorischen Arbeit auf vertrautem Boden.

Gorbatschow war ausgezeichnet vorbereitet. Es ist nicht bekannt, wie er sich zu Chruschtschows Projekt verhielt, das die Bauern

Schritt um Schritt zu Lohnarbeitern in Agrostädten machen sollte. Falls er Vorbehalte hatte – und das muß man annehmen –, hätte Kulakow sie sicher verstanden. Chruschtschows letzte Landwirtschaftsreform endete ohnehin zwei Jahre später mit seinem Sturz. Ein Jahr darauf wies sein Nachfolger Breschnew auf die Schwierigkeiten hin, die sich aus dem Versuch ergeben hatten, riesige landwirtschaftliche Einheiten zu schaffen. In Zukunft sollten sich Kolchosen und Staatsgüter wieder getrennt entwickeln können, und es sollte den schwachen bäuerlichen Genossenschaften geholfen werden.

Chruschtschows Entmachtung nennen die Eingeweihten der Moskauer Oberschicht heute die »Datschen-Intrige«, weil seine Gegner sich in den Landhäusern der hohen Funktionäre trafen. Aber es gibt Hinweise, daß auch Fjodor Kulakow, den Chruschtschow nach Stawropol abgeschoben hatte, und eine von ihm arrangierte Jagdpartie für Moskauer Funktionäre am Manytschsee im Stawropoler Gebiet eine Rolle gespielt haben. Was Chruschtschow zu Fall brachte, waren die Irritation und die Besorgnis, die seine sprunghafte Politik im Partei- und Staatsapparat ausgelöst hatten. Da fanden sich führende Männer aus verschiedenen Bereichen und mit ganz unterschiedlichen Interessen zu einer Verschwörung zusammen.

Einem Politbüro-Mitglied wie Michail Suslow schienen Entstalinisierung und Entideologisierung zu weit zu gehen. Die Wirtschaftsfachleute in Partei und Regierung waren wegen des Zickzackkurses der Reformmaßnahmen und des Ausbleibens von Erfolgen gegen Chruschtschow. Die Militärs hatten sich zwar mit ihren Forderungen nach Erhöhung der Rüstungsausgaben bei Chruschtschow durchgesetzt, aber ihm seinen früheren Versuch, die Verteidigungsausgaben zu senken, nicht vergessen. Die sowjetische Position in den osteuropäischen Satellitenstaaten war als Folge der Verunsicherung ihrer Führer geschwächt. Chruschtschows Schwiegersohn war mit einer undurchsichtigen Deutschland-Initiative nach Bonn gereist. Die Parteisekretäre der Gebiete, mächtige Lokalfürsten, und die führenden Leute im Zentralkomitee und im Politbüro fühlten sich durch Chruschtschows abrupte Entscheidungen bedroht. Am ehesten hatte Chruschtschow noch die Unterstützung der Intellektuellen, die sich seiner Politik freilich niemals sicher sein konnten und nun enttäuscht waren. Nikita Chruschtschow hatte sich selbst und die Möglichkeiten, ein Land fast im Alleingang von oben zu verändern, überschätzt.

Die letzten Herbsttage seiner Amtszeit verbrachte er in der Regierungsdatscha von Pitsunda am Schwarzen Meer. Da rief ihn das Präsidium des Zentralkomitees unerwartet nach Moskau zurück. ZK-Sekretär Suslow hielt ihm im Politbüro die lange Liste seiner Fehlentscheidungen vor. Niemand trat ihm zur Seite, und ihm blieb nichts, als seinem Rücktritt aus Gesundheitsgründen zuzustimmen. Am 14. Oktober 1964 trat das Zentralkomitee zusammen; es beschloß einstimmig, ihn nicht nur seiner Ämter als Partei- und Regierungschef zu entheben, sondern ihn auch aus dem Zentralkomitee auszuschließen. Niemand sprach für ihn, und er selber kämpfte nicht mehr.

Der Schriftsteller Anatolij Streljanij schließt aus Gesprächen mit Chruschtschows damaligem Assistenten, der Erste Sekretär und Ministerpräsident habe schon vorher den Willen zum Kampf um Reformen verloren, weil er keinen Ausweg mehr sah. Seine politische Vorstellungskraft, durch Jahre dogmatischen Denkens verengt, hatte ihn nicht erkennen lassen, daß das System tiefgehender umgebrochen werden mußte, als ihm vorstellbar war. Das sei Chruschtschows Tragödie gewesen.

Michail Suslow hatte die Verschwörung organisiert, aber ihm genügte es, die Rolle des Mannes im Hintergrund, des Parteiideologen ohne Exekutivfunktionen bis zu seinem Tode weiterzuspielen. So hieß der eigentliche Sieger Leonid Breschnew, der neue Generalsekretär der Partei, der in Zusammenarbeit mit dem Ministerpräsidenten Alexej Kossygin und dem Staatspräsidenten Nikolai Podgornyj die Macht übernahm.

Chruschtschow wurde auf seine Datscha bei Moskau abgeschoben. Die alten Kollegen mieden ihn, und er blieb fast völlig isoliert. Erst nach seinem Tode begannen sich die Moskauer Intellektuellen wieder seiner als eines Mannes zu erinnern, der das Land mit der Entstalinisierung aus Erstarrung und Versteinerung gelöst und ihm einige Jahre lang Luft zum Atmen gegeben hatte. Besonders jene, die auf Veränderungen gehofft und an Reformen gearbeitet hatten, dachten in der Breschnew-Zeit mit wachsendem Respekt an ihn. Die meisten hatten ihre Erwartungen begraben müssen. Für einen Parteifunktionär aber, der noch einmal den Wandel anstreben wollte, müssen Chruschtschows Versuch und sein Scheitern wichtige Lehren geboten haben.

Gorbatschow war nun nicht mehr Parteiorganisator einer Kolchosen- und Sowchosen-Produktionsverwaltung. Er arbeitete wieder in Stawropol, als Abteilungsleiter im Parteikomitee des Gebiets. Fjodor Kulakow war inzwischen nach Moskau zurückgekehrt, wo er nun als Sekretär des Zentralkomitees für die Landwirtschaft zuständig war. Kulakow war ein Mann, der sich in den innerparteilichen Machtverhältnissen auskannte. Er war einer von Chruschtschows Landwirtschaftsministern gewesen, ehe er aus Moskau nach Stawropol versetzt wurde. Er hatte in der Verschwörung zur Absetzung Chruschtschows eine Rolle gespielt, und nun holten ihn Chruschtschows Nachfolger als Leiter der Landwirtschaftspolitik ins Zentralkomitee und ließen ihn bald ins Politbüro aufsteigen. Er war einer, der die Spielregeln und Tricks des Apparats beherrschte. Das war für Gorbatschow wichtig. Jetzt gab es im Zentrum der Macht einen Mann, der seine Qualitäten aus enger Zusammenarbeit kannte.

Auch in Stawropol gewann er an Einfluß und Ansehen. Seine Kollegen begegneten ihm eher bei der gemeinsamen Arbeit als in den geselligen und trinkfreudigen Männerrunden, die viele Funktionäre in der Breschnew-Zeit verbanden. Sein Privatleben war angenehmer geworden. Aus dem ersten gemieteten Zimmer waren Raissa und er vor der Geburt ihrer Tochter in eine Ein-Zimmer-Wohnung umgezogen. Als Sekretär des Stadtkomitees des Jugendverbandes war ihm eine Zwei-Zimmer-Wohnung zugeteilt worden. Nun wohnte er mit Frau und Tochter in einer Drei-Zimmer-Wohnung mit Balkon in einem Hause für leitende Funktionäre.

Mit der Ernennung zum Parteisekretär der Stadt war Gorbatschow einen Schritt vorgerückt: sein Aufgabengebiet hatte sich erweitert. Trotz wachsender Beanspruchung aber ließ er sich an der Landwirtschaftshochschule als Fernstudent der Wirtschaftswissenschaften eintragen. Fragen der Landwirtschaft beschäftigten ihn noch immer, aber nun war er Parteisekretär einer Industriestadt. Eine ökonomische Ergänzung seiner Jura-Kenntnisse war in jedem Fall nützlich. Zum zweiten Mal arbeitete er als Student hart, erzählt der damalige Leiter des Lehrstuhls, Professor Tschugujew. »Michail war so ziemlich der einzige Student, der wirklich alle Aufgaben machte. Und er machte sie selbst, er wollte nicht nur einen weiteren Studienabschluß aufgrund seiner Stellung erhalten. Er ging in alle Seminare, schon weil es ihm als Erstem Sekretär peinlich gewesen wäre, weniger zu tun als die anderen. Er bekam im Fernstudium eine ganz breite wirtschaftswissenschaftliche Ausbildung, denn das ist bei uns eines der besten Fachgebiete, auf dem achtzig Prozent der Studenten ausgezeichnete Noten bekommen.« Tatsächlich ist die Landwirtschaftshochschule von Stawropol für die Qualität ihrer Agrarforschung bekannt, hat aber auch einen guten Ruf als Lehrinstitut. Zu Gorbatschows Zeit studierten etwa siebentausend Studenten bei den etwa zwanzig Professoren und vierhundert Dozenten der Hochschule. Eine halbe Million Bücher ermöglichten es den Studenten, sich selbständig weiterzubilden.

Gorbatschow machte davon reichlich Gebrauch; das zeigte sich, als er vor der staatlichen Prüfungskommission seine Diplomarbeit verteidigen mußte. Professor Alexander Nikonow, heute Direktor des Agrarwissenschaftlichen Instituts der Akademie der Wissenschaften, war damals Vorsitzender dieser Kommission in Stawropol. Gorbatschows Arbeit sei ihm und seinen Kollegen ebenso bemerkenswert vorgekommen wie die Art, in der er sie erläuterte und ihre Ergebnisse verteidigte. Er hatte eine Reihe von Schaubildern und einen Zeigestock mitgebracht und sprach zugleich nüchtern und selbstbewußt. Die Professoren verglichen Gorbatschows Auftreten damit, wie hohe Parteifunktionäre gewöhnlich ihre Diplome erhielten: aufgrund einer mittelmäßigen Arbeit, die sie meist nicht selbst geschrieben hatten. Von Gorbatschow wußten sie, daß er ernsthaft gearbeitet hatte. Und sie nahmen an, daß seine Frau, deren akademische Qualitäten sie kannten, ihn unterstützt hatte.

Erst später, so Professor Nikonow, habe er herausbekommen, daß Raissa Gorbatschowa es aus prinzipiellen Gründen abgelehnt hatte, mit ihrem Mann das Examen durchzuspielen. Die staatliche Prüfungskommission war von Gorbatschows Diplomarbeit so beeindruckt, daß die Professoren überlegten, ob sie sie als Dissertation anerkennen sollten. Aber Gorbatschow lehnte ihren Vorschlag ab. Ebenso kategorisch wandte er sich später gegen den Plan der Hochschule, Raissa zur Professorin zu machen, nachdem sie ihre Dissertation in Moskau mit Erfolg verteidigt hatte. Er wisse, daß seine Frau alle Qualifikationen mitbringe, die man für eine Professur brauche, aber solange er Erster Parteisekretär dieses Gebiets sei, komme eine solche Ernennung für seine Frau nicht in Frage. Es scheint, daß diese Entscheidung durchaus mit Raissas Zustimmung getroffen wurde, denn sie selber hatte immer darauf geachtet, daß der Verdacht, Gorbatschow nütze seine Stellung aus, unbedingt vermieden wurde.

In einer Stadt wie Stawropol hat ein Erster Sekretär des Parteikomitees reichlich zu tun. Er ist dem nur verwaltenden Vorsitzenden des Exekutivkomitees der Stadt übergeordnet und einfach für alles verantwortlich: für Theater und Schulen, für die Zeitungen (in deren Redaktionen Gorbatschow oft über die Schlagzeilen und Artikel der nächsten Tage sprach), für die Krankenhäuser und Polikliniken, das Transportwesen, den Wohnungsbau, die Industriebetriebe und letztlich auch für die Entscheidungen der Gerichte auf städtischer Ebene. In Stawropol war Gorbatschow Parteichef eines beachtlichen Industrie-, Versorgungs- und Verwaltungszentrums in einem Gebiet von landwirtschaftlicher Bedeutung für die ganze Sowjetunion. Allein die Übersicht zu behalten und die organisatorischen Probleme nicht aus dem Blick zu verlieren, zwingt die meisten Parteisekretäre auf Dauer an den Schreibtisch. Mit dem Posten ist zugleich sehr konkrete Macht verbunden: Der Parteisekretär kann durch Beförderung belohnen, durch schlechte Beurteilung bestrafen und auch einem Freund zu einer Wohnung oder einem Urlaubsplatz im Sanatorium verhelfen.

Gorbatschow, so erzählt man heute in Stawropol, habe schon deshalb zurückgezogen gelebt, weil zumindest auf dieser Ebene ein allzu familiärer Umgang mit Bittstellern ebenso schädlich wie lästig war. Es sei ihm auch schwergefallen, menschlich verständliche Bitten abzulehnen. Mit Gesuchen um bessere Arbeit oder der Bitte um Aufnahme eines Kindes ins Krankenhaus muß ein Parteichef in sowjetischen Städten immer rechnen. Raissa Gorbatschowa, so berichten ihre Kollegen, habe stets deutlich gemacht, daß sie sich nicht mit Hilfsersuchen von Freunden an ihren Mann wenden wolle, abgesehen von wenigen Fällen, in denen es um dringend benötigte Medikamente ging.

Auch ohne den Aufbau von Beziehungen auf der Basis dessen, was man unter Funktionären verschönernd »gegenseitige Hilfe« nannte, hatte man in Moskau von dem Komsomol- und Parteifunktionär Gorbatschow gehört, vor allem wohl, weil, wie bereits erwähnt, einer seiner Stawropoler Vorgesetzten und Förderer, Fjodor Kulakow, nun Sekretär im Zentralkomitee war. Als 1966 ein neuer Erster Sekretär des Kommunistischen Jugendverbandes gesucht wurde, kam auch Gorbatschows Name auf die Vorschlagsliste. Leonid Breschnew ließ sich die »Charakteristik« des jungen Mannes kommen, sah sich das Foto an und sagte: »Für einen Jungkommunisten-Führer hat er zuwenig Haare.« Damit war diese Kandidatur erledigt.

## Parteisekretär

Gorbatschow blieb in Stawropol, befaßt mit den vielen praktischen Aufgaben des politischen Alltags seiner Stadt. Aber auch ein gestreßter Stadtparteichef ist nicht auf die Rolle eines Statthalters beschränkt, wenn er ein Interesse für Entwicklungsprobleme der Industrie hat und nicht nur für Produktionszahlen. In jeder sowjetischen Industriestadt gab es in jenen Jahren reichlich Grund, nachdenklich zu werden. In Moskau war Alexej Kossygin als Ministerpräsident noch immer um eine Reform der sowjetischen Wirtschaft bemüht. Kurz vor seinem Sturz hatte Nikita Chruschtschow zwei Experimente mit dem neuen, von Jewsej Liberman ersonnenen System genehmigt. Aber nur in zwei Textilfabriken durfte eine auf Rentabilität gerichtete Wirtschaftsführung mit größeren Vollmachten der Betriebsleitung ausprobiert werden.

Zwei Tage nach Chruschtschows Rücktritt hatte Alexej Kossygin das neue System auf andere Betriebe ausgedehnt und ein Reformprogramm für die gesamte sowjetische Industrie angekündigt. Zuerst schien die Reform Erfolge zu bringen, aber dann verlangsamte sich das Wirtschaftswachstum. Kossygin hatte stets betont, es gehe nicht um die Einführung einer marktwirtschaftlichen Ordnung, und der Verwaltungsapparat hatte es durchgesetzt, daß seine zentralen Befugnisse kaum verändert wurden. Zwar maß man nicht mehr nur an bloßer Massenproduktion, der »Tonnen-Ideologie«, ohne Rücksicht auf Qualität, aber statt dessen wurden immer mehr Bewertungsmaßstäbe und Kennziffern eingeführt, die den bürokratisch-administrativen Führungsstil stärkten, statt ihn abzubauen. Den Wirtschaftswissenschaftlern, die am Entwurf des Programms mitgearbeitet hatten, schien der Reformprozeß schon wieder steckengeblieben. Sie diskutierten inzwischen bereits Konzepte einer sozialistischen Marktwirtschaft, wie sie in der Tschechoslowakei Ota Šik als Ansatz für neue Wirtschaftsstrukturen vorgeschlagen hatte.

Man kann nicht sicher sagen, daß solche Überlegungen den Ersten

Parteisekretär der Stadt Stawropol erreichten, aber die praktischen Probleme der Wirtschaftsreform Kossygins berührten ihn auf jeden Fall, und er, der mit soviel Intelligenz und Einsatz Wirtschaftswissenschaft studierte, muß eigentlich auf die prinzipiellen ökonomischen Probleme gestoßen sein.

Was in der Tschechoslowakei gedacht und getan wurde, als sich der Prager Frühling mit dem Kampf um einen demokratischen Sozialismus ankündigte, war für Michail Gorbatschow in Stawropol nicht so fern, wie man annehmen könnte. 1967 bekam er Besuch aus Prag. Zdeněk Mlynář, sein tschechoslowakischer Freund aus der Studienzeit nach Stalins Tod, besuchte ihn in Stawropol. Es war eine Zeit, in der sich Alexander Dubček und die jüngeren Führer der tschechoslowakischen Kommunisten darum bemühten, in der Sowjetunion und anderen sozialistischen Ländern Verständnis dafür zu wecken, daß ihre Reform den Sozialismus nicht schwächen, sondern aus der Krise führen würde.

Zdeněk Mlynář hat sich über sein Verhältnis zu Gorbatschow immer mit größter Zurückhaltung geäußert. Wäre darüber zu früh zu viel bekannt geworden, hätte das seine Beziehungen zu Gorbatschow, deren politische Bedeutung ihm sehr wohl klar war, belastet oder zerstört. Worüber er 1967 mit seinem Freund sprach und wie Gorbatschow auf die Nachrichten aus der Tschechoslowakei reagierte, hat Mlynář nie ausgeplaudert. Vielleicht konnten beide an die Studentengespräche der Tauwetterperiode anknüpfen, die andere Freunde aus dem Wohnheim an der Stromynkastraße beschrieben haben.

Als Mlynář auf dem Rückweg von Stawropol in Moskau Station machte, wurde aus einem Gespräch mit dem gemeinsamen Freund Wladimir Liberman jedenfalls sehr schnell eine hitzige Diskussion. Professor Liberman, der durch undogmatisches Denken selber in Schwierigkeiten mit dem Parteiapparat geraten war, blieb trotz allem überzeugt davon, daß es für die Ideen eines Sozialismus oder Kommunismus »mit menschlichem Antlitz« noch zu früh sei. Der Mann aus Prag wies den Freund zurecht. Mlynář, so Liberman, habe gesagt: »Ich dachte, deine Ausbildung, deine Herkunft, deine liberalen Neigungen und dein undogmatisches Denken würden dir helfen, meinen Standpunkt zu verstehen, aber ich habe mich geirrt. Mischa Gorbatschow, mit seinen ganz anderen Erfahrungen, hat mich besser verstanden.«

Es war das Jahr vor dem Prager Frühling. In der Tschechoslowakei wurde die Reformdiskussion noch im wesentlichen innerhalb der Partei und von ihren Funktionären geführt. Der demokratische Charakter der Reformvorstellungen war deutlich zu erkennen, aber der Prozeß der Veränderungen hatte noch nicht jene Dynamik gewonnen, welche die Kommunisten weit über das ursprünglich angestrebte Ziel der Reformen hinwegtragen sollte. Die Überlegungen von 1967, die das politische System menschlicher und erfolgreicher machen sollten, tasteten die Grundstrukturen und die führende Rolle der Partei zunächst nicht an. So konnte sie auch ein junger sowjetischer Politiker, dem die Notwendigkeit von Änderungen sehr wohl bewußt war, für einen annehmbaren Ausweg halten. Aber er konnte sich natürlich nicht öffentlich zu systemverändernden Ideen äußern, sondern mußte seine Gespräche mit Mlynář und seine Gedanken geheimhalten.

Im Sommer 1968 waren sich die sozialistischen Nachbarstaaten der CSSR mit der Sowjetunion darüber einig, daß das tschechoslowakische Experiment abgebrochen werden müßte, ehe es eine Lawine auslösen konnte. Polens Parteichef Gomulka fand die Unterstützung aller sozialistischen Parteichefs, als er auf einer Konferenz im Juli erklärte, in der Tschechoslowakei habe man es mit einer Konterrevolution zu tun, die besonders gefährlich sei, weil der Gegner nicht schieße. Die Aufhebung der Pressezensur zeige, daß die Parteiführung den Versuch aufgegeben habe, die Entwicklung zu beeinflussen.

Tatsächlich schien gerade die Abschaffung der Zensur in Moskau besondere Beunruhigung hervorzurufen. Nach Jahrzehnten des Parteimonopols auf Information und Meinungsbildung erweckte der Gedanke an den Verzicht auf die Kontrolle des Wissens und des Denkens das Gefühl einer Bedrohung, als sei eine Lockerung der Zensur schon der Durchbruch der Gegenrevolution. Nun schrieb die Zeitung der tschechoslowakischen Kommunisten, *Rudé Právo*, die Partei könne sich nicht das Recht anmaßen, im Namen des ganzen Volkes zu sprechen. Sie hatte von Irrtümern der Partei berichtet, die im Sozialismus auf demokratischem Wege korrigiert werden könnten. Die Kommmunisten in der Tschechoslowakei ließen sich bewußt von einer Welle spontaner Zustimmung und Aktivität der Massen tragen, die sie freilich zuerst noch lenken wollten oder zu führen meinten.

Bekannte Wissenschaftler und Intellektuelle verfaßten das »Manifest der 2000 Worte«, eine Abrechnung mit der kommunistischen Herrschaft, in der es hieß, der Staatsapparat werde nicht mehr vom Volk kontrolliert und die KP habe sich aus einer politischen Partei in ein Machtorgan verwandelt, in dem ehrgeizige Egoisten und Karrieristen um Einfluß kämpften.

Zehntausende von Tschechoslowaken unterzeichneten das Manifest, und diese breite Unterstützung machte es in den Augen der Sowjets besonders gefährlich. Die Versicherung, daß die Erneuerung nicht ohne oder gegen die Kommunisten durchzusetzen sei, beruhigte die Sowjets nicht. Denn im Manifest stand auch das Versprechen an Dubček und die anderen kommunistischen Führer der CSSR, sie wenn nötig mit Waffen zu unterstützen, falls ausländische Truppen einmarschieren sollten.

Das sowjetische Eingreifen war danach nur noch eine Frage der Zeit. Die *Prawda* begründete dies später so: »Die Kommunisten der Bruderländer konnten nicht zulassen, daß um einer abstrakt verstandenen Souveränität willen die sozialistischen Staaten untätig blieben, während das Land einer antisozialistischen Entartung anheimfiel [...] Wer die Aktionen der verbündeten sozialistischen Länder in der Tschechoslowakei ungesetzlich nennt, der vergißt, daß es in einer Klassengesellschaft kein klassenloses Recht gibt und auch nicht geben kann. Gesetze und Rechtsnormen sind den Gesetzen des Klassenkampfes und der gesellschaftlichen Entwicklung untergeordnet.« Das war das Grundmuster der im Westen so bezeichneten »Breschnew-Doktrin«, die es rechtfertigte, sozialistische Staaten mit militärischer Gewalt auf die Linie der sowjetischen Politik zu zwingen, wenn dies der Sowjetunion nötig erschien. Der *Prawda*-Artikel formulierte: »Jede kommunistische Partei ist nicht nur ihrem eigenen Volk verantwortlich, sondern auch allen sozialistischen Ländern und der ganzen kommunistischen Bewegung. Ein sozialistischer Staat, der mit anderen Staaten eine sozialistische Gemeinschaft bildet, kann sich nicht über die Interessen dieser Gemeinschaft hinwegsetzen.« In Wirklichkeit entschied natürlich nicht die Gemeinschaft, sondern Moskau.

In der Nacht zum 21. August 1968 marschierten sowjetische, ungarische, polnische und DDR-Truppen in die Tschechoslowakei ein. Alexander Dubček und die wichtigsten Mitglieder des Präsidiums wurden verhaftet, in einem Panzer zum Flughafen gefahren und in die Sowjetunion abtransportiert. Dort sahen sich die tschechoslowakischen Führer als gefesselte Gefangene wieder, zuerst in einem Gebirgswald der Karparto-Ukraine. Ein paar Tage später wurden sie in Moskau mit weiteren tschechoslowakischen Führern zusammengebracht, die den sowjetischen »Partnern« ebenfalls wie politische Gefangene vorgeführt wurden. Man hatte sie entführt zu Scheinverhandlungen, die die militärische Besetzung der Tschechoslowakei verschleiern sollten. Unter den nach Moskau verschleppten Politikern war auch Zdeněk Mlynář, Gorbatschows Freund und Studiengenosse.

In der sowjetischen Bevölkerung löste das Eingreifen weder besonderes Erschrecken noch auffällige Zustimmung aus. Die Besetzung war schnell und ohne Verluste verlaufen. Nach zwanzig Jahren Propaganda akzeptierte die überwiegende Mehrheit die These, die Sowjetarmee habe die Tschechoslowakei, die sie schon einmal befreit hatte, nun vor einem westlichen Übergriff gerettet. Die wenigen Protestierenden wirkten einsam und verloren, wie etwa jene Demonstration von sieben Menschen auf dem Roten Platz, die Spruchbänder wie »Hände weg von der Tschechoslowakei« für wenige Minuten entfalten konnten, ehe die Polizei zugriff. Unter ihnen war der Schwiegersohn von Professor Andrej Sacharow, Pawel Litwinow. Die Demonstranten wurden verhaftet, bevor die Menschen auf dem Platz ihre Losungen lesen konnten, und bald zu schweren Strafen verurteilt. Aber immerhin unterschrieben fast einhundert sowjetische Intellektuelle einen Brief an den Obersten Sowjet, in dem sie sich für die Verurteilten einsetzten.

Diese Zeit hat Andrej Sacharow einen entscheidenden Wendepunkt seines Lebens genannt. Er hatte schon seit einigen Jahren Menschen unterstützt, die wegen ihrer politischen Meinungen, ihres Glaubens oder ihrer Nationalität verfolgt wurden. 1968 veröffentlichte er im Untergrund seinen Artikel »Überlegungen zu Fortschritt, friedlicher Koexistenz und intellektueller Freiheit«, der sehr schnell in der ganzen Welt bekannt wurde. Dies war das Jahr, in dem er sich offen als Dissident bekannte. Der Physiker, der einer der Väter der sowjetischen Wasserstoffbombe gewesen war, durfte nun nicht mehr an Arbeiten beteiligt werden, die der Geheimhaltung unterlagen, und verlor seine Privilegien, blieb freilich leitender wissenschaftlicher Mitarbeiter am Institut für Physik. Trotz dieser scheinbar normalen Weiterbeschäftigung hatte der Weg begonnen, der Andrej Sacharow 1980 in die Verbannung nach Gorkij führte. Isoliert und unter ständiger Polizeikontrolle lebte er dort, bis ihn ein telefonischer Anruf von Michail Gorbatschow nach Moskau zurückrief, in einem der ungewöhnlichsten Augenblicke der sowjetischen Politik, der für beide Männer entscheidend werden sollte.

Die Ereignisse in der Tschechoslowakei und das Schicksal seines Freundes Mlynář können nicht einfach an Michail Gorbatschow vorbeigegangen sein. Seine Begegnung mit Mlynář im Jahr zuvor war dem KGB natürlich bekannt geworden. Gorbatschows ehemalige Mitstudenten, die ihn und Mlynář gekannt hatten, wurden von KGB-Beamten in langen Gesprächen ausgeforscht nach allem, was sie über die beiden wußten. Konsequenzen aus diesen Informationen zog der KGB nicht. Die Akten wurden nicht weitergegeben. Vielleicht bezieht sich darauf eine spätere Äußerung, die Gorbatschow einem Freund gegenüber tat: Jurij Andropow und der stellvertretende Generalstaatsanwalt Naidjonow hätten ihn gerettet. Andropow war seit 1967 Vorsitzender des Komitees für Staatssicherheit (KGB), zudem ein Mann, der zur Zeit des Volksaufstands Botschafter in Ungarn gewesen war und für Entwicklungen in Osteuropa ein besonderes Gespür hatte.

Gorbatschows Freunde in Moskau deuten seine Bemerkung jedenfalls so, als seien schon von diesem Zeitpunkt an bis Anfang der achtziger Jahre Verdächtigungen und Beschuldigungen gegen Gorbatschow *ad acta* gelegt worden, weil Andropow und Naidjonow, ein Mann, der zu den frühen Kämpfern gegen Korruption in der Partei gehörte, Gorbatschow gegen die übliche Denunziationskampagne schützen wollten. Dabei ging es, so erzählte Gorbatschow seinen Freunden später, um mehrere Fälle, in denen Andropow als Geheimdienstchef und Politbüro-Mitglied Gorbatschow vor Schwierigkeiten bewahrte, wenn ihn seine Gegner wegen wirtschaftlicher Mißerfolge denunzieren und seine Karriere stoppen wollten.

Gorbatschow war nun, am Ende der sechziger Jahre, in das Parteikomitee des Gebiets Stawropol aufgerückt und im April 1970 Erster Parteisekretär geworden. Er war neununddreißig Jahre alt und verantwortlicher Chef eines Gebiets mit bedeutender Landwirtschaft zu einer Zeit, in der Agrarpolitik zu den Aufgaben gehörte, die einen Funktionär am schnellsten in Schwierigkeiten bringen konnten. Als Gebiets-Parteisekretär aber war Gorbatschow von nun an auch einer von etwa siebzig Männern, die nicht nur in ihrem jeweiligen Gebiet Entscheidungsbefugnisse und Macht hatten, sondern ihren Einfluß auch in Moskau fühlbar machen konnten. Unter Breschnew war ihre Stellung stärker geworden und ihre Macht wieder gewachsen. Sie konnten mehr in die Waagschale politischer Entscheidungen werfen als die einfachen Mitglieder des Zentralkomitees und standen an Bedeutung nur den hauptamtlichen ZK-Sekretären und den Politbüro-Mitgliedern nach.

1971 wurde Gorbatschow auch ins Zentralkomitee gewählt – in eine Institution, deren regelmäßige Plenarsitzungen den Mitgliedern Reisen zur Moskauer Parteizentrale und die Pflege der Beziehungen mit anderen führenden Funktionären aus dem weiten Lande ermöglicht. Vor den meisten anderen hatte Gorbatschow freilich einen Vorteil: die Geographie des Gebiets Stawropol. Denn in dessen südlichen Bezirken, in den Ausläufern des Kaukasus, liegen jene Kurorte, die der Name »Minwodgrupa« – »Mineralwassergruppe« – zusammenfaßt. Seit dem neunzehnten Jahrhundert waren russische Aristokraten und Kaufleute hierher gereist, um sich an den Mineralbrunnen zu kurieren und in Parkanlagen zu ergehen, die den Vorbildern von Baden-Baden oder Spa nachempfunden waren. Hierher zog es nun auch die Spitzen der Partei und des Sowjetstaats, die am Gebirgsrand Heilung und Erholung suchten oder, wie der Parteiideologe Michail Suslow, gar über ein Haus im Naturschutzgebiet von Tiberda verfügten. Wäre Gorbatschow Erster Sekretär eines Gebiets im hohen Norden oder im fernen Sibirien gewesen, es hätten sich ihm, wie er selber sagt, weniger Möglichkeiten eröffnet, Kontakte aufzunehmen und mit den mächtigsten Männern der Partei bekannt zu werden.

In seiner neuen Funktion hatte Gorbatschow wieder einmal umziehen dürfen: Nun wohnte seine Familie allein in einem einstöckigen Haus in der Nähe eines Parks. Im kleinen, von einer hohen Mauer umgebenen Garten konnte er Apfelbäume pflanzen. Dreimal in der Woche kam eine ältere Frau als Haushaltshilfe, Tante Xenia genannt, denn Raissa Gorbatschowa arbeitete nach wie vor an der Landwirtschaftshochschule. Raissa aber war immer noch eine gute Hausfrau. Selbst wenn zu Festlichkeiten wie zur Feier ihrer Dissertation Freunde ins Haus kamen, verließ sie sich lieber auf die Hilfe ihres Mannes und ihrer Tochter als auf einen Kellner oder eine Zugehfrau. Die Tochter Irina blieb oft bis abends in der Schule, wo die Kinder ihre Hausarbeiten machen oder unter Aufsicht spielen konnten.

Alexander Nikonow, damals Direktor der Landwirtschaftshochschule, traf die elfjährige Irina eines Abends am Herd an, wo sie für ihren Vater das Abendessen zubereitete. »Was soll man machen?« sagte Gorbatschow. »Raissa ist auf Dienstreise.« In der Schule bewahrt der frühere Klassenlehrer Irinas noch einen Zettel auf: Irinas Mutter sei erkrankt, und Irina müsse zu Hause bleiben und sie versorgen, hatte Gorbatschow darauf geschrieben.

Die 1957 geborene Irina war keine »Parteiprinzessin«, sondern wurde recht einfach erzogen. Sie hatte ganz normal den Kindergarten und die Schule besucht. Die Sommerferien verbrachte sie bei ihrer Großmutter in Priwolnoje, wo sie wie andere Schulmädchen im Garten arbeitete. Wie ihre Eltern war auch sie in der Schule ungewöhnlich fleißig. Ihre Lehrerin Valentina Miroschnikowa sagt, das Mädchen sei stets durch besondere Disziplin aufgefallen. Sie interessierte sich vor allem für Literatur und Geisteswissenschaften, schaffte es aber, in allen Fächern, auch den naturwissenschaftlichen, ausgezeichnete Noten zu bekommen. So verließ auch sie die Schule mit einer Goldmedaille. »Im übrigen war sie ein sehr zurückhaltendes Mädchen«, sagt ihre Lehrerin, »nie nutzte sie den Namen ihres Vaters aus. Man merkte richtig, wie sie sich bemühte, nicht mit ihm und seinem Amt in Verbindung gebracht zu werden.«

Während Irinas Mutter regelmäßig zu den Elternabenden kam, war ihr Vater nur zweimal in der Schule. Am ersten Schultag, als er seine Tochter in die erste Klasse brachte, und bei der Abschlußfeier, als Irina ihre Goldmedaille erhielt. Da lud man ihn ein, mit den Lehrern am Vorstandstisch zu sitzen, aber er lehnte lächelnd ab und sagte, er sei nur in seiner Eigenschaft als Vater da.

Die Lehrer hatten geglaubt, Irina werde sich für Literatur oder Philosophie entscheiden. Sie waren überrascht, als sie hörten, daß Gorbatschows Tochter im Medizinischen Institut von Stawropol studierte. Manche meinen, den Wunsch, Medizin zu studieren, habe ein junger Mann geweckt, der Sohn einer Ärztin, der von früh an nichts anderes als Mediziner werden wollte. Anatolij Wirganskij jedenfalls war oft mit Irina zusammen, und im dritten Studienjahr heirateten sie. Rewekka Poljak, Leiterin der chirurgischen Abteilung des Instituts, sagt heute: »Bis zu diesem dritten Jahr wußte ich gar nicht, daß Irina die Tochter unseres Ersten Sekretärs war. Tolja Wirganskij kannte ich, besser gesagt, ich kannte seine Mutter. Aber mir fiel auf, daß Tolja und Irina ganz ausgezeichnete Studenten waren. Außerdem ein hübsches Paar, fanden wir alle.«

Die Hochzeitsfeier der Tochter des Ersten Parteisekretärs von Stawropol sah ähnlich aus wie die von Raissa und Michail in den mageren fünfziger Jahren. Am Essen und Trinken wurde nicht gespart, aber es gab alles andere als eine »große Hochzeit« oder eines jener aufwendigen Feste, wie sie in diesen Jahren in gehobenen Funktionärsfamilien selbstverständlich waren, aber auch bei einfacheren Leuten üblich wurden. Nach der Zeremonie im Standesamt fuhren zwei Autos am Restaurant »Gorki« in Stawropol vor – im einen das Brautpaar mit seinen Trauzeugen, im anderen die Eltern. Gegessen wurde in einem kleinen Saal, eingeladen waren außer den Eltern nur

Studienkameraden und Freunde des Brautpaares. Und die Eltern gingen sehr bald. »Ich möchte, daß sie so eine Hochzeit haben wie Mischa und ich«, sagte Raissa Gorbatschowa zu Freunden, die sich wunderten, daß sie und ihr Mann das Restaurant so früh verließen. »Die brauchen uns jetzt nicht.« In der Stadt wurde natürlich viel über diese Hochzeit geredet, und manche Leute meinten sogar, der Erste Sekretär sei geizig.

Den anderen Frauen in Stawropol war schon aufgefallen, daß die Frau des Parteisekretärs kaum Diamantringe trug, wie das üblich geworden war, und daß die Tochter Irina nicht einmal einen Schaffellmantel hatte, damals ein Statussymbol der jungen Leute. Als eine Kollegin sie darauf ansprach, erklärte Raissa: »Schaffellmäntel sind nicht im freien Verkauf, und ich möchte deshalb nicht, daß meine Tochter in einem herumläuft.« Raissa Gorbatschowa war in den Stawropoler Jahren nie in einem Pelzmantel zu sehen. Aber sie war gut angezogen, mit ein wenig zu bewußtem Chic, über den die Frauen in Stawropol schon damals nicht immer freundlich redeten. Auf den ältesten Fotos aus Stawropol sieht man, daß Raissa Gorbatschowa selbst einen Regenmantel und ein Kopftuch ein bißchen anders tragen konnte als die Kolleginnen oder die Mütter von Irinas Klassenkameradinnen. Auch einfachen Kleidern gewann sie einen persönlichen Stil ab.

Schon damals hatte Gorbatschow damit begonnen, Raissa auf fast alle Dienstreisen oder zu Konferenzen mitzunehmen. Während er offizielle Gespräche führte, ging sie über die Märkte und durch die Läden, sah sich um und stellte Fragen. »So hatte Gorbatschow immer Informationen aus erster Hand, und zwar von professioneller Qualität«, sagt Professor Nikonow. »Manchmal wußte er am Ende eines Besuchs deshalb mehr über die wirklichen Probleme des Ortes als die lokalen Funktionäre, mit denen er am Konferenztisch zusammengesessen hatte.« Für Gorbatschow sei es einfach notwendig gewesen, seine Frau auf solche Reisen mitzunehmen, meint Nikonow. Er sei ein emotionaler Mensch, der gelernt habe, sich zu zügeln. Im Laufe seiner politischen Karriere sei Vorsicht im Umgang mit Menschen ein Teil seines Charakters geworden. Vielleicht erkläre diese ständige

Selbstkontrolle, warum er sich selbst für kurze Zeit so ungern von seiner Frau trenne. Er brauche sie als die einzige Person, die ihm nicht nur emotional, sondern auch intellektuell ganz nahe stehe. An Wochenenden setzte er sich selber ans Steuer seines Dienstwagens und fuhr mit ihr aufs Land hinaus. Irgendwo ließen sie den Wagen stehen und machten stundenlange Spaziergänge, bis zu zwanzig Kilometer weit. Das war Erholung, aber auch eine Möglichkeit, sich den Mit- und Abhörern zu entziehen, mit denen ein Parteisekretär stets zu rechnen hatte.

Als Parteifunktionär in der Provinz führte Gorbatschow ein angenehmes, aber nicht aufwendiges Leben. Die Möbel waren einfach, so berichten die Freunde. Es gab keine der sonst in der Oberschicht so beliebten Antiquitäten. Dafür hatten sich die Gorbatschows Buch um Buch eine gute Bibliothek aufgebaut. Seinen Mitarbeitern fiel an Gorbatschow durchaus auf, daß er sich morgens nicht, wie seine Vorgänger, mit einer schwarzen Limousine ins Büro fahren ließ. Wenn er zu Fuß durch den hübschen Park und über den Lenin-Platz ging, sprachen ihn die Leute an, und er hörte auf diese Weise viel von ihren Problemen. Daß er Autofahren gelernt hatte und sich oft selbst ans Steuer setzte, wäre im Westen nichts Besonderes gewesen, in der Sowjetunion aber war das in den siebziger Jahren ein offener Bruch mit dem Protokoll, fast ein Affront gegen die Funktionärskollegen, und es ist heute noch ungewöhnlich.

Gorbatschow war zudem ein Gebiets-Parteichef, der nicht einfach den von der Zentrale ausgegebenen Anweisungen folgte, sondern ohne Rückfragen Veränderungen vornahm, was immerhin Mut zum Risiko bedeutete. Wer sich an Vorgaben und Vorschriften des Apparats hielt, war auch im Fall eines Mißerfolgs einigermaßen sicher. Wer auf eigene Verantwortung etwas anderes unternahm, konnte selbst, wenn er Erfolge hatte, unangenehm auffallen und Schwierigkeiten bekommen. Leute, die im Parteikomitee mit ihm zusammenarbeiteten, meinen, in seinen Plänen und Maßnahmen damals schon den Anfang der Perestroika gesehen zu haben.

Nikolai Dorochin, Gorbatschows erster Kaderchef in Stawropol, erinnert sich stolz: »Ich kann mit Sicherheit sagen, daß sich Michails

Persönlichkeit als großer Politiker hier entwickelt hat, in Stawropol. Als er schon Generalsekretär war, sprach er einen wahren Gedanken aus: daß die Perestroika als Idee und als Hoffnung der Kommunisten nicht erst auf jenem Plenum entstand, auf dem das Wort zum erstenmal fiel. Auf dem Plenum gab es lediglich eine günstige Situation für einen solchen Neubeginn. Aber die Gedanken und Taten, die die Perestroika in unser ganzes gesellschaftliches Leben und in alle Lebensbereiche einbrachten, gab es schon viel früher. Hier im Gebiet Stawropol haben wir mit Gorbatschow zum Beispiel ein Programm zur Mechanisierung und Elektrifizierung der Landwirtschaft ausgearbeitet. Die Elektrifizierung ging bis in die letzte Siedlung, bis in den letzten Hof.

Michail Sergejewitsch hat nicht am Schreibtisch gesessen, sondern ist selber draußen gewesen. Er hat immer gesagt, man müsse mehr unter die Menschen gehen und die Probleme vor Ort studieren. Dann kamen die Bewässerungsprojekte, die in unseren trockenen Gebieten von enormer Bedeutung waren. Und dann der Bau des großen Stawropoler Kanals in seinen vier Etappen. Das sind alles die Kinder Gorbatschows, die Früchte seiner Arbeit. Bei der Regierung und im ZK mußten diese Projekte überhaupt erst einmal durchgesetzt werden. Leicht war das nicht, aber Mischa blieb fest, wenn er etwas durchsetzen wollte. Er hatte so einen Charakter: wenn er von etwas fest überzeugt war, dann führte er die Sache auch bis zum logischen Ende. So ist er ja auch jetzt noch. Damals hat er im ZK und in den Ministerien für unsere Pläne gekämpft. Bei uns im Gebiet war es das Wichtigste, die soziale Lage zu verbessern. Das Leben der Arbeiter und Bauern ist ja die Basis der Industrie und der landwirtschaftlichen Produktion. Da mußten wir viele Probleme gegen die Anweisungen aus Moskau und gegen die offizielle Linie lösen. Das war uns bewußt, und wir haben unseren Kurs dennoch weiter gesteuert. Ich war im Exekutivkomitee mit den Fragen der sozialen Verbesserungen befaßt, und Michail Sergejewitsch hat mich immer unterstützt. Wir haben aus eigenen Mitteln Schulen, Kindergärten, Krankenhäuser und Klubs gebaut, und zwar nicht nur ein paar zum Vorzeigen, sondern Hunderte innerhalb eines Fünf-Jahres-Plans. Das hat dazu beigetragen, daß die Menschen hiergeblieben sind. Es hat uns geholfen, nicht nur die Landflucht in die Städte zu verhindern, sondern sogar die Bedingungen dafür zu schaffen, daß die Leute herkommen: menschlichere Lebensbedingungen. Damit sind unsere Erfolge zu erklären.«

Dorochin und andere seiner damaligen Mitarbeiter sind also fest davon überzeugt, Gorbatschow habe schon als Gebiets-Parteisekretär damit begonnen, in seinem Bereich Elemente in die Wirtschaft einzuführen, die später für die Politik der Perestroika in der ganzen Sowjetunion kennzeichnend wurden: finanzielle Selbständigkeit der Betriebe, Ausrichtung auf Rentabilität, materielle Anreize und marktorientierte Strukturen. Wenn sie die siebziger Jahre in Stawropol so betrachten, muß das nicht eine nachträgliche Überbetonung dieser Elemente aus der Kenntnis der Gorbatschow-Politik von heute sein. Grundsätzlich ist natürlich auch keines der Elemente, die sie nennen, völlig neu. Alle sind zu irgendeinem Zeitpunkt in der sowjetischen Wirtschaftspolitik eingeführt, ausprobiert, neu definiert oder verworfen worden. Aber viele Leute, die in Stadt und Gebiet Stawropol wichtige Ämter in der Wirtschaft bekleideten, sprechen davon, daß es unter Gorbatschow in Stawropol anders ausgesehen habe als in den Nachbargebieten.

Daran erinnert ein Mann, der ebenfalls aus Priwolnoje in die Gebietshauptstadt gekommen war und heute Mitglied des Kongresses der Volksdeputierten ist – ein energischer und einfallsreicher Politiker mit Organisationstalent und beinahe amerikanischer Erfolgs-Orientiertheit. Viktor Iwanowitsch Postnikow ist heute Generaldirektor des größten und modernsten sowjetischen Geflügelmastbetriebs. »Um 1974 las ich in der Zeitschrift *Amerika*, die in russischer Sprache herauskommt, einen interessanten Artikel über eine Hähnchenmästerei. Ich war so beeindruckt, daß ich das sofort bei uns in Stawropol ausprobieren wollte. Aber ohne Gorbatschow wäre das gar nicht möglich gewesen. Vom ersten Tag an ist unser Unternehmen mit seinem Namen verbunden gewesen. Er hat sich an allen Planungen und Aktivitäten beteiligt, wenn es Schwierigkeiten gab. So hat er auch geholfen, das Unternehmen auf wirtschaftliche Rechnungsführung umzustellen. Das war damals eine ganz neue Erscheinung und ging überhaupt nur mit seiner Hilfe. Er hat uns geholfen, den ganzen bürokratischen Apparat, den wir in der Sowjetunion jetzt noch ständig kritisieren, in Stawropol zu überwinden, und er hat gezeigt, was Handlungsfreiheit für ein Unternehmen bedeuten kann. Wir haben immer mehr Selbständigkeit bekommen, besonders natürlich nach 1983. In Produktion, Verarbeitung, Verkauf mischt sich nun keiner mehr ein. Als er im Zentralkomitee Sekretär für Landwirtschaft war, bin ich oft bei ihm gewesen, und er hat uns dabei unterstützt, die bürokratischen Hürden zu nehmen. Wir waren immer für die Selbstfinanzierung, wollten kein Geld vom Staat, aber das mußte man den Leuten im Finanzministerium erst mal verständlich machen. Ohne Gorbatschow hätten wir unseren Betrieb nicht umstrukturieren dürfen. Und Veränderungen sind doch notwendig, bei anderen Betrieben auch. Da muß es Selbstfinanzierung, Pacht oder verschiedene Eigentumsformen geben. Der Mensch im Betrieb muß sich als Herr und Eigentümer fühlen können. Und bei uns gibt es das schon seit 1983. Gorbatschow ist bereits 1978 von Stawropol weggegangen, aber bis heute spürt man, daß er dagewesen ist, und wir ernten Früchte, die er gesät hat.«

Die von Postnikow organisierte »Broiler-Vereinigung« – Broiler ist das aus dem Amerikanischen übernommene Wort für Brathähnchen – ist in der Sowjetunion ungewöhnlich erfolgreich. 1976 hatte Gorbatschow ihr die Genehmigung verschafft, als Versuchsbetrieb die Arbeit aufzunehmen, und sie produzierte siebentausend Tonnen Huhn- und Truthahnfleisch. Inzwischen gibt es bei ihr von Entenleberpastete mit Cognac nach französischem Rezept bis zu Wachteleiern und Putenbrust so ziemlich alles, was sich aus Geflügel herstellen läßt. Ihr Supermarkt in Stawropol ist modern eingerichtet und sauber wie wenige in der Sowjetunion. Einige Geschäfte, die von der Broiler-Vereinigung in Moskau eröffnet wurden, gehören zu den beliebtesten der Stadt – solange ihr Vorrat reicht. Die Broiler-Vereinigung bringt auch durch Exporte Devisen ins Land.

Ein anderer Abgeordneter aus dem Gebiet Stawropol urteilt ähnlich. Er kennt Michail Sergejewitsch seit 1956 und hatte mit ihm zu tun, als beide nach 1962 in ähnlichen Funktionen für die Neuorganisierung der Landwirtschaft arbeiteten. Beide waren im selben Fernstudien-Kurs. Auch dieser Mitstudent will bei Gorbatschow nicht nur viel Fleiß und Pflichtbewußtsein bemerkt haben, mit dem er noch die letzte Kontrollarbeit anging, sondern auch er spricht von frühen Ansätzen des Perestroika-Denkens bei seinem damaligen Kollegen.

»Angefangen hat unsere Perestroika, als Gorbatschow am 20. April 1970 Erster Gebietssekretär wurde. Aber er hat die meisten Veränderungen in harten Kämpfen durchsetzen müssen. Zum Beispiel kam Michail Solomenzew, damals Ministerpräsident der RSFSR (der Russischen Sozialistischen Föderativen Sowjetrepublik, G.R.), nach Stawropol, als wir das Wasserkraftwerk bauten. Da ging es aber auch um die Frage, ob wir die spezialisierte Schafzucht ausbauen sollten. In Moskau war man dagegen. Aber Gorbatschow hat sich dafür eingesetzt, und seine Hartnäckigkeit hat uns weitergeholfen. Ich habe seine Auseinandersetzung mit Solomenzew gehört, seine Argumente. Und er ist mutig bis zum Politbüro gegangen, bis zu Breschnew. Das Problem ist schließlich in unserem Sinne gelöst worden, und die Wollproduktion hat sich seit dieser Zeit fast verdoppelt. In einem anderen Fall, gegen Ende seiner Zeit bei uns, war das Politbüro für die Neuland-Erschließung, also die Urbarmachung von Steppengebieten, und nicht für die intensivere Bearbeitung des Landes, das wir schon unter dem Pflug hatten. Gorbatschow war anderer Meinung, er schrieb Briefe dagegen und fürchtete, man würde ihn deshalb sogar absetzen. Aber das ging damals gut, und ein paar Monate später wurde er im Zentralkomitee Sekretär für Landwirtschaftsfragen.«

Es ist nicht leicht, alles, was über Gorbatschows Politik aus jenen Jahren berichtet wird, auf einen Nenner zu bringen. So wurde, als er für die Landwirtschaft des Gebiets Stawropol zuständig war, ein System leistungsbezogener Prämien eingeführt und das System detaillierter Kontrollen und Normen gelockert oder aufgehoben. Ähnlich wie später, zu Anfang der achtziger Jahre, wurden Arbeitsgruppen aus Bauern oder auch Bauernfamilien zusammengestellt. Sie schlossen mit den Kolchosen Verträge ab und verdienten entsprechend den wirtschaftlichen Ergebnissen, aber auch daran, daß sie Betriebsausgaben einsparten.

Mitte der siebziger Jahre hieß es, solche Arbeitsgruppen hätten die Ernteerträge um dreißig bis fünfzig Prozent erhöhen können, und es schien Gorbatschows Ziel, das neue System im ganzen Stawropoler Gebiet einzuführen. Aber gleichzeitig damit übernahm Gorbatschow auch ein von seinem Förderer Fjodor Kulakow propagiertes System, bei dem die Ernten mit Hilfe des massiven Einsatzes von Landmaschinen schneller eingebracht werden sollten. Kolonnen von fünf bis sechs Mähdreschern fuhren von Kolchose zu Kolchose. Mit ihnen kamen die Lastwagen für den Getreidetransport, sie sollten die gewöhnlich übermäßig großen Verluste der kolchoseigenen Lastwagen auf dem Weg zu den Silos verringern. Mit den »Mechanisatoren«, den Traktorfahrern und Technikern, kam alles, was sie brauchten: medizinische Betreuung, Feldküchen und oft sogar Unterhaltungsensembles für die Stunden nach der Erntearbeit. Das neue System hieß »Ipatowo-Methode«, nach einem Rayon im Gebiet Stawropol, in dem sie zuerst angewendet wurde.

Die Neuerung brachte zunächst bemerkenswerte Erfolge. Die Hektar-Erträge, die im Stawropoler Gebiet stets über dem sowjetischen Durchschnitt lagen, stiegen noch einmal, besonders im guten Erntejahr 1977. Aber das war nur eine Seite der Rechnung. Denn die neue Methode des konzentrierten Einsatzes herumreisender technischer Brigaden ging genau von den gegenteiligen Voraussetzungen aus wie das kurz zuvor eingeführte System der selbständigen, nach Ertragsleistung bezahlten Arbeitsgruppen. Solche bäuerlichen Brigaden sollten eigentlich Interesse daran haben, den Boden nicht nur auszubeuten, sondern auch für die Zukunft zu verbessern. Nun donnerten die mechanisierten Kolonnen durch die Kolchosen, und der Ansatz, bäuerliche Erfahrung und Initiative zu nutzen, ging wieder verloren. Die Ipatowo-Methode war nichts anderes als ein organisatorisches Verfahren, moderne Landmaschinen nach einem Rotationssystem jeweils dort einzusetzen, wo das Getreide zur Ernte reif war, und wie alle rein technokratischen Innovationen brachte sie nur kurzfristig Verbesserungen, weil sie die eigentlichen Probleme der Landwirtschaft nicht berührte.

Gorbatschow trug der Anfangserfolg der Ipatowo-Methode eine

Auszeichnung ein: Der Parteiideologe Michail Suslow kam im Mai 1978 nach Stawropol, um ihm den »Orden der Oktoberrevolution« anzuheften. Bei dieser, seiner zweiten, Ordensverleihung ging sein Bild durch alle Zeitungen der Sowjetunion. Der Orden war auch ein Zeichen dafür, daß Gorbatschow nun zum Führungspotential für Moskau gehörte.

Was die Ipatowo-Methode anging, so zeigte sich bald, daß sie keine dauernden Erfolge garantierte. Ein paar Jahre später zog man sie aus dem Verkehr und – Gorbatschow war nun ZK-Sekretär für Landwirtschaft – förderte wieder die Einführung selbständig arbeitender und am Ertrag beteiligter bäuerlicher Arbeitsgruppen. Auf der Suche nach wirtschaftlichen Erfolgsmethoden und nach einer Position, die ihm selbständige Entscheidungen ermöglichen sollte, hatte Gorbatschow wieder einen Haken schlagen müssen. Wo er indessen selber über Landwirtschaftspolitik entscheiden konnte und wo diese Entscheidungen den Rahmen der regionalen Politik nicht überschritten, handelte Gorbatschow fast immer anders als die technokratischen Funktionäre in Moskau. Er holte die Landwirtschaftsspezialisten des Gebiets Stawropol zu regelmäßigen Seminaren zusammen, um neue Methoden und örtliche Erfahrungen zu diskutieren und möglichst miteinander zu verbinden. Er wandte sich an die akademischen Experten der Landwirtschaftshochschule, um von ihnen Analysen und Problemlösungen einzuholen. Er kam innerhalb von Stunden, wenn Wissenschaftler meinten, in ihrer Forschungsstation eine Lösung für bestimmte Schwierigkeiten bei der Schafzucht oder im Getreideanbau gefunden zu haben.

In der Mitte der siebziger Jahre hatte es im Gebiet Stawropol mehrere Jahre lang schlechte Ernten gegeben, als Folge von Dürrejahren, in denen gerade noch hundertzwanzig Millimeter Regen pro Quadratmeter gemessen wurden. Gorbatschow setzte sich mit den Wissenschaftlern des Landwirtschaftsinstituts zusammen, und gemeinsam mit dem Direktor der Landwirtschaftshochschule, Alexander Nikonow, ging er in den Archiven die jährlichen Berichte durch, die die Gouverneure dem Zaren vor der Revolution über die wirtschaftliche Entwicklung zusenden mußten – Berichte von fünfzehn oder zwanzig Seiten mit immer noch bemerkenswert genauen statistischen Angaben über die Ernteerträge der einzelnen Bezirke.

Sie stellten fest, daß um die Jahrhundertwende trotz Zeiten der Dürre jene Gebiete gute Ernten gehabt hatten, in denen man das Land ein bis zwei Jahre brachliegen ließ und nicht jedes Jahr unter den Pflug nahm. In Moskau, wo man auf eine Technisierung der Landwirtschaft setzte, galt die Brachlandtheorie als Ketzerei. Gorbatschow berief eine Parteikonferenz in Stawropol ein, legte die Ergebnisse seiner Nachforschungen in den alten Statistiken vor, und ehe die Funktionäre verstanden hatten, auf was sie sich eigentlich einließen, hatten sie einer Entschließung zugestimmt, in der die Zentralbehörden in Moskau um Genehmigung eines Brachlandprojekts im Gebiet Stawropol gebeten wurden.

Aber Moskau lehnte das Projekt ab, das auf einer halben Million Hektar die Brachlandwirtschaft einführen sollte. »Man sagte uns unumwunden: ›Brachland ist für die Feldwirtschaft das gleiche wie eine Seuche für die Tierzucht‹«, erzählt G. Starschikow, der damals als Erster Stellvertretender Vorsitzender in der Verwaltung des Gebiets für die Landwirtschaft zuständig war. »Aber das hat Michail Sergejewitsch nicht abgeschreckt. Wir stellten fest, daß die zentrale Landwirtschaftsbehörde überhaupt keine Angaben über Brachland vorliegen hatte. Michail Sergejewitsch fuhr nach Moskau und setzte es durch, daß alle Sekretäre des Zentralkomitees zu einem Treffen zusammenkamen, auf dem er unsere Beweise vorbrachte, sie überzeugte und die Bedenken aus dem Wege räumte. Dafür mußte er sogar mit Breschnew selber sprechen. Zentralkomitee und Finanzministerium erließen dann die Verordnung ›Über die Bewirtschaftung der Dürregebiete des Stawropolskij Kraj‹. Was das gebracht hat, zeigte sich später, als wir trotz Dürreperioden und Sandstürmen anständige Ernten einbringen konnten.«

Für Professor Nikonow zeigt Gorbatschows Initiative noch heute, daß er mit Mut und unkonventionellem Denken nach besseren landwirtschaftlichen Methoden gesucht habe, als die Zentrale sie vorschrieb. Wie im Fall seiner Brachland-Initiative waren das meist Versuche, die regionalen und ökologischen Bedingungen zur Grundlage agrarpolitischer Entscheidungen zu machen und die Erfahrungen von Bauern und Wissenschaftlern zu verteidigen, wenn sie im Widerspruch zur abstrakten und dogmatischen Landwirtschaftspolitik der Funktionäre standen. Gorbatschow sei nie ein Dogmatiker gewesen, sagt Nikonow, sondern einer, der neue Ideen aufnahm. Aber zugleich kein Don Quichote, sondern ein vorsichtiger Mann, der jeden politischen Schritt lange überlegte und auch die taktischen Faktoren in der Auseinandersetzung mit dem Apparat abwog.

Es ist fast unmöglich, für ein Gebiet wie Stawropol einheitliche Methoden zu entwickeln und schematisch anzuwenden. Vom viertausend Meter hohen Dombai-Gipfel auf dem Kamm des Kaukasus im Süden bis zu den sumpfigen Niederungen am Manytschfluß finden sich die verschiedensten Landschaftsformen und Klimazonen. Mit drei Millionen Menschen unterschiedlicher Sprache und Tradition ist dieses Gebiet für einen Parteichef ein schwieriges Experimentierfeld. Die Weizenanbaugebiete bringen zwar wegen ihrer guten Böden bei jeder Methode überdurchschnittliche Erträge, wenn der Regen nicht ausbleibt, im Berg- und Ödland ist aber kaum mehr als Schafzucht möglich. Über hundertfünfzig Kolchosen und fast zweihundertfünfzig Staatsgüter lieferten Mitte der siebziger Jahre ungefähr dreieinhalb Millionen Tonnen Getreide an den Staat ab. Dazu Sonnenblumenkerne für die Ölerzeugung und Gemüse für die Versorgung der Städte. Sie hielten 1,4 Millionen Rinder, eine Million Schweine, 600000 Schafe. Erfolge oder Mißerfolge der Landwirtschaft dieses Gebiets waren für die ganze Sowjetunion von Bedeutung.

Der Erste Parteisekretär ist außerdem für die Entwicklung der Industrie verantwortlich: für die Nutzung der Erdgas- und Erdölvorkommen und für die Nahrungsmittelindustrie, die in diesem Gebiet an erster Stelle steht. In der Zeit, in der Gorbatschow in Stawropol war, verlagerte sich der Schwerpunkt der Industrie zu Maschinenbau und Chemie und durch den Bau großer Kraftwerke zur Stromerzeugung. Als Parteisekretär war er für den Aufbau von Produktionsvereinigungen der Schwerindustrie und von großen Kombinate zur Verarbeitung von Fleisch, Obst und Gemüse zuständig. Außerdem trug er die Verantwortung für die Arbeit von sieben Hochschulen mit dreißigtausend Studenten und für das Schulsystem der Region überhaupt, für kulturelle Einrichtungen wie Theater, Kinos und Jugendhäuser. Über dreißig Städte gehörten zu dem Gebiet, in dem Gorbatschow als Parteichef die oberste Instanz für alle Entscheidungen war. Stawropol, das Zentrum dieser Gegend, hatte seine Bevölkerung in knapp zwanzig Jahren verdoppelt.

Als Parteisekretär hatte sich Gorbatschow persönlich darum zu kümmern, daß der Aufbau der Industrie und die Versorgung mit dem Bevölkerungswachstum Schritt hielten. Wo es Schwierigkeiten gibt, wird von Gebietssekretären erwartet, daß sie direkt eingreifen, und Gorbatschow war ein energischer Funktionär. »1976 wurde in Stawropol ein Bäckerei- und Konditorei-Kombinat gebaut, das wir dringend brauchten«, erzählt Alexander Alexejenko, der damals Erster Sekretär eines Bezirkskomitees war. »Dabei gab es immer wieder Pannen, obwohl es doch eine wichtige Sache war. Damals rief mich Michail Sergejewitsch an und sagte: ›Weißt du, Schura, wie es gemacht werden muß? Du mußt die Bauarbeiter so lange bestimmten Parteigruppen zuordnen, bis das Kombinat steht. Dann haben wir jemand, an den man sich wenden und den man zur Verantwortung ziehen kann. Dann wird der Bau schneller vorangehen.‹ Und als es um den Umbau des Fleischkonserven-Kombinats ging, rief mich Michail Sergejewitsch an: ›Schura, man sagt mir, du könntest mit einem Rechenschieber umgehen. Kannst du mal kommen und alles nachrechnen? Politik und Wirtschaft liegen sehr nahe beisammen.‹ Also, ich komme zu ihm. Michail Sergejewitsch geht im Zimmer auf und ab und diktiert der Sekretärin seine Überlegungen zu dem Umbau. Ich war ganz erstaunt. So jemand war mir noch nicht untergekommen. Aber es war mir klar, daß das eine gute Methode ist, wenn man ein Problem zu lösen hat, ein sogenanntes ›Brainstorming‹. Er bat mich, einige Berechnungen zu überprüfen und auch seine Notizen zu lesen. Zwei oder drei Stunden hatten wir damit zu tun. Er hat sich wirklich mit mir beraten! Dann hat er die Vorschläge für das Stadtparteikomitee ausgearbeitet, wie die Produktionspalette des Fleischkonserven-Kombinats erweitert werden könnte, damit die Leute auch Hühnerfleisch und Teigtaschen kaufen können. Für mich war das eine Art

Anschauungsunterricht dafür, wie man eine Idee im Kollektiv erarbeitet.«

Alexejenko erinnert sich an Gorbatschows gutes Gedächtnis für Gesichter und Namen. »Er hat die Leute sogar immer mit Vor- und Vatersnamen angeredet, fast nie mit ihrem Familiennamen. Und wenn er jemanden kannte, wandte er sich an ihn wie ein Jungkommunist an den anderen: ›Schura, ich brauche dringend diese Angaben. Kannst du mir die heraussuchen?‹ Nie habe ich gehört, daß er jemanden von oben herab angeredet hätte, er sprach immer ruhig und freundlich. Und wenn sich jemand so vertrauensvoll an dich wendet, dann möchtest du deine Sache auch gut machen.«

Bei seiner Arbeit als Parteichef in Stawropol traten wieder Charakterzüge Gorbatschows hervor, die schon aus Berichten aus der Schule und über seine Arbeit als junger Funktionär bekannt sind. Er arbeitete hart, erweckte aber nicht den Eindruck persönlichen Karriere-Ehrgeizes. Er war offen für neue Ideen und suchte Veränderungen, die er für richtig hielt, hartnäckig durchzusetzen, aber er tat das ohne abrupte Härte gegenüber Mitarbeitern, und er stimmte seine Pläne stets mit den Vorgesetzten und den übergeordneten Stellen ab, ehe er sie in die Tat umzusetzen versuchte. Das war ein pragmatisches Verfahren, das sich an die Regeln des Apparats hielt. Es versprach am ehesten Erfolg, weil der Apparat ohnehin nicht aus den Angeln zu heben war. Solche Erfahrungen haben Gorbatschows Arbeitsstil geprägt. Sie haben ihn nicht entmutigt, sondern eher in der Überzeugung bestärkt, daß Staat und Partei zu rationaleren Führungsmethoden finden müßten. Solange es die nicht gab, mußte man sich an die Regeln halten.

Die wichtigste Phase in Gorbatschows Aufstieg fällt in die Zeit, die von der Herrschaft Generalsekretär Leonid Breschnews geprägt wurde. Nach Chruschtschows Sturz hatte die Partei aufgeatmet, weil sich eine Zeit größerer Ruhe ankündigte. Organisatorische Reformen waren wieder zurückgenommen worden. Die höchsten Partei- und Staatsämter, die Chruschtschow vereinigt hatte, wurden wieder getrennt. Die Ministerien bekamen ihre alten Führungsaufgaben zurück. Und die Spitzenfunktionäre fühlten sich unter Breschnew in ihren Positionen wieder sicherer. Die Forderungen, welche die neuen Pläne an Wirtschaft und Gesellschaft stellten, waren realistischer als Chruschtschows letztes, utopisches Zwanzig-Jahres-Programm.

Dabei wurde allerdings bald klar, daß das Land weiterhin mit Wachstumsschwierigkeiten fertigwerden mußte, die eine Folge der bürokratischen und zentralistischen Fehlentwicklung waren. Keine der Wirtschafts- und Verwaltungsreformen der Breschnew-Ära ging tief genug, um den Umschwung zu bringen. Ministerpräsident Kossygins Reform versprach den Staatsbetrieben größere Selbständigkeit, band sie aber doch wieder eng in die zentrale Planung, ja die detaillierte Leitung durch Ministerien und Staatsplankomitee ein. Die Diskussion unter den Volkswirtschaftlern über die Rolle von Marktelementen, realen Preisen und betrieblicher Selbständigkeit war gestoppt worden, nachdem der Einmarsch in die Tschechoslowakei dort auch die Entwicklung zu einer sozialistischen Marktwirtschaft beendet hatte. Überhaupt hielt Generalsekretär Breschnew offenbar nur wenig von einer wissenschaftlich erarbeiteten Wirtschaftsreform. Er schien sich vor allem auf patriotisch-moralische Aufrufe an das Sowjetvolk verlassen zu wollen. Ministerpräsident Kossygins Wirtschaftsreform versandete, und gegen Ende seines Lebens, zehn Jahre später, meinte er zu Mitarbeitern, er hätte früher zurücktreten sollen, sobald ihm klar wurde, daß sein Einfluß unter Breschnew äußerst beschränkt war.

Im Rahmen eines Systems, dessen nächster wirtschaftlicher Kurswechsel nicht vorherzusagen war, mußte ein aufsteigender Parteifunktionär sowohl umsichtig als auch schnell reagieren, wenn er Erfolge vorzeigen wollte. Gorbatschow unterstützte die Leiter der großen Betriebe in seinem Gebiet mit Energie und Einfallsreichtum. Er suchte nach Maßnahmen, die das Leben der Bevölkerung erleichtern konnten und die aus Mitteln, über die er selber verfügte, finanzierbar waren. Er erlaubte Betrieben, deren Ertragslage gut genug war, die kargen Renten der Arbeiterinnen und Arbeiter aufzubessern, was eigentlich gegen das System verstieß. Er wußte aus seiner Zeit im Komsomol, wie wichtig Kultur- und Bildungsarbeit für den Erfolg eines Funktionärs sein konnte. Sein echtes Interesse für Kunst und Literatur ließ ihn Projekte fördern, die Stawropol und seinem Parteisekretär in Moskauer Künstler- und Schriftstellerkreisen einen guten Ruf eintrugen. Nach dem Festival »Musikalischer Herbst« führte er ein jährliches Lermontow-Festival ein, genannt nach dem romantischen Dichter, der in Pjatigorsk, dem Kurort im Süden des Gebiets Stawropol, ums Leben gekommen war. Dieses Festival zog immer wieder Schriftsteller und Journalisten aus Moskau an, nicht nur aus Verehrung für Lermontow, sondern vielleicht auch durch das warme Klima, die Gastfreundschaft und das reiche Angebot an Früchten auf den Bauernmärkten. Sicher gefiel manchen auch die Person des Parteisekretärs Gorbatschow, der Begegnung und Gespräch mit den Schriftstellern pflegte, und die Atmosphäre, die seine Frau und seine engagierten Mitarbeiter schufen.

Bei den Schauspielern und Schriftstellern, die so nach Stawropol kamen, erkundigte sich Gorbatschow genau danach, was in der Hauptstadt in Literatur und Kunst vor sich ging. Auch als Erster Parteisekretär eines Gebiets erhielt er nicht mehr als die offiziellen Darstellungen über Vorgänge wie die Ausweisung Solschenizyns, dessen Bücher ihn so beeindruckt hatten. So waren die Festivals, die er in Stawropol eingeführt hatte, für ihn zugleich eine Möglichkeit, sich über die Stimmung in Moskau auf dem laufenden zu halten.

Gorbatschow war kein Asket, so erinnern sich einige seiner Gäste von damals. Er war ein umgänglicher, offener Mann, der gerne sang und Gedichte – meistens von Lermontow und Puschkin – rezitierte, wenn man zusammensaß. Er war auch kein fanatischer Antialkoholiker. Im Partei- und Verwaltungsapparat seines Gebiets hatte er allerdings unter den Trinkern aufgeräumt. »Aus der Partei wurden mehrere führende Leute ausgeschlossen, denn er konnte Säufer nicht ausstehen, die kein Gewissen haben und keine Grenzen kennen«, berichtet Wladimir Koloditschuk. Er trank schon mal ein Gläschen Cognac, aber nicht mehr, wenn er mit den trinkfreudigen Moskauer Intellektuellen zusammensaß. In Stawropol erzählt man sich auch, er habe in einem Naturschutzgebiet südlich von Stawropol den Berg Strischament vor der landwirtschaftlichen Kultivierung bewahrt, auf dem besonders aromatische Kräuter wachsen. Mit ihnen wird ein im ganzen Gebiet hochgeschätzter Magenbitter versetzt, und die Stawropoler hatten ziemlich erschreckt auf die Entscheidung der Landwirtschafts-Bürokraten reagiert. Heute halten die Stawropoler Gorbatschow zugute, ihren »Strischament«-Schnaps gerettet zu haben.

Generalsekretär Gorbatschow, den man wegen der Anti-Alkohol-Kampagne in Moskau den »Mineralsekretär« nannte, hat nicht den Versuch gemacht, Freunden und Bekannten das Trinken völlig abzugewöhnen. Auch später, als die überzogene Kampagne gegen den Alkoholkonsum schon angelaufen war, erlebte ein Freund, der Gorbatschow in seinem Büro im Zentralkomitee besuchte, überrascht, daß ihm der Generalsekretär am Vormittag schon einen Cognac anbot. Das sei ihm zu früh, sagte der Freund, und Gorbatschow bestellte – offenbar erleichtert – im Sekretariat Tee. Auf Reisen in die Provinz äußerte sich Gorbatschow in Gesprächen keineswegs als absoluter Feind des Alkohols. In Kiew fragten ihn die Arbeiter während der Anti-Alkohol-Kampagne, wie man denn Gäste zu Hause bewirten könne ohne ein Gläschen »Gorilka«, und Gorbatschow antwortete ihnen verständnisvoll, das ginge wohl nicht; etwas könne man schon trinken, aber nicht so viel. Diese Episode wurde damals zensiert und aus einer Berichterstattung entfernt, die Gorbatschow als asketischen Antialkoholiker und Erfinder jenes gesellschaftspolitisch und finanziell erfolglosen Feldzugs gegen Wein und Wodka darstellte, zu dem in Wirklichkeit der eiserne Nicht-Trinker Jegor Ligatschow aufgerufen hatte. Von den vielen Leuten, die Gorbatschow in Stawropol begegneten, erinnert sich keiner an Züge von Asketentum, Fanatismus oder auch nur Ungeselligkeit.

Gorbatschows Art, Feste zu feiern, unterschied sich allerdings völlig von der Sorte Geselligkeit, die seine Führungskollegen in den Sanatorien der Kaukasus-Kurorte genossen, wenn sie aus Moskau anreisten. Sie kamen oft und gerne – Politbüro-Mitglieder, ZK-Sekretäre, Minister und ihre Stellvertreter, hohe Funktionäre aller Art. In großen, geschlossenen Parks versteckt, liegen die Sanatorien und Landhäuser mit den Quellen und Bädern, in denen sie ihre Gesundheit pflegen konnten. Das vielgelobte Mineralwasser des Kaukasus war freilich nicht ihr Hauptgetränk. Sie kamen, um in einer Männergesellschaft von Gleichgestellten, außerhalb des Blickfelds der Untergebenen und der Bevölkerung, das Leben zu genießen, mit gutem Essen, Wodka und Champagner, Zigeunersängerinnen und Zimmermädchen, mit männlich-laut gesungenen sentimentalen Volksliedern, die ihnen die Tränen in die Augen trieben, wenn sie sich auf die Schulter klopften und einander ihrer Achtung und Freundschaft versicherten.

Der Erste Parteisekretär des Gebiets Stawropol war ganz offiziell dafür zuständig, daß die hohen Kollegen mit ihrem Urlaub zufrieden waren. Aber er brauchte ihre Vergnügungen nicht selbst zu organisieren, denn die meisten wohnten in Sanatorien oder Landhäusern ihrer Institution oder ihres Ministeriums, in denen für alles gesorgt war. Politbüro und Zentralkomitee, KGB, Armee und große Ministerien hatten ihre eigenen Erholungskomplexe, und die meisten Funktionäre blieben gerne im Kreise der Kollegen aus dem gleichen Apparat. Der Erste Parteisekretär hatte die protokollarische Pflicht, die höchsten Würdenträger aus Moskau am Flughafen zu begrüßen und mit ihnen zu ihren Datschen und Sanatorien zu fahren. Bei Politbüro-Mitgliedern mußte er darauf achten, daß sie sich gut betreut und geehrt fühlten. Jeder Parteifunktionär, der an seine Karriere dachte, wußte, wie wichtig es ist, mit den Mächtigen Kontakt zu halten, um später einmal bei ihnen Gehör zu finden.

Gorbatschow hatte dabei ein Problem: daß er kaum Alkohol trank, machte ihn bei manchen Besuchern schon verdächtig. War hier einer, so fragten sie sich, der sich alles merkte, was spät in der Nacht bei der letzten Flasche Wodka noch gesagt wurde? Die Zahl der anreisenden höheren Funktionäre war so groß, daß sich Gorbatschow vom Zentralkomitee sogar die Sondergenehmigung eingeholt hatte, nicht alle empfangen zu müssen – besonders Mitte der siebziger Jahre, in der großen Dürre, als die Landwirtschaft in seinem Gebiet ihm genug Schwierigkeiten bereitete. Andererseits hatte er so mehr Zeit für die wichtigsten Leute aus Moskau. Er fuhr, wenn es nützlich war, häufiger zu ihnen ins Sanatorium und wußte bei ihnen einen guten Eindruck zu machen.

Ein einflußreicher Unionsminister, der gerne Billard spielte und sich für einen Meister dieses Sports hielt, fand zwar nicht in Gorbatschow, aber in einem seiner engsten Mitarbeitern einen Billardpartner. Gorbatschow forderte seinen Mitarbeiter dringend auf, gegen den Minister zu verlieren, um ihn bei Laune zu halten, denn er hoffte, daß der Bezirk Stawropol im Budget des Ministeriums mit höheren Investitionen berücksichtigt würde.

Nicht alle Moskauer Parteiführer schätzten den Lebensstil, der im Kreise des Generalsekretärs Breschnew üblich geworden war. Einige liebten die nächtelangen Feiern ebensowenig wie Gorbatschow und fühlten sich abgestoßen von dem kumpelhaften Gehabe einer Funktionärsgruppe, deren enge persönliche Vernetzung etwas Mafiahaftes bekam, wenn sich die Grenze zwischen Geschenk und Bestechung verwischte. Zwei Politbüro-Mitglieder waren es besonders, die sich bewußt und deutlich in ihrem Lebensstil vom Breschnew-Clan absetzten. Dies waren der Parteiideologe Michail Suslow und der KGB-Chef Jurij Andropow. Beide verbrachten ihren Urlaub häufig im Politbüro-Sanatorium »Rote Steine«, und es war selbstverständlich, daß der Erste Sekretär des Gebiets sich um sie intensiv zu kümmern hatte.

Suslow wie Andropow galten bei den Breschnew-Leuten als »Asketen«. Sie waren gebildeter als der Funktionärskreis, der Breschnew umgab. Sie fühlten sich als Intellektuelle. Andropow schrieb Gedichte im klassischen Stil – was erst nach seinem Tode öffentlich bekannt wurde. Suslow konnte lange Passagen aus Puschkins Werken auswendig – ebenso wie Gorbatschow. Im Gespräch mit ihnen konnte Gorbatschow, ein Mann mit phänomenalem Gedächtnis, Tatsachen und Thesen aus Wirtschaft, Politik, Geschichte und Rechtswissenschaft zitieren, und er fiel ihnen durch sein klares und nüchternes Urteil auf. Das sei doch ein wirklich intelligenter junger Mann, soll Suslow nach einer der ersten Begegnungen über Gorbatschow gesagt haben, wobei »intelligent« im Russischen nicht nur soviel wie klug bedeutet, sondern auch, daß einer der gebildeten Schicht, der »Intelligenzija« angehört. Andropows Frau soll sich sehr bald lobend über den Ernst und die Bildung Raissa Gorbatschowas geäußert haben und besonders über ihre Bescheidenheit.

In einer Zeit, in der Funktionärsgattinen sich gerne mit schwerem

Gold und großen Brillanten schmückten, war Raissa Gorbatschowa sicher eine auffallende Erscheinung – besonders für die Frau eines Mannes wie Andropow, der selber wenig von Prachtentfaltung und aufdringlichem Luxus hielt. Es mag Andropow berührt haben, daß Raissa Gorbatschowa wie er als Kind eines Eisenbahners in der Provinz geboren und aufgewachsen war – sie am Altaigebirge, er bei einer kleinen Bahnstation auf der Strecke von Stawropol zum Kaukasus, an der ihn seine Urlaubsreise vorbeiführte.

Bis heute sind sich Moskauer Intellektuelle und Journalisten nicht darüber einig, wer Gorbatschow den Weg in die Spitze geebnet hat – Suslow, Andropow oder der Landwirtschaftsexperte im Politbüro, Fjodor Kulakow. Wie Entscheidungsprozesse in der sowjetischen Führungsspitze verliefen oder noch verlaufen, ist schwer erfindlich. Persönliche Beziehung und Loyalität haben in den Breschnew-Jahren eine bedeutende Rolle gespielt, aber ihre Verästelungen sind bis heute nicht darstellbar, und welche Rolle ausgewiesene ideologische Linientreue oder praktisch-organisatorische Erfolge im Vergleich zu ihnen spielten, ist überhaupt nicht zu messen. Westliche Soziologen haben jahrelang nach Indizien gesucht, um Gorbatschow der einen oder anderen Seilschaft in der sowjetischen Gruppenherrschaft zuzuordnen. Deutliche Hinweise, die seinen Aufstieg in der Parteiorganisation von Stawropol erklären, gibt es dort jedoch nicht. Fjodor Kulakow hat ihn eindeutig seit Anfang der sechziger Jahre geschätzt und gefördert, aber es ist schwer, in dem nüchternen Gorbatschow einen vertrauten Gefolgsmann von Kulakow zu sehen, dessen Lebensstil eher von Ausbrüchen russischen Temperaments und russischer Sentimentalität geprägt war und der in seiner Arbeit die Führungsformen des machtbewußten Funktionärs liebte.

Ab Mitte der siebziger Jahre muß Gorbatschow die entscheidende Unterstützung von Jurij Andropow erhalten haben. Aber sie unterschied sich deutlich von jenen Formen gegenseitiger Abhängigkeit, mit denen sich die Leute in Breschnews Mannschaft von Posten zu Posten hangelten. Gorbatschow arbeitete über zwanzig Jahre im Komsomol und Parteiapparat von Stawropol, ehe er nach Moskau berufen wurde, und sein Ansehen gründete sich auf seine Arbeit, nicht auf persönliche Beziehungen. Der Schritt nach Moskau, in die Machtzentrale der Partei, war jedoch nur möglich mit der Förderung von ganz oben. Das Beispiel seiner Amtsführung könnte Andropow in seinem Kampf gegen den korrumpierten und aufwendigen Lebensstil anderer Funktionäre beeindruckt haben. Im Gebiet von Krasnodar, das dem Stawropols benachbart war, regierte als Erster Sekretär Sergej Medunow, ein Mitglied des Breschnew-Clans und enthusiastischer Mitläufer in dessen System der Korruption und Vetternwirtschaft. Gorbatschows Kenntnisse über die Zustände im Nachbargebiet sollen Andropow später geholfen haben, ein wichtiges Glied aus der Kette des Breschnew-Clans herauszubrechen.

Suslow, der selber einmal Anfang der vierziger Jahre Parteisekretär von Stawropol gewesen war, mag den Parteisekretär Gorbatschow geschätzt haben, weil er einfach lebte, Gedichte rezitieren und intelligent über die praktischen Probleme der Sowjetunion sprechen konnte, ohne die ideologischen Leitlinien zu verletzen. Aber keine der persönlichen oder politischen Beziehungen, mit denen man in Moskau heute Gorbatschows Aufstieg zu erklären versucht, ist überzeugend und beweiskräftig genug, um ihn in eine der Gruppierungen und Seilschaften einzuordnen, die Ende der siebziger Jahre über politische Karrieren entschieden. Vielleicht war er wirklich die Ausnahme am Ende einer Periode, in der das scheinbar starre ideologische Korsett durch persönliche Beziehungen und Abhängigkeiten im Stil des Breschnew-Clans aufgeweicht war.

Der Wirtschaftswissenschaftler Gawriil Popow, früher ein Mitarbeiter, heute ein scharfer Kritiker von Gorbatschows Wirtschaftspolitik, meint, Gorbatschow habe durch kluges Verhalten, aber auch durch angelernte wie angeborene Charakterzüge im Dschungel der Machtkämpfe aufsteigen können. »Er trank nicht und nahm an den Datscha-Parties nicht teil. Er arbeitete hart, wo er war, und brauchte nicht an den komplizierten Moskauer Machtintrigen teilzunehmen. Er band sich nicht an einen der Clans oder an das Kreml-Lager. Und bemerkenswerterweise nahm ihm das keiner übel. Die, deren Verbindung er nicht beitrat, sahen in ihm einen jungen Provinzler, dessen Beziehungen ihnen nicht viel brächten. Sie fanden ihn zu bescheiden.

Gegen seine Arbeit hatten sie nichts. Er war ein Landwirtschaftsexperte in einer Zeit, in der man am ›Alten Platz‹, dem Sitz des Zentralkomitees, Landwirtschaft für ein Feld voller Stolperdrähte hielt. Er war ein Arbeitspferd, und in Stawropol hatte er nie etwas besonders Radikales durchzusetzen versucht. Er hatte Anweisungen des Zentrums, die er nicht richtig fand, einfach versanden lassen und Erfolge gehabt. Wenn sich nun einer den Hals brechen sollte als neuer Landwirtschaftssekretär des Zentralkomitees, warum dann nicht Gorbatschow?«

Als er im Gebiet Stawropol nach Lösungen für landwirtschaftliche Probleme suchte, holte er sich Informationen und Rat von den Wissenschaftlern der Landwirtschaftlichen Hochschule und der Versuchsgüter. Einer der Leute, zu denen er Vertrauen hatte, war Professor Alexander Nikonow, der heute Rektor der sowjetischen Akademie für Landwirtschaft in Moskau ist. Nikonow sprach schon damals mit ihm über die Veränderungen, die in der sowjetischen Landwirtschaft notwendig waren. Nach seiner Meinung muß der Bauer wirklich Herr seines Landes sein und mit den Produkten selbst auf den Markt gehen können, gleichgültig, ob er eigenen Boden besitzt, pachtet oder einer Genossenschaft angehört. Er braucht eine bessere berufliche Ausbildung und bessere Maschinen. Die Dörfer brauchen eine ausreichende Infrastruktur, gute Straßenverbindungen und ordentliche Wohnhäuser. Und das Kommandosystem der Wirschaftsführung, das den Arbeitswillen der Bauern lähmt und ihre Kenntnisse mißachtet, müsse durch Schritte zur Selbstbestimmung und zur Marktwirtschaft abgeschafft werden, meint Professor Nikonow.

Vor zwanzig Jahren hatte er in seinen Gesprächen mit Gorbatschow dieses Programm nicht so eindeutig formuliert, aber es war die Grundlage der Gedanken, die er dem Parteisekretär vermittelte. Gorbatschow, der mit festen Anweisungen und Produktionsanforderungen aus Moskau arbeiten mußte, konnte nur Ansätze solcher Veränderungen in seine Arbeit und seine Reden übernehmen. Die Zeit war noch nicht gekommen, in der er ein eigenes Landwirtschaftsprogramm vorlegen konnte. Aber er hatte auch solche Überlegungen in seine Arbeit einbezogen und war ein Mann, der sie vorsichtig, aber erfolgreich in seine Konzeption der Landwirtschaftspolitik einzubauen verstand.

Alexander Nikonow, der zwei Monate vor Gorbatschow von Stawropol nach Moskau ging, glaubt nicht, daß Suslow oder Andropow bei der Ernennung Gorbatschows zum Landwirtschaftssekretär des ZK eine persönliche Rolle gespielt haben. »Dies war einer der seltenen Augenblicke in der sowjetischen Geschichte, in der die Qualitäten eines Mannes über seinen Aufstieg entschieden haben. Gorbatschow war jung und energisch, er hatte sich im Zentralkomitee durch seine Reden zur Landwirtschaft einen Namen gemacht, aber er gehörte keinem Clan an, und niemand fürchtete ihn oder war eifersüchtig auf ihn.«

Auf dem Juni-Plenum des Zentralkomitees hatte Fjodor Kulakow, im Zentralkomitee zuständig für die Landwirtschaft, Gorbatschow die Hauptrede über die Landwirtschaftspolitik anvertraut. Gorbatschow hatte zweieinhalb Monate Zeit, seine Rede vorzubereiten. Er tat das im Gespräch mit den Leitern der landwirtschaftlichen Betriebe seines Bezirks und den Wissenschaftlern der Landwirtschaftshochschule von Stawropol. Zu dieser Zeit ließen sich die meisten hohen Parteifunktionäre ihre Reden von Referenten oder – besser noch – von Leuten aus dem zentralen Apparat schreiben.

»Gorbatschow arbeitete wochenlang an seiner Rede. Er ging mit einem Diktaphon herum, und sogar im Auto hielt er darauf Eindrücke und Gedanken fest«, sagt Alexander Nikonow. »Ich wußte, daß er hart arbeiten konnte, aber damals war ich erstaunt darüber, wie er diese Arbeitslast ertrug.« Wußte der Erste Sekretär des Stawropoler Gebiets, daß die Rede zur Landwirtschaftspolitik ein entscheidendes Ereignis in seinem Leben und seiner Karriere werden würde? Nikonow meint, Gorbatschow habe darüber nicht nachgedacht. Er sei sich bewußt gewesen, daß es für ihn eine Ehre war, vor dem Zentralkomitee der Partei eine Grundsatzrede zu halten, und es war ihm wichtig, seine Kenntnisse über den Zustand der Landwirtschaft dem höchsten Gremium der Partei vorzutragen. Aber er habe seine Rede nicht mit dem Blick auf eine Berufung in Moskaus höchste Parteigremien vorbereitet.

Gorbatschows Rede vor dem Juli-Plenum 1978 war kenntnisreich und voller Einsichten und Informationen, die den Mitgliedern des Politbüros und den Funktionären des Zentralkomitees so sachlich und eindringlich noch nicht vorgetragen worden waren. Aber Gorbatschow kannte auch die Spielregeln der Zeit und brachte keine Vorschläge ein, die einen radikalen Kurswechsel der Landwirtschaftspolitik erfordert hätten. Seine Rede war ein Kompromiß zwischen dem, was er für notwendig, und dem, was er für möglich hielt, urteilen Freunde und Berater aus dieser Zeit. »Aber er wollte ganz sicher sein, daß jede Tatsache und jede Zahl stimmte«, sagt Alexander Nikonow. »Und er hat jede Zahl und jede Statistik überprüft.«

Gorbatschows Rede beeindruckte die Mitglieder des Zentralkomitees. Da war einer, der auf seinem Spezialgebiet ernsthaft gearbeitet hatte und statt ideologischer Formeln und geschönter Erfolgsstatistiken mit Erfahrungen und Zahlen aus der Praxis argumentierte. Die meisten seiner Zuhörer, denen der Name Gorbatschow so gut wie unbekannt war, waren überrascht. Im Kreise der Moskauer Führung wirkte Gorbatschow wie ein junger Mann. Er trug sein Landwirtschaftsprogramm – trotz vieler statistischer Angaben – mit Engagement und Überzeugungskraft vor. Die älteren Mitglieder von Zentralkomitee und Politbüro waren von seinem Auftreten sehr angetan. Schulterklopfend meinten manche von ihnen nach der Sitzung, hier sehe man doch, daß es hoffnungsvollen Nachwuchs gebe.

Ende der siebziger Jahre war es klar, daß die Lage der Landwirtschaft in der Sowjetunion sich schnell verschlechterte und daß – wie die Experten der wissenschaftlichen Forschungsinstitute vorhersagten – eine Katastrophe bevorstand. Getreidekäufe in den USA, Kanada, Argentinien und Westeuropa hatten den wahren Zustand noch einmal verschleiert und die Krise aufgeschoben. Dabei ging der sowjetischen Landwirtschaft dreimal soviel geerntetes Getreide durch schlechte Lagerung und Verteilung verloren, wie sie aus dem Westen einführte. Auch in der Führung der Partei wußte man, daß eine neue Politik notwendig war, um die sowjetische Landwirtschaft in Schwung zu bringen. Seine Rede brachte Gorbatschows Karriere an den Punkt des Durchbruchs und trug ihn über die Schwelle, die ein

Erster Gebietssekretär im Aufstieg zu Führungspositionen im zentralen Apparat überwinden mußte.

Fjodor Kulakow kann Gorbatschow dabei nicht mehr geholfen haben. Er starb im Juli 1978. Mit sechzig Jahren galt er in der Führungsriege noch als junger Mann, als Anwärter auf höchste Positionen. Sein Herz, so hieß die offizielle Meldung wörtlich, habe stillgestanden. Heute scheint sicher, daß er Selbstmord beging, ohne daß in Moskau Gründe dafür bekannt wären. Aber sein Tod entfesselte eine Flut von Gerüchten in der Hauptstadt. Er war zwölf Jahre lang Sekretär des Zentralkomitees, sechs Jahre lang Mitglied des Politbüros gewesen, doch weder Generalsekretär Breschnew noch Ministerpräsident Kossygin oder Politbüro-Mitglieder wie Suslow und Tschernenko kamen zur Trauerfeier.

Eine der Trauerreden hielt Michail Gorbatschow. Sein Name bedeutete nichts für das politische Moskau. Daß ein Parteisekretär aus Stawropol die Trauerrede hielt, schien vor allem zu beweisen, daß Kulakow bei Breschnew am Ende seines Lebens in Ungnade gefallen war und nicht mehr zum Clan gehörte. Es spricht, wenn man von der späteren Entwicklung aus zurückblickt, aber auch dafür, daß Gorbatschow keiner der herrschenden Seilschaften angehörte.

Bei den Trauerfeiern für Kulakow hatte noch niemand angenommen, daß Michail Gorbatschow als sein Nachfolger ausersehen würde. Die Art, wie in Moskau Personalentscheidungen getroffen wurden, war selbst für hohe Funktionäre völlig unübersichtlich geworden. Auf den unteren und mittleren Ebenen herrschten nur scheinbar festgelegte Spielregeln, während persönliche Beziehungen stets eine Rolle spielen konnten. Offiziell wurden alle wichtigen Posten in Partei, Staat, Wirtschaft und Kultur nach einem Verfahren besetzt, das mit dem Wort »Nomenklatura« bezeichnet wurde. Ein Parteihandbuch definiert das so: »Die Nomenklatura ist eine Auflistung der wichtigsten Posten. Kandidaten für diese Posten müssen vor ihrer Nominierung im zuständigen Parteikomitee des Bezirks, der Stadt, des Gebiets etc. empfohlen werden und die Zustimmung erhalten. Mitglieder der Nomenklatura können von ihren Posten jeweils nur mit Zustimmung des zuständigen Parteikomitees befreit werden.«

Für die Ernennung zum Chefredakteur, zum Leiter eines Forschungsinstituts, Minister in der Regierung einer Republik, Vorsitzenden eines Parteikomitees und zu unzähligen anderen Positionen kommen nur Leute in Frage, die auf der Nomenklatura-Liste stehen. Nicht jeder, der Parteimitglied ist, gehört zur Nomenklatura. Aber wer zur Nomenklatura gehört, ist Mitglied des inneren Kreises der Partei geworden, und ihm kann selbst bei schweren Verstößen gegen die Gesetze nichts geschehen, solange die zuständigen Parteifunktionäre dem Gericht die Genehmigung zur Strafverfolgung nicht erteilt haben. Die höchsten Stufen der Nomenklatura, das Politbüro und das Sekretariat des Zentralkomitees, kommen in dem Parteihandbuch nicht vor.

Hier galten in der Breschnew-Ära jedenfalls keine überschaubaren Regeln mehr. Ein Mann, der damals Mitglied des Politbüros war, erinnert sich daran, wie Generalsekretär Leonid Breschnew sich 1977 zum Vorsitzenden des Präsidiums des Obersten Sowjet, also zum Staatsoberhaupt, machte. Den Posten hatte immer noch Nikolai Podgornyj, der gemeinsam mit Breschnew und Kossygin nach Chruschtschows Sturz an die Macht gekommen und langsam immer mehr in die politische Einflußlosigkeit abgedrängt worden war. Auf einer Plenarsitzung des Zentralkomitees saß Podgornyj neben Breschnew und hörte mit Erstaunen, wie ein Redner den Vorschlag einbrachte, das Amt des Generalsekretärs mit dem des nominellen Staatschefs zu vereinigen, ihm, Podgornyj, also sein Amt zu nehmen. Der Augenzeuge erzählt, Podgornyj habe sich zu Breschnew gewandt und gesagt, »Lonja, was ist das denn?« Breschnew habe ihn ernst angeblickt und gesagt: »Ich bin auch überrascht. Aber wenn das Volk es will …«

Der Mann, der diese Geschichte im Zentralkomitee miterlebte, ist selber von Breschnew in Personalentscheidungen überfahren worden. Auf die Frage, warum sich Mitglieder des Politbüros und der Regierung solchen Entscheidungen widerstandslos fügten, weiß er auch heute keine Antwort. Man habe sich gar nicht vorstellen können, als einzelner gegen die Beschlüsse des Generalsekretärs und der Partei Einspruch zu erheben.

Wie Entscheidungen in der späten Breschnew-Ära zustande kamen und welche menschlichen oder politischen Faktoren sie beeinflußten, ist also kaum rekonstruierbar. Gelegentlich werden Stationen der Entwicklung sichtbar und sind zeitlich zu fixieren. Genau zwei Monate nach der Beisetzung Kulakows in Moskau fiel auf dem Bahnhof des Kurorts Mineralnyje Wody am Fuß des Kaukasus eine der wichtigsten Entscheidungen im Leben Michail Gorbatschows. Auf dem Wege vom Schwarzen Meer nach Moskau hielt Breschnews Sonderzug zu einem Zwischenaufenthalt in Mineralnyje Wody an. Mit dem 71jährigen Breschnew reiste Konstantin Tschernenko, der 67jährige ZK-Sekretär, der Breschnews engster Mitarbeiter war. Auf dem Bahnhof wartete der 64jährige Jurij Andropow, Politbüro-Mitglied und Chef des KGB, der im Sanatorium »Rote Steine« wegen einer schweren Nierenkrankheit behandelt wurde. Mit Andropow kam der 47jährige Michail Gorbatschow. Er war am Bahnhof, weil dies zu seinen protokollarischen Pflichten als Erster Sekretär des Gebiets Stawropol gehörte. Aber er kam auch als ein Mann, dessen Karriere Jurij Andropow fördern wollte.

In Moskau war der Posten des Sekretärs für Landwirtschaftsfragen im Zentralkomitee vakant. Diese Möglichkeit, Gorbatschow aus der Provinz nach Moskau zu holen, wollte Andropow nutzen. So saß Gorbatschow mit drei älteren Männern zusammen, von denen der eine Generalsekretär der Partei war und die beiden anderen seine Nachfolger werden sollten, ehe Gorbatschow selbst nur sieben Jahre später ihr Nachfolger wurde. Bei dieser Begegnung auf dem Bahnhof von Mineralnyje Wody fiel die Entscheidung über Gorbatschows Aufstieg in den Apparat des Zentralkomitees.

Gorbatschow war natürlich klar, daß er damit vom Zentrum der Macht, dem Politbüro, nur noch einen Schritt entfernt war. Ob er auch den Aufstieg in die höchste Führungsposition der Partei schon vor Augen hatte, kann niemand sagen. Breschnew, Tschernenko und Andropow werden in Gorbatschow – in ihren Augen noch ein junger Mann – keinen Konkurrenten gesehen haben. In der sowjetischen Parteiführung hatte man in jahrzehntelanger Amtszeit fast vergessen, daß das Land nicht immer von alten Männern geführt worden war und daß Leonid Breschnew siebenundvierzig Jahre gewesen war, genauso alt wie Gorbatschow, als er zum Sekretär des Zentralkomitees ernannt wurde. Aber der kranke Jurij Andropow kannte als einziger von ihnen die Person und die politischen Vorstellungen Michail Gorbatschows und erwartete sich von ihm Unterstützung im Moskauer Zentralapparat. Vielleicht sah er, der selber des Amt des Generalsekretärs anstrebte, in Gorbatschow schon einen möglichen Nachfolger.

Gorbatschow war nicht nur Parteisekretär in der Provinz. Seit 1970 war er häufiger in Moskau gewesen. Als Abgeordneter des Obersten Sowjet hatte er in dem Parlament ohne Macht keine politische Rolle zu spielen, wenn zweimal im Jahr die Regierungsvorlagen einstimmig angenommen wurden. Aber seit 1974 war er Vorsitzender der Kommission für Jugendangelegenheiten des Unions-Sowjet, der ersten Kammer des Obersten Sowjet, geworden und hatte in dieser Funktion Einblick in die gesetzgeberische Arbeit und die Zusammenarbeit mit Regierungsstellen gewonnen. Er nutzte die Gelegenheit, im Obersten Sowjet Erfahrungen zu sammeln, auch in späteren Jahren. 1979 war der Jurist Gorbatschow Vorsitzender der Kommission für Gesetzgebungs-Vorschläge, die als wichtiges Bindeglied zwischen Partei, Regierung und dem nominellen Gesetzgeber fungiert. 1982, als Andropow Generalsekretär war, rückte Michail Gorbatschow zum Vorsitzenden der Außenpolitischen Kommission auf und erschloß sich durch seine Arbeit ein weiteres Feld wichtiger Erfahrungen, auf dem er zudem noch mit dem altgedienten Außenminister Gromyko Kontakt halten konnte. Das waren wichtige Stationen auf dem Weg ins höchste Staatsamt und ergänzten die Erfahrungen und Verbindungen seiner Parteikarriere. Sicherlich war es kein durchgeplanter Weg nach oben, aber wer Gorbatschow fördern wollte, muß gewußt haben, wie nützlich die doppelte Kompetenz in Staats- und Parteiapparat sein würde.

# Moskau

Gorbatschows nächsten Karriereschritt sollte also das Amt des ZK-Sekretärs für Landwirtschaft in Moskau bringen. Die Wahl im Zentralkomitee der KPdSU fand im November 1978 statt. Drei Kandidaten kamen in Frage: Sergej Medunow, der Erste Sekretär des Bezirks Krasnodar, der zu Breschnews Zirkel von Parteikumpeln gehörte, der Erste Sekretär des Gebiets Poltawa in der Ukraine, Fjodor Morgun, und Michail Gorbatschow aus dem Gebiet Stawropol. Medunow hatte in Moskau, so schien es, die stärkste Unterstützung. Zweimal hatte ihn Breschnew zum Helden der Sozialistischen Arbeit gemacht, und er hatte im Netzwerk persönlicher Beziehungen vielen Leuten einen Gefallen getan. Aber eine ganze Reihe von Argumenten sprach für Michail Gorbatschow. Seine Rede vor dem Zentralkomitee, die ihn als einen jungen und energischen Landwirtschaftsexperten ausgewiesen hatte, spielte zweifellos ebenso eine Rolle wie die Tatsache, daß er den einflußreichen Politbüro-Mitgliedern Suslow und Andropow als ein Hoffnungsträger der neuen Generation aufgefallen war: als ein Russe, und das bedeutete Suslow viel, der intelligent und arbeitsam war; als ein Mann bescheidenen Lebensstils, was für Andropow wichtig war.

Offensichtlich beschäftigte ihn die soziale und wirtschaftliche Lage der Bevölkerung ernsthaft – das konnte ihn dem Politbüro-Mitglied Tschernenko, Breschnews rechter Hand, sympathisch machen, denn Tschernenko sah in der Sozialpolitik den Ansatzpunkt für eine Stabilisierung des Sowjetsystems. Und vor allem: Dieser Michail Gorbatschow war ein Schwerarbeiter, der weder durch persönlichen Ehrgeiz und Machtstreben noch durch Grundsatzkritik an den Parteientscheidungen aufgefallen war. Ihn konnten die alten Männer des Politbüros als einen Nachrücker in den Führungsapparat des Zentralkomitees akzeptieren, ohne ihn als Konkurrenten fürchten zu müssen. Sehr wahrscheinlich ist es das Zusammentreffen all dieser Argumente gewesen, was die Wahl für Gorbatschow entschied.

Die Herrschaftsjahre des Generalsekretärs Breschnew werden heute in Moskau die »Zeit der Stagnation« genannt. Die Russen erinnern sich daran, daß nichts mehr vorwärtsging und der so oft beschworene Glaube an den Fortschritt in sich zusammenfiel. Diese Einschätzung kann indessen nicht für die gesamten fast zwanzig Jahre seit 1964 gelten, in denen Leonid Breschnew an der Spitze von Partei und Staat stand. Aber schon der Anfang seines Regimes war von dem Versprechen gekennzeichnet, daß er den Funktionären nun eine Periode der Ruhe und Ordnung verschaffen wollte. Chruschtschows schnell wechselnde Reformprojekte und seine ungeduldige Zurechtweisung, oft auch Ablösung alteingesessener Funktionäre hatten die Partei nervös gemacht. Breschnew dagegen hatte sich als starker Mann einer kollektiven Führung zu einem Landesvater gemacht, von dem man keine Überraschungen befürchten mußte. Als Parteichef hatte er zusammen mit Ministerpräsident Alexej Kossygin in den ersten Jahren seiner Amtszeit Reformen des Wirtschaftssystems gefördert. Gegen 1970 gab er dem sowjetischen Volk, das jahrelang mit Berichten über die Gefahr eines neuen Weltkriegs eingeschüchtert worden war, die Hoffnung auf neue Sicherheit in Europa, die zugleich eine Verbesserung der Wirtschafts- und Lebensverhältnisse versprach.

Die Verträge mit der Bundesrepublik Deutschland schienen die Erschließung der Bodenschätze Sibiriens und den Ausbau der Industrie in der westlichen Sowjetunion greifbar nahe zu bringen. Aber die wirtschaftlichen Erwartungen erfüllten sich nicht, denn die Sowjetunion selber war weder bereit noch in der Lage, mit westlichen Partnern erfolgreich zusammenzuarbeiten und ihre erstarrte und verrostende Industrie zu modernisieren.

Am Ende der siebziger Jahre, als Breschnews Amtszeit zu Ende ging, war die Bevölkerung der Sowjetunion frustriert. Manches war unter Breschnew schlechter, und nichts war besser geworden. Die Menschen klagten: In den fünfziger Jahre, unter Stalin und auch noch unter Chruschtschow, habe es in den Geschäften Lebensmittel für alle gegeben, die gegen 1980 nur noch Privilegierte kaufen konnten. Tatsächlich hatte sich die Versorgungslage wesentlich verschlechtert.

Die Moskauer mußten stundenlang anstehen, um im Laden Kartoffeln zu kaufen, die ausgerechnet aus dem fernen Kuba importiert waren. Sie mußten auf den Kolchosmarkt gehen, wo Gemüse für Menschen mit einem Durchschnittseinkommen von 170 Rubeln im Monat fast unerschwinglich war.

Heute, da Versorgungsmängel erneut mit den besseren Zuständen früherer Zeiten verglichen werden, erinnern sich die Bürger in Moskau kaum noch daran, daß auch um 1980 Fleisch und Butter in den Geschäften nur in begrenzten Mengen an die Käufer abgegeben werden durften und die besseren Wurstsorten von den Ladentischen verschwunden waren. Der Normalbürger begann, einschneidende Sparmaßnahmen der Regierung zu spüren: Die Sozialleistungen wurden reduziert, die Kindersterblichkeit stieg an, auf ein Krankenhausbett mußte man wochenlang warten. Die öffentlichen Kindergärten weigerten sich, Kinder aufzunehmen, deren Eltern sie nicht durch Spenden unterstützen konnten. Ärztliche Hilfe oder die Mühe der Krankenschwester, im Hospitalbett die Laken zu wechseln, mußten durch Geschenke oder durch Bargeld erkauft werden. Durch die ganze Gesellschaft zog sich ein Netz korrupter Beziehungen und »gegenseitiger Hilfen«, in dem es für alles, was der Bürger von seinem Staat erwartete, einen Schwarzmarkt-Preis gab. Doch ging es dabei um Leistungen, von denen die Partei dem Volk versprochen hatte, daß sie kostenlos und mit dem normalen Arbeitseinsatz schon bezahlt seien. Einer der Witze, mit denen die Sowjetbürger darauf reagierten, lautete: »Unsere Führer sagen uns, daß wir besser leben. Und wir sagen unseren Führern, daß wir besser arbeiten.«

Diese Führer brauchten die Versorgungsschwierigkeiten nicht zur Kenntnis zu nehmen. Sie, ihre Freunde und ihre Verwandten unter den oberen zehn- oder zwanzigtausend Moskauern lebten im geschlossenen Kreislauf eines Versorgungssystems, das vom Leben der normalen Bürger abgeschottet war. Die Moskauer Oberschicht merkte in erster Linie, daß sie Autos, Wohnungen und Waren des gehobenen Lebensstandards leichter bekommen konnte als zuvor. Importe verdeckten die Fehler der sowjetischen Landwirtschaftspolitik. Amerikanischer Weizen wurde zu russischem Brot oder zu Wodka.

Mit westlichen Krediten und Importen gelang es, die Krise von Landwirtschaft und Industrie notdürftig zu vertuschen. Trotzdem, auch in den Kreisen, die das Regime trugen, verstärkte sich die Unzufriedenheit. Die Klagen über die wachsende Abhängigkeit von Beziehungen und Bestechungen und der Ärger über die Ungerechtigkeiten des sozialen Systems waren nicht mehr zu überhören. Mehr noch, im intelligenteren Teil der Führungsschicht entstand ein Gefühl der politischen Frustration: Für alle, die Einblick in die wirkliche Lage hatten, wurde allmählich deutlich, daß das sowjetische Wirtschaftssystem die Grenzen seiner Entwicklungsfähigkeit erreicht hatte und so, wie es war, jeder Verbesserung, jeder Reform starr im Wege stand.

Den jüngeren Leuten in den wissenschaftlichen Forschungsinstituten, in den Apparaten der Ministerien und auch in der Partei war das durchaus bewußt, und sie verbitterte es besonders, daß über diesen Zustand weder offen geschrieben noch gesprochen werden konnte. Leonid Breschnew und seine Führungsriege hatten die Ära des »real existierenden Sozialismus« ausgerufen. Zunächst war das ein Abwehrwall gegen Reformkommunisten in Osteuropa und Eurokommunisten im Westen gewesen, die das Sowjetsystem kritisierten. Dann war der »Real-Sozialismus« zu einer Formel geworden, die schlichtweg besagte, daß das Leben in der Sowjetunion nun einmal so sei, wie es sei, und daß man mit großen Verbesserungen nicht zu rechnen brauche. Die Zeiten waren schlecht, aber nicht unerträglich, denn Russen ertragen viel. Doch jetzt fehlte ihnen auch noch die Hoffnung.

Das Breschnew-Regime erstickte kritische Auseinandersetzungen, sobald sie begannen. Aber es war keine Zeit der großen Angst. Niemand mußte fürchten, unerwartet und ohne erkennbaren Grund verhaftet und deportiert zu werden. Im Gegenteil, das System duldete Nischen und Freiräume, in denen man es sich bequem machen oder – wenn man es unbequem haben wollte – wenigstens auf seinem Fachgebiet Mängel kritisieren konnte. Wenn dies in einem der Forschungsinstitute zu häufig geschah, weil die Wissenschaftler ihren Befürchtungen Ausdruck geben und Reformprogramme erarbeiten wollten, mußten sie mit Zurechtweisung oder Zurücksetzung rechnen, aber mit nicht viel mehr. Vorsichtige Institutsleiter korrigierten die Arbeiten ihrer Mitarbeiter, indem sie die Hochrechnung von Mißerfolgen herausstrichen und nur die bekannten und zugelassenen Leerformeln passieren ließen.

Offiziell schob die Partei die Schuld an den Versorgungsmängeln den Amerikanern und der Nato zu, die der Sowjetunion einen gewaltige Mittel verschlingenden Rüstungswettlauf aufgezwungen hätten. In wissenschaftlich erarbeiteten Zustandsbeschreibungen wurde diese Entschuldigung jedoch nur selten angeführt. Ohne daß sie die wirklichen Gründe benannten, machten solche Analysen doch deutlich, daß das Versagen des wirtschaftlichen Systems innere Ursachen hatte und nur durch Reformen überwunden werden könnte. Für Breschnew und die Leute in seiner Umgebung sah die Lage dagegen ganz anders aus. Ihre Karrieren waren auf taktisches Handeln und persönliche Beziehungen gegründet. Sie wiederholten gerne die großen Parolen vom Erfolg und vom Fortschritt des sozialistischen Systems und der Sowjetunion. Gegen eine tiefergehende Untersuchung der Zustände und der Ursachen für die schlechte Entwicklung sperrte sich die Breschnew-Gesellschaft sozusagen ihrer Natur nach. Ihr Führungsstil war weder durch ideologische Analysen noch durch nüchterne wirtschaftspolitische Betrachtung bestimmt. Der Zusammenhalt der Führungsgruppe basierte auf sehr persönlichen Vertrauensverhältnissen, Handreichungen und Beziehungen.

Wenn die Führer Fehler im eigenen Lande kritisierten, wandten sie sich daher eher gegen Männer als gegen Verhältnisse. Breschnew selber hielt in fast regelmäßigen Abständen auf den Sitzungen des Zentralkomitees grollende Reden, in denen er die Schwächen der sowjetischen Industrie und ihrer Manager geißelte. Das konnte sich auch gegen hohe Vertreter des Staatsapparats richten, aber jene, die Breschnew anprangerte, waren keineswegs immer die Schlechtesten und Erfolglosesten. Mitarbeiter eines großen Ministeriums erfuhren dann plötzlich aus der Zeitung, daß der Generalsekretär Breschnew ihren Chef als inkompetenten Versager getadelt hatte. Das war peinlich für den Minister, aber in vielen Fällen auch folgenlos. Der Chemie-Minister wurde bald nach so einer öffentlichen Abkanzelung unerwartet stellvertretender Ministerpräsident. Solche Widersprüche weckten Zweifel an der Rationalität des Führungssystems und schwächten die Autorität des alternden Breschnew. Das System machte sich unglaubwürdig. Hymnische Erfolgsberichte wechselten unvermittelt mit scharfer Kritik an Fehlschlägen und Mißständen, von denen schließlich niemand mehr glaubte, daß es sich um unvorhersehbare Einzelfälle handelte.

Auch wenn Breschnew zum wiederholten Male ankündigte, der militärisch-industrielle Komplex werde seine hochentwickelten Kapazitäten zur Befriedigung ziviler Nachfrage einsetzen: die Bürger gewöhnten sich daran, ihren Bedarf zu hohen Preisen in der Schattenwirtschaft zu decken. Die Manager in der Industrie wußten längst, daß sie zur Erfüllung des staatlich geplanten Solls nicht nur mit der Statistik jonglieren, sondern ihre hauseigenen Macher und Schieber einsetzen mußten, die jenseits des gesetzlich Erlaubten mit Geschenken und Bestechungen dafür sorgten, daß der Nachschub lief. Die Parole hieß: Weitermachen, ohne nachzudenken – oder jedenfalls ohne über die Ergebnisse solchen Nachdenkens zu reden.

Unter Breschnew fühlten sich die Bürokraten aus Partei- und Staatsapparat relativ sicher, aber es beunruhigte sie, daß die Diskussionen über eine Liberalisierung des sowjetischen Systems, die nach Chruschtschows Enthüllungen über Stalin ihren Höhepunkt erreicht hatten, noch immer nicht verstummten. Im Jahr 1965 wollte die neue Führung zeigen, daß sie mit aller Schärfe gegen Intellektuelle vorgehen werde, die sich der Kontrolle durch die Parteiideologen weiterhin entzogen. Die beiden Schriftsteller Andrej Sinjawskij und Julij Daniel, die ihre Bücher unter Pseudonym im Ausland erscheinen ließen, wurden zu sieben und fünf Jahren Lagerhaft verurteilt. Damit war ein Zeichen gesetzt: zum erstenmal nach Stalins Tod schickte man wieder Schriftsteller ins Lager. Aber die beiden Schriftsteller hatten sich, anders als die Angeklagten in den Stalin-Prozessen, standhaft geweigert, eine Schuld anzuerkennen oder Reue zu zeigen. Eine ganze Reihe sowjetischer Intellektueller wagte es immer noch, ihre Namen unter Proteste oder Bittschriften zugunsten der Verurteilten zu setzen. Am »Tag der sowjetischen Verfassung«, dem 5. Dezember, demonstrierten etwa hundert Menschen auf dem Puschkinplatz für die Einhaltung der verfassungsmäßigen Rechte, unter ihnen viele, die zum erstenmal in ihrem Leben an einer Demonstration teilnahmen. Auch für Andrej Sacharow war es die erste unerlaubte Kundgebung.

Nun begann auch in anderen Städten der Sowjetunion die Verfolgung der »Andersdenkenden«, der Dissidenten, die sich zunächst durchaus noch als eine loyale Opposition verstanden. Sie gehörten fast ausschließlich zur sowjetischen Intelligenz, und zwischen denen, die öffentlich für Menschenrechte und Rechtsstaatlichkeit demonstrierten, und den anderen, die in führenden Positionen des kulturellen und wissenschaftlichen Lebens scheinbar unbeeinflußt weiterarbeiteten, war in Wahrheit die Grenze fließend. Noch 1966 appellierten über zwanzig angesehene Wissenschaftler und Künstler an den XXIII. Parteitag und warnten davor, Stalin zu rehabilitieren. Schriftsteller wie Ehrenburg und Tschukowskij waren darunter, die Ballerina Maja Plissezkaja, der Cellist Rostropowitsch und die Atomwissenschaftler Kapiza, Tamm und Sacharow. Sie alle waren durch ihre berühmten Namen abgesichert, denn die Partei wollte aus ihnen keine Märtyrer machen.

Im Mai 1967 wandte sich Alexander Solschenizyn an den Kongreß des Schriftstellerverbands, indem er jedem der Delegierten einen Brief mit Protesten gegen die Zensur zustellen ließ. Darin heißt es: »Die von der Verfassung nicht vorgesehene und daher illegale, nirgends öffentlich mit Namen genannte Zensur lastet unter der verhöhnenden Bezeichnung Glawlit [Hauptverwaltung für Literatur, Zensurbehörde] auf unserer Literatur. Sie verübt an den Schriftstellern Willkürakte literarischer Analphabeten.« Keiner der dreihundert Delegierten riskierte es, den Brief öffentlich zu verlesen, aber ein Drittel der Anwesenden forderte immerhin noch, die Frage der Zensur auf dem Schriftstellerkongreß zu diskutieren.

Doch die Verfolgung von andersdenkenden Intellektuellen wurde schärfer. Immer häufiger nutzte der KGB die psychiatrischen Krankenhäuser zu ihrer Abschreckung, Bestrafung oder gar Vernichtung. Immer weniger Menschen wagten es, ihren Namen unter einen Protest gegen die Zensur oder für die Menschenrechte gefangener Kollegen zu setzen. 1970 begannen anderthalb Jahrzehnte, in denen sich nur noch eine kleine Gruppe als Dissidenten bekannte und freiwillig der Verfolgung aussetzte. Sie waren es, die viele jener Ideen weiter verkündeten und verbreiteten, die nach Stalins Tod in die öffentliche Diskussion gekommen waren und die erst in der Periode der Glasnost unter Gorbatschow wieder offen vorgetragen werden durften.

Die Dissidenten, die solche Gedanken weiter in die Gesellschaft zu tragen versuchten, waren eine unerhört mutige, im Vergleich zur Sowjetbevölkerung winzige Gruppe. Sie konnten kaum hoffen, den Tag zu erleben, an dem sie offen sprechen dürften. Sie hatten ihre Arbeitsplätze verloren, den Zugang zu den Kliniken und Krankenhäusern ihrer Berufsverbände, viele Ältere bekamen keine Pension mehr. Die meisten wären verhungert, wenn nicht angesehene Kollegen, die selber jede Konfrontation mit Partei und Polizei vermieden, ihnen mit Geld oder anonymen Aufträgen geholfen hätten. Die Dissidenten waren eben nicht so isoliert, wie es schien, und das beunruhigte die Parteiführung erst recht. Sie bemühte sich, das gesamte geistige Leben wieder in das enge Korsett ideologischer Denk-Anweisungen zu zwängen. Das Institut für Philosophie, das sich in den sechziger Jahren einem neuen, undogmatischen Denken geöffnet hatte, bekam einen philosophisch gebildeten Ingenieur als Direktor, der den Institutsangehörigen das selbständige Denken abgewöhnen sollte. Die wissenschaftlichen und literarischen Zeitschriften wurden wieder strengerer Kontrolle unterstellt, ganze Redaktionen über Nacht abgesetzt und ausgetauscht.

Ein Mann wie Andrej Sacharow, der selber schon zum offenen Dissidenten geworden war, konnte sich als Mitglied der Akademie der Wissenschaften immer noch für Verfolgte einsetzen. Aber auch seine Lage wurde schwieriger. Als ihn die Funktionäre aus der Akademie auszuschließen versuchten, stellte der alte Atomphysiker Pjotr Kapiza mit nachdenklichem Gesicht die Frage, ob es denn dafür einen Präzedenzfall gebe. Ihm selber, so sagte er, falle nur einer ein: der Ausschluß Einsteins aus der Akademie der Wissenschaften in Berlin. Die Diskussion über eine Maßregelung Sacharows durch seine akademischen Kollegen wurde nicht wieder aufgenommen. Er blieb Mitglied des angesehensten Gremiums der sowjetischen Wissenschaft, auch nachdem man ihn nach Gorkij deportiert und von der Außenwelt abgeschlossen hatte.

Aber andererseits wagte es auch kein Mitglied der Akademie, für Sacharow öffentlich einzutreten. Die Deportation im Januar 1980 war ein höchst willkürlicher Akt, für den es keine gesetzliche Grundlage und auch keine Begründung gab. Sacharow mußte in einer Stadt leben, die von nun an für Ausländer gesperrt war und wo auch russische Freunde, die ihn besuchen wollten, schon am Bahnhof festgenommen und abgeschoben wurden. Wenn er in Hungerstreik trat, wurde er zwangsernährt. Bei medizinischen Untersuchungen ließ ihn der KGB heimlich filmen, um die Aufnahmen als Beweis für sein angebliches Wohlergehen im Ausland zum Verkauf zu verbreiten. Einen Prozeß gegen Sacharow wollte der KGB nicht riskieren.

Andropow, Suslow und Breschnew verfolgten die Dissidenten, aber es gelang ihnen nicht mehr, die Verbreitung ihrer Gedanken aufzuhalten. Sie waren zu schwersten persönlichen Opfern bereit, und ihre geheime Stärke lag darin, daß immer mehr Menschen in der Sowjetunion ihre Gedanken teilten, auch wenn sie sie nicht auszusprechen wagten.

Jurij Andropow förderte Gorbatschows Aufstieg von Stawropol nach Moskau im entscheidenden Jahr 1978 mit Sicherheit stärker als irgendein anderer unter den alten Männern im Politbüro. Ohne Zweifel baute er sich zu diesem Zeitpunkt bereits als Nachfolger Breschnews auf. Dessen Favorit aber war Konstantin Tschernenko, der als ZK-Sekretär und Leiter der Allgemeinen Abteilung des Zentralkomitees in Moskau als der Generalsekretär des Generalsekretärs galt.

Gorbatschow stand Andropow näher. Mit ihm teilte er die Abneigung gegen Korruption und Vetternwirtschaft. Wie er hielt er sich einen Lebensstil zugute, der sich mit den bescheideneren, offiziellen Privilegien beschied. Das unterschied ihn von den Leuten im Umkreis des Generalsekretärs Breschnew, die Jagdhäuser in den Revieren um Moskau und ausländische Autos schätzten und ihre Wohnungen mit Antiquitäten vollgestopft hatten. Andererseits vermied es

Gorbatschow, sich Tschernenko zum Feind zu machen. Tschernenko war Breschnews rechte Hand, und der ZK-Sekretär für Landwirtschaft wußte, daß er sein Landwirtschaftsprogramm nicht gegen beide durchsetzen konnte.

Als ZK-Sekretär geriet Gorbatschow auch mit den anderen Politbüro-Mitgliedern in auffällig wenig Konflikte. Einige von ihnen, wie der Moskauer Parteichef Grischin oder der Leningrader Parteichef Romanow, hatten den offenbaren Ehrgeiz, Generalsekretär der KPdSU zu werden. Aber ihre Position schien ihnen selbst viel zu stark, als daß sie Gorbatschow ernst genommen hätten, und ihre Beziehungen im Apparat waren seit Jahren gefestigt. Den Mann aus der Provinz, der einer jüngeren Generation angehörte, sahen sie noch nicht als Konkurrenten in einem Nachfolgekampf, in dem nach Breschnews Tod zunächst Jurij Andropow im ersten Gang nicht aus dem Felde zu schlagen war. Andropow hielt viel von dem jungen Michail Gorbatschow, aber das zog Gorbatschow noch nicht in die Machtkämpfe der älteren Männer hinein.

Ein Mann, der heute einer der schärfsten Kritiker Gorbatschows ist, bestätigt aus naher Bekanntschaft, daß der Gorbatschow, der 1978 nach Moskau kam, weder von Ehrgeiz noch Karrierestreben getrieben wurde. Allerdings schränkt er ein, daß, was die Leute über Gorbatschow dachten, und was Gorbatschow selber dachte, nie das gleiche gewesen sei. Man habe sich leicht darüber täuschen können, daß hinter dem so bescheiden auftretenden Landwirtschaftsfachmann ein engagierter Politiker steckte, der zur Macht drängte.

Die meisten Leute, die im Zentralkomitee mit Gorbatschow zu tun hatten, erinnern sich nicht, damals bei ihm Zeichen eines weitreichenden politischen Ehrgeizes bemerkt zu haben. Der Volkswirtschaftler Gawriil Popow, der heute im Lager Jelzins steht, meint, Gorbatschow habe sich nicht an den Palastintrigen beteiligt, mit denen andere Spitzenfunktionäre ihren Aufstieg vorbereiteten. »Er war auch kein Speichellecker, und das heißt bei uns etwas. Schon lange vor der Revolution war Rußland ein Land der allmächtigen Bürokratie und Schmeichelei die Grundlage vieler Karrieren, besonders in den letzten Jahren Breschnews. Gorbatschow hat immer schwer und lange gearbeitet. Die wirklich geschickten Funktionäre hielten so etwas für ein Zeichen von Kurzsichtigkeit und Naivität. Sie wußten, daß diejenigen Karriere machen, die sich an die Mächtigen in den oberen Etagen halten und ihr Wohlwollen gewinnen.«

Gorbatschow, der sich an Datscha-Parties und Jagdausflügen nicht gern beteiligte, war klar, daß er sich mit solcher Abstinenz nicht beliebt machte. Gelegentlich sagte er zu Freunden, er mache sich keine Sorge um seine Zukunft. Er sei Jurist, könne auch an der Universität lehren, und wenn es zum Schlimmsten käme, sei er ein guter Chauffeur oder Mähdrescherfahrer. Die Leute in seiner Umgebung lachten dann höflich. So redet in Moskau keiner, der seinen Weg ganz nach oben machen will. Besonders in den letzten Breschnew-Jahren wirkte eine solche Haltung geradezu altmodisch. Das war ein Nachteil, aber Gorbatschow wußte ihn auszugleichen. Im Zentralkomitee wurde allgemein anerkannt, daß er ein guter Chef und Kollege war, immer bereit, Aufträge und Arbeiten zu übernehmen. Ein Arbeitstag von zehn bis zwölf Stunden war für ihn stets normal gewesen. Die meisten Mitglieder des Politbüros dagegen fühlten sich überlastet und waren zufrieden, wenn ihnen Arbeit abgenommen wurde. Michail Gorbatschow machte auch nicht den Eindruck eines politischen Intriganten, der seinen Förderer oder Vorgesetzten bespitzeln oder aus dem Weg räumen wollte.

Seinen Umgangsstil empfanden die meisten Leute als angenehm. Er fluchte nicht und schlug nicht auf den Tisch, was bei einigen der Politbüro-Mitglieder und bei Breschnew selbst durchaus üblich war. Es sei schwer gewesen, ihm näherzukommen, sagen Mitarbeiter, die ihn aus jener Zeit kennen, aber das habe er durch seine zugleich höfliche und sachliche Art ausgeglichen. Was sie über Michail Gorbatschow sagen, ähnelt überraschend dem, was die Dorfleute in Priwolnoje von seinem Vater Sergej Gorbatschow erzählten. Dadurch und durch sein Interesse für die verschiedensten Gebiete von Politik und Kultur habe er ganz unterschiedliche Leute an sich heranziehen und von ihnen Informationen bekommen können. »Er schmeichelte nicht, aber er war auch nicht herablassend«, sagt einer seiner früheren Mitarbeiter. »Er kränkte niemanden, auch diejenigen nicht, deren

Ansichten er ablehnte. Er versuchte immer, einen Kompromiß zu finden, einen Konsensus herzustellen. Er konnte meisterhaft den Eindruck erwecken, eine Entscheidung sei von allen gemeinsam getroffen worden, auch wenn es in Wirklichkeit seine Entscheidung gewesen war.«

Auf den Tag genau ein Jahr, nachdem Gorbatschow Sekretär des Zentralkomitees geworden war, folgte die Beförderung zum Kandidaten des Politbüros. Elf Monate später war Gorbatschow Vollmitglied, einer der vierzehn wichtigsten Männer der Sowjetunion. Für solch eine Blitzkarriere braucht man nicht nur Förderer, man darf sich auch keine Feinde machen.

Als die Gorbatschows von Stawropol nach Moskau kamen, rief ihre auffällige Bescheidenheit bei den neuen Bekannten keineswegs Bewunderung hervor. Sie wollten kurz nach der Übersiedlung aus Stawropol Moskau neu kennenlernen. Ihre Studentenzeit in der Hauptstadt lag fast fünfundzwanzig Jahre zurück. Bei kurzen Besuchen waren sie im Theater, im Konzert oder im Museum gewesen. Nun wollten sie sich wieder ein Bild von der ganzen Stadt machen, und sie taten etwas, was in großen Städten durchaus vernünftig ist: sie machten einige Stadtrundfahrten mit den üblichen Bussen für sowjetische Touristen. Für einen Sekretär des Zentralkomitees aber war das äußerst ungewöhnlich. Ihm standen ja Apparat und Wagenpark zur bequemen Erfüllung seiner Wünsche zur Verfügung. Daß er mit seiner Frau in einen Autobus stieg, schien manchen seiner Kollegen und Mitarbeiter ein bißchen lächerlich, bei einem Mann, der als Landwirtschaftsexperte aus der Provinz gekommen war, aber auch verzeihlich.

Gorbatschow lebte einfach. Aber er stieß den Apparat nicht vor den Kopf, indem er amtsübliche Privilegien demonstrativ ablehnte. Er nahm, was ihm als ZK-Sekretär zustand, verlangte aber nicht mehr. Mit Frau, Tochter und Schwiegersohn zog er in die vorgesehene Dienstwohnung in der Alexej-Tolstoi-Straße Nr. 12, in eines der Häuser für hohe Parteifunktionäre. Es war eine Drei-Zimmer-Wohnung, und sie war von der ZK-Verwaltung möbliert worden. Freunde aus Stawropol wunderten sich, daß der ZK-Sekretär schlechter eingerichtet war als sein Bruder Alexander, der als Armeeoffizier in der Nähe Moskaus eine Dienstwohnung mit eigenen, besseren Möbeln ausgestattet hatte. In der Wohnung der Gorbatschows gab es nur die Routine-Einrichtung für gehobene Funktionäre: Schränke aus Riga, eine Küche aus der Produktion der Moskauer »Experimentalnaja Fabrika«, maschinengewebte Teppiche. Anders als andere hohe Funktionäre hatten sie keinen ausländischen Eisschrank und kein importiertes Fernsehgerät. Die Wohnung war klein: ein Schlafzimmer, ein Wohnzimmer und ein Zimmer für die Kinder und die erste Enkelin. Ein eigenes Arbeitszimmer hatte Gorbatschow nur im Zentralkomitee. Auch Boris Jelzin, der Gorbatschow heute vorwirft, sich Luxus-Datschas einzurichten, gibt zu, daß Gorbatschow in den ersten Moskauer Jahren tatsächlich einfach und bescheiden gelebt hat.

Ein ZK-Sekretär, der sich in seiner Amtszeit als Gebietschef nicht bereichert hatte, lebte in Moskau keineswegs im Überfluß. Gorbatschow verdiente im ersten Moskauer Jahr als ZK-Sekretär siebenhundert Rubel und als Kandidat des Politbüros achthundert. Verglichen mit einem durchschnittlichen Arbeitereinkommen von zweihundert oder zweihundertzwanzig Rubeln zu jener Zeit war das nicht schlecht, aber auch keineswegs üppig. In Stawropol sei es leichter gewesen, von weniger Geld zu leben, sagte er einem Freund aus der Studienzeit, denn da hätten ihm seine Eltern auch noch Fleisch und Gemüse vom Dorf schicken können. Nur einen Vorteil habe er, sagte Gorbatschow, aus allen Bibliotheken des Landes könne er sich Bücher bestellen. Wichtige Neuerscheinungen kamen sofort auf seinen Tisch, und die durfte er auch in seine private Bibliothek einreihen. Aber es fehlte ihm an Geld, um sich mit besseren Möbeln einzurichten, und auch, um Tochter und Schwiegersohn in einer eigenen Wohnung unterzubringen.

Seinem Freund Dmitrij Golowanow, dem er von seinen Schwierigkeiten erzählte, war das schwer verständlich. »Warum läßt du dir für die Kinder nicht eine Wohnung von der ZK-Verwaltung geben? Bei anderen Leuten haben sogar die Enkelkinder eine von den offiziellen Wohnungen, und viele von ihnen sind ständig damit beschäftigt, von einer Wohnung in eine bessere zu wechseln.« Aber Gorbatschow meinte, er sei neu in Moskau und wolle sich nicht ins Gerede bringen. Die Eltern seines Schwiegersohns Anatolij Wirganskij waren bereit, fünftausend Rubel für eine kooperative Eigentumswohnung beizusteuern. Gorbatschow war zu knapp bei Kasse, um den gleichen Betrag aufzubringen. Schließlich lieh er sich die fünftausend Rubel von seinem alten Studienkameraden. Der tat das gerne, fand aber Gorbatschow zu bescheiden für einen ZK-Sekretär. Ihm schien, daß die Gorbatschows sich in Moskau als Fremde fühlten, und Michail Gorbatschow bemerkte ihm gegenüber einmal, eigentlich wäre er lieber wieder in Stawropol.

Mit jedem Aufstieg in der Hierarchie verbessern sich in Moskau die Wohnverhältnisse. Als Generalsekretär zog Gorbatschow in die Schtschussew-Straße um, nur ein paar hundert Meter von seiner alten Wohnung entfernt, aber nun wohnte er in den vier Zimmern einer Wohnung mit großem, repräsentativem Eingangskorridor. Da gab es nun auch ein japanisches Fernsehgerät und ein aus Skandinavien importiertes Bad. Freunde, die ihn dort besuchten, betonen, daß es immer noch keine pompösen Antiquitäten gegeben habe und nicht die schweren Kristallvasen, die in der Moskauer Oberschicht so begehrt waren. Ihnen fielen eher die traditionell-russischen gestickten Decken auf, die Raissa auf die Tische legte, die Fotos der Freunde und die Blumensträuße. Prunkvoll sei da nichts gewesen, erzählen sie. Das Haus in der Schtschussew-Straße gegenüber dem Architekten-Klub beherbergt bis heute Angehörige der sowjetischen Oberschicht. Breschnews Tochter Galina wohnt noch immer dort. Gorbatschow aber ist inzwischen in ein größeres, fast elegantes Haus umgezogen. Es liegt an der Kossygin-Straße und blickt auf die Innenstadt Moskaus hinab. Im Erdgeschoß liegen Empfangsräume. Im Obergeschoß haben die Gorbatschows sechs Zimmer, darüber private Gästeräume. Es gibt eine Sauna und einen schönen Garten, aber Gorbatschow, so sagt man, fährt, wenn er schon freie Zeit hat, lieber auf die Datscha nach Rasdorij, vierzig Kilometer nordwestlich von Moskau.

Raissa Gorbatschowa gehörte nun in Moskau zu den Frauen der politischen Oberschicht. Für die Frauen von Politbüro-Mitgliedern und ZK-Sekretären war dies ein ziemlich geschlossener Lebenskreis, den sie selten verließen. Aber ihr Leben war weniger streng geregelt als das der Männer, und Raissa Gorbatschowa kam mehr unter die Leute aus dem intellektuellen Moskau als die meisten anderen Ehefrauen. Sie konnte ihrem Mann über die interessanteren Aufführungen der Hauptstadt berichten, und es waren offenbar die zwei lebendigsten und umstrittensten Theater, Taganka und Sowremenik, zu denen sie den engsten Kontakt hatte. Sie war eine Unbekannte aus der Provinz und konnte sich zunächst in den kulturellen Kreisen der Hauptstadt freier bewegen als die älteren Frauen anderer Führungsmitglieder. Aber Theaterdirektoren und Regisseure wußten natürlich bald, wer sie war, und pflegten den Kontakt zu der Frau eines ZK-Sekretärs und Politbüro-Kandidaten. Solche Verbindungen konnten nützlich sein, wenn das Kulturministerium und die offiziellen Kritiker die Theater unter Druck setzten.

Raissa konnte aber auch ihre Kontakte zu den Philosophen und Soziologen an der Moskauer Universität wiederbeleben. Das half ihr, eine Vorstellung vom Denken der jüngeren Wissenschaftler zu bekommen, ihre Arbeiten kennenzulernen und Gorbatschow auf Leute hinzuweisen, die nach Alternativen zur herrschenden Innen- und Außenpolitik suchten. Gorbatschow nahm mit manchen von ihnen über den offiziellen Dienstweg seines ZK-Büros Kontakt auf und ließ sich Informationen beschaffen, die er in seine Reden oder seine Ausarbeitungen einbezog. Es sprach sich herum, daß im ZK-Sekretariat und im Politbüro ein jüngerer Mann eingezogen war, der sich für die wissenschaftliche Aufarbeitung der Wirtschafts- und Gesellschaftsprobleme interessiere. Immer häufiger versuchten Mitarbeiter der Universität und der Forschungsinstitute, dem neuen Mann Analysen und Reformvorschläge in sein ZK-Büro oder direkt nach Hause zu schikken. Viele Wissenschaftler, so schien es, warteten nur darauf, daß jemand in der Parteiführung Interesse für die tiefen Probleme des Landes aufbrächte. In Gorbatschows Schränken und in seinem Tresor sammelte sich eine ganze Bibliothek wissenschaftlicher Arbeiten, die auf analytischer Grundlage Reformvorschläge enthielten.

Raissa Gorbatschowa entdeckte auch die Mode-Macher von Moskau und fand einige Designerinnen, die bis heute für sie arbeiten. Dabei erfuhr sie, daß für die Frauen der führenden Männer selbst auf diesem Gebiet besondere Spielregeln galten. Für sie wird vor Staatsbesuchen oder besonderen Anlässen eine komplette Garderobe entworfen. Aber auch wenn die Frau des Ministerpräsidenten oder des Außenministers ins »Haus der Modelle« ging, um sich nur ein Kleid machen zu lassen, wurde sie natürlich bevorzugt behandelt. 1978 konnte Raissa Gorbatschowa zum erstenmal zwei Kleider abholen, die ihr die Schneiderinnen des »Hauses der Modelle« angefertigt hatten. Sie fragte, was sie bezahlen solle, und brachte damit die Direktrice in Verlegenheit. Niemand wußte, was die Kleider kosteten. Das sei Sache einer anderen Abteilung, und die Rechnung werde wie üblich an den Assistenten Gorbatschows im Zentralkomitee geschickt. Niemand wußte genau, wie und ob solche Rechnungen beglichen werden. Raissa Gorbatschowa sagte, niemand brauche zu wissen, was sie für ihre Kleider ausgebe, und verlangte nach ihrer Rechnung. Eine Stunde lang herrschte Verwirrung, dann durfte sie bezahlen. Geld hatte sie, die unerfahrene Provinzlerin, natürlich mitgebracht. Auch später hat sie die Kleider, die sie für sich machen ließ, immer bezahlt, heißt es im »Haus der Modelle«, und sie habe sich stets nach dem Preis erkundigt, ehe sie bestellte.

Das schützte sie auch später nicht vor den Verdächtigungen der Moskauer Gerüchteküche, die gelegentlich wie eine gesteuerte Kampagne gegen Michail Gorbatschow selbst wirkten. Fotokopierte Pamphlete verbreiteten, Raissa sei eine Nichte Andrej Gromykos und habe Gorbatschow durch ihre Beziehungen nach oben gebracht. Die anonymen Texte zitierten angebliche Artikel der deutschen Magazine *Spiegel* und *Stern*, die es nie gegeben hatte. Ihre Mitarbeit im Kulturfonds der UdSSR, der unabhängig von Ministerien und Verbänden Gegenwartskunst und geistige Tradition fördert, wurde als Streben nach gesellschaftlicher Geltung dargestellt. Auf den Märkten gab es Ansteckplaketten mit den Worten »Ich liebe Gorbatschow«, aber auch andere mit dem Text »Ich liebe Raissa nicht«. Sie habe zuviel Einfluß auf Gorbatschow, hieß es, und sie dränge zu sehr in den Vordergrund, wenn sie etwa ein Konzert neben der Königin von Spanien genoß. Viele Leute in Moskau unterstellten ihr einen Hang zu Glanz und Macht, zu einem Luxusleben mit ausländischen Modellkleidern, Juwelen und Landhäusern. Das erinnerte zeitweise an die Gerüchte, mit denen das Ansehen Breschnews und seiner Umgebung am Ende seiner Amtszeit zerstört und Gorbatschows Gegenspieler Romanow ausgeschaltet worden war.

Im übrigen wurden Raissas Kleiderkäufe natürlich ebenso in den KGB-Akten festgehalten wie fast alles andere, was ein Mitglied der Führungsschicht tat. In Stawropol hatte es den Stadtklatsch gegeben, und die Gorbatschows hatten es vermieden, sich durch auffälligen Wohlstand ins Gerede zu bringen. Im Moskau der letzten Breschnew-Jahre war offen zur Schau gestellter Reichtum unter den juwelenbehängten Gattinnen der Spitzenfunktionäre nichts, was zu Gerede Anlaß gab. Dafür war in der Hauptstadt die Überwachung durch den Geheimdienst viel intensiver als in Stawropol. Dort hatte Tante Xenia bei den Gorbatschows im Haushalt ausgeholfen, in Moskau wurden die Dienstwohnungen und Landhäuser gleich mit Personal gestellt. Die Chauffeure, Köche und Dienstmädchen aber waren Angestellte der 9. Abteilung des KGB und nicht der Leute, in deren Haushalt sie arbeiteten. Die Gründung dieser Abteilung der Geheimpolizei geht auf Stalin zurück. Die Funktionärsfamilien, für die sie arbeiteten, wurden auf diese Weise von ihren KGB-Bediensteten zugleich bewacht und überwacht. Das hatte auch für die Bewachten viele Vorteile, denn um die Versorgung mit knappen Konsumwaren und Lebensmitteln brauchten sie sich nicht zu kümmern, und Autos mit Fahrer standen immer einsatzbereit vor der Tür oder im KGB-Wagenpark. Die hohen Funktionäre hatten sich daran gewöhnt. Ihre Söhne, Töchter und Enkel hatten es zum Teil nie anders gekannt und nahmen die Dienstleistungen wie die Kontrolle als selbstverständlich hin.

Die Gorbatschows hatten auch in Stawropol gewußt, daß der KGB ihre Gespräche in der Wohnung und anderswo mithören konnte. Aber die Überwachung war ihnen nie so total erschienen wie in Moskau. Ohne sich direkt auf eigene Erfahrungen zu beziehen, hat Gorbatschow als Generalsekretär einmal zu Freunden gesagt, es sei unwürdig und unsinnig, das Privatleben erwachsener Menschen zu überwachen, als wären sie Kinder im Internat. Die Kontrolle, der er und seine Frau in Moskau unterzogen wurden, war freilich sehr viel strenger und von ganz anderer Art.

Gorbatschow hatte es im Zentralkomitee nicht leicht. Er war im Gebiet Stawropol ein erfolgreicher erster Mann gewesen. Nun fand er sich in einem Apparat wieder, dessen Spielregeln er noch nicht überschaute und in dem er doch keinen Fehler machen durfte. Auch seine engsten Mitarbeiter konnte er sich nicht aussuchen. Man hatte ihm einen Assistenten beigegeben, ohne ihn nach seinen Wünschen zu fragen. Der Assistent war vorher bei Andrej Kirilenko beschäftigt gewesen, einem Mann, der schon in den späten fünfziger Jahren Kandidat des Politbüros und seit 1966 ZK-Sekretär gewesen war. Der Assistent ließ deutlich erkennen, daß er sich dem neuen Chef aus der Provinz überlegen fühlte, und Gorbatschow muß das Gefühl gehabt haben, vom Apparat manipuliert zu werden.

Er saß in einem Arbeitszimmer auf der vierten Etage des Zentralkomitee-Gebäudes am Alten Platz, eine Etage unter den Politbüro-Mitgliedern und fand es sehr schwer, sich mit dem neuen Arbeitsstil abzufinden, der ihn an den Schreibtisch fesselte. Alle seine Kontakte zur Außenwelt liefen über die Assistenten und das Vorzimmer. Sie entschieden, ob Anrufe von Freunden oder Bekannten zum ZK-Sekretär durchgestellt wurden oder nicht, es sei denn, Gorbatschow hatte ausdrücklich einen Namen genannt und die Anweisung gegeben, dessen Gespräche anzunehmen und zu verbinden. Das galt für einige alte Studienfreunde und Kollegen, aber insgesamt fühlte sich Gorbatschow in seinem ZK-Büro abgeschirmt und isoliert.

Natürlich war er als ZK-Sekretär und Kandidat des Politbüros ein einflußreicher Mann. Aber der Apparat zeigte ihm auch die Grenzen seiner Macht. Sein Freund Dmitrij Golowanow, der beim sowjetischen Rundfunk arbeitete, hatte Gorbatschow um einen Gefallen gebeten. Die Beziehungen des Journalisten zu seinem höchsten Chef, dem Vorsitzenden des Staatskomitees für Fernsehen und Radio, S. G. Lapin, waren gespannt. Er wollte deshalb als Korrespondent ins Ausland versetzt werden und bat Gorbatschow, das doch einmal bei Lapin zu erwähnen. Gorbatschow tat so etwas nicht gern. Er hatte zu dem viel älteren Lapin, der seit Jahren ZK-Mitglied war und im Ministerrang stand, auch keine besonderen Beziehungen, und eine persönliche Empfehlung verstieß gegen die Spielregeln, nach denen er lebte. Aber er wollte seinem Freund helfen, und als er Lapin am Flughafen begegnete, erwähnte er Golowanows Wunsch, Auslandskorrespondent zu werden. Die Intervention bewirkte das Gegenteil. Der Chef von Fernsehen und Radio ließ die Personalakte des Journalisten kommen und beschuldigte ihn dann, auf einem früheren Posten zu eng mit jugoslawischen Kollegen zusammengearbeitet zu haben. Der KGB erklärte den Journalisten für »nje wyjesdnoj« – das heißt, er setzte ihn auf die Liste derer, für die Auslandsreisen grundsätzlich verboten waren.

Lapin soll Gorbatschow diese Entscheidung mit kaum verhohlener Befriedigung mitgeteilt haben. Seine guten Beziehungen zu anderen Leuten im Politbüro waren ihm wichtiger, und er gab Gorbatschow offenbar keine großen Chancen. Es scheint, als habe Gorbatschow ihm das nicht vergessen. Nachdem er Generalsekretär wurde, verlor Lapin seinen Posten als Rundfunk- und Fernsehchef. Da allerdings war die Zeit der Glasnost schon angebrochen, und Lapins Vorstellung von einem strengen Propagandafernsehen paßte ohnedies nicht mehr in die Landschaft.

In welchem Maße hohe Amtsinhaber der Sowjetunion abgeschirmt wurden, geht aus zwei Berichten von Freunden Gorbatschows hervor. Kurz nachdem Gorbatschow Politbüro-Mitglied geworden und in eine größere Dienstwohnung in der Schtschussew-Straße umgezogen war, sah er beim Aussteigen aus der schwarzen Limousine einen alten Freund vorbeigehen. Gorbatschow ging auf ihn zu, klopfte ihm auf die Schulter und fragte, wie es ihm gehe. »Alles in Ordnung, Michail Sergejewitsch«, sagte der Freund. »Dann ist es ja gut«, antwortete Gorbatschow. »Ich geh' jetzt nach Hause, ich bin todmüde.« Sie schüttelten sich die Hände und Gorbatschow ging ins Haus. Der Freund ging weiter, aber schon nach wenigen Schritten traten zwei Männer neben ihn, hielten ihn an den Armen im Polizeigriff fest, und einer sagte: »Wer sind Sie? Aus welchem Grund haben Sie sich erlaubt, den Genossen Gorbatschow anzusprechen?« Der Mann versuchte, die Begegnung zu erklären, aber die Fragen wurden immer drohender. Erst als die Männer seine Personalien aufgenommen und festgestellt hatten, daß er der Staatsanwalt des Bezirks war, ließen sie ihn mit einer Verwarnung gehen. Ein anderer alter Freund, der sich vor einer Auslandsreise von Gorbatschow verabschieden wollte, wurde von Mitarbeitern des Zentralkomitees zur Rede gestellt. Er spreche zu oft mit Gorbatschow, und das habe aufzuhören. Der Freund meinte, es sei schließlich Gorbatschows Sache, wenn er sich mit alten Bekannten treffe. Aber die Funktionäre sahen ihn streng an, und einer sagte: »So stellen Sie sich das vor!«

In seinen letzten Amtsjahren, um 1980 – Breschnew war nun 75 Jahre alt –, hatte der greise Generalsekretär der Partei die Politik längst nicht mehr im Griff. Er genoß die Lobeshymnen, die ihm als Landesvater gewidmet wurden. Er ließ sich mit immer neuen, hohen Orden auszeichnen. Sein durchaus ehrenwerter Einsatz als Politoffizier im Zweiten Weltkrieg wurde zur kriegsentscheidenden Rolle hochstilisiert, nachdem einige bekannte sowjetische Autoren seine »Kriegserinnerungen« für ihn geschrieben hatten. Soldatenchöre sangen ein Lied über seinen Kampf um das »Kleine Land«, den Kuban-Brückenkopf der Deutschen Wehrmacht zwischen Kaukasus und Schwarzem Meer. Bei einer Fernsehansprache verwechselte er schließlich die Seiten seiner Rede und brach sie mit hilfloser Gebärde ab.

Aber er war immer noch Generalsekretär und Staatschef. Wer in der Partei aufsteigen wollte, durfte sich ihm nicht offen widersetzen. Im Kampf der Männer, die seine Nachfolge anstrebten, konnte er sein Ansehen und das Gewicht seines Apparats in die Waagschale werfen. So blieb der Machtkampf hinter den Kulissen in der Schwebe. Die Leute in Breschnews nächster Umgebung schmeichelten ihm hemmungslos und nutzten ihre Positionen, um für sich handfeste Vorteile herauszuholen. In Moskau wucherten die Gerüchte über die Habgier seiner Freunde und Familienmitglieder. Seine Tochter Galina, so hieß es, habe sich durch den Direktor des Moskauer Staatszirkus mit Luxusgütern aus dem Ausland versorgen lassen, die Artisten nach ihren Auslands-Engagements abliefern mußten. Man redete von ihrem Liebhaber, den die Kollegen am Bolschoi-Theater »Boris, den Zigeuner« nannten und bei dem Diamanten und Juwelen gefunden wurden, die ihm und Breschnews Tochter gemeinsam gehörten. Ihr Mann, der stellvertretende Innenminister Jurij Tschurbanow, wurde mit Schiebungen und Bestechungen in Verbindung gebracht. Im Moskau jener Zeit, in der die Informationspolitik streng kontrolliert war, wurden solche Gerüchte auch ausgestreut, um Breschnews Ansehen zu zerstören und seine Anhänger im Kampf um die Nachfolge zu schwächen. Daß die Entscheidung über einen neuen Generalsekretär bald fallen mußte, war dem ganzen Lande klar. Die Vorbereitung auf diesen Kampf beschäftigte ab 1980 alle führenden Männer und den Apparat der Partei.

Klar war, daß die Wahl zwischen Jurij Andropow, der bis 1982 KGB-Chef war, und Konstantin Tschernenko, der Breschnews Geschäfte führte, fallen mußte. Die Gerüchte über das Privatleben des Breschnew-Clans und seine hemmungslose Gier nach Gemälden, Diamanten und Mercedes-Limousinen konnten nur einem der beiden nützen – Jurij Andropow. Gorbatschow muß diese Gerüchte gekannt haben. Sie erreichten auch die Männer auf der fünften Etage des ZK. Aber man sprach dort nicht darüber, denn die Kenntnis solcher Skandalgeschichten war selbst für hohe Funktionäre nicht ungefährlich und konnte zu einer verfrühten Stellungnahme zwingen. Gorbatschow war klug genug, sich zurückzuhalten. Sein Verhältnis zu Tschernenko blieb sachlich und ohne Schärfe. Andropow seinerseits hatte keinen Grund, Gorbatschow direkt in die sich anbahnende Auseinandersetzung zu ziehen, denn außer seinem Sitz im Politbüro brachte er keine Hausmacht ein, die im Kampf entscheidend sein konnte. Als ZK-Sekretär für Landwirtschaftsfragen hatte sein Programm keine durchschlagenden Erfolge gebracht, aber auch keine der schweren Mißerfolge, die manchen seiner Vorgänger die Karriere gekostet hatten.

Nach Suslows Tod hatte Gorbatschow 1982 den Amtsbereich des ZK-Sekretärs für Ideologie übernommen, aber er war in diesem Amt zu jung, um von Suslow zugleich die Rolle des »Zweiten Sekretärs« und der grauen Eminenz zu erben. Immerhin war er zuständig für die Formulierung der ideologischen Grundlinie der Partei und für den

Propaganda-Apparat, der die Massenmedien kontrollierte, für Kultur und Wissenschaft und für die Beziehungen zu den kommunistischen und sozialistischen Parteien des Auslands. Aber auf vielen dieser Gebiete fühlten sich erfahrene Männer des ZK-Apparats und des Politbüros ebenfalls kompetent, und sie beharrten auf ihren älteren Rechten. Gorbatschow mußte umsichtig und rücksichtsvoll agieren. Aber er hatte nun die Möglichkeit, innerhalb des Apparats seine Stellung zu festigen, ohne daß sich Leute wie der Verteidigungsminister Ustinow oder der Außenminister Gromyko, alte, aber starke Männer im Politbüro, von ihm bedroht fühlten. Im Gegenteil, durch seine ruhige, aber wirksame Arbeitsweise konnte er sich ihnen als der beste Mann der jüngeren Generation empfehlen.

Es gibt aber keinen Zweifel daran, daß er sich mit Andropow besonders eng verbunden fühlte. In der Ablehnung des Breschnew-Clans wie im Kampf gegen die wachsende Korruption in Partei und Regierung waren sie von ihrer Grundhaltung her Verbündete.

Am 10. November 1982 starb Generalsekretär Breschnew. In Moskau hatte sich längst herumgesprochen, daß er schwer krank in einem Spezialsanatorium bei Barwicha am Rande Moskaus im Sterben lag. Sechsundzwanzig Stunden nach seinem Tode unterbrach das sowjetische Fernsehen sein Programm, und der Chefsprecher verlas mit bewegter Stimme die Nachricht, der Generalsekretär sei plötzlich verstorben.

Es gehörte zu den eigenartigen Ritualen der Partei, daß über Nachfolgefragen öffentlich nicht gesprochen werden konnte, solange der erste Mann noch lebte. Bis zu seinem Tode mußte um die Ausgangspositionen zum Aufstieg hinter den Kulissen gekämpft werden. Es gab keine Tradition und kein Verfahren, welche die Übergabe der Macht von einer Hand in die andere geregelt hätten. Die Amtsperiode endete mit dem Tod oder – wie bei Chruschtschow – mit einem Coup und der Abschiebung in die Isolation. Nach Breschnews Tod ging es für die Führung darum, sein Amt sofort wieder zu besetzen. Sie gewann einen Tag, indem sie die Veröffentlichung der Todesnachricht hinauszögerte. Das genügte, um die Entscheidung im Politbüro herbeizuführen. Einen weiteren Tag später, am 12. November, konnte das Zentralkomitee der Wahl von Jurij Andropow zum Generalsekretär der KPdSU zustimmen.

Konstantin Tschernenko, der seit vielen Jahren enge Verbindungen zum organisatorischen Apparat der Partei und seinen führenden Funktionären hielt, war der Verlierer dieser Wahl. Als die Entscheidung fiel, zeigte sich, daß er im Politbüro nicht über genügend Anhänger verfügte. Verteidigungsminister Ustinow und Außenminister Gromyko stellten sich hinter Andropow, der natürlich auch die Unterstützung des KGB-Apparats hatte, dessen Chef er fünfzehn Jahre lang gewesen war. Auch verfügte er über gute Beziehungen in den Parteiapparaten für Ideologie und Propaganda. Aber er war nicht der starke Mann, der die Macht an sich reißen konnte, sondern, wie die Wahl gezeigt hatte, auf die Unterstützung durch die Mitglieder des Politbüros angewiesen. Er mußte auf Tschernenko Rücksicht nehmen und auf jene, die Tschernenko bevorzugt hätten. Die Handlungsfreiheit des neuen Generalsekretärs war stark eingeschränkt. Seinem Mitbewerber Tschernenko mußte er die Position des zweiten Mannes überlassen. Er bekam als ZK-Sekretär die Aufsicht über den Bereich der Ideologie, den Gorbatschow vorübergehend innegehabt hatte. In der kollektiven Führung mit ihren überwiegend konservativen Mitgliedern begann Andropow jedoch bald, in der Politik wieder stärkere ideologische Akzente zu setzen, was beim alten Breschnew und seinem Kreis kaum noch spürbar gewesen war.

Andropow war 1914 im Süden des Bezirks Stawropol in einer Familie von Osseten, einem kleinen Kaukasus-Volk geboren worden. Er hatte als Telegraphenarbeiter im Kaukasus angefangen, als Matrose auf Wolgadampfern gearbeitet und eine Fachhochschule für Binnenschiffahrt absolviert, ehe er über den Jungkommunistenverband zum Studium an der Moskauer Parteihochschule zugelassen wurde. Wie bei vielen hohen Funktionären seiner Generation war er in den Jahren nach Stalins Säuberungen, als die führenden Männer der Partei verhaftet und verurteilt wurden, schnell in freigewordene Positionen aufgestiegen. Im Kriege hatte er Partisanengruppen geführt. Nach dem Krieg übernahm er Parteifunktionen in Karelien, das die Sowjetunion von Finnland erobert hatte und dessen Bevölkerung nun in das sowjetische System eingeordnet werden mußte. Drei Jahre arbeitete er in Moskau im Apparat des Zentralkomitees, dann wurde er ins Außenministerium versetzt und war von 1954 bis 1957 sowjetischer Botschafter in Ungarn. Als der Aufstand der Ungarn niedergeschlagen wurde, saß Andropow in Budapest in einer Schlüsselposition. Ein Jahr später leitete er bereits wieder im Zentralkomitee die Abteilung für Verbindungen zu den kommunistischen und sozialistischen Parteien des Auslands, wurde 1961 Mitglied des Zentralkomitees, 1962 einer der Sekretäre. Von 1967 an war er dann fünfzehn Jahre lang Vorsitzender des Komitees für Staatssicherheit der UdSSR. Er war der Chef des KGB in den Jahren, in denen die Verfolgung der Dissidenten besonders bösartig verschärft wurde. 1982 war er von diesem Posten zurückgetreten und hatte sich auf seine Funktionen als ZK-Sekretär und Mitglied des Politbüros beschränkt – vielleicht in der Vorbereitung auf die höchsten Ämter von Partei und Staat. Eine solche Übergangsfrist war jedenfalls notwendig gewesen, um der sowjetischen Bevölkerung und der Welt den Schock zu ersparen, daß ein KGB-Chef die Macht im Kreml übernahm.

Das Bild Andropows ist bis heute unklar und widersprüchlich geblieben. Über die Person des KGB-Chefs hatte niemand in Moskau fünfzehn Jahre lang auch nur zu rätseln gewagt. Aus den zwei Jahren im Politbüro und im Amt des Generalsekretärs, die ihm bis zu seinem Tode am 9. Februar 1984 verblieben, gibt es nur unzulängliche Informationen. Zeitweise erzählte man sich in Moskau, der ehemalige KGB-Chef, der nie im westlichen Ausland gewesen war, spreche Englisch, schätze schottischen Whiskey, amerikanische Bücher und die Musik der amerikanischen Swing-Band von Glenn Miller. Vielleicht sind solche Gerüchte gezielt für das westliche Ausland ausgestreut worden. Er schrieb Gedichte, aber sie sind nicht veröffentlicht worden, und man hörte nur, daß sie in Stil und Inhalt an die russischen Klassiker erinnerten. Er soll das Moskauer Taganka-Theater vor Schwierigkeiten bewahrt haben, wenn es in seinem experimentell-modernistischen Stil und kaum verhüllt bis an die Grenzen dessen ging, was an Kritik der bestehenden Zustände gerade noch geduldet wurde.

17

18

17
G. mit einem Kommilitonen, dem späteren Staatsanwalt Borsenko

18
G. mit seinem Studienkameraden Rudolf Koltschanow, heute Chefredakteur der Zeitung Trud

19
G. mit Kommilitonen an der Moskauer Universität

20
G. und Raissa als junges Paar

21
G., um 1955

22
Raissa, um 1955

20

21

22

23

24

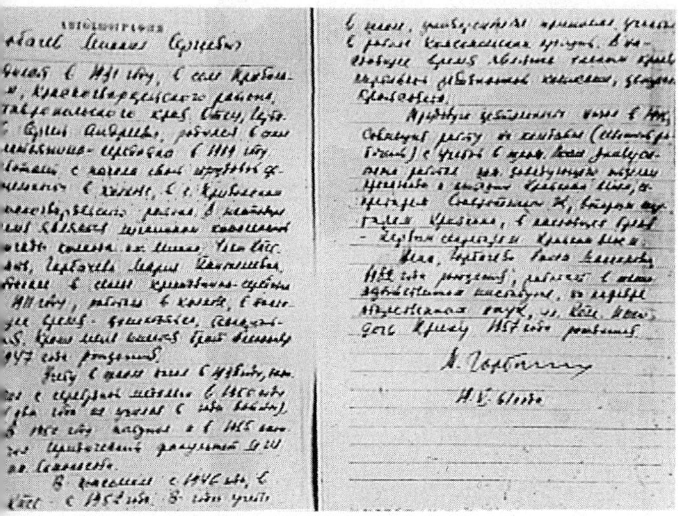

25

23
Ausschnitt aus Abb. 24

24
G. als Erster Sekretär des Komsomol in Stawropol mit Mutter und Tochter, 1960

25
Handschriftlicher Lebenslauf G.s. 1961

26

27

29

28

26
Ausschnitt aus Abb. 27

27
G. zum ersten Mal im Kreml, Mai 1960, als Teilnehmer der Allunionsversammlung der Aktivisten der Kommunistischen Arbeit

28
G. mit Mitgliedern des Gebietskomitees Stawropol des Komsomol, 1962

29
G. besucht mit einer Delegation der KPdSU die DDR, 1966

30
Raissa mit Schulkindern in Stawropol

31
Raissa mit Eltern der Klasse ihrer Tochter und Klassenlehrerin

32
Ausschnitt aus Abb. 33

33
Raissa mit Kollegen des Lehrkörpers der philosophischen Fakultät der Landwirtschaftsschule in Stawropol

30, 31

32

33

34

35

34
G. als Parteisekretär der Region mit Politbüro-Mitglied Suslow in Stawropol, Mai 1978

35
Auszeichnung des Gebiets Stawropol als Ergebnis des sozialistischen Wettbewerbs, Politbüro-Mitglied Andropow überreicht G. die Fahne mit der Auszeichnung, Februar 1978

36
Leonid Breschnew verleiht G. den Orden der Oktoberrevolution, 27. Dezember 1978, im Kreml

37
G., rechts im Bild neben Andropow (links im Bild neben Andropow Politbüro-Mitglied Grigorij Romanow, einer der Konkurrenten um die Parteiführung)

38
G., links im Bild neben Generalsekretär Tschernenko, bei der Verleihung des Goldenen Sterns des Hammer-und-Sichel-Ordens an Viktor Grischin, einen der späteren Konkurrenten um das Amt des Generalsekretärs

36

38

39
G. 1986 bei einem
Besuch im Gebiet
Stawropol

40
Das Ehepaar G. auf dem Heimweg nach dem gescheiterten Gipfel in Reykjavik, 1986

40

Im Taganka-Theater selber war man sich nicht so sicher, den Geschmack Andropows getroffen zu haben. Dort hieß es, Jurij Ljublimow, der Intendant, habe ihm einen ganz anderen Dienst geleistet, den Andropow nicht vergaß: Er habe Sohn und Tochter Andropows den Wunsch ausgeredet, Schauspieler zu werden.

Vor Andropow und seinem KGB hatten sie sich gefürchtet. Seit er im Politbüro saß, begannen die Moskauer Intellektuellen, Hoffnungen in ihn zu setzen. Sie meinten, mit Andropow sei ein Mann intellektueller Neigungen an die Macht gekommen, ein aufgeklärter Funktionär, und schon das konnte nach der Breschnew-Zeit Hoffnungen auf einen Klimawechsel wecken.

Jurij Andropow und Michail Gorbatschow hatten bei ihren früheren Begegnungen lange Gespräche geführt, die sie nun nur noch selten in Andropows Datscha fortsetzen konnten. In den Amtszimmern des Zentralkomitees herrschte keine Atmosphäre, die zu langen Gesprächen anregte. Im fünften Stock des Gebäudes am Alten Platz hatten Andropow, Gorbatschow und Tschernenko ihre Büros nebeneinander. Davor lag ein riesiger Empfangsraum, in dem viele Besucher warteten, bis die Assistenten aus einem Nebenraum kamen, wo sie hinter einer Batterie von Telefonen die Politbüro-Mitglieder abschirmten. Gorbatschow hatte das kleinste der drei Arbeitzimmer mit etwa fünfzig Quadratmetern Größe. Wie in den Büros höherer Funktionäre üblich, waren darin zwei Tische in Form eines T aufgestellt. Vor Gorbatschows Sessel standen drei der besonderen, abhörsicheren Telefone, über die hohe Funktionäre von einer Spezial-Zentrale sofort mit allen Stellen des Landes verbunden werden konnten.

Einer seiner alten Studienfreunde durfte ihn dort 1983 besuchen. Gorbatschow erbat sich von ihm ein Foto aus der Studentenzeit, auf dem er zusammen mit Zdeněk Mlynář zu sehen war. Aber Gorbatschow sei verändert gewesen, erzählt der Freund. »Er hat andere Augen gehabt, und ich fühlte, daß es nun eine Schranke zwischen mir und dem Politbüro-Mitglied gab«, sagt er. Gorbatschow sprach bei dieser Gelegenheit auch über Andropow. In der Partei gebe es keinen zweiten Mann wie diesen, keinen Mann, der so bescheiden sei. Er mache alles selber, sagte Gorbatschow, und sein Freund spürte, daß dies ein hohes Lob war. Aus allen Worten Gorbatschows hörte der Freund ehrliche Bewunderung für Andropow heraus. Er wußte, daß Andropow als KGB-Chef in der Vergangenheit seinen Einfluß benutzt hatte, um Angriffe auf Gorbatschow abzuwehren, aber in Gorbatschows Worten schien ihm mehr zu liegen als nur die Dankbarkeit einem Förderer und Beschützer gegenüber.

Auch Andropow sah offenbar in Gorbatschow längst mehr als einen Gefolgsmann. Der schwer kranke Generalsekretär hoffte, daß Gorbatschow sein Nachfolger werden würde. Aber ihre Beziehung ging über gemeinsame politische Interessen hinaus. Freunde Gorbatschows berichten, Andropow habe ihn gegen Ende seines Lebens in einem langen Gespräch am Krankenbett darum gebeten, sich nach seinem Tode um die Zukunft seines Sohnes Igor zu kümmern und seine Hand über ihn zu halten.

Heute betonen Gorbatschows Freunde, sein Verhältnis zu Andropow sei gar nicht so sehr eng gewesen und Gorbatschow verdanke ihm weniger, als man allgemein annehme. Manchmal scheint es, als wollten sie ihn gegen diesen Verdacht allzu enger, persönlicher Beziehungen zu Andropow in Schutz nehmen, seit Opfer des KGB wie Andrej Sacharow rehabilitiert und zu anerkannten politischen und moralischen Autoritäten wurden. Gorbatschow sei jedenfalls nicht der einzige gewesen, dessen Aufstieg von Andropow gefördert wurde, sagen sie. Im Frühjahr 1983 hatte sich Andropow dafür eingesetzt, daß der Parteichef von Tomsk aus Sibirien als neuer ZK-Sekretär in die Hauptstadt geholt wurde: Jegor Ligatschow, der Mann, der heute im Politbüro Gorbatschows konservativer Gegenspieler ist. Auch für ihn sprach nach Andropows Meinung, daß er sich nicht in die Kumpanei des Breschnew-Clans hineinziehen ließ. Als entschiedener Anti-Alkoholiker hatte er in seinem westsibirischen Machtbereich für Arbeitsdisziplin und Ordnung gekämpft. Fast zwanzig Jahre lang war er, ähnlich wie Gorbatschow, ein erfolgreicher Provinzchef gewesen, ohne Gefolgsmann einer der Machtgruppierungen zu werden. Das war bei Jurij Andropow ein wichtiger Gesichtspunkt, und so zog er ihn nach Moskau in den Kreis der Leute, mit denen er die Partei- und Wirtschaftsführung schlagkräftiger machen wollte.

Bis heute blieb Jurij Andropow jedenfalls von jeder Kritik verschont, auch wenn sein Name in Reden und in der Presse von Jahr zu Jahr seltener erwähnt wird. Am Haus am Kutusowskij Prospekt, in dem Breschnew und Andropow ihre Stadtwohnungen hatten, wurde die Gedenktafel für Breschnew über Nacht entfernt, als Breschnew, sein Lebensstil und seine Politik der Stagnation öffentlich verurteilt wurden. Die Bronzetafel mit dem Porträt und den Lebensdaten Andropows hat ihren Platz behalten, aber nur ganz selten liegt auf ihr noch ein kleiner Blumenstrauß. Das Urteil über Andropow bleibt aufgeschoben. Unter den hohen Funktionären der jüngeren Sowjetgeschichte bleibt Jurij Andropow eine besonders rätselhafte Figur.

Im Kreise der Politbüro-Mitglieder waren Andropow und Gorbatschow sicherlich in ihrer Denkweise und ihrer Abneigung gegen den erstarrten und teilweise korrupten Parteiapparat verbunden gewesen. Sie stellten Fragen an das sowjetische System, die nicht nur auf kurzfristige Stabilisierung oder Verbesserung zielten. Sie betrachteten die Entwicklung der sowjetischen Partei und Gesellschaft in einer weiteren Perspektive als ihre Kollegen. Für sie war das Staats- und Gesellschaftssystem kein abgeschlossener Bau, der sich allein durch kleinere Korrekturen der Wirtschafts- und Sozialpolitik perfektionieren ließ. Von seiner Ernennung an machte der Generalsekretär Andropow deutlich, daß er grundsätzlichere Veränderungen ins Auge gefaßt hatte, wenn er in seinen Reden den Zustand und die Probleme der Sowjetunion behandelte. So ideologische Töne hatte man in der Sowjetunion seit dem Sturz Chruschtschows nicht mehr gehört. Andropow erklärte, die Sowjetunion habe einen historischen Punkt erreicht, an dem »tiefgehende qualitative Veränderungen in den Produktivkräften und Produktionsverhältnissen« unvermeidlich geworden seien. Ihm und seinen engeren Mitarbeitern ging es darum, in der Wirtschaft effektivere Methoden der zentralen Organisation und Planung einzuführen, aber zugleich sprach er auch davon, die Selbständigkeit der Betriebe in Industrie und Landwirtschaft zu erhöhen, wenn nötig sogar auf dem Wege von Experimenten.

Andropow interessierte sich für ein Reformmodell, wie es in Ungarn nach der Niederschlagung des Aufstands durch János Kádár eingeführt worden war. Er war dort Botschafter gewesen, als Kádár auf den Trümmern wieder einen kommunistischen Staat zu errichten begann. Er sah die Reformen in Ungarn als einen Versuch, die Herrschaft der Partei vor einem neuen Aufstand zu bewahren. Sowjetische Delegationen wurden zum Studium der ungarischen Erfahrungen entsandt, und einige von ihnen brachten die Erkenntnis zurück, daß man solche Reformen in den baltischen Republiken oder in Georgien und Armenien ausprobieren könne. Sowjetische Wirtschaftswissenschaftler, die sich selbst mit Reformmodellen befaßten, wußten, daß Veränderungen in einem Riesenreich wie der Sowjetunion nur unter ungeheuren Schwierigkeiten umgesetzt werden konnten. Aber sie waren enttäuscht darüber, daß den Ankündigungen des Generalsekretärs keine einschneidenden Maßnahmen folgten und daß es bei regionalen Experimenten und bescheidenen Verbesserungen der Stellung einzelner Wirtschaftsvereinigungen und Betriebe blieb.

Auch die sowjetischen Künstler und Intellektuellen waren enttäuscht. Sie hatten gehofft, daß sie sich offener und kritischer mit dem Zustand ihrer Gesellschaft auseinandersetzen könnten, aber sie spürten eher die Folgen einer ideologisch ausgerichteten Kulturpolitik, die sie disziplinierte. In der Breschnew-Zeit hatten Partei und Ministerien manches aus Gleichgültigkeit oder Unbeweglichkeit durchgehen lassen. Manche schreiben das kältere Klima nicht Andropow, sondern dem zweiten Mann, Konstantin Tschernenko, zu, der die »Kulturarbeiter« immer wieder ermahnte, mit den Mitteln der Agitation und Propaganda das richtige Bewußtsein in den Köpfen der Sowjetmenschen zu schaffen, und Literatur, Kunst und Wissenschaft entschiedener unter Anleitung und Kontrolle der Partei stellen wollte.

Aber es war eben auch Andropows Bemühen, den »Sumpf der Breschnew-Zeit« auszutrocknen, das die Atmosphäre des ganzen sowjetischen Lebens bestimmte. In den Kaufhäusern der Hauptstadt machte die Polizei fast täglich Razzien und stellte fest, wer seinen Arbeitsplatz vorzeitig verlassen hatte, um einkaufen zu gehen. Besonders Läden für Wein und Wodka wurden überwacht, und wer dort in der Arbeitszeit angetroffen wurde, mußte mit einer Anzeige bei seinem Betrieb rechnen. In den Mietshäusern gingen wieder Funktionäre von Wohnung zu Wohnung, stellten fest, wer dort lebte und übernachtete, und verlangten wieder ausführliche Lebensläufe in schriftlicher Form. Auf Postämtern tauchten Kästen mit Formularen für die Denunziation von Mitbürgern auf, die von »unerarbeitetem Einkommen« lebten. Das hatte es jahrzehntelang nicht mehr gegeben.

Andropow räumte mit der Korruption im Partei- und Staatsapparat auf, das gefiel den Sowjetbürgern. Aber nun brach seine Kampagne für Ordnung und Disziplin auch in ihre private Lebenssphäre ein und schuf ein Klima des Mißtrauens und der Verdächtigungen. Das bloße Versprechen größeren Entscheidungsspielraums für Industrie und Landwirtschaft war zu schwach, um die sowjetische Gesellschaft aus ihrer Erstarrung zu reißen. Was immer die Absichten Andropows gewesen sein mögen, in den fünfzehn Monaten seiner Amtszeit machte er nicht klar, welche Ziele er wirklich anstrebte. Seine Politik erschien ausgerichtet auf eine enge, technokratische Reform, die in einer neuen Zwangsjacke von »Law and Order« zum Erfolg geführt werden sollte.

Rückblickend läßt sich erkennen, daß Michail Gorbatschow ein etwas anderes Konzept hatte, wenn er in seinen Reden unter Berufung auf Lenin die Akzente auf mehr Selbständigkeit und Eigeninitative legte. Er hatte für sich eigene Schwerpunkte und Prioritäten gesetzt, aber vorsichtig und ohne deutlich definierte Alternative. Das verlieh ihm kein auffälliges politisches Profil in einer Zeit, in der Tschernenko, der zweite Mann in der Führung, soziale Verbesserungen für die Sowjetbürger in seinen Reden stärker hervorhob als Andropows Disziplin-Kampagne. In Gorbatschows Reden kamen Elemente der Vorstellungen von Andropow und Tschernenko vor, und es fällt auf, daß er Konflikte mit dem Mann vermied, der sein letzter Vorgänger im Amt des Generalsekretärs werden sollte.

# Generalsekretär

Andropow wollte sicher eine aktivere Politik als sein Vorgänger Breschnew, aber auch er war ein alter und kranker Mann, der die Möglichkeiten seiner Ämter nicht ausschöpfen konnte. Im Mai 1983 übernahm er den Vorsitz im Verteidigungsrat der UdSSR, im Juni wurde er noch als Vorsitzender des Präsidiums des Obersten Sowjet zum Staatsoberhaupt gewählt. Aber seine öffentlichen Auftritte wurden immer seltener. Offiziell hieß es dann etwa, der Generalsekretär sei erkältet, aber die sowjetischen Leser wußten, daß Erkältungen ihrer Führer nie vermeldet werden und daß es sich um eine schwerere Krankheit handeln mußte. Im November konnte er nicht mehr an der Feier des Revolutionstages teilnehmen – so etwas war noch nie dagewesen. Es war klar, daß seine Zeit zu Ende ging, und im Politbüro bereitete man sich wiederum auf eine Neuverteilung der Macht vor. Am 9. Februar 1984 erlag Jurij Andropow einer schweren Nierenkrankheit und einem langjährigen Diabetes.

Am 13. Februar schlug Ministerpräsident Tichonow, der zur alten Breschnew-Garde gehört hatte, dem Zentralkomitee Konstantin Tschernenko, den »treuen Kampfgefährten« Breschnews und Andropows, als neuen Generalsekretär vor. Er lobte ihn als einen Mann, der allen Kräften der Sowjetgesellschaft Gerechtigkeit widerfahren lasse. Tschernenko habe stets Kontakt mit dem Volk gehalten, den Parteikadern gegenüber Wohlwollen gezeigt, eine wichtige Rolle als Ideologe gespielt, an der Grundausrichtung der sowjetischen Außenpolitik aktiv Anteil genommen und sich viel mit Fragen der Verteidigungsfähigkeit und der modernen Ausrüstung der Streitkräfte beschäftigt.

Die Machtverhältnisse im Politbüro ließen Konstantin Tschernenko als den idealen Kandidaten erscheinen. Er versprach, auf dem »Erreichten weiterzubauen, und es zu vervollkommnen«. Der Dreiundsiebzigjährige hatte das Vertrauen von alten Männern wie Ustinow und Gromyko. Jüngere Mitglieder im Politbüro brauchten nicht zu befürchten, daß seine Wahl ihnen den Weg ins höchste Führungsamt auf Jahre hinaus versperrte. Der nur drei Jahre jüngere Moskauer Parteichef Viktor Grischin sah sich ebenso als einen der Anwärter für den nächsten Führungswechsel wie der sechzigjährige Grigorij Romanow, der als Leningrader Parteisekretär ins Politbüro gekommen war. Auch Michail Gorbatschow, der jüngste von allen, galt nun bereits als Anwärter auf das höchste Amt. Er vermied es aber, sich als Gegenkandidat Tschernenkos darzustellen. Als letzter Redner faßte er die Argumente für die Wahl Konstantin Tschernenkos zusammen. Im April schlug er ihn zum Vorsitzenden des Präsidiums des Obersten Sowjet, zum nominellen Staatschef, vor.

Sein Verhältnis zu Tschernenko, so scheint es, war nie auffällig gespannt oder schlecht gewesen. Anfang 1982 hatte er Tschernenko dafür gewonnen, gemeinsam mit ihm zu einer Premiere des Moskauer Künstler-Theaters zu gehen. Dort wurde ein ziemlich ungewöhnliches politisches Theaterstück aufgeführt, in dem man rückblickend ein Vorspiel auf die Perestroika erkennen könnte. Unter dem programmatischen Titel »So werden wir siegen« hatte der Dramatiker Michail Schatrow Szenen aus Lenins letzten Lebensjahren auf die Bühne gebracht. In ihnen trat Lenin für die Hoffnungen der Massen und gegen die Herrschaft der Bürokratie ein. Schatrow zitierte aus den Werken des Revolutionsführers Vorstellungen der »Neuen Ökonomischen Politik« mit ihren Lockerungen des zentralen wirtschaftlichen Befehlssystems und ihrer Förderung der Eigeninitiative. Das Stück war schon vor der Premiere umstritten und von den Zensoren des Kulturministeriums kritisiert worden. In diese Aufführung führte Gorbatschow nun seinen für Ideologie zuständigen Kollegen Tschernenko, in der Hoffnung, bei ihm Verständnis für einen Teil der Botschaft zu finden. Tschernenko hatte daraufhin Breschnew und mehrere Politbüro-Mitglieder veranlaßt, sich die Aufführung ebenfalls anzusehen. Ihr Besuch hatte dem Stück das Gütesiegel aufgeprägt und es vor einer Absetzung bewahrt, die wegen seines reformfreudigen und Stalin-kritischen Inhalts eigentlich zu erwarten gewesen war. Andropow hatte Gorbatschow nach Moskau gebracht, aber Gorbatschow hatte sich nicht nur auf die Beziehungen zu einem Förderer verlassen.

Nach Breschnew und Andropow bekam die KPdSU mit Tschernenko einen weiteren Generalsekretär, dessen Alter und Gesundheitszustand Spekulationen über seine Nachfolge geradezu herausforderten. Tschernenko war nie ein guter Redner gewesen, aber nun erlebten ihn die Sowjetbürger im Fernsehen als kurzatmigen alten Mann, von dem man sich unmöglich vorstellen konnte, daß er das Land viele Jahre führen werde. Und große Veränderungen waren von ihm schon gar nicht zu erwarten. Er war der Vertreter eines Kollektivs der Mitt-Siebziger, zu dem Ustinow, Gromyko und Tichonow gehörten, und sie hatten sicher nicht die Kraft für eine Politik der Reformen. Wenn Tschernenko aus Gesundheitsgründen längere Arbeitspausen einlegen mußte, vertrat ihn mehr und mehr Michail Gorbatschow. Dann leitete er die Sitzungen des Politbüros, und selbst frühere ZK-Mitarbeiter, die seine heutige Politik kritisieren, geben mit einer Spur von Bewunderung zu, daß Gorbatschow dabei außerordentlich geschickt vorging. Er sorgte dafür, daß die Sitzungen zügig zu Ergebnissen geführt wurden, ohne daß die anderen Politbüro-Mitglieder sich gegängelt fühlten. Er war der Jüngste von allen, und der Umgang mit den älteren Herren erforderte viel Takt. Gorbatschow wußte, daß er ihre Stimmen brauchen würde, aber er mochte auch nicht zulassen, daß sich die Sitzungen in langatmigen Diskussionen erschöpften. Allmählich wurde sichtbar, daß sich im fünften Stock des Zentralkomitees die Startpositionen für den Umzug in das Büro des Generalsekretärs verschoben. Gorbatschows Stellung schien deutlich stärker zu werden. Der triumphale Erfolg seines England-Besuchs im Dezember 1984 hatte ihn als einen Mann ausgewiesen, der die Sowjetunion auch in der Welt erfolgreich vertreten konnte. Als Konstantin Tschernenko nach dreizehn Monaten Amtszeit am 10. März 1985 starb, schien es sicher, daß Gorbatschow zum Nachfolger bestimmt war.

Aber im Politbüro und im Zentralkomitee gab es natürlich Mitbewerber und Gegner. Der zweiundsechzigjährige Grigorij Romanow hatte ebenso wie Gorbatschow die Weichen gestellt, aber er wählte einen anderen Weg: er schob den siebzigjährigen Moskauer Parteichef Viktor Grischin als Kandidaten vor. So hoffte er, unter einem weiteren alten Generalsekretär seine Position für die nächste Nachfolgewahl ausbauen zu können. Im Politbüro gab es keine klaren Mehrheiten, und Grischin und Gorbatschow erhielten die gleiche Stimmenzahl. Auf dieser stürmischen Sitzung des Politbüros kam es zu einem heftigen Streit, der sich immer länger hinzog. Da griff Außenminister Andrej Gromyko in die Diskussion ein, und zwar so emotional, wie man es bei ihm selten erlebt hat. Das Politbüro dürfe nicht wieder einen der alten Männer wählen, zu denen sich Gromyko selbst zählte. Es brauche einen Generalsekretär, der die Sowjetunion über die Schwelle zum nächsten Jahrtausend führen könne. Auch der KGB-Chef Viktor Tschebrikow trat für Gorbatschow ein und brachte den Gegenkandidaten Viktor Grischin mit Skandalen aus Breschnews Umkreis in Verbindung. Hier wurde mit allen Mitteln um die Macht gekämpft. Das Amt des Generalsekretärs ist Gorbatschow keineswegs in den Schoß gefallen.

Hinter dem alten Grischin standen Vertreter eines konservativen Kurses wie Grigorij Romanow, die das Land mit harter Hand regieren und nicht mit dem Spätstalinismus brechen wollten. Die Befürworter Gorbatschows waren keineswegs Anhänger einer tiefgreifenden Demokratisierung, aber sie sahen in ihm den Mann einer moderneren Politik, der nach wirksameren Methoden des Krisenmanagements in der Sowjetgesellschaft suchte. Gromyko lobte Gorbatschows Parteikarriere, seinen scharfen Verstand und seine umfassende Bildung, seine Fähigkeit, mit Wissenschaftlern zu diskutieren. Für ihn sei eine Sache nicht nur schwarz oder weiß, er sehe auch die Zwischentöne, ohne sich deshalb in Details zu verlieren. Er wisse, wo in der Politik die Prioritäten lägen. Als die Entscheidung am 10. März 1985 fiel, hatte sich das Politbüro für einen nur vierundfünfzigjährigen Parteichef entschieden.

Diese Wahl mußte vom Zentralkomitee bestätigt werden, und Widerstände gegen den neuen Mann gab es immer noch. Unter den führenden Parteifunktionären machte man sich Sorgen über die personellen und organisatorischen Veränderungen, mit denen ein dynamischer, jüngerer Mann Einfluß und Privilegien der Älteren gefährden könnte. Wieder setzte sich Andrej Gromyko für die Wahl Michail

Gorbatschows ein. Als seine Rede nach Tagen veröffentlicht wurde, las sie sich überraschend anders als die üblichen, vorgestanzten Ansprachen, die gewöhnlich nach Sitzungen des Zentralkomitees veröffentlicht wurden. Der sonst so trockene und emotionslose Gromyko warf sein persönliches Gewicht in die Waagschale. Er wisse aus seiner Arbeit als Außenminister, daß Gorbatschow internationale Entwicklungen schnell und klug zu beurteilen verstehe und daß er stets die richtigen Schlußfolgerungen im Sinne der Partei ziehe. Dennoch wollte sich ein Teil der ZK-Mitglieder – so ungewöhnlich ein solches Verhalten im Zentralkomitee war und ist – dem Spruch des Politbüros widersetzen. Das Abstimmungsergebnis, das der Öffentlichkeit mitgeteilt wurde, lautete, Gorbatschow sei »einmütig« gewählt worden. Bei Andropow und Tschernenko hatte man wie bei allen anderen ZK-Beschlüssen das Wort »einstimmig« benutzt.

In seiner Rede für Gorbatschow gebrauchte Gromyko eine Wendung, an die er sich vermutlich noch lange erinnerte. »Genossen«, sagte er, »dieser Mann hat ein angenehmes Lächeln, aber er hat auch eiserne Zähne.« Die Bemerkung faßt zusammen, was andere Leute, die mit Gorbatschow arbeiteten, schon früher über seinen Charakter und sein Auftreten ausführten. Sie zeigt aber auch, daß Gorbatschow im Parteiapparat nicht unbedingt als ein entschlossener Mann galt. Gromyko versuchte offensichtlich, die Bedenken von Funktionären zu beschwichtigen, die Gorbatschow für zu kompromißbereit und zu wenig durchsetzungsfähig hielten.

Wahrscheinlich aber gab es im Zentralkomitee sehr viel mehr Funktionäre, die einen jungen Generalsekretär fürchteten, der zur Andropow-Mannschaft gehört hatte. Denn im Jahr Andropows mit der Kampagne gegen korrupte und unfähige Funktionäre hatten viele von ihnen um ihre Posten und Privilegien bangen müssen. Im Apparat des Zentralkomitees waren unter Andropow zwei Dutzend Abteilungsleiter und zwei Dutzend ihrer Stellvertreter abgesetzt worden. Fast ein Viertel der Gebiets-Parteisekretäre hatten ihre regionalen Machtzentren verloren. Neunzehn Minister und über achtzig Vorsitzende von Staatskomitees mit Kabinettsrang waren ausgetauscht worden. Erst nach Andropows Tod war es im Partei- und Regierungsapparat wieder ruhiger geworden. Kaum ein Dutzend hoher Funktionäre hatte man in Tschernenkos Amtsjahr abgeschoben. Die Kampagne für Disziplin und gegen Korruption war eingeschlafen. Der ständige Druck, der die Funktionäre beunruhigt hatte, ließ unter dem alten Tschernenko nach, der bei seiner Wahl zu Recht wegen seines wohlwollenden Verhaltens gegenüber den Parteikadern empfohlen worden war.

Beim dritten Führungswechsel in zweieinhalb Jahren kam mit Gorbatschow nun eine ungeduldige und machtbewußte Generation an die Schalthebel der Partei. Bis zum Hochsommer baute sie ihre Positionen aus und drängte die Anhänger Tschernenkos und Breschnews aufs Abstellgleis. Als erster stürzte Grigorij Romanow, der bei Gorbatschows Wahl den Gegenkandidaten Grischin vorgeschlagen hatte. Er galt als starker Mann, der sich als Parteisekretär in Leningrad die Basis seiner Macht schuf und sie durch enge Verbindungen zum Militär und zur Rüstungsindustrie erweiterte. Auch er hatte auf Andropows Abschußliste gestanden, seit einigen Jahren schon hatte man ihm in Moskau hinter vorgehaltener Hand einen ungezügelten Lebenswandel und diverse Skandale nachgesagt. Bei der Hochzeit seiner Tochter hätten die Gäste vom Tafelgeschirr Katharinas der Großen gespeist und unersetzliche Stücke im Rausch zerschlagen. (Romanow, der immer noch in seiner alten Moskauer Wohnung von einer hohen Sonderpension lebt, klagt heute, dies sei eine böswillige Erfindung gewesen.) Aber unbestritten ist, daß er im März 1985 auf dem Parteitag der ungarischen Kommunisten durch Betrunkenheit Aufsehen erregt hatte, und die Berichte darüber liefen ebenfalls in Moskau um. Nun verlor er seinen Posten als ZK-Sekretär, er mußte ihn an Jegor Ligatschow abtreten, den Mann, der als Andropows Kaderchef Saubermann und Ausputzer des Parteiapparats gewesen war.

Romanow hatte sich aufgrund seiner Verbindungen sicher gefühlt. Daß ein so mächtiger Mann in kurzer Zeit seinen Posten als ZK-Sekretär, dann den Platz im Politbüro verlieren konnte, zeigte, daß Gorbatschow gut vorbereitet war und genau wußte, was er erreichen mußte. Er wollte nicht wie Tschernenko einer kollektiven Führung vorstehen, in der sich die Anhänger des alten und des neuen Kurses gegenseitig blockierten. Denn dann hätte auch er nur geringe Änderungen durchsetzen können, und die Politik kleiner Schritte wäre versandet, ehe Reformen greifen konnten. Gorbatschow schuf für seine Politik eine neue Mehrheitsbasis im Politbüro. Jegor Ligatschow, Nikolai Ryschkow und der KGB-Chef Viktor Tschebrikow waren Leute, die wie er eine Erneuerung der Partei und ihres verkrusteten Apparats für dringend nötig hielten. Sie waren Verbündete, auf die sich Gorbatschow in dieser Phase seiner Politik verlassen konnte.

Ligatschow, Ryschkow und Tschebrikow teilten auch Gorbatschows Überzeugung, daß das Tempo der wirtschaftlichen Entwicklung und der technologischen Modernisierung ganz wesentlich gesteigert werden müsse. In den Reden, die er im April vor Wissenschaftlern und Wirtschaftsführern und vor dem Plenum des Zentralkomitees hielt, nannte Gorbatschow Beschleunigung das wichtigste Element seiner neuen Politik. Es waren noch nicht die Kennworte »Perestroika« und »Glasnost«, mit denen er den Kampf um den neuen Kurs eröffnete. Die Leitbegriffe hießen »Uskorenije«, Beschleunigung, und »Poworot«, Wende.

Gorbatschow erklärte den ZK-Mitgliedern: »Das Tempo, mit dem wir uns in diesem Fünf-Jahres-Plan voranbewegen, ist unzureichend. Wir müssen es erhöhen, und zwar wesentlich erhöhen. Diese Aufgabe muß unverzüglich gelöst werden. Es darf keine Zeit verlorengehen. Die sozial-ökonomische Entwicklung des Landes, die Stärkung seiner Verteidigungfähigkeit und die Verbesserung des Lebens der Sowjetmenschen hängen davon ab, ob wir diese Aufgabe erfolgreich lösen.« Er drängte darauf, die Erkenntnisse der wissenschaftlichen Revolution schnell in den Produktionsprozeß einzuführen. Von den sowjetischen Wirtschafts- und Sozialwissenschaftlern wußte er, mit welchem Tempo die technologische Revolution des Computer-Zeitalters die industriellen Strukturen des Westens verändert und ihre Leistungsfähigkeit potenziert hatte. Wenn die Sowjetunion nicht noch weiter zurückfallen wollte, mußte sie ihr System der wirtschaftlichen Entwicklung und Planung so weit umformen, daß die Erkenntnisse und Forschungsergebnisse der Wissenschaft auf die industrielle Praxis übertragen werden konnten.

Nur auf zwei Gebieten, der Rüstung und der Raumfahrt, hatte die Sowjetunion mit dem Westen mithalten können, und selbst da war nun deutlich geworden, daß diese Spezialisierung auf Kosten der übrigen Volkswirtschaft auf die Dauer nicht durchzuhalten war. Jahrzehntelang war es nicht möglich gewesen, die Arbeit von Hunderttausenden von Wissenschaftlern für die Modernisierung des Wirtschaftssystems zu nutzen. Wenn dies unter veränderten Bedingungen gelänge, so sagte Gorbatschow, lasse sich das Wachstumstempo beschleunigen. Dafür aber müsse der wissenschaftlich-technische Fortschritt in den Mittelpunkt der Bemühungen um eine Intensivierung der Wirtschaft gestellt werden. Gorbatschow verkündete ein technokratisches Programm der revolutionären Wandlungen und den Übergang zu einer Technik der neuesten Generation. Dafür sollten die zentrale Planung und Führung der Wirtschaft umgestaltet werden. Für Gorbatschow bedeutete das aber auch, daß die Betriebe mit größerer Selbständigkeit wirtschaften und daß die Arbeiter nicht nur durch Erhöhung der Disziplin angetrieben, sondern ebensosehr durch eigenes materielles Interesse motiviert werden sollten.

Es war ein Programm, dessen Ziel der Mehrheit der sowjetischen Funktionäre einleuchtete und das die Hoffnungen der technisch-wissenschaftlichen Intelligenz ausdrückte. Der neue Mann redete nicht mehr wie seine Vorgänger von der Vervollkommnung eines Systems, dessen Brüchigkeit unübersehbar geworden war, er wollte mehr. Gorbatschow war immer ein guter Redner gewesen, nun beeindruckte, mit wieviel Sachkenntnis und Information der Generalsekretär an die großen Probleme des Landes heranging, und auch, daß er sich selber ganz persönlich, fast emotional, für die Durchsetzung tiefer Veränderungen engagierte.

Noch aber wurde nicht deutlich, wieweit Gorbatschows Vorstellungen von den Veränderungen, die die Sowjetunion brauchte, wirklich reichten. In Moskau wie im Westen las man aus seinen Reden heraus, daß der neue Generalsekretär – und das war ungewöhnlich genug – nach einem Gesamtkonzept suchte, aber es schien sich um ein Konzept für die effektivere Entwicklung und Nutzung der Wirtschaftskräfte des Landes zu handeln. Er wollte offensichtlich mehr als nur eine straffere Leitung der Wirtschaftspolitik, wie sie in der Vergangenheit häufig genug angekündigt worden war. Aber die Maßnahmen, die er vorschlug, schienen sich im Rahmen der traditionellen sowjetischen Wirtschafts- und Gesellschaftspolitik zu halten. Da war noch kein Hinweis auf einen Übergang zu einem System sozialistischer Marktwirtschaft und die dafür notwendige Liberalisierung. Gorbatschow wußte, daß er der Partei nicht zuviel auf einmal zumuten durfte. Er brauchte den Apparat und die Funktionäre, die er zugleich tadelte und in ihrem Selbstgefühl bestätigte.

Niemand weiß, ob Gorbatschow selber damals bereits verstand, daß eine erneuerte Wirtschaftspolitik allein nicht ausreichen würde. Aber er muß vor dieser Zeit schon begonnen haben, aus den Informationen über den Zustand der Sowjetunion und die Entwicklungen in den sozialistischen Staaten Osteuropas Schlußfolgerungen zu ziehen, die über eine technokratisch beschränkte Systemreform weit hinausgingen. Mit Jegor Ligatschow hatte er einen Mann an seiner Seite, der zutiefst von traditionellen Vorstellungen über die Rolle der Partei und die Lebensformen einer sozialistischen Gesellschaft geprägt war. Er machte Nikolai Ryschkow im Sommer 1985 zum Ministerpräsidenten, einen Mann, der nach seinen Erfahrungen als Direktor großer schwerindustrieller Werke und stellvertretender Minister für Schwer- und Transportmaschinenbau ein ausgewiesener Technokrat mit geringem politischem Profil war. Dies schienen in erster Linie Schritte zur Verjüngung der sowjetischen Führung zu sein, die mit den bestehenden Apparaten effektiver umgehen sollte.

Am auffälligsten kündigte sich die Kursänderung in der Außenpolitik an. Andrej Gromyko, der sich für Gorbatschows Ernennung zum Generalsekretär so entschieden eingesetzt hatte, bekam den ehrenvollen, aber wenig einflußreichen Platz des Staatsoberhaupts. Achtundzwanzig Jahre lang hatte er als Außenminister die Weltpolitik der Sowjetunion bestimmt und in seinen letzten Lebensjahren durch sein Ansehen auch in der Innenpolitik Einfluß gewonnen. Nun ging das Außenministerium in die Hände eines Mannes über, der keine Erfahrungen in der Diplomatie aufzuweisen hatte und über keine nachgewiesene Kompetenz verfügte – Eduard Schewardnadse.

Der fünfundsiebzigjährige Gromyko mag es als Kränkung empfunden haben, daß ein fast zwanzig Jahre jüngerer Mann aus Georgien sein Amt übernahm. Manchen Beobachtern schien es, als wolle Gorbatschow seine eigene Außenpolitik machen und durch einen Gehilfen führen lassen. Schewardnadse war zwar seit sieben Jahren Mitglied des Politbüros, aber was die Außenpolitik anging, ein unbeschriebenes Blatt. In Moskau rätselte man darüber, was für Leute der neue Generalsekretär an sich heranzog. Die Frage, ob es Verbündete und Gefolgsleute seien, beherrschte die Spekulationen darüber, wieviel Macht Gorbatschow gewann. Die neuen Männer wurden nach den alten Regeln eingeschätzt, nach ihrem politischen Eigengewicht im Apparat und der Hausmacht, die sie im innerparteilichen Kampf einzusetzen vermochten. Unbemerkt blieb, daß Gorbatschow Leute in seinen engeren Kreis zog, mit denen ihn mehr verband als machtpolitisches Kalkül. Es waren Männer darunter, die Gorbatschows Denken beeinflußt hatten und über das Denken seine Politik. Lebensgeschichte und Werdegang dieser Männer enthüllen den Bruch in der sowjetischen Politik, den Gorbatschow herbeiführen wollte. Deshalb ist es sinnvoll, solche Männer aus Gorbatschows Kreis ein wenig genauer zu betrachten.

# Neue Männer

In der Breschnew-Zeit hatten sich in der Parteielite Gruppen herausgebildet, die von ausländischen Beobachtern »Seilschaften« genannt wurden, weil ihre Mitglieder einander nach oben zogen. Besonders Breschnew hatte sich mit einer Mannschaft alter Freunde und Mitarbeiter umgeben, mit denen er auf früheren Posten eng zusammengearbeitet hatte, auf die er sich im Kampf um die Erhaltung seiner Macht verlassen konnte und deren Lebensstil ihm lag. Bei Michail Gorbatschow war nie deutlich erkennbar, daß er in solche Seilschaften eingebunden war. Er hatte im ersten Jahrzehnt seiner Stawropoler Zeit nur mit einem Mann zusammengearbeitet, der ihn später fördern konnte, mit dem Landwirtschaftsexperten des Politbüros, Fjodor Kulakow. Den anderen, die ihn später gefördert haben mögen, war er in seiner Funktion als Parteisekretär des Stawropoler Gebiets zwar begegnet, hatte aber nicht zu den Leuten ihrer Hausmacht gehört. Er selber hatte in Stawropol auch keine eigene Seilschaft aufbauen können, aber er hatte sich die Leute gemerkt, deren Charakter oder Fähigkeiten ihm gefielen und die seine politischen Ziele verstanden. Einige von ihnen holte er nun in hohe Ämter in die Hauptstadt. Ihre Lebensläufe und Eigenarten sagen viel über Gorbatschow aus.

Aus der Studienzeit kannte er Anatolij Lukjanow. Er war im Komsomol-Komitee der juristischen Fakultät Gorbatschows Vorgesetzter gewesen und hatte das Studium an der Moskauer Universität zwei Jahre vor ihm mit ausgezeichneten Noten abgeschlossen. Anders als Gorbatschow blieb Lukjanow in der Hauptstadt und begann sofort eine erfolgreiche Karriere im Mittelbau von Staat und Partei. Er wurde ein juristischer Fachmann, der wissenschaftlich weiterarbeitete und 1980, nach siebzehn Berufsjahren, zum Doktor der Rechtswissenschaft promovierte. Seit seinem Studium war er mit juristischen Fragen des Staats- und Regierungsapparats befaßt gewesen, bis 1961 als Chefberater der Kommission für Rechtsfragen beim Ministerrat, später als stellvertretender Leiter einer Abteilung beim Präsidium des Obersten Sowjet, die die gesetzgeberischen Entscheidungen der obersten politischen Gremien der Republiken mit den Normen der Union abstimmte. Einige Jahre gehörte er zum Apparat des Zentralkomitees der Partei. Von 1977 bis zum Tode Leonid Breschnews leitete er das Sekretariat des Präsidiums des Obersten Sowjet, des höchsten Organs des Sowjetstaats.

Lukjanow, ein gebildeter und belesener Jurist mit einer Bibliothek von sechstausend Bänden, war für seinen Freund aus Studienzeiten, Michail Gorbatschow, ein wichtiger Kontaktmann in Moskau. Der holte ihn 1985 in eine einflußreiche Position des zentralen Parteiapparats, die der Generalsekretär unbedingt mit einem zuverlässigen und vertrauten Mann besetzen mußte. Als Leiter der Allgemeinen Abteilung des Zentralkomitees führte er praktisch das ständige Sekretariat des Politbüros, in dem wichtige Entscheidungen vorbereitet, die Forderungen und Vorschläge der Politbüro-Mitglieder festgeschrieben und die Terminpläne des obersten Gremiums der Partei und seiner Mitglieder koordiniert werden. Das ist eine Schaltstelle von so wesentlicher Bedeutung, daß der Generalsekretär hier einen in Apparat und Administration erfahrenen Mann brauchte, auf den er sich völlig verlassen konnte.

Als Gorbatschow 1989 vom Kongreß der Volksdeputierten zum Ersten Vorsitzenden des Obersten Sowjet gewählt wurde, waren die Aufgaben und Vollmachten eines »Präsidenten«, der nur Vorsitzender eines kollektiven Gremiums war, höchst ungenau definiert. Zwar war er Parlamentspräsident geworden, aber Volkskongreß und Oberster Sowjet, die er leitete, hatten kaum eine praktikable Geschäftsordnung, und das Verhältnis des Vorsitzenden zur Regierung war ungeregelt. Anders als ein amerikanischer Präsident kann der Mann in der neugeschaffenen sowjetischen Position nicht mit einem von ihm ausgewählten Kabinett regieren. Er ist Staatsoberhaupt, aber auch Parlamentspräsident beider Häuser, der seine Kandidaten für hohe Ämter gegen Abgeordnete durchzusetzen hat, die ihre neugewonnene Unabhängigkeit in langen Debatten verteidigen und die Vorlagen der Regierung erst einmal zerfetzen, ehe sie ihnen meist doch noch zustimmen. Gorbatschow war zudem Generalsekretär der Partei. Er wollte sie zugleich umgestalten und in der Hand behalten. Wenn er dazu noch Vorsitzender des Obersten Sowjet sein sollte, war er auf einen erfahrenen Stellvertreter besonders angewiesen.

Die Abgeordneten, die Gorbatschow gewählt hatten, wollten seinem Vorschlag nicht folgen. Die Wahl Lukjanows zu Gorbatschows Stellvertreter lehnten sie in einer langen Sitzung mit zum Teil erbitterten Reden ab. Weil Lukjanow unter Breschnew das Sekretariat des Präsidiums des Obersten Sowjet geleitet hatte, war er für viele als Funktionär des alten Apparats und Mitläufer der Breschnew-Clique abgestempelt. Die neue Bedeutung, die der Oberste Sowjet gewonnen hatte, sollte nach Ansicht vieler dadurch sichtbar werden, daß ein Mann von großem politischem oder moralischem Ansehen zum Vertreter des Staatschefs gewählt würde. Manche Abgeordneten sprachen von Andrej Sacharow oder Boris Jelzin. Viele verstanden nicht, welche Aufgabe Gorbatschows Stellvertreter im Obersten Sowjet unter dieser Neukonstruktion der Spitze des Staatsapparats zufiel. In ihrem Mißtrauen gegen glatte Funktionäre des alten Systems befürworteten sie Kandidaten, deren Namen für Wandlung und Umbruch standen. Gorbatschow dagegen wollte einen Mann, der mit der schwierigen und unerprobten Maschinerie des reformierten Staatsapparats umgehen konnte. Er hatte es schwer, seinen Kandidaten Lukjanow durchzusetzen, aber er hielt an seiner unpopulären Wahl fest. Er erkannte die Schwierigkeiten, die in einer Zeit von Veränderungen entstehen mußten. Deren Ausmaß und Auswirkungen waren gerade in einer Zeit der Dezentralisierung in der Union und ihren Republiken noch gar nicht vorauszusehen. Als Jurist, der den Apparat durchlaufen hatte, war Gorbatschow der Ansicht, daß er einen Mann wie Lukjanow an seiner Seite mehr brauche als einen verehrungswürdigen Moralisten oder einen dynamischen Konkurrenten. Bei manchen seiner Anhänger kostete ihn das ein Stück Vertrauen. Es bestätigte sie in ihrem Verdacht, Gorbatschow begebe sich in die Gefangenschaft des Apparats, der seine Politik bremsen und zurückdrehen würde.

Zwei Leute aus seiner Zeit in Stawropol stiegen unter Gorbatschow in Moskau auf. Der eine, Marat Gramow, freilich mehr als

Randfigur. Er war in Stawropol Chefredakteur der Ortszeitung gewesen und Gorbatschow, der dort stets mit den Journalisten im Gespräch geblieben war, seit den sechziger Jahren bekannt. In Moskau wurde er Vorsitzender des Staatskomitees für Sport und fiel den Sportjournalisten und Sportfunktionären als ein wenig angenehmer Provinzler auf, der ihren Versuchen, auch das Sportwesen zu modernisieren, kaum Beweglichkeit und Offenheit entgegenbrachte. Er wurde dann Vorsitzender des Olympischen Komitees der Sowjetunion, was Moskauer Insider achselzuckend als Zeichen von Gorbatschows Loyalität gegenüber alten Freunden werten.

Der zweite Mann aus Stawropol heißt Wsewolod Murachowskij. Er war dort zeitweise Gorbatschows Vorgesetzter im Jungkommunistenverband gewesen und später im Parteiapparat sein Untergebener. Er hatte ebenso wie Gorbatschow enge Verbindungen zu Fjodor Kulakow gehabt. Als Parteichef von Pjatigorsk war er für die prominenten Kurorte am Kaukasus zuständig gewesen. Kontakte zu den Spitzenleuten aus Moskau hatte auch er gepflegt, wenn sie zur Erholung in die Sanatorien kamen. In die Hauptstadt hatte ihn seine Karriere aber nicht geführt. Als Gorbatschow 1978 nach Moskau gerufen wurde, war Murachowskij sein Nachfolger als Erster Sekretär des Gebiets Stawropol geworden. 1985 holte ihn Gorbatschow dann nach Moskau und betraute ihn mit einer Aufgabe, die für die zukünftige Entwicklung der Sowjetunion von lebenswichtiger Bedeutung war. Wsewolod Murachowskij wurde stellvertretender Ministerpräsident und Leiter des Staatskomitees für die Landwirtschaftsindustrie, »Gosagroprom«.

Das neugeschaffene Komitee sollte Landwirtschaft und Lebensmittelindustrie gründlich reformieren. Es übernahm diese Funktion von sechs Fachministerien, die bis dahin eifersüchtig über ihre Verantwortung für verschiedene Sektoren des landwirtschaftlich-industriellen Komplexes gewacht hatten. Von ihrer Auflösung und vom Abbau ihrer bürokratischen Apparate erwartete man eine schnelle Belebung der Landwirtschaft und eine spürbare Verbesserung der Versorgung. Dies war eine Aufgabe, bei der ungeheure organisatorische, personelle und politische Probleme zu lösen waren, wenn sie gelingen sollte. Die Widerstände in der zentralen Verwaltungsbürokratie, die um ihre Posten bangen mußte, traten nun auf der Ebene der Landwirtschaftsfunktionäre auf, die bei Reformen um Macht und Einfluß fürchteten. Im Politbüro selber, wo Jegor Ligatschow für die Grundlinien der Landwirtschaftspolitik zuständig war, fand das Mißtrauen gegen Reformen, die die Rolle der Sowchosen und Kolchosen schmälern und die zentrale Steuerung schwächen konnten, deutliche Unterstützung. Ligatschow hatte in der Partei an Einfluß verloren, seit er nicht mehr als Ideologiesekretär auf Platz zwei rangierte. Als ZK-Sekretär für Landwirtschaft saß er angesichts der kaum lösbaren Schwierigkeiten auf einem Schleudersitz. Aber er war erfahren genug, sich auch auf diesem schwierigen Feld die Macht des Apparats nützlich zu machen. Er trat nicht gegen eine Reform der Landwirtschaft auf, aber er konnte sie bremsen.

Wsewolod Murachowskijs organisatorische Fähigkeiten und sein Durchsetzungsvermögen waren dagegen offenbar nicht stark genug, um deutliche Veränderungen zu erzielen. Für die Bevölkerung wurden Verbesserungen nicht spürbar. Das von Murachowskij geleitete Staatskomitee, das sechs Ministerien ersetzen sollte, belastete die Landwirtschaft sechsmal schwerer, als es die Ministerien getan hatten, sagten die Anhänger der Reformpolitik. Murachowskij, der Geschichte studiert hatte und nicht Landwirtschaft, war ein ordentlicher, aber nicht überdurchschnittlicher Spitzenfunktionär, ein anständiger Mann, der stets loyal zu Gorbatschow stand. Aber der Mann des Apparats aus Stawropol hat den Moskauer Apparat nicht aus der gewohnten Bahn werfen können.

Ein dritter Mann aus Stawropol ist ein völlig anderer Typ, das Gegenteil von einem Funktionär. Mit ihm hat Gorbatschow die Probleme der Landwirtschaft im Stawropoler Gebiet und in der Sowjetunion überhaupt oft und ausführlich erörtert. Heute ist er in Moskau Direktor der Allunionsakademie für Landwirtschaft. Gorbatschow hat zwar dazu beigetragen, daß er vom Professor zum Direktor des Instituts befördert wurde, aber Alexander Nikonow ist weder im Gefolge Gorbatschows aufgestiegen, noch von ihm nach Moskau geholt worden. Tatsächlich kam er zwei Monate vor Gorbatschow aus Stawropol in die Hauptstadt, und Gorbatschow scherzt manchmal, Alexander Nikonow habe ihn nachgezogen. Der hochgewachsene alte Mann ist einer der bedeutendsten wissenschaftlichen Experten für Landwirtschaft in der Sowjetunion und ein selbständiger Denker, der seine Meinungen temperamentvoll vorträgt. Wenn er über die schlechte Lage der Bauern oder die Fehler der Landwirtschaftsfunktionäre spricht, merkt man ihm seine innere Erregung an.

Nikonow wurde 1918 im Gouvernement Pskow im Nordwesten Rußlands geboren. Seine Vorfahren waren Bauern. Aber sein Vater war nach Petersburg gegangen und Metallarbeiter geworden, ein wissensdurstiger Mann, der mit jungen Leuten wie Nikolai Bucharin befreundet war, den Lenin nach der Revolution den »Liebling der Partei« nannte. Ehe die Revolution ausbrach, war er bereits in sein Heimatdorf zurückgekehrt. Dort wurde Alexander Nikonow in Lattgallen geboren, einer Region zwischen Rußland und Lettland, die an die lettische Republik fiel, als sie ihre Unabhängigkeit erkämpft hatte. Sein Vater ließ ihn an einer lettischen Schule lernen und sorgte dafür, daß er in Riga die Universität besuchen konnte. Er wuchs also als Russe im unabhängigen, bürgerlichen Lettland der Jahre zwischen den Kriegen auf, in einem Gebiet, in dem Letten, Esten, Juden und Russen ohne Feindschaft zusammenlebten. Es war ein schreckliches Erlebnis, als nach dem Hitler-Stalin-Pakt Tausende von Letten nach Sibirien deportiert wurden.

Alexander Nikonow zeichnete sich als Offizier in der Armee aus und wurde später verwundet. Nach dem Krieg kehrte er nach Lettland zurück und bekam die Aufgabe, landwirtschaftliche Genossenschaften zu organisieren. Zwei Jahre lang erschien ihm dies als ein Weg zur Verbesserung der Lage auf dem Lande, sagt er, bis dann die Zwangskollektivierung begann, fünfundneunzig Prozent der lettischen Bauern in die Kolchosen getrieben wurden und eine neuerliche Deportationswelle die Republik traf.

In der Zeit, als Chruschtschow das Leben der Bauern erleichtern wollte, brachte es Nikonow zum Landwirtschaftsminister der Republik Lettland. Aber er war ein zu unabhängiger Mann, um seine Kritik an den administrativen Methoden zu verbergen, die bald wieder einrissen. Nach schweren Konflikten mit dem Ersten Parteisekretär von Lettland, Arvid Pelsche, mußte er Lettland verlassen. Er nahm den ersten Posten, der sich ihm anbot: die Leitung eines neuen landwirtschaftlichen Forschungsinstituts in der Nähe von Stawropol. Er sei ein Mann des Nordens, sagt Alexander Nikonow, und das südlich-warme Klima von Stawropol habe ihm gar nicht gefallen. Aber in einem Institut, das gerade erst die Arbeit aufnahm, konnte man noch etwas bewirken. Außerdem gehörte es zu der angesehenen Landwirtschaftlichen Hochschule von Stawropol. Sein Forschungsinstitut lag zwanzig Kilometer außerhalb der Stadt. Zum Einkaufen fuhr man nach Stawropol. Nikonow erzählt: »Als ich dort zum erstenmal in einem Geschäft war, kam ein junger Mann auf mich zu und sagte: ›Guten Tag, ich habe von Ihnen gehört. Mein Name ist Gorbatschow.‹«

Siebenundzwanzig Jahre später erinnert sich Nikonow lebhaft daran, wie angenehm überrascht er von dieser ersten Begegnung gewesen sei, vor allem davon, daß der junge Parteifunktionär, dem er begegnete, so »demokratische« Umgangsformen hatte. Seit jener ersten Begegnung ist das Verhältnis der beiden Männer freundschaftlich geblieben. Nikonow war ein Mann, mit dem sich der Parteifunktionär offen über die Probleme der Landwirtschaft und der Landwirtschaftspolitik unterhalten, den er um Rat fragen und von dem er Anregungen bekommen konnte. Zur Zeit ihrer ersten Begegnung war der junge Gorbatschow von der Partei gerade mit der schwierigen Aufgabe betraut worden, Chruschtschows letzte Landwirtschaftsreform durchzuführen. Er sei dagegen gewesen, daß die kleinen Kolchosen zu größeren Einheiten zusammengelegt und die Bauern aus den Dörfern in Agrostädte umgesiedelt werden sollten, sagt Nikonow über Gorbatschows Denken in jener Zeit. Das konnte das Selbstbewußtsein der Bauern und ihre Arbeitsbereitschaft nur weiter zerstören. Mit dem Konflikt zwischen der angeordneten Landwirtschaftspolitik und seiner Kenntnis der wirklichen Lage mußte der Parteiorganisator leben. Alexander Nikonows Erfahrung und unabhängiges Denken waren Gorbatschow in diesen Jahren eine große Hilfe. Schließlich war Nikonow – inzwischen Direktor der Landwirtschaftlichen Hochschule – der Mann, bei dem Gorbatschow in Stawropol noch einmal studierte und sein Diplom erarbeitete.

In den siebziger Jahren war Nikonow zweimal aufgefordert worden, nach Moskau in das Landwirtschaftliche Institut der Akademie der Wissenschaften umzusiedeln, aber er hatte abgelehnt. Gorbatschow hatte ihn unterstützt und in Moskau darauf hingewiesen, daß man Nikonow in Stawropol brauche. 1978 rief man Nikonow erneut nach Moskau. Er besuchte Gorbatschow, der in Pjatigorsk am Kaukasus Urlaub machte, und fragte ihn, ob er die Abteilung für Volkswirtschaft an der Landwirtschaftsakademie übernehmen sollte. »›Sagen Sie mir, was ich tun soll‹, bat ich Gorbatschow. Der dachte eine Weile nach und sagte: ›Übernimm die Abteilung. Ich denke, etwas wird sich dort ändern.‹« So ging Alexander Nikonow im August 1978 nach Moskau, zwei Monate, bevor Gorbatschow selbst Stawropol verließ und Sekretär für Landwirtschaftsfragen im Zentralkomitee wurde. Das sei für ihn ganz überraschend gewesen, meint Nikonow, und für Gorbatschow wohl auch.

Als Direktor der Akademie hat sich Nikonow in den letzten Jahren für die Reform der sowjetischen Landwirtschaftspolitik eingesetzt. Er kämpfte auch für die Rehabilitierung bedeutender Agrarwissenschaftler und Biologen, die Opfer des Stalinschen Terrors geworden waren, weil sie die Methoden der Kollektivierung intern kritisiert und über alternative Modelle nachgedacht hatten oder weil ihre genetischen und biologischen Forschungen bei Stalin als parteifeindlich galten. Im Kampf um die Rehabilitierung bedeutender Männer, die von Stalins Polizei erschossen wurden oder im Gefängnis verhungerten, mußte Nikonow seinen Freund im Kreml zu Hilfe rufen. Gorbatschow persönlich mußte beim KGB intervenieren, ehe beispielsweise Alexander Tschajanow 1987 wieder als bedeutender sowjetischer Agrarwissenschaftler und Philosoph erwähnt werden durfte. Im Obersten Sowjet gehörte Nikonow zu den Vorkämpfern einer neuen gesetzlichen Regelung für das Eigentum der Bauern am Boden. Er kämpfte nicht, wie seine Gegner behaupten, für die Abschaffung der Kolchosen, sondern für wirkliche Genossenschaften, die von den Befehlen des Staats und der Partei unabhängig wirtschaften und in denen die Bauern Herren ihres eigenen Landes sein könnten. Das Ergebnis dieser Auseinandersetzungen, das neue Gesetz über das Eigentum, sei bisher bloß ein Kompromiß, meint Nikonow bedauernd, aber es sei doch ein Schritt vorwärts, wenn die Bauern in Zukunft eigenes Land bebauen und vererben können, auch wenn sie nicht so weit darüber verfügen, daß sie es verkaufen könnten.

Mit vierundsiebzig Jahren und nach vielen Enttäuschungen hat Nikonow die Hoffnung nicht aufgegeben. »Zum erstenmal seit Lenin hat das Land wieder Glück mit seinem Führer. Aber das System ist so überladen mit Dogmatismus, Intoleranz, Verantwortungs- und Arbeitsscheu, daß Gorbatschows Aufgabe unglaublich groß ist.«

Wichtiger als alle Gesetzesänderungen und technischen Verbesserungen scheint ihm ein moralischer Neubeginn im Lande, ein neues Klima der Selbständigkeit unter den Bauern. Nicht alles, was Alexander Nikonow sagt, muß auch Michail Gorbatschows Meinung sein. Der alte Agrarwissenschaftler, seine Fachkenntnisse und sein starkes philosophisch-moralisches Engagement haben Gorbatschows Denken jedoch stark beeinflußt. Bezeichnend ist aber auch, daß sich Gorbatschow als junger Parteifunktionär in Stawropol einen solchen Freund und Berater suchte.

Die zwei wichtigsten Politiker, die Gorbatschow nach Moskau holte, sind Eduard Schewardnadse und Alexander Jakowlew. Der eine hat die neue Außenpolitik der Sowjetunion durchgesetzt, die die Welt in wenigen Jahren veränderte. Der andere hat mehr zur geistigen und politischen Öffnung der sowjetischen Gesellschaft beigetragen als irgendein anderer in Gorbatschows Umgebung, ja vielleicht als Gorbatschow selbst.

Außenminister Schewardnadse ist ein Freund und Bekannter aus früher Zeit. Beide waren Funktionäre in angrenzenden Gebieten, Gorbatschow auf der Nordseite des Kaukasus, Schewardnadse im südlich gelegenen Georgien. Offenbar hatten sie Gefallen aneinander gefunden, denn spätestens in den siebziger Jahren waren die Gorbatschows mehrfach bei den Schewardnadses in Georgien zu Gast.

Eduard Schewardnadse wurde 1928 als Sohn eines Lehrers in

einem kleinen Dorf in West-Georgien geboren. Er ist nur drei Jahre älter als Gorbatschow, hatte aber, als die beiden sich zum erstenmal trafen, schon eine Karriere mit ungewöhnlichen Stationen hinter sich. Mit neunzehn Jahren begann er als Instrukteur im Stadtkomitee des Komsomol von Tbilissi, als Funktionär der untersten Ebene also. Aus dieser frühesten Phase seines politischen Lebens erzählen seine Bekannten in Moskau heute eine Geschichte, die ihn als einen jungen Mann von damals bemerkenswerter Selbständigkeit erscheinen läßt.

In der Kinder-Organisation der »Jungen Pioniere«, die er als Instrukteur ebenfalls zu betreuen hatte, lernte er eine junge Pionier-Leiterin aus dem Heilbad Borschomi kennen. Er machte ihr nach einiger Zeit einen Heiratsantrag, aber sie lehnte ab. Ihre Eltern waren in den Stalinschen Säuberungen der späten dreißiger Jahre politisch verfolgt worden. Eine Ehe mit ihr würde Eduards politische Karriere zerstören, noch ehe sie überhaupt begonnen hatte, meinte das Mädchen Nanulja. Das war keineswegs eine Übertreibung. Wer Eltern hatte, die zu den Opfern der Stalinzeit gehört hatten, konnte zu Stalins Lebzeiten höchstens auf den unteren Stufen des Apparats Beschäftigung finden. Bei jedem Stellungs- oder Wohnungswechsel mußte die Verhaftung und Verurteilung von Verwandten auf den Fragebögen angegeben werden, die Sowjetbürger damals bei jedem Schritt in ihrem Leben auszufüllen hatten. In dieser Zeit zerbrachen viele persönliche und verwandtschaftliche Bindungen unter dem politischen Druck, und es war fast selbstverständlich geworden, kompromittierte Freunde fallenzulassen. Wenn ihre Männer verhaftet wurden, ließen sich Frauen mit der Begründung scheiden, sie könnten es nicht ertragen, mit einem Volksfeind verheiratet zu sein. Schewardnadses Freundin Nanulja hatte mit den Folgen ihrer Familientragödie gelebt und sich wie Millionen anderer Menschen daran gewöhnen müssen, daß sie für ihr ganzes Leben belastet war.

Sie wußte, daß Edik – wie Eduard Schewardnadse von seinen Freunden genannt wurde – zum Besuch der Komsomolhochschule in Moskau ausgewählt worden war und daß dies ein wichtiges Sprungbrett für eine politische Laufbahn war. Als sie ihm von der politischen

Belastung ihrer Familie erzählt hatte, glaubte sie, ihre Beziehung sei damit zu Ende. Aber wenige Tage später rief Eduard Schewardnadse bei Nanulja an: Alles sei in Ordnung, sagte er, und das junge Mädchen verstand zunächst nicht, was er damit sagen wollte. Er könne eine Arbeit als Lehrer finden, erläuterte er, wenn sie einen Lehrer heiraten wolle.

Eduard Schewardnadse wurde nicht Student der Komsomolhochschule in der Hauptstadt, aber die Ehe schadete seiner politischen Laufbahn im Jungkommunistenverband bemerkenswert wenig. Nachdem Schewardnadse schon mit zwanzig Jahren in die Partei aufgenommen worden war, verlief seine Karriere zunächst ähnlich wie die Michail Gorbatschows, freilich war er ihm immer einige Jahre voraus. Aber zwischen 1954 und 1956 soll Schewardnadse im Komitee für Staatssicherheit der Republik Georgien gearbeitet haben – wobei seine heutigen Moskauer Freunde betonen, dies seien die Chruschtschow-Jahre gewesen, in denen die Rehabilitierung der Opfer Stalins begann, und Stalin hatte gerade in seinem Heimatland Georgien schrecklich unter den Parteifunktionären gewütet. Nach knapp zwei Jahren kehrte Schewardnadse in den Apparat des Komsomol zurück, von dem er in die Parteiorganisation Georgiens überwechselte.

Schewardnadse hatte an einer Pädagogischen Hochschule in Georgien Geschichte studiert, ein Fach, das neben Rechtswissenschaft und Philosophie in jenen Jahren als gute Ausgangsbasis für eine Parteikarriere galt. Aber seine Laufbahn nahm 1964 eine Wendung, als er Erster Stellvertretender Innenminister von Georgien und ein Jahr später bereits Innenminister wurde.

Was ein Innenminister von Georgien damals an Informationsberichten auf den Tisch bekam, muß ein Bildungserlebnis besonderer Art gewesen sein. Georgien war sprichwörtlich bekannt als das Land der Vettern- und Beziehungswirtschaft, in dem Korruption und Verbindungen das ganze Netz des Partei-, Regierungs- und Wirtschaftsapparats bis in die Spitzen durchsetzten. In siebenjähriger Amtszeit muß Schewardnadse sich als ein strenger Innenminister von solchen Verstrickungen freigehalten haben. Als 1972 der Erste Parteisekretär

Georgiens, Wassilij Mschawadnadse, im Sumpf der Korruption versank und abgesetzt wurde, machte Moskau Eduard Schewardnadse zu seinem Nachfolger als Parteichef dieser schwer regierbaren Kaukasus-Republik. Alles spricht dafür, daß Jurij Andropow als KGB-Chef von Moskau aus den Aufstieg des Innenministers gefördert hat, denn er war, wie schon erwähnt, ein Feind des korrupten Clan-Systems.

Gorbatschow und Schewardnadse waren nun gleichzeitig ranggleiche Erste Parteisekretäre benachbarter Gebiete. In der Parteistruktur stehen das Gebiet Stawropol und die Republik Georgien auf gleicher Stufe. Beide sind auch ungefähr gleich groß. Trotz unterschiedlicher Bevölkerung und Tradition waren die Probleme im »Stawropoler Kraj« und in der Republik Georgien, die die beiden Parteichefs lösen mußten, ähnlich. Auch Schewardnadse leitete daher wie Gorbatschow landwirtschaftliche Reformen ein, die den Kolchosen mehr Selbstverwaltung und materielle Leistungsanreize boten. In den Städten versuchte er, die Verantwortung für Industrie und Versorgung an neugegründete Vereinigungen zu übergeben, die selbständiger planen und entscheiden konnten. Ähnlich wie Gorbatschow war er ein guter Redner, der für seine Vorstellungen zu werben verstand. Er fand in seinen Ansprachen an die Georgier eine Tonart, die ankam. Seinen persönlichen Stil und seine Komsomol-Schulung verband er mit der traditionellen, zu Pathos neigenden Redeweise seines Volkes.

Im Kampf gegen die Korruption erinnerte er seine Georgier zum Beispiel an die Heldenlieder der Vergangenheit. Nun aber seien die Georgier nicht mehr ein Volk von Ackerbauern, Helden und Poeten, sondern zu einem Volk von Spekulanten, Schwarzhändlern und Dieben verkommen. Den georgischen Zwischenhändlern, die auf den Märkten Moskaus und anderer Großstädte Trauben, Melonen und Pfirsiche zu hohen Preisen verkauften, schränkte er die Reisefreiheit ein. Bei den Parteifunktionären machte er sich unbeliebt, als sie bei einer Abstimmung wie üblich einstimmig die Hände hoben: Schewardnadse sagte, man müsse nicht die erhobenen Hände zählen, sondern die teuren ausländischen Uhren an den Handgelenken. Bis nach

Moskau sprach sich herum, daß Schewardnadse eine Massenschlägerei zwischen Georgiern und Armeniern persönlich und mutig verhindert hatte. Als nach einem Fußballspiel zwischen georgischen und armenischen Mannschaften in Tbilissi die Entscheidung des Schiedsrichters die georgischen Zuschauer bis zur Weißglut gereizt hatte, sei Schewardnadse aus seiner Loge selbst in die Arena gestiegen und habe die Kämpfenden zu besänftigen und zu trennen vermocht. Noch am Tage darauf blockierten erregte Fans den Flughafen und legten den Luftverkehr lahm, um den Schiedsrichter nicht entkommen zu lassen.

Die Schlägerei im Fußballstadion war auch eine Folge alter Spannungen zwischen Georgiern und Armeniern. Ernstere nationale Auseinandersetzungen haben Georgien häufig beunruhigt. In der Republik stellen die Georgier nur etwa zwei Drittel der Bevölkerung. Der Westteil der Republik mit den Touristenorten an der Schwarzmeerküste hat als autonome Republik der Abchasen innerhalb Georgiens eine Sonderstellung. In den Bergen leben Osseten, Tschetschenen, Swanen und eine ganze Reihe von Volksgruppen, denen manchmal nur ein paar tausend Menschen angehören, die aber ihre eigene Sprache sprechen und ihre Eigenständigkeit erbittert verteidigen. Dazu kommen Armenier, Aserbaidschaner und in den größeren Orten Russen und Ukrainer. Manche Spannungen entstehen zwischen den einzelnen Volksgruppen, andere zwischen größeren Völkern und dem Führungsanspruch der russisch geprägten Sowjetunion.

In Georgien hatte es Massenproteste der Abchasen gegeben, die in ihrer autonomen Republik wegen der Zuwanderung von Georgiern und Armeniern nur noch fünfzehn Prozent der Bevölkerung stellen. Mit Demonstrationen und Sitzstreiks wandten sie sich gegen die Überfremdung. In Tbilissi demonstrierten 1978 mehrere tausend georgische Studenten, als in der neuen Verfassung ihrer Republik neben dem Georgischen auch das Russische als Staatssprache eingeführt werden sollte. Schewardnadse gelang es, die Studentendemonstrationen vor dem Gebäude des Parteikomitees zu beschwichtigen und Gewalttaten bei Demonstranten wie Polizei zu verhindern. Danach verhandelte er mit dem zentralen Apparat in Moskau. Er setzte durch, daß der Absatz, der Russisch zur zweiten Staatssprache Georgiens erklärte, gestrichen wurde.

Was in Moskau über den Parteichef von Georgien zu hören war, kannte Michail Gorbatschow zum Teil aus eigener Erfahrung von Besuchen und Gesprächen. Er muß auch gewußt haben, wie Eduard und Nanulja Schewardnadse über den Terror der Stalinzeit dachten. Am Ende der Breschnew-Zeit, als Stalins Schreckensherrschaft in Kunst und Literatur der Sowjetunion nicht mehr und noch nicht wieder behandelt werden durfte, deckte Schewardnadse die Arbeit des Regisseurs Dhengis Abuladse. Der drehte den Film »Die Reue«, in dem er am Beispiel eines Einzelfalls in starker, künstlerischer Verdichtung mit Berijas und Stalins Diktatur erschütternd abrechnete. Zu dieser Zeit aber wurde in Moskau Stalins Kriegsruhm gerade wiederbelebt. Es gehörten Mut und Überzeugung dazu, in Georgien einen Film entstehen zu lassen, von dem niemand wußte, wann er je gezeigt werden könnte, und Schewardnadse setzte sich der Gefahr aus, dafür von den Moskauer Führern getadelt oder politisch bestraft zu werden. Wieviel er gewagt hatte, erkannte man erst, als der Film Jahre später in der Zeit der Glasnost für die Aufführung freigegeben wurde.

Offener hatte sich Schewardnadse für die Wiederbelebung der georgischen Kultur einsetzen können, die sich ohne Provinzialismus den ästhetischen und philosophischen Ideen der Moderne Rußlands und des Westens verbunden fühlte. Das war schwierig genug gewesen, und georgische Filmregisseure erzählen noch heute davon, daß Schewardnadse nicht nur die Genehmigung zur Arbeit an Filmen gab, die weltberühmt werden sollten, sondern daß er diese Arbeit auch Schritt für Schritt begleitete und gegen die unzähligen Querschüsse von Zensur und Parteibehörden verteidigte. Das Interesse Schewardnadses und seiner Frau an Literatur und Kunst teilten die Gorbatschows. Auch das mag sie näher zusammengeführt haben. Aber Schewardnadse interessierte sich auch für Raissa Gorbatschowas wissenschaftliche Arbeit und die Methoden der modernen Soziologie, mit denen sie in Stawropol ein realistischeres Bild des Lebens auf dem Lande erarbeitet hatte. 1971 ließ er beim Zentralkomitee der Kommunistischen Partei Georgiens ein Institut für Meinungsforschung einrichten, drei Jahre nachdem Raissas Doktorvater, Professor G. Ossipow, in Moskau an der Akademie der Wissenschaften das Institut für Konkrete Sozialforschung gegründet hatte. Es gab also genug gemeinsame Interessen und gemeinsame Probleme, und darüber hinaus eine politische Grundhaltung, die die beiden Männer verband.

Natürlich war Schewardnadse bei aller Selbständigkeit des Denkens ein Mann der Partei und seiner Zeit. Er war als Innenminister Chef eines Polizeiapparats, über dessen Methoden jedenfalls nichts Besseres berichtet wurde, als aus den Verhörzellen Moskaus und anderer Städte der Sowjetunion. Und er hatte den Führern in Moskau ebenso übertrieben zu huldigen wie alle anderen Funktionäre. Er pries die Generalsekretäre Breschnew und Tschernenko als »ungeheure Autoritäten« und hatte dem großrussischen Chauvinismus mit den Worten geschmeichelt, für die Georgier gehe die Sonne nicht im Osten auf, sondern im Norden. Er hatte die Lobeshymnen gelegentlich noch auf georgische Art durch blumige Sprüche verstärkt, und manche seiner Landsleute hatten ihn der Moskau-Hörigkeit verdächtigt.

Zur gleichen Zeit, als Gorbatschow als Sekretär des Zentralkomitees nach Moskau kam, wurde Eduard Schewardnadse zum Kandidaten des Politbüros ernannt. Er stand damit nur einen halben Schritt hinter dem Dutzend Männer, die über die Politik des Landes entschieden. Aber sein Arbeitsplatz blieb der Parteiapparat Georgiens, den er als Erster Sekretär leitete. Er war Mitglied des Präsidiums des Obersten Sowjet seiner Republik und gehörte zum Militärrat des Transkaukasischen Wehrkreises und als Generalmajor der Polizei zum Militärrat des transkaukasischen Grenzbezirks des KGB. Das alles waren Machtpositionen von regionaler Bedeutung.

In Tbilissi wie in Moskau wußten nur wenige Menschen, wer er eigentlich war, als ihn Gorbatschow am 2. Juli 1985 dem Obersten Sowjet und der Welt als Außenminister präsentierte, als Nachfolger des Veteranen Andrej Gromyko, der der dienstälteste Außenminister der Welt gewesen war.

Ein Mann, der mit Gorbatschows Reformpolitik und dem »Neuen Denken« am engsten verbunden ist, stieg zunächst ohne aufzufallen im Umkreis Gorbatschows auf: Alexander Jakowlew. Gorbatschow hatte ihn erst 1983 kennengelernt, als er Kanada besuchte. Alexander Jakowlew war zehn Jahre zuvor als Botschafter nach Ottawa versetzt worden, nachdem er im Zuge einer ideologischen Auseinandersetzung seine Funktion als Geschäftsführender Leiter der Propagandaabteilung des Zentralkomitees verloren hatte.

Gorbatschow wußte natürlich, daß die Ernennung zum Botschafter in Kanada eine Art politische Exilierung gewesen war. Die Auseinandersetzung, die Jakowlews Parteikarriere unterbrach, hatte er 1973 intensiv verfolgt. Es ging dabei um die wichtige Frage der Ideologie, die ein Parteisekretär studieren mußte, und um Themen, die Gorbatschow persönlich interessierten. Die Informationen über den Botschafter, der seine Kanadareise vorbereitete, mußten ihn daran erinnern, daß sich Alexander Jakowlew damals gegen eine Reihe sowjetischer Schriftsteller und Publizisten gewandt hatte, die den russischen Chauvinismus und die Welt des russischen Dorfes romantisierten und heroisierten. Solche vorbereiteten Informationen des Apparats freilich zeigen immer ein einseitiges Bild, das wußte Gorbatschow natürlich. Er kannte auch Artikel und Bücher, in denen sich Jakowlew mit der Politik und Gesellschaft Amerikas scharf und durchaus auf der offiziellen Linie auseinandergesetzt hatte. Aufgrund solcher Informationen aber hätte er sich höchstens ein ungefähres Bild machen können und wäre dem Botschafter seines Landes selbst bei Gesprächen, die mit einiger Sicherheit nicht vom KGB abgehört werden konnten, vorsichtig und mißtrauisch gegenübergetreten.

In einer Gesellschaft, in der zwischen privatem und offiziellem Denken jedes Menschen ein Bruch klaffen konnte, wußten auch die führenden Männer zu wenig voneinander, um sich richtig einschätzen und sicher fühlen zu können. Kurz vor seiner Abreise traf Gorbatschow mit einem alten Freund zusammen, der Alexander Jakowlew aus der Zeit kannte, als er in der Propagandaabteilung des Zentralkomitees für Rundfunk und Fernsehen zuständig gewesen war. Dieser Journalist, der zu denen gehörte, die freundschaftlichen Zugang zu dem Politbüro-Mitglied Gorbatschow hatten, war ein Bewunderer Alexander Jakowlews. Er nennt ihn einen »richtigen Muschik aus Jaroslawl«, einen echten Bauern aus der Provinz mit gutem Herzen und brillantem Gehirn. Der Journalist erzählte Gorbatschow, daß der »exilierte« Botschafter in Ottawa ein vorzüglicher Mann sei, einer mit eigenen Ideen über das, was in der Sowjetunion und in der Welt geschah. Gorbatschow, so meinte er, würde sich mit Jakowlew gut verstehen. Tatsächlich kamen sie in Ottawa sehr schnell in ernste und offene Gespräche.

Alexander Jakowlew wurde 1923 in der Nähe der russischen Stadt Jaroslawl als achtes Kind einer Bauernfamilie geboren. Im Krieg war er ausgezeichnet worden und hatte nach einer schweren Verwundung ein Bein verloren. Noch 1944 war er in die Kommunistische Partei aufgenommen worden. Nach dem Kriege hatte er an einer Pädagogischen Hochschule Geschichte studiert. Seine Parteikarriere war anfangs ungewöhnlich steil. Mit dreißig Jahren schon war er zum stellvertretenden Leiter des Bereichs Wissenschaft und Kultur im Zentralkomitee der Partei ernannt worden. Das war nach Stalins Tod, als mit Anbruch der neuen Ära Umbesetzungen im Parteiapparat Platz für intelligente Aufsteiger schufen. Drei Jahre später setzte er sein Geschichtsstudium an der Partei-Akademie für Gesellschaftswissenschaften fort. Er gehörte zu den ganz wenigen sowjetischen Studenten, die die Welt jenseits der Grenzen sehen durften. 1959 wurde er im Rahmen eines Austauschprogramms an die Columbia-Universität in New York entsandt. Dort lernte er neben anderen Wissenschaftlern auch Henry Kissinger kennen, von dem er fünfundzwanzig Jahre später sagte, er sei ihm damals als ein ernsthafter und offener Mann vorgekommen und habe ihm gefallen.

Es muß für ihn eine Zeit enormer Anregungen gewesen sein, auch wenn sich das, was er nach seiner Rückkehr in der Sowjetunion über die USA veröffentlichte, nicht so las, als habe ihm an Amerika irgend etwas gefallen. Eines seiner Bücher trug den Titel *Das geistige Elend der Apologeten des Kalten Krieges*. In Beiträgen zu Sammelbänden wie *Die USA – vom großen Land zum kranken Land* oder *Auf den Stufen zu Krieg und Verrat – die geheimen Dokumente des Penta-*

*gon* finden sich kaum positive Urteile über die Gesellschaft und das politische System der Vereinigten Staaten. Noch 1984 erschien eine seiner Schriften mit dem Titel »Das Krebsgeschwür der imperialen Ambitionen im Nuklearzeitalter«. Sein Buch *Von Truman zu Reagan* läßt die USA als ein Land erscheinen, in dem Betrug und Demagogie regieren, in dem Gewalt stärker als das Gesetz und die Lüge zum herrschenden Prinzip geworden ist. Als typisch für die Massenmedien und die Massenkultur bezeichnet er die Verherrlichung der Grausamkeit, die Rechtfertigung der Gewalt, die Sexualisierung der Kunst. Solche Urteile ziehen sich fast bis Mitte der achtziger Jahre durch Jakowlews Veröffentlichungen, die deutlich von der Polemik des Kalten Krieges geprägt sind.

Aber sie sind stellenweise auch von eigenen Erfahrungen gefärbt. Wenn er in seiner Studie *Pax Americana* die Lage Amerikas mit Stichworten wie »das Land der einsamen Menschen und der allgemeinen Angst« kritisiert, ist er auch nicht allzu weit entfernt von Urteilen amerikanischer Soziologen aus den frühen sechziger Jahren. Seine Arbeiten bleiben jedoch von kaum gebrochener Einseitigkeit des Gesamturteils bestimmt. Anderes hätte er nicht veröffentlichen können, und zwar weder unmittelbar nach seiner Rückkehr vom Studium in Amerika noch während der Zeit, in der er nach Kanada abgeschoben war, sagen sowjetische Professoren heute.

In den sechziger Jahren war der aus den USA zurückgekehrte Jakowlew ein normaler Funktionär, der unter seinen Kollegen kaum auffiel. Sein Aufstieg im Apparat des Zentralkomitees ging glatt weiter. In der Propagandaabteilung und besonders in deren Bereich »Rundfunk und Fernsehen« waren ihm seine amerikanischen Eindrücke und Erfahrungen nützlich. Während er im Zentralkomitee arbeitete, promovierte er zum Doktor der Geschichtswissenschaft und wurde 1968 Professor an der Akademie der Gesellschaftswissenschaften des Zentralkomitees. Sein wissenschaftliches Thema war nach wie vor Amerika. Im Zentralkomitee stieg er zum stellvertretenden Leiter der Propagandaabteilung und 1971 zum Geschäftsführenden Abteilungsleiter auf. Sein Chef war der Ideologe der Partei, Michail Suslow, der einen harten Kurs gegen jede Auflockerung der

Grundlinien steuerte und ohne persönliche Ambitionen auf das Amt des ersten Mannes der Partei zur grauen Eminenz in der Führungsspitze wurde.

Ein Konflikt mit Suslow beendete abrupt Jakowlews Laufbahn im Apparat des Zentralkomitees. Zu jener Zeit hatte sich die Komsomol-Zeitschrift *Molodaja Gwardija* zu einem Zentrum großrussischen, nationalistischen Denkens entwickelt, das sich freilich mit der konservativen Linie der Parteiführung unter Breschnew und Suslow und wohl auch mit deren persönlichen Vorstellungen im Einklang hielt. Die Russen galten als das Staatsvolk, das die Sowjetunion trug. Seit Stalin sich als ein Nachfolger Iwans IV. verstanden hatte und besonders seit dem Kriege, als er den russischen Patriotismus wiedererweckte, war die Berufung auf diese nationale Tradition eine feste Verbindung mit der sowjetischen Ideologie eingegangen. Der Zweite Weltkrieg hieß nun »Der große Vaterländische Krieg«, in dem der Mut und die Opferbereitschaft der russischen Menschen die Sowjetunion gerettet und den Sieg erkämpft hatten. Der Sieg wurde für einen Mann wie Breschnew zur Rechtfertigung der sowjetischen Politik. Die »russophilen« Publizisten und Schriftsteller entwarfen ein Gegenbild zur korrupten westlichen Gesellschaft und ihren angeblich »kosmopolitischen«, das heißt jüdischen Einflüssen. Sie beriefen sich auf die bäuerlichen Traditionen des russischen Dorfes, feierten den starken Charakter der einfachen russischen Menschen und idealisierten eine Führung mit fester Hand. Nicht alle dieser Schriftsteller waren propagandistische Handlanger der Partei. Manche von ihnen suchten nach alten Werten, die dem Leben der Menschen in einer sinnentleerten sowjetischen Welt wieder Halt und Ordnung geben sollten. Die meisten aber benutzten die alten Formeln, um die Risse im geistigen Gebäude von Staat und Gesellschaft zu übertünchen.

Am 15. November 1972 erschien in der Zeitung des Schriftstellerverbandes, der *Literaturnaja Gaseta*, ein Artikel von Alexander Jakowlew unter dem Titel »Gegen den Anti-Historismus«. Er wandte sich scharf und polemisch gegen die in Literatur und Philosophie aufkommende Tendenz eines »reaktionären Romantizismus«, mit dem etwa in der Prosa der sogenannten Dorf-Schriftsteller die bäuerlichpatriarchalische Welt als erstrebenswertes Gegengewicht zur städtischen Kultur angepriesen wurde. Er warf solchen Schriftstellern vor, daß sie das stagnierende Alltagsleben im russischen Dorf idealisierten, daß sie angebliche ur-russische Wurzeln gegen den »Intellektualismus« ausspielten und daß sie einen Nationalismus propagierten, der zum russischen Chauvinismus werde und eine Entwicklung ignoriere, in der sich das multinationale Sowjetvolk als neue historische Gemeinschaft herausbilde. Unter die Verfechter solcher Tendenzen reihte er auch Alexander Solschenizyn ein und alle anderen, die als Feinde von Technik und Industrie die Entstehung einer moderneren Welt bekämpften. Er erinnerte sie an die Wirklichkeit des alten zaristischen Rußlands mit seiner Armut, Rückständigkeit und reaktionären Gesellschaftspolitik. Daß er sich dabei gleichzeitig gegen westliche Gesellschaftswissenschaftler und ihre Anhänger in der Sowjetunion wandte, die die Bedeutung der Intelligenz als bestimmenden Teil der revolutionären Klasse hervorhoben, kann seinen Überzeugungen entsprochen haben, mag aber auch, wenn er sie des »Kosmopolitismus« bezichtigte, als Absicherung gegen Angriffe aus dem konservativen Lager gedient haben.

Der Artikel löste unter der Moskauer Intelligenz heftige Reaktionen aus – sowohl der Zustimmung als auch der Ablehnung. Die konservativen Publizisten und Schriftsteller bereiteten sofort den Gegenschlag vor. Michail Scholochow, der für seinen Roman *Der stille Don* – ein Epos des Kampfes um die Kollektivierung in den Kosakendörfern – den Nobelpreis bekommen hatte, wurde ausgewählt, um ihre Beschwerden dem Parteiideologen Michail Suslow vorzutragen. Der alte Scholochow war gegen Ende seines Lebens ein russischer Reaktionär geworden, der jeden westlichen Einfluß ebenso haßte, wie er die Moskauer Intellektuellen verachtete, zugleich war er ein polternder Antisemit, der die Abschaffung der Schriftsteller-Pseudonyme gefordert hatte, weil sie doch nur jüdische Namen tarnen sollten! Suslows Vorstellungen von der Rolle der russischen Tradition in der sowjetischen Geschichte und Politik standen denen Scholochows und seiner Freunde sicherlich näher als der Argumentation Jakowlews. Als dem Herrn über die Ideologie war ihm ein allzu unabhängig denkender Leiter der Propagandaabteilung nicht gerade angenehm. Er neigte eher den konservativeren Leuten im Kulturbereich des ZK zu.

Jakowlew blieb drei Jahre lang »Geschäftsführender Leiter« der Propaganda-Abteilung des ZK, ohne endgültig ernannt zu werden. Während der Umbesetzungen in Politbüro und Apparat, die sich 1973 vollzogen, war er auf die falsche Seite geraten. Unterschwellig zog sich durch die Auseinandersetzung um Posten auch der Streit um die Wertung der russischen Tradition und des russischen Nationalismus. In den nicht-russischen Republiken wurde der Nationalismus beispielsweise der baltischen Völker bekämpft. Der Erste Sekretär der Partei in der Ukraine, Pjotr Schelest, wurde wegen mangelnder Wachsamkeit gegenüber dem ukrainischen Nationalismus abgesetzt und dann aus dem Politbüro entfernt. Das Russentum dagegen galt als Bindemittel des Reichs und Träger des Sowjetpatriotismus. Jakowlews Artikel »Gegen den Anti-Historismus« hatte diese Politik in Frage gestellt. Nun wurde ihm vorgeworfen, er habe eine Spaltung innerhalb der russischen Intelligenz herbeiführen wollen.

1973 wurde er deshalb aus dem ideologischen Apparat der Partei ins Außenministerium versetzt und als Botschafter nach Kanada gesandt. Ottawa allerdings war kein unwichtiger Platz. Der Amerika-Experte Jakowlew war dort ein Beobachter der Ereignisse und Entwicklungen im Nachbarland USA, über das er Hintergrundberichte nach Moskau liefern konnte. Der Botschafter in Kanada ist weniger mit protokollarischen und offiziellen diplomatischen Aufgaben belastet als Moskaus Mann in Washington. Dort hatte Anatolij Dobrynin schon seit 1962 ungewöhnlichen Zugang zu Amerikas Präsidenten und ihren Beratern. Vom kanadischen Beobachtungsposten aus schrieb Jakowlew Analysen als Grundmaterial für die Formulierung der sowjetischen Amerika-Politik.

Alexander Jakowlew kam in Kanada gut an. Er verstand sich mit Kanadas Premierminister Pierre Trudeau, einem intellektuellen Außenseiter der kanadischen Politik und einem Kritiker der USA und ihrer Gesellschaft. Intelligenz und trockener Charme bei Auftritten machten Jakowlew in Talkshows beinahe populär. In fast zehn Jahren

Amtszeit war er zum Doyen des Diplomatischen Corps aufgestiegen, als ihm im Frühjahr 1983 der Besuch des jüngsten Politbüro-Mitglieds angekündigt wurde. Gorbatschow kam als Politiker, der die schwere Last der Verantwortung für eine verfahrene Landwirtschaftspolitik zu tragen hatte. Kanada, dessen Weizen die Sowjetunion nun kaufen mußte, um Brot für ihre Bürger backen zu können, war für ihn als landwirtschaftliches Erfolgsmodell ein wichtiges Studienobjekt. Aber Michail Gorbatschow interessierte sich für weit mehr als nur die Produktionsmethoden der kapitalistisch organisierten Landwirtschaft. Und er fand in Alexander Jakowlew den Mann, mit dem er über Amerikas Weltpolitk und Gesellschaft ebenso intensiv sprechen konnte wie über die Probleme des eigenen Landes. »Liebe auf den ersten Blick«, so charakterisierte ein gemeinsamer Freund die Begegnung Gorbatschows und Jakowlews in Ottawa.

Gorbatschows Besuch in Kanada wurde ein großer Erfolg. Weniger seine abgezirkelte Rede vor dem kanadischen Parlament als vielmehr sein unverkrampftes Auftreten, sein interessiertes Fragen und sein Zugehen auf die Kanadier prägten ihn den Fernsehzuschauern ein, und die amerikanische Zeitschrift *Newsweek* verglich sein Auftreten mit dem eines amerikanischen Präsidentschaftskandidaten im Staat New Hampshire, wo Politiker und Wähler besonders familiär miteinander umgehen. Der Besuch brachte Gorbatschow mehr als ein Erfolgserlebnis. Er machte ihn sicherer im Umgang mit dem westlichen Ausland. Andere sowjetische Führer hatten sich bei Auslandsbesuchen wie im Feindesland gefühlt und verhalten. Gorbatschow hatte in Kanada erfahren, daß er sich Freunde machen konnte. Er wußte nun auch, welche Wirkung er ausstrahlen konnte, und das wurde zu einer wichtigen Voraussetzung für seine Art, Weltpolitik zu sehen und Außenpolitik zu machen. Zu dem Erfolg hatte aber besonders die Vorbereitung durch Jakowlew beigetragen, und das prägte sich Gorbatschow ebenso ein wie die Gespräche mit dem Botschafter und dessen Sicht der Weltprobleme.

Gorbatschow kam im Mai aus Kanada nach Moskau zurück. Am 28. Oktober 1983 meldete die sowjetische Nachrichtenagentur TASS, daß der bisherige Botschafter in Kanada, Alexander Jakowlew, zum

Direktor des Instituts für Weltwirtschaft und Internationale Beziehungen bestellt worden sei. Gorbatschow hatte sich für die Rückkehr Jakowlews nach dessen zehnjährigem Auslandsaufenthalt eingesetzt.

Das Institut für Weltwirtschaft und Internationale Beziehungen – IMEMO – ist eine der drei großen »Denkfabriken« der sowjetischen Politik, neben dem USA-Kanada-Institut Professor Georgij Arbatows und dem Institut für die Wirtschaft des Sozialistischen Weltsystems unter Professor Oleg Bogomolow. In diesen Instituten, die zur Akademie der Wissenschaften gehören, werden die Grundprobleme sowjetischer Innen- und Außenpolitik studiert und aufgearbeitet und als Informationsberichte und Anregungen an höchste Partei- und Regierungsfunktionäre geleitet. Einige tausend wissenschaftliche Experten arbeiten über Rüstungs- und Abrüstungspolitik, innenpolitische Trends in anderen Staaten, weltpolitische Gewichtsverschiebungen oder über Wirtschaftsprobleme wie die Folgen einer Ölpreiserhöhung und die Mikrochip-Produktion in Japan. Sie beobachten die Entstehung neuer politischer Kräfte von der Friedensbewegung und den Grünen bis zu den Konservativen zum Beispiel in der Bundesrepublik. Sie arbeiten über Zustand und Perspektiven der Wirtschaft in sozialistischen und kapitalistischen Staaten, aber zugleich über das gesamte Feld der Weltpolitik. Breschnew hatte sich häufig von Georgij Arbatow, dem Direktor des USA-Kanada-Instituts, beraten lassen. Das Institut für Weltwirtschaft und Internationale Beziehungen aber hatte, ähnlich wie das Bogomolow-Institut, seit Ende der siebziger Jahre zunehmend auch Studien über die Lage der Wirtschaft in der Sowjetunion selbst betrieben. Es hatte gewarnt, daß die Decke der sowjetischen Landwirtschafts- und Industrieproduktion zu kurz sei für eine globale Außenpolitik des Wettrüstens mit Amerika. Das IMEMO hatte mit seinen kritischen Analysen das Mißfallen hoher Partei- und Regierungsfunktionäre erregt. Seine Position und Funktion waren geschwächt. Das zeigte sich schon daran, daß die Leitung nach dem Tode des Direktors über ein Jahr unbesetzt blieb, bis Alexander Jakowlew berufen wurde.

Nun stand ein Mann, den Gorbatschow geholt hatte, an der Spitze eines der bedeutendsten Institute für Politikberatung, in dem die Reformprobleme der Wirtschaft und der gesellschaftspolitischen Struktur mit einem für Moskau ungewöhnlichen Freimut betrachtet und diskutiert wurden. Daß unter Jakowlew auch über eine Neuorientierung der sowjetischen Außenpolitik nachgedacht wurde, war selbstverständlich. Seine Kompetenz auf diesem Gebiet war ihm mit der Wahl zum Mitglied des Auswärtigen Ausschusses des Obersten Sowjet bestätigt worden. Von Jakowlew kamen in der inneren Diskussion die Anstöße, welche die sowjetische Politik von der einseitigen Fixierung auf den Gegner Amerika lösten und ihr ein neues Denkmodell – das Bild einer polyzentrischen Welt mit Machtschwerpunkten in Asien und Europa – und das Konzept des »Gemeinsamen Hauses Europa« vermittelten.

Zwei Jahre lang blieb Alexander Jakowlew Direktor des IMEMO. In dieser Zeit begann die Arbeit an einer »Konstruktionsskizze der Perestroika«, wie sie Jakowlew für dringend notwendig hielt. 1984 begleitete er Michail Gorbatschow zum Staatsbesuch nach London. Gorbatschow beeindruckte selbst Margaret Thatcher als ein Mann, mit dem man streiten, aber auch ins Geschäft kommen könne. Die britische Öffentlichkeit feierte ihn als »Wunderkind« und als neuen roten Stern im Osten. Die erstaunte westliche Welt entdeckte einen sowjetischen Führer neuen Stils, einen dynamischen Mann, der ganz anders wirkte als seine vergreisten Vorgänger und schon äußerlich für eine veränderte Sowjetunion einzustehen schien. Gorbatschow war vorzüglich vorbereitet und hatte im konservativ regierten England eine Plattform gefunden, von der er sich in die transatlantische Auseinandersetzung um Reagans »Strategische Verteidigungs-Initiative«, den sogenannten »Krieg der Sterne«, einschalten konnte, der ein neues technologisches Wettrüsten im Weltraum anzukündigen schien – ein Wettrüsten, dem die sowjetische Wirtschaft nicht gewachsen war. Alexander Jakowlew hatte sich wieder als ein guter Berater erwiesen.

1985 wurde Michail Gorbatschow Generalsekretär der KPdSU. Im gleichen Jahr wechselte Alexander Jakowlew zurück in den Apparat des Zentralkomitees, in eine Funktion, aus der er Gorbatschow unmittelbar zuarbeiten konnte. Er wurde Abteilungsleiter für Kultur und Propaganda. Das war eine Schlüsselposition, von der aus die Gedanken und Leitlinien der neuen Politik in der Partei und in den Massenmedien verbreitet werden konnten. In einer Zeit des Umbruchs war es entscheidend, daß ein Mann, der Gorbatschows Vertrauen hatte und seine Absichten kannte, das Neue Denken im Apparat durchsetzte und ideologisch absicherte. In schneller Folge wurde Jakowlew zum ZK-Sekretär für Propaganda, Kultur und Ideologie befördert, im Januar 1987 zum Kandidaten des Politbüros und sechs Monate später schon zum Vollmitglied des höchsten Parteigremiums. Er wurde zum wichtigsten Gegenspieler Jegor Ligatschows, der zu dem Zeitpunkt noch als zweiter Mann in der Partei galt und mit der Kontrolle über die ideologische Entwicklung in der Partei auch den politischen Kurs bestimmen wollte.

Der Machtkampf hinter den Kulissen wurde nur gelegentlich sichtbar, etwa in der Auseinandersetzung um den sogenannten Nina-Andrejewa-Brief (siehe Seite 264 ff.). Aber Jakowlew hatte einen ständigen Kampf um die Durchsetzung der Ideen zu führen, die er mit Gorbatschow teilte. Dazu mußte er ein Taktiker sein, der keine organisatorischen Schwächen zeigte und sich keine ideologischen Blößen gab.

Daß er auch andere Qualitäten hat, zeigte sich in Reden, die er vor Wissenschaftlern hielt und in denen er gegen Dogmatismus und Scholastik auftrat. Da beklagte er, daß der geistige Horizont der Philosophen und Gesellschaftswissenschaftler so verengt worden sei, daß sie bei der schwierigen Erforschung menschlicher Probleme nur noch geringe Beiträge leisteten, und er hob hervor, daß es heute nicht zuletzt um Probleme gehen müsse, die mit der »inneren Welt« verbunden sind. »Wenn der Mensch beginnt, über die ewigen Fragen nach dem Sinn des Lebens, der moralischen Entscheidung oder der ethischen Begründung seines Handelns nachzudenken«, sagte Jakowlew, »dann wendet er sich nicht mehr an professionelle Philosophen und Ethiker.« Auch für ihn galt der Marxismus-Leninismus nach wie vor als einheitliches, in sich geschlossenes ideologisches System, aber aus manchen seiner Reden konnte man Zweifel herauslesen, ob die ideologischen Antworten noch ausreichten, um den wirklichen Bedürfnissen der Menschen in einer sich ändernden Welt gerecht zu werden.

An kaum einem anderen Mann in der Umgebung des Generalsekretärs sind die Stufen auf dem Wege zu Glasnost und Perestroika besser abzulesen als dem Philosophen Iwan Frolow. Er wurde von Gorbatschow zunächst zum Chefredakteur des Parteiorgans für Theorie, *Kommunist*, und im Herbst 1989 zum Chefredakteur der zentralen Parteizeitung *Prawda* gemacht. Frolow war einer der vier Assistenten, die sich Gorbatschow ins Generalsekretariat der Partei holte. Drei von ihnen haben eine bemerkenswerte Station ihres Lebenslaufes gemeinsam. Sie gehören alle zu einer Gruppe, die man in Moskau die »Prager« nennt. Sie hatten zwischen 1965 und 1968 in der tschechoslowakischen Hauptstadt gelebt, als dort jene Diskussionen über eine Reform des Kommunismus begannen, die mit der Niederschlagung des »Prager Frühlings« endeten.

Damals war eine Reihe jüngerer sowjetischer Sozialwissenschaftler, Historiker und Philosophen zur Mitarbeit an der Zeitung *Probleme des Friedens und des Sozialismus* nach Prag entsandt worden. Die Zeitung war das Organ des Kominform, das als Ersatz für die aufgelöste Kommunistische Internationale als letzte gemeinsame Institution der kommunistischen Parteien der Welt geschaffen worden war. Die sowjetischen Wissenschaftler wurden in Prag auf die kritischen Entwicklungsprobleme des Kommunismus gestoßen, als sie mit Eurokommunisten und Reformkommunisten zusammenarbeiteten und diskutierten. Viele von ihnen sind heute als Leiter wissenschaftlicher Institute oder Abgeordnete des Obersten Sowjet unter den Männern, die für die Verwirklichung der Reformen in der Sowjetunion kämpfen. »Prag war unsere Universität. Da haben wir gelernt«, sagt Iwan Frolow heute. »Dort hatten wir die Möglichkeit zu internationalen Kontakten, die in Moskau für uns sehr selten waren. Und dort hat sich ein Kader von Leuten herausgebildet, die über die neuen Probleme nachzudenken begannen.«

Daß sie unter Gorbatschow in wichtige Funktionen kamen und daß er drei seiner vier engsten Mitarbeiter aus diesem Kreis auswählte, ist kein Zufall. Es zeigt, wie die Reformversuche in der Tschechoslowakei auch über den Einmarsch der sowjetischen Armee hinaus die Politik der Sowjetunion beeinflußt und verändert haben.

An der geistigen Entwicklung der jungen Wissenschaftler, die damals in Prag Erfahrungen sammelten, läßt sich im Rückblick ablesen, welche Denkansätze seit Mitte der achtziger Jahre in Moskau bestimmend wurden. Die Gespräche, die Michail Gorbatschow 1967 mit seinem tschechoslowakischen Freund Zdeněk Mlynář geführt hat, müssen seine Aufmerksamkeit auf die Gruppe der »Prager« in Moskau gelenkt haben.

Iwan Frolows Geschichte zeigt, welchen Weg diese Leute genommen hatten und was ihr Denken formte. In den fünfziger Jahren hatte er an der Moskauer Universität begonnen, Philosophie und Biologie zu studieren, ein hochbegabter junger Wissenschaftler, der in der Tauwetterzeit in die wissenschaftliche und politische Diskussion über die genetische Forschung hineingezogen wurde. Seine Dissertation war in ihrer Grundtendenz eindeutig gegen die Lehren des Agrarbiologen Lyssenko gerichtet, der von Stalin und auch Chruschtschow zur unumstößlichen Autorität erklärt wurde. Weil seine Arbeit Erkenntnisse der modernen westlichen Genetik berücksichtigte, sollte er nicht zur Promotion zugelassen werden. Ein Jahr lang lag seine Arbeit beim Großen Wissenschaftlichen Rat, der über jede Promotion zu entscheiden hat, und wurde nicht freigegeben. Frolow erzählt, ein wohlmeinender älterer Wissenschaftler habe ihm empfohlen, nicht so viel zu riskieren und lieber mit ihm an einem Buch zu arbeiten, statt seine Dissertation zu verteidigen. »Warum machen Sie sich nutzlose Unannehmlichkeiten«, sagte er, »schmeißen Sie doch einfach die kritischen Seiten weg.«

Dazu war Frolow zunächst nicht bereit, aber im Lauf der Zeit sah er, daß er auf solche Vorschläge schließlich doch eingehen mußte. »Ich habe vernünftige Kompromisse nie für ausgeschlossen gehalten, solange die Grundprinzipien nicht verletzt wurden«, sagt er heute. »Also habe ich einen Teil der Kritik an Lyssenko stehengelassen und den anderen Teil gestrichen.« Damals habe man gelernt, die leitenden Leute hinters Licht zu führen, wenn man etwas zu sagen hatte.

Außerdem war Frolow mit seiner offensichtlichen wissenschaftlichen Begabung ein Mann, den man brauchte. Er konnte eine Arbeit über »Mathematische Modelle komplizierter biologischer Systeme« schreiben, die keine politischen Tabus berührte. Ältere Wissenschaftler, die sich noch einen Blick für Talente bewahrt hatten, begannen ihn zu fördern und zu schützen. Aber noch 1968, als er während eines Kuraufenthalts in Karlsbad seine alte Lyssenko-Dissertation neu bearbeiten wollte, riet ihm seine Frau, sich nicht das Leben mit einer Arbeit zu zerstören, die doch nicht veröffentlicht werden würde.

1965 wurde er in Prag Leiter des wissenschaftlichen Beirats der Zeitschrift *Probleme des Friedens und des Sozialismus*. Es folgten drei Jahre, die für ihn wie für seine Kollegen, die zwanzig Jahre später in Moskau als Reformer auftauchen sollten, eindringliche Erfahrungen mit sich brachten und aus Sozialwissenschaftlern Politiker machten.

1968 kehrte Frolow aus Prag nach Moskau zurück und wurde Chefredakteur der Zeitschrift *Fragen der Philosophie*. Die Redaktion kam sehr schnell in Schwierigkeiten, als sie einen neuen philosophischen Zugang zu globalen Problemen der Ökologie suchen wollte. Um die *Fragen der Philosophie* versammelte Frolow einen Kreis bedeutender Naturwissenschaftler, Philosophen und Schriftsteller, die die ökologischen Probleme in ihrer neuen politischen und ideologischen Dimension erörterten. In der Sowjetunion, wo solche Fragen bis dahin überhaupt nicht wissenschaftlich behandelt worden waren, war es schwierig und gefährlich, Umweltprobleme in einem globalen Zusammenhang darzustellen. Die sozialistische Nutzung der Kernenergie war ein Fortschritt, den man nicht anzweifeln durfte, und atomare Waffen waren nur in der Hand der Imperialisten eine Menschheitsbedrohung. Die Umwelt des Menschen war nur im Kapitalismus gefährdet, und der Platz des Menschen in der Gesellschaft galt als bereits ausreichend und endgültig durch die marxistisch-leninistische Ideologie definiert. Wer in Moskau einen neuen Zugang zu solchen Fragen suchte, geriet in den Verdacht, die Grundlagen des sowjetischen Systems zu untergraben.

»Wir wollten nur die neuen Probleme der Ökologie, der Menschheit und des Humanismus andiskutieren«, sagt Frolow. »Ein Blick in das Inhaltsverzeichnis der Zeitschrift genügt schon, um zu zeigen, wie nahe unsere Themen der Problematik von heute waren. Viele unserer Autoren waren Wegbereiter der Perestroika, und einige von ihnen haben sie bis heute aktiv unterstützt.«

Die Diskussionen, die die Zeitschrift *Fragen der Philosophie* aufgenommen hatte, wurden wieder unterdrückt, aber für das Leben Iwan Frolows blieb die scharfe Kritik der Funktionäre ohne direkte persönliche Folgen. Da habe eben die Stagnation der Breschnew-Zeit auch ihre gute Seite gehabt, meint Frolow ironisch. »Die Breschnew-Zeit, das war so eine Art rote Grütze, eine klebrige Masse, in der manchmal Entscheidungen getroffen wurden und manchmal eben auch nicht.«

Frolow konnte in dieser Zeit wissenschaftliche Artikel veröffentlichen, aber die Bücher, die er schrieb, erschienen nicht in russischer Sprache. Er war freilich kein Dissident und publizierte nicht illegal in westlichen Verlagen. Beim Moskauer Progress-Verlag, der sowjetische Bücher in Fremdsprachen veröffentlicht, um sie im Ausland zu verkaufen, fand er Redakteure, die sich für seine Bücher, zum Beispiel die *Geschichte der russischen Philosophie*, einsetzten und sie in mehreren Fremdsprachen verlegten. »Weil es sie nicht auf russisch gab, gerieten sie auch nicht auf die Tische der Ideologen um Suslow und Breschnew«, meint Frolow heute.

Welche Einflüsse, welche Denker haben ihn beschäftigt, ehe er ein enger Berater Gorbatschows wurde? »Einer der interessantesten Philosophen für mich ist Erich Fromm«, sagt Frolow. »Ich hatte mit ihm immer viel mehr gemeinsam als mit solchen ›Ultramarxisten‹ wie dem Akademie-Mitglied Mitin, mit dem ich viel gestritten habe. Ich habe mir immer gesagt, ›Was bringt mir das, daß ich mit ihm in derselben Partei bin und daß er auf Marx und Lenin schwört?‹ Mir sind Erich Fromm und Jürgen Habermas näher. Als überzeugter Marxist finde ich bei ihnen viel mehr als bei einem Dogmatiker. Marx und sein Werk stehen auf der höchsten Stufe der menschlichen Kultur. Unter Stalin wurde der Marxismus in die Plattheit herabgezogen und dann so in die Lehrbücher eingegeben. Daher kommt es auch, daß die heutige Jugend kein Vertrauen zum Marxismus hat. Aber diese Sorte Marxismus war auch mir in meiner Jugend zuwider, und deshalb habe ich damals angefangen, mich mit dem authentischen Marx zu befassen. Dadurch wurde ich zum überzeugten Marxisten, und das hat mir dann geholfen, mich gegen die dogmatischen Ideologen zu stellen. Ich war überzeugt, daß ich Marxist bin und nicht sie.«

Wenigstens im Westen und in den anderen sozialistischen Staaten war Frolow durch seine Bücher als ein interessanter sowjetischer Denker aufgefallen. In der dumpfen Endzeit der Breschnew-Herrschaft hatten Wissenschaftler vom Schlage Frolows in Moskau keine Möglichkeit, ihre Gedanken zusammenhängend zu veröffentlichen und zu vertreten. Aber sie waren nicht vereinzelte und isolierte Erscheinungen im geistigen Leben der Sowjetunion. Viele kannten einander und konnten sich im vertrauten Kreis austauschen. Der naturwissenschaftlich gebildete Philosoph Iwan Frolow begann auch, sich für Volkswirtschaft zu interessieren. Die wirtschaftliche Lage war so schlecht, daß man den Ökonomen lautes Nachdenken nicht mehr verbieten konnte. Zu Frolows Freunden gehörte der Volkswirtschaftler Leonid Abalkin, der heute Stellvertretender Ministerpräsident ist und schon vor Ende der Breschnew-Zeit über grundsätzliche Reformen des sowjetischen Wirtschaftssystems arbeitete. Unter solchen selbständig denkenden Ökonomen, Sozialwissenschaftlern und Philosophen, die befreundet waren oder voneinander wußten, suchte sich Michail Gorbatschow seine Berater und Mitarbeiter, als er nach Moskau kam. Als wissenschaftlich gebildete Fachleute waren sie in interessante Positionen gebracht worden. Sie hatten Zugang zu Informationen, die den anderen Sowjetmenschen verborgen blieben. Sie lernten, die Begrenztheit des Systems zu durchschauen und bildeten sich eine eigene Meinung. Aber sie hatten auch gelernt, die Spielregeln zu beachten und nicht zuviel von ihren Schlußfolgerungen preiszugeben. Sie waren angepaßte Andersdenkende. Ihre Erkenntnisse und Erfahrungen wollte der neue Mann abrufen, als er die Führung übernahm.

Als Gorbatschow 1985 Generalsekretär seiner Partei wurde, machte er Frolow zu einem seiner Assistenten. Für Gorbatschow bearbeitete Frolow Fragen des Umweltschutzes und der Nutzung der Atomenergie, aber seine Arbeit beschränkte sich natürlich nicht auf technische und praktische Fragen. Für ihn ging es wie immer um das Verhältnis von Mensch und Natur und um den Platz des Menschen im gesellschaftlichen und philosophischen System. Solche Fragen berühren unmittelbar die Ideologie und damit das Fundament von Partei und Staat der Sowjetunion. Gorbatschow hätte sich Frolow nicht als Assistenten ausgewählt, wenn ihm dessen philosophischer Zugang zu den Problemen der Welt von heute fremd gewesen wäre.

Die Frage, welchen Einfluß Frolow auf Gorbatschows Vorstellungen gehabt hat, ist schwer zu beantworten. Er selber schätzt seinen Anteil am Entstehen des Neuen Denkens zurückhaltend ein. Einem Korrespondenten der Zeitung *Moskowskij Komsomolez* sagte er im Januar 1990 auf diese Frage: »Die ganze Philosophiegeschichte zeigt, daß sich viele Philosophen mit dem Problem der Priorität allgemeinmenschlicher Werte beschäftigt haben. Die Menschheit bewegt sich auf die Ära der Humanität zu, und die Philosophie sagt das ganz deutlich. Solange es Philosophie gibt, steht der Mensch im Mittelpunkt ihrer Betrachtungen. Alles Neue ist schon vorher einmal gedacht worden. ›Anders denken‹, davon hat schon Einstein 1946 gesprochen. Der Begriff ›Neues Denken‹ steht für Joliot-Curie, Russell, Einstein. Im Manifest von Russell und Einstein heißt es, wir müßten alle verstehen, daß wir der Gattung Mensch angehören und alles andere dagegen vergessen. Wenn wir nicht danach handeln, werden wir nicht überleben. Wir müssen uns zunächst daran erinnern, daß wir Menschen sind, und als Menschen müssen wir lernen, neu zu denken. Das ist eine geniale Einsicht.

Die Richtung, die Michail Sergejewitsch eingeschlagen hat, ist sehr interessant. Er hat erzählt, daß er bereits vor fünfzehn Jahren Veröffentlichungen über globale Umwelt- und Menschheitsprobleme gelesen habe. Zunächst habe er für sich selbst die Idee Lenins abgelehnt, nach der die Probleme der Gesellschaft vor dem Klasseninteresse des Proletariats Vorrang hätten. Dann habe er viel darüber nachgedacht, ob diese Formulierung der heutigen Zeit entspreche und ob man sie direkt von Lenin übernehmen könne. Und dann ging er weiter und weiter. Bei Lenin nämlich findet sich nicht die Priorität allgemeinmenschlicher Werte. Gorbatschow selbst hat diesen Begriff eingeführt. Und als gewissenhafter, akademisch gebildeter Mann hat er dabei immer wieder auf Lenin verwiesen. Er selbst kam zu dieser Formulierung, die heute zum Herzstück des neuen politischen Denkens geworden ist. Mich kann man damit überhaupt nicht in Verbindung bringen. Meine Rolle war, daß ich am Prozeß der Erörterungen teilgenommen und auf solche Probleme hingewiesen habe. Aber das ist auch schon alles. Das eine ist die Arbeit des Philosophen. Etwas ganz anderes ist die Arbeit eines Politikers solchen Formats, der zugleich die Fähigkeit zu philosophischem Denken hat.«

# Neues Denken

Das Maß dessen, was Gorbatschow an neuem Denken in die sowjetische Politik einbrachte, war in den Reden seines ersten Jahres nicht zu erkennen. Aber die Menschen in der Sowjetunion müssen doch etwas davon gespürt haben, denn nun saßen sie gespannt und fasziniert vor den Fernsehapparaten, wenn eine Rede des neuen Mannes übertragen wurde. So direkt hatte seit einem Vierteljahrhundert niemand mehr zu ihnen gesprochen. Gorbatschow wußte genau, wie wirkungsvoll er sprechen konnte, und er setzte diese Waffe sehr gezielt ein. Er war der Motor, der die Umgestaltung in Bewegung hielt. Das verstanden die Menschen, spätestens seit seiner Rede vor Funktionären im Mai 1985 im Smolny-Institut von Leningrad. Wo schon Wladimir Iljitsch Lenin gesprochen hatte, erwies sich Gorbatschow als der »große Kommunikator«.

Gleichzeitig fordernd und dynamisch, aber dann wieder locker improvisierend spielte er mit Wissen und Informationen über Einzelprobleme der Sowjetunion und faßte doch alles zusammen in der überzeugenden Forderung nach einem Durchbruch zu größeren Veränderungen, die die Sowjetunion zu einem modernen Land machen sollten. Er sprach von großen Anstrengungen, die das Land machen müsse, von einer gewaltigen Mobilisierung aller schöpferischen Kräfte und davon, daß es notwendig sei, auf neue Art zu arbeiten – in der Wirtschaft, aber auch in allen anderen Bereichen der Gesellschaft. Die Lokomotive Sowjetunion müsse in schnellere Bewegung versetzt werden, forderte er. Hier sprach ein starker, dynamischer Politiker, wie sich ihn die Sowjetbürger nach einem Jahrzehnt der Greisenherrschaft erhofften.

Dieser Mann, der die großen Probleme zu verstehen schien, ging auch unter die Leute und ließ sich von ihnen sagen, welche Schwierigkeiten sie hatten. »Entweder wir reden offen, oder unser Gespräch hat überhaupt keinen Sinn«, sagte er, wenn er zu Arbeitern einer Moskauer Automobilfabrik ging oder in eine Metallfabrik in Dnjepropetrowsk. Sie waren gewohnt daran, hohen Funktionären bei protokollarisch genau geregelten Besuchen zu sagen, daß alles zum besten stehe. Aber nun hielt ihnen der Parteichef entgegen, daß dies wohl nicht die ganze Wahrheit sein könne. In einem Moskauer Krankenhaus fragte er nicht nur nach dem Gehalt der Krankenschwestern, sondern auch, ob es zum Leben ausreiche. Und er wirkte weder überrascht noch unzufrieden, als ihm geantwortet wurde, es reiche natürlich nicht. Zu Hause sahen die Fernsehzuschauer solche Bilder und staunten. Vor Gorbatschow hatte sich keiner der politischen Führer für die Wirklichkeit ihres Alltagslebens interessiert. Keiner vor ihm aber hatte auch verstanden, wie man das Medium Fernsehen nutzen konnte. Der Verlautbarungs-Journalismus der Presse war früher auf die Bildschirme übertragen worden. Gorbatschow aber suchte über das Fernsehen einen direkten Weg zu den Menschen.

Er hatte sich auch auf diese Rolle gut und systematisch vorbereitet. 1982 hatte ihn ein Freund darauf hingewiesen, wie wichtig ein überzeugendes Auftreten nicht nur vor geschlossenen Versammlungen, sondern gerade im Fernsehen sei. Gorbatschow kam aus der Provinz und sprach in einem südrussischen Tonfall. So etwas mußte man im Urteil über die Wirkung berücksichtigen. Damals hatte Gorbatschow nicht einmal einen Videorecorder, mit dem er seine Fernsehauftritte aufzeichnen und studieren konnte. Auf der Datscha, die ihm als Politbüro-Mitglied zugeteilt wurde, gab es ein Heimkino, das mit einem alten 35-Millimeter-Projektor ausgestattet war. Seine Vorgänger hatten hier alte amerikanische Filme wie »Vom Winde verweht«, die nicht in die sowjetischen Kinos kamen, im Kreis der Freunde und Verwandten anschauen können. Gorbatschows Freund Dmitrij Golowanow, der beim Fernsehen arbeitete, sorgte dafür, daß die Aufzeichnungen von Gorbatschows Reden auf 35-Millimeter-Filme übertragen wurden. Gorbatschow und seine Frau Raissa sahen diese Aufzeichnungen wieder und wieder an und berieten, was er vermeiden müsse und wie er sich besser ins Bild setzen könne. Das half ihm, seine Botschaft an die Sowjetbürger heranzubringen und sie von der Notwendigkeit und Schlagkraft der neuen Politik zu überzeugen.

Seine Erfolge im Umgang mit der Öffentlichkeit stärkten seine Autorität unter den anderen Männern des Politbüros, von denen sich manche durchaus als Gleichberechtigte innerhalb einer kollektiven Führung verstanden. Gemeinsam mit ihnen arbeitete Gorbatschow auf den XXVII. Parteitag hin, der den neuen Kurs programmatisch festschreiben sollte. Die KPdSU orientierte sich immer noch an einem Programm, das 1961 beschlossen worden war. Vieles, was darin stand, wirkte inzwischen überholt, ja lächerlich: Die Sowjetunion werde Amerika bis 1970 in der Pro-Kopf-Produktion von Industrie- und Konsumgütern überholt haben. Chruschtschow hatte damals verkündet, die Sowjetunion werde 1980 so reich sein, daß die neue Generation schon in einem alle Ansprüche und Erwartungen deckenden Kommunismus leben könne. Das stand 1985 noch immer im Parteiprogramm, obwohl es von der Wirklichkeit aufs schlimmste widerlegt war. Die Partei brauchte eine neue progammatische Richtlinie, die aus den Trümmern enttäuschter Hoffnung den Blick ins 21. Jahrhundert öffnete. Die Sowjetbürger registrierten zufrieden, daß die Entwürfe des neuen Programms die Schwierigkeiten realistisch beschrieben und auf großartige Versprechungen verzichteten.

Chruschtschows Utopien wurden gestrichen, aber man sah dem Programm an, daß es ein Kompromiß war und viele der politischen Formulierungen weitertragen mußte, auf die die Konservativen in der Partei nicht verzichten wollten. Noch immer sahen sie die Welt in zwei feindliche Lager geteilt, und die Sowjetunion war in ihrer Sicht das fortschrittlichste Land der Welt. Schon die Überschrift des ersten Teils drückte solche ideologischen Illusionen aus: »Der Übergang vom Kapitalismus zum Sozialismus und Kommunismus – Hauptinhalt der gegenwärtigen Epoche.« Der zweite Teil hieß: »Die Aufgaben der KPdSU bei der Vervollkommnung des Sozialismus und dem allmählichen Übergang zum Kommunismus«. Das war ein Rückschritt gegenüber den Einsichten Gorbatschows, die längst nicht mehr auf Vervollkommnung, sondern auf radikale, ja revolutionäre Veränderung abzielten. Das Parteiprogramm, auf das die kollektive Führung sich einigte, ging von der alten Vorstellung aus, daß die »objektiven« Entwicklungsgesetze der Gesellschaft die Sowjetunion sozusagen von selbst vom Sozialismus in den Kommunismus führen würden, weil dazu nur noch die Beschleunigung der sozial-ökonomischen Entwicklung notwendig sei.

Gorbatschow setzte sich in dem Kapitel über die Wirtschaftsstrategie der Partei durch, in dem wissenschaftlich-technische Fortschritte und eine strukturelle Umgestaltung der gesellschaftlichen Produktion als Haupthebel einer Produktionssteigerung herausgestellt werden. Er selbst korrigierte das zentralistische Denken und betonte in seiner Rede, die Gesellschaft der Sowjetunion müsse zur »sozialistischen Selbstverwaltung« vorstoßen. Er unterstrich damit jene Bestandteile des Parteiprogramms, die eine Abkehr von der Kommandowirtschaft und größere Befugnisse für Wirtschaftsvereinigungen und Betriebe in Aussicht stellten. Aber auch er sprach von der »technischen Rekonstruktion« der Volkswirtschaft, und auch er orientierte sich an der gewohnten Rhetorik der Partei, wenn er die Wende zu höherer Effektivität als Weg zum Erreichen der abgesteckten Ziele bis zum dritten Jahrtausend erklärte.

Der zweite Mann der Partei, Jegor Ligatschow, machte zur gleichen Zeit deutlich, wo für ihn die Grenzen der Veränderungen lagen. Gegen Gorbatschows Begriffe von sozialistischer Selbstverwaltung und sozialistischer Demokratie baute er eine ideologische Verteidigungslinie auf, die seinem Verständnis der sowjetischen Gesellschaft entsprach. »Es handelt sich um die sozialistische Selbstverwaltung des Volkes. Sie hat nichts zu tun mit der anarcho-syndikalistischen Variante der Selbstverwaltung, die dem sozialistischen Staatswesen entgegengestellt wird, sich auf Gruppeneigentum stützt und bloße Gruppeninteressen vertritt. Die sozialistische Selbstverwaltung gründet sich auf das gesellschaftliche Eigentum und vereint in sich staatliche, kollektive und persönliche Interessen.« Das waren Einschränkungen der Diskussion, die Gorbatschow hinnehmen mußte und die eine offene Erörterung neuer Konzepte der sozialistischen Marktwirtschaft, wie sie die Ökonomen Gorbatschows vorgeschlagen hatten, unmöglich machten. Natürlich strebte auch er nicht ein anarcho-syndikalistisches System an, aber wenn er eine Belebung und Befreiung der gesellschaftlichen und wirtschaftlichen Kräfte des Landes im Auge hatte, mußte er einen dogmatischen Streit mit den Konservativen vermeiden. Die Auseinandersetzung um das dritte Programm, das sich die Kommunistische Partei der Sowjetunion je gegeben hatte, verlief in der Art eines ideologischen Schattenboxens. Gorbatschow konnte für seine Vorstellungen noch mehr Lenin-Zitate ins Feld führen als seine Gegner, aber das Wichtigste für ihn war, ein Parteiprogramm durchzusetzen, das den Weg zu Veränderungen nicht verbaute.

Das bedeutete auch, daß in der Vorbereitung und auf dem Parteitag selbst die alte Führungsschicht geschont werden mußte. Das Neue, das sich anbahnte, sollte nicht als Bruch mit der Vergangenheit erscheinen. Die Fehler der Ära von Breschnew bis Tschernenko wurden gestreift, aber nicht streng verurteilt. Sie galten immer noch eher als läßliche Sünden einer Zeit, die sich vom »Personenkult« nicht ganz gelöst hatte. Nur einer schien bereit, mit der Abrechnung zu beginnen. Das war Boris Jelzin, den Gorbatschow aus Swerdlowsk in die Hauptstadt geholt und zum Chef des Moskauer Parteiapparats gemacht hatte. Manche hielten ihn für Gorbatschows engsten Vertrauten, für seine Speerspitze oder, was seiner Art mehr entspricht, seine Brechstange. Jelzin, der selber Erster Parteisekretär eines bedeutenden Gebiets gewesen war, warf anderen Provinz-Parteichefs vor, sie hätten sich als Wundertäter dargestellt und sich politische Freiräume geschaffen, in denen sie vor jeder Kritik geschützt seien. Er griff sie als Opportunisten an, die hauptsächlich an ihre Privilegien dächten. In Zukunft sollten hohe Funktionäre nicht mehr als unanfechtbare Autoritäten und unfehlbare Leiter mit doppelter Moral auftreten. Er wütete gegen die Trägheit der Konjunkturritter mit Parteibuch.

Schon Anfang 1986 also hatte Boris Jelzin sein Hauptthema gefunden, mit dem er in den folgenden Jahren seine Gegnerschaft zu Gorbatschow begründen sollte: die Privilegien der hohen Funktionäre. Auf dem XXVII. Parteikongreß allerdings schien es noch, als spreche er nur deutlicher aus, was Gorbatschow dachte. Denn in seiner scharfen Kritik an innerparteilichen Mißständen forderte er, die Struktur und die Arbeit des Parteiapparats zu verbessern. Die Partei sollte ihre politische Führungsfunktion zurückgewinnen, die sie durch ihre ständige Einmischung und die Verflechtung mit der wirtschaftlichen und administrativen Leitung verloren hatte. Der Führungsanspruch der Partei stand für ihn nicht zur Diskussion. Er sah die Partei als die Klammer, die gegensätzliche Interessen von Regionen und Gruppen zusammenhielt. Damit war er gar nicht so weit entfernt von Jegor Ligatschow, der den Parteikadern Fehler und Entgleisungen vorwarf und sie strenger Kritik und Kontrolle unterziehen wollte. Nur bei genauem Vergleich ihrer Reden fallen Unterschiede ins Auge. Ligatschow wandte sich gegen jene Veröffentlichungen in der Presse, in denen zum erstenmal die Privilegien hoher Funktionäre kritisiert wurden, während Jelzin sie in aller Offenheit ansprach.

Gorbatschows Auftreten auf dem Parteikongreß erweckte den Eindruck, als stehe er Jelzins radikaler Kritik näher als der konservativeren Position Ligatschows. Aber der Generalsekretär ergriff nicht deutlich Partei. Als der XXVII. Kongreß der KPdSU am 27. März endete, mußte er Gorbatschows »politischen Bericht«, das Hauptreferat, bestätigen. Das war Gorbatschows wichtigster Erfolg. Parteiprogramm und Parteistatut aber lasen sich nicht wie ein Durchbruch zur neuen Politik, und das, was Gorbatschow das »Neue Denken« nannte, fand sich in ihm kaum wieder. Da wurden keine grundsätzlichen Reformen angekündigt, durch die die sowjetische Politik Gorbatschows Zielen schnell näher kommen konnte. Die Delegierten hatten hauptsächlich seiner Politik einer Beschleunigung der technisch-wirtschaftlichen Entwicklung zugestimmt. Was verabschiedet wurde, war ein Programm, wie es den Machtverhältnissen des Parteikongresses entsprach. Gorbatschow selber hat das auch so gesehen. Als einige Delegierte das neue Programm zum »Gorbatschow-Programm« erklären wollten, wies er ihren Vorschlag als Rückfall in den Personenkult ab. Was wie ein bescheidenes Zurücktreten in die Gemeinsamkeit der kollektiven Führung aussah, erwies sich als kluger Schachzug: Michail Gorbatschow hatte sich nicht in ein »Gorbatschow-Programm« einbinden lassen, das ihm selber angesichts der wirklichen Probleme viel zu begrenzt erschien.

Für ihn ging es längst um mehr als eine Straffung und Reinigung der Partei und die effektivere Führung der sowjetischen Wirtschaft. Aber es war nicht nur Taktik, wenn er den Widerstand seiner Kollegen in der Führung berücksichtigte und das ganze Ausmaß seines Reformkonzepts nicht zur Diskussion stellte. Er stand immer noch in einem Lernprozeß und in der Auseinandersetzung mit der politischen Wirklichkeit seines Landes. Er hatte noch kein geschlossenes Konzept vorzulegen, das sich gegen die Einwände seiner konservativen Gegenspieler überzeugend verteidigen ließ. Auch ihm wurden die eigenen politischen Vorstellungen erst im Verlauf der Auseinandersetzung mit dem schwerfälligen Apparat deutlicher. Je mehr Gorbatschow nach praktischen Methoden der Veränderung suchte, um so deutlicher trat ihm vor Augen, daß begrenzte, technokratische Systemverbesserungen im Angesicht der schweren Krise der sowjetischen Wirtschaft und Gesellschaft nicht ausreichen konnten.

Sein erstes erklärtes Ziel war eine Wirtschaftsreform gewesen. Aber nun sah er, daß es nicht genügte, Partei, Staat und Wirtschaft zu rationalisieren. Er hatte versucht, den Widerstand des Apparats mit den Kräften des Apparats zu bekämpfen. Jetzt erkannte er, daß er die Gesellschaft gegen den Apparat mobilisieren mußte. Jegor Ligatschow hatte eine solche Entwicklung gefürchtet und zu bremsen versucht, und Gorbatschow hatte ihm nicht offen widersprochen. Aber nun setzte er bewußt jene Kräfte frei, deren Kritik er aus den Analysen und Situationsberichten kannte. Seit Anfang der achtziger Jahre waren wissenschaftliche Zustandsbeschreibungen auf seinen Tisch gelangt. Wie ihre Autoren ging auch Gorbatschow davon aus, daß sich für die komplizierten Probleme der Sowjetgesellschaft nur Lösungen finden ließen, wenn man die wirklichen Verhältnisse sachlich und rücksichtslos untersuchte. Seit Anfang 1986 förderte Gorbatschow einen öffentlichen Dialog, der unter dem Kennwort »Glasnost« zum Hebel wurde, mit dem die Gesellschaft aus Erstarrung und Verkrustung herausgelöst werden sollte.

In der sowjetischen Presse gab es genügend Journalisten, die ein solches Signal ersehnt hatten. Angesehene Kommentatoren wie Bowin oder Burlazki warteten nur auf ihr Stichwort. Sie waren im Tauwetter der Chruschtschow-Zeit groß geworden und hatten in den zwanzig folgenden Jahren zwar Kompromisse gemacht, aber nicht das Gesicht verloren. Nun konnten sie offener sagen, was sie dachten. Und es gab in allen Zeitungen und Redaktionen jüngere Journalisten, die sich nur schwer mit ihrer Rolle als gesteuerte Meinungsmacher abgefunden hatten. Sie drängte es, über Mißstände zu berichten, die sie zuvor vertuschen mußten. Nachdem nun sogar im Zentralkomitee ziemlich offen Unfähigkeit und Vetternwirtschaft unter den Funktionären gebrandmarkt wurden, nutzten sie die Chance, die Bürokraten und die Selbstgefälligkeit der Apparate in ihren Artikeln zu schildern.

Ihre Möglichkeiten waren noch immer beschränkt, aber schon die Aufdeckung lokaler Mißstände öffnete den Blick für die Krise des ganzen Systems. Kritik an Bürokraten war ein einfacher und populärer Ansatz, der zu den Absichten der Führung paßte. Korruption und nachlässige Verschleuderung des Volkseigentums ließen sich unter den neuen Regeln größerer Transparenz gut aufs Korn nehmen. Aber wenn junge Reporter im Fernsehen den Direktor eines großen Industriewerks der Lüge überführten, weil die Abfälle seiner Produktion trotz gegenteiliger Behauptungen weiter die Umwelt verschmutzten, dann ging es um mehr als die Begrenzung ökologischer Unfälle. Die Reporter stellten mit ihren scharfen Fragen das ganze hierarchische Gesellschaftssystem auf den Kopf, in dem Kritik nur von oben und nicht von unten erlaubt war. Die kritische Auseinandersetzung blieb nicht auf das Fehlverhalten einzelner Manager und Bürokraten begrenzt. Die vielen Beispiele, die in der sowjetischen Presse, in Rundfunk und Fernsehen angeführt wurden, wiesen auf einen tieferen, grundsätzlichen Mißstand hin.

Aber diese Schlußfolgerung durften die Journalisten nicht ziehen. In gespielter Kurzsichtigkeit griffen sie scheinbar nur Einzelfälle heraus. Die Leitung von Presse, Rundfunk und Fernsehen lag nach wie vor in der Hand der alten Medienfunktionäre. Was gedruckt oder auf dem Fernsehschirm erschien, wurde einer besonders strengen politischen Kontrolle unterzogen. Ein vollständigeres und tieferes Bild der sowjetischen Wirklichkeit konnten in dieser Anfangsphase der Glasnost deshalb eher noch die Schriftsteller, Filme- und Theatermacher zeichnen. Sie schilderten die geistige Verkümmerung des Lebens der Sowjetmenschen, aus dem die offizielle Zensur mit den Werken großer russischer Dichter auch jene menschlichen Werte getilgt hatte, die dem Leben früher Sinn und Halt gegeben hatten. Theaterstücke stellten die materielle und innere Verarmung des Lebens in den Bauerndörfern auf die Bühne. Einige wagten sich weiter vor, indem sie die gesellschaftlichen Machtverhältnisse ausleuchteten.

Dazu gehörte ein Stück wie »Die Bremsung im Himmel«, das einige Wochen lang im Moskauer »Theater der Satire« gespielt werden konnte. Die Handlung: Generalsekretär Gorbatschow hat eine Provinzstadt besucht und in seiner dynamischen Art mit der Bevölkerung und mit den Funktionären gesprochen. Auf den Fernsehgeräten im Sitzungssaal des örtlichen Parteikomitees laufen zu Anfang des Stücks noch die letzten Bilder vom Abschied und Abflug des Generalsekretärs über die Bildschirme. Aber schon läßt der Erste Parteisekretär die Mitarbeiter antreten. Er hat beschlossen, alle Leute zu bestrafen, die auf Gorbatschows Fragen über Mißstände und Schwierigkeiten offen gesprochen hatten.

Er droht denen, die die Kritik rechtfertigen wollen, mit dem Verlust ihrer bescheidenen Privilegien. Er läßt Staatsanwalt und Richter antreten, und ordnet Verfahren gegen diejenigen an, die sich ihm widersetzen wollten. Aber der Parteisekretär hat übersehen, daß im Sitzungssaal immer noch die Fernsehkameras aufgebaut waren, die seine Abschiedsansprache übertragen hatten. Als er erfährt, daß auch aufgezeichnet wurde, wie er sich nach Gorbatschows Abflug die Mitarbeiter von Partei, Verwaltung und Industrie wieder gefügig machte, gerät der Erste Sekretär in Panik. Denn diese Aufzeichnungen sind inzwischen mit den Reportern des zentralen Fernsehens nach Moskau unterwegs. Nun setzt er den Flugplatzchef unter Druck. Er droht, die Mißstände am Flughafen ans Licht zu bringen, wenn der die Maschine nicht zurückruft. Aber die Piloten verstehen nicht, warum der Chef des Flughafens von ihnen die Rückkehr verlangt. Die Frau des einen Piloten wird zum Flughafen geschafft und muß ihrem Mann über Funk erzählen, daß sie die jahrelang erwartete Drei-Zimmer-Wohnung nicht bekommen, wenn er sich den Anweisungen widersetzt. Die »Bremsung im Himmel« wird vollzogen. Die Maschine kehrt um, der Parteisekretär hat Zeit gewonnen und hängt schon am Telefon nach Moskau. Seine Kollegen im Parteiapparat der Hauptstadt werden verhindern, daß der Vorgang dort zur Kenntnis genommen wird.

Es war ein gut konstruiertes Stück ohne literarische Ansprüche. Die Zuschauer – und darunter waren bei den ersten Aufführungen häufig Gorbatschow-Anhänger aus dem Zentralkomitee – verstanden sehr schnell, daß hier nicht ein einzelner Parteisekretär bloßgestellt wurde. Der Parteichef hatte in dem Stück nicht einmal einen Namen. Er stand für die Partei selbst, die alles beherrscht und regelt. Solange sie die Macht dazu besaß, ließen sich die Mißstände weder aufklären noch abstellen. Die wirklichen Kräfte des Landes können sich nicht entwickeln, solange die Partei durch ihre Provinzfürsten und zentralen Organe die Entwicklungsgesetze aus politischen Motiven verbiegen kann, lehrte das Stück.

Ohne Rechtssicherheit kann es keinen Mut zur Eigeninitiative geben. Die Wirtschaft läßt sich nicht beleben, wenn sie nicht von wirtschaftlichem Denken gelenkt wird, sondern den Anweisungen von Parteistellen zu gehorchen hat, die politische oder persönliche Prioritäten setzen. Selbst Ministerien können nicht funktionieren, wenn es das oberste Organ der Partei, das Politbüro, für seine Aufgabe hält, Beschlüsse über die Verbesserung der Qualität von Videokassetten oder die Produktion von Regenschirmen zu fassen, und das kam noch bis Mitte der achtziger Jahre vor. Der Parteiapparat war zu einer Überregierung geworden und seine Fachabteilungen schalteten sich in die praktischen Alltagsentscheidungen auf allen Lebensgebieten ein. Für viele Funktionäre aber war diese Machtausübung die Grundlage der Stärke der Partei. Die Partei war die Klammer, die alle Teile des Systems zusammenhielt. Konservativen politischen Führern wie Jegor Ligatschow ging es durchaus nicht nur um die Privilegien, an die sich die mittleren Kader klammerten, für sie ging es um Stabilität und Ordnung des Staates, die von der Macht der Partei erhalten wurden. Sie merkten, daß die offenere Diskussion über gesellschaftliche und wirtschaftliche Aufgaben immer näher an die Grundsatzfrage heranführte, wodurch die Herrschaft der Partei eigentlich legitimiert sei. Wenn das ganze Dilemma der sowjetischen Wirklichkeit sichtbar gemacht würde, waren tiefe Veränderungen unvermeidlich.

Auf die Kritik an der Staats- und Wirtschaftsbürokratie war der Protest gegen die Gängelung der Intelligenz und der Medien gefolgt. Nun ging es schon um die Rolle der Partei und ihrer Funktionäre. »Die Partei führt, der Staat verwaltet«, hieß es bei Lenin. Aber was blieb der Partei, wenn sie die Schlüsselpositionen der Verwaltung aus der Hand gab? Die Reformer in Moskau begannen schon darüber zu schreiben, daß die Partei sich auf eine Art Richtlinienkompetenz beschränken, allgemeine Ziele setzen und das Land durch politische Bildung und Anregung lenken könne. Die Macht über praktische Entscheidungen würde dann, wie in der Verfassung festgelegt, bei den Regierungsorganen, den Sowjets, den Orts-, Stadt- und Republikparlamenten und beim Obersten Sowjet der Union liegen.

Bisher hatte es nur Scheinparlamente gegeben, die einstimmig bestätigten, was die Parteiorganisationen am Tage vorher beschlossen hatten. Der Apparat wählte die Abgeordneten nach einem soziologischen Schlüssel aus, der eine bestimmte Anzahl von Arbeitern, Bauern und Intellektuellen mit Angaben von Altersgruppen und Geschlecht festlegte. Nach politischem Wohlverhalten ernannt und nur zu wenigen Sitzungstagen im Jahr zusammengerufen, konnten die Abgeordneten keine sachliche Arbeit leisten. Eine kritische Betrachtung der Parteibeschlüsse war für sie verboten. Daher empfanden sich die Abgeordneten als Werkzeuge des Parteiapparats, der sie ernannte oder abberief. Es gab keine Rückkoppelung zur Bevölkerung, die an den Wahlurnen lediglich den einzigen aufgestellten Kandidaten bestätigen konnte. So waren die angeblich gewählten Organe kein Gegengewicht zum Parteiapparat, der nur bestimmen und weder Einspruch noch Widerspruch fürchten mußte.

Die Reformer in Moskau fühlten sich von Gorbatschow ermutigt, in der Gesellschaft nach Gegenkräften zum Parteiapparat zu suchen. Gorbatschows Reden ließen erkennen, daß er für seine Reformen eine andere Partei brauche und daß sich die sowjetische Gesellschaft nur beleben lasse, wenn die Selbstgerechtigkeit der Funktionäre erschüttert wurde und sie sich durch Leistung vor der Bevölkerung legitimieren mußten. Dabei war Gorbatschow von seiner eigenen Führungsfähigkeit überzeugt und glaubte, die Phasen eines Liberalisierungsprozesses kontrollieren zu können. Gorbatschows Gegner dagegen fürchteten, Lockerungen im zentral gesteuerten System und Diskussionen über die wirklichen Probleme des Landes könnten den Zerfall des Herrschaftssystems einleiten. Im Grunde hatten aber weder sie noch Gorbatschow völlig verstanden, wie brüchig Staat und Gesellschaft der Sowjetunion bereits geworden waren. Die Probleme des Landes waren jahrzehntelang mit den Mitteln der Propaganda und der Parteikontrolle verdeckt worden.

Die Konservativen glaubten noch immer, die Krise mit Rezepten verbesserter Lenkung und strengerer Disziplin in den Griff bekommen zu können. Gorbatschow verfügte über bessere Informationen, und er hatte tiefer nachgedacht. Aber er war nicht stark genug, um sich den Parteiapparat gefügig zu machen und ihn von innen heraus umzuformen. Dazu brauchte er die Unterstützung der Bevölkerung und besonders der Intelligenz in Wissenschaft, Technologie und in den Medien. Er begann einen Kampf auf unübersichtlichem Schlachtfeld, auf dem der Apparat jahrzehntelang allmächtig gewesen war und immer noch starke Bataillone hatte. Was in Moskau an Reformen vorgeschlagen oder beschlossen wurde, zerrieben die Mühlen der mittleren und unteren Partei- und Regierungsbürokraten.

Von Herbst 1986 an begann Gorbatschow eine Gruppe der bedeutendsten Volkswirtschaftler der Sowjetunion zusammenzuziehen und sie auf den Entwurf eines radikalen Reformprogramms anzusetzen. Der Fahrplan des Wirtschaftswissenschaftlers Abel Aganbegjan war nicht einzuhalten gewesen. Von ihm stammte das Konzept, nach dem die sowjetische Wirtschaftsentwicklung in erster Linie beschleunigt werden müsse. Eine Steigerung der Produktion von materiellen Gütern werde die Leiter der Betriebe und die Arbeiterschaft motivieren, besser, schneller und innovativer zu arbeiten. Solche Rückwirkung sollte das Entwicklungstempo wiederum beschleunigen, aber alles hing davon ab, ob die Bevölkerung in der ersten Phase an den Erfolg der neuen Politik glaubte, und das Volk war nach den Erfahrungen mit vergangenen Wirtschaftsprogrammen und Versprechungen längst in mißtrauische Resignation verfallen. Nach Aganbegjans Fahrplan fuhren die Züge der sowjetischen Wirtschaft zu langsam. Sein Rezept war trotz aller liberalisierenden Elemente im Grunde konservativ. Es ging davon aus, daß mehr Leistung zu mehr Verdienst und mehr Verdienst zu mehr Leistung führen würde. Aber die Sowjetbürger, die vor den leeren Regalen der Läden standen, hatten mehr Geld in der Tasche, als sie ausgeben konnten. Solange es nichts zu kaufen gab, waren Leistungslöhne kein Anreiz zu mehr und besserer Arbeit. Die Staats- und Wirtschaftsbürokratie verhinderte, daß Eigeninitiative und selbständige Leistung konsequent belohnt wurden, und nahm der Reform den Schwung. Eine langfristige Produktionssteigerung um ein paar Prozent konnte also kaum wirtschaftlich und gar nicht politisch wirksam werden, und statt eines Produktionsanstiegs kündigte sich nun ein Rückgang an.

»Gorbatschow ist ein Mann von schneller Auffassungsgabe, und er korrigiert seine Meinungen stets an der Wirklichkeit«, sagt der Wirtschaftswissenschaftler Gawriil Popow. Als er von Gorbatschow Ende 1986 zu einem Gespräch über die Wirtschaftspolitik gerufen wurde, wußte er schon von Freunden, daß Gorbatschow aus seinen Gesprächspartnern mit gezielten Fragen konkrete Informationen herausholte, aber auch daß er ein Mann war, der sich nicht nur Referate anhörte, sondern einen Dialog führen wollte. Popow verstand, wie Gorbatschow die Lage einschätzte: Die Politik der Beschleunigung trat auf der Stelle; eine erfolgreiche Wirtschaftsreform konnte sich nicht auf technokratische und organisatorische Änderungen stützen, sondern brauchte die breitere Basis politischer Systemveränderungen.

In Gorbatschows Auftrag setzten sich führende Volkswirtschaftler wie Oleg Bogomolow, Leonid Abalkin, Gawriil Popow, Abel Aganbegjan und Antschischkin zusammen. Sie waren Akademie-Mitglieder, Professoren oder Leiter großer Forschungsinstitute, auf deren Analysen und Projektionen sie sich stützen konnten. Gemeinsam entwickelten sie den Entwurf einer radikalen Wirtschaftsreform, die die Allmacht des zentralen staatlichen Planungskomitees Gosplan zerschlagen sollte. Gosplan war zu einem gewaltigen Überministerium geworden, und seine Abteilungen waren von der Planung der Wirtschaftsentwicklung längst dazu übergegangen, den Ministerien und Betrieben direkte und detaillierte Vorschriften zu machen. Das hatte das staatliche Planungskomitee in Konflikte mit den Ministerien, den Fachabteilungen des Parteiapparats, den Wirtschaftsorganen der Republiken und den Betrieben gebracht. Aber sie alle waren sich nun einig im Widerstand gegen ein umfassendes Reformkonzept, das sie zum Umdenken gezwungen und ihre etablierten Machtpositionen gefährdet hätte.

Die Wirtschaftswissenschaftler wußten das nur zu gut. Sie kannten den alten Witz über Gosplan: Am Schluß der Militärparade auf dem Roten Platz, als die gewaltigen Raketen vorbeigerollt sind, marschiert eine kleine Gruppe von Zivilisten mit Aktentaschen aus dem blauen Rauch der Abgase. Ein Ausländer fragt, was das zu bedeuten habe. »Das ist unser Gosplan, eine Waffe von ungeheurer Zerstörungskraft«, erläutert man ihm. Diese Macht war in geschlossener Front mit dem Wirtschafts- und Staatsapparat gegen radikale Reformen angetreten. Wäre das neue Programm verwirklicht worden, meint Gawriil Popow heute, dann stünden die sowjetischen Bürger in den Lebensmittelgeschäften nicht vor leeren Regalen. Und Professor Oleg Bogomolow glaubt, Gorbatschow habe seinen schwersten Fehler gemacht, als er dieses Programm nicht mit aller Entschiedenheit in den ZK-Sitzungen durchsetzte, deren wichtigste im Juni 1987 unter ein programmatisches Thema gestellt war: »Die Aufgaben der Partei zur grundlegenden Umgestaltung der Wirtschaftsverwaltung.«

# Umgestaltung

Seit Anfang 1987 sprach Michail Gorbatschow deutlicher aus, daß mit überwiegend technokratischen Reformen, mit einer bloßen Beschleunigung und Rationalisierung des Planungs- und Wirtschaftsprozesses die sowjetische Gesellschaft nicht aus der Stagnation zu führen sei. Nun benutzte er in seinen Reden den Begriff »Reform«, den er in den Jahren zuvor umgangen hatte. Er sprach auch zum erstenmal von einer »radikalen Reform« und von der Notwendigkeit qualitativer Veränderungen im Wirtschaftssystem der Sowjetunion. In den Monaten vor der Juni-Sitzung des Zentralkomitees, des höchsten Parteigremiums, hatten sich bei Gorbatschow die Überlegungen jener Wirtschaftswissenschaftler durchgesetzt, die eine Umgestaltung nur bei Abbau der zentralen wie der lokalen Bürokratie und bei Einführung »marktwirtschaftlicher« Elemente für möglich hielten.

Einige von denen, die in dieser Zeit Zugang zu Gorbatschow gewannen, hatten in den sechziger Jahren an den Reformstudien des marktwirtschaftlich orientierten Volkswirtschaftlers Professor Liberman mitgewirkt und an den Reformen, die der damalige Ministerpräsident Kossygin einzuführen versucht hatte. Wie schon gesagt, mußte die Verwirklichung damals scheitern, weil die Schritte zu klein waren und weil der Widerstand des bürokratischen Apparats die einzelnen Reformprojekte isolierte und schließlich erstickte. Nun hofften diese Wirtschaftswissenschaftler, Gorbatschows Programm werde den Durchbruch schaffen. Von einer revolutionären Umgestaltung war in den zwei Jahren vorher in ziemlich allgemeiner Weise gesprochen worden. Aber jetzt lag ein Paket von Reformmaßnahmen vor, dessen Bestandteile zum Teil schon klar definiert und in einen Zeitplan eingebaut waren. Das Zentralkomitee stimmte auf seiner Plenarsitzung zu: Der nächste Fünf-Jahres-Plan, so schien es, würde mit neuen wirtschaftlichen Strukturen zu arbeiten beginnen. Die wissenschaftlichen Berater Gorbatschows sahen die Reformen als eindeutige Schritte auf eine »sozialistische Marktwirtschaft« zu.

In den Papieren, die dem Zentralkomitee vorlagen, und den Erläuterungen, die den Mitgliedern des höchsten Organs der Kommunistischen Partei gegeben wurden, tauchte dieser Begriff jedoch bemerkenswerterweise nicht auf: Man sprach bestenfalls, wenn es um dieses Grundprinzip der geplanten neuen Wirtschaftsmechanismen ging, verschämt von »Geld-Ware-Beziehungen«. Für die meisten Parteifunktionäre wie für den größten Teil der Staatsbürokratie war der Begriff »Marktwirtschaft« immer noch unannehmbar, selbst wenn er durch das Adjektiv »sozialistisch« qualifiziert wurde. Die Vorstellung von einem »sozialistischen Pluralismus« in der Politik hatte sie beunruhigt, weil ihnen damit das Monopol der Meinungsbildung und Information entzogen werden würde. Eine von Kräften des Marktes und nicht vom politischen Apparat gelenkte Wirtschaft aber würde ihnen mit der Kontrolle über Planung und Verteilung ein entscheidendes Stück Macht aus der Hand nehmen und konnte sogar ihre Privilegien und ihre gesellschaftliche Stellung gefährden. Vielen von ihnen war natürlich klar, daß diese Gefahren auch auftauchten, wenn nur von einer Umstellung auf »Geld-Ware-Beziehungen« gesprochen wurde.

Die Kritik an den führenden Schichten von Partei und Staat wurde in der Öffentlichkeit immer deutlicher. Die ganze Gesellschaft schoß sich auf den Bürokratismus als den Hauptfeind ein, der die sowjetische Wirtschaft in die Erstarrung geführt habe und ein Steigen von Produktion und Lebensstandard verhindere. Kritik an der Schwerfälligkeit der Bürokratie ist immer populär, zumal die Bürokraten jeweils die anderen sind und sich an ihnen Unlust und Verärgerung auf satirische Weise Luft verschaffen können. Bürokraten, das waren für die einfachen Sowjetbürger die Leute in den Amtsstuben, aber auch die Leiter von gewöhnlichen kleinen Ladengeschäften, das waren dann aufsteigend die Dienststellen, Ministerien und auch die Parteiapparate bis zur Spitze. Den einen unterstellten die Bürger, daß sie sich kleine Versorgungsvorteile verschafften, den anderen, daß sie Privilegien wie Datschen, Dienstautos, Sonderversorgung genössen. Journalisten, Wissenschaftler, der neue Regierungschef und eben auch der Generalsekretär der Partei schienen den Feind der Umgestaltung in der Bürokratie geortet zu haben. Und in der Tat war der in sechzig Jahren gewucherte bürokratische Apparat ein Haupthindernis für eine schnellere Entwicklung in der Sowjetunion. Nur selten aber wurde gefragt, welche Bedingungen es waren, die ihn hatten entstehen lassen und ihn in seinen Strukturen erhielten.

Eine solche Frage hätte dazu führen müssen, das ganze Ausmaß der notwendigen politischen Veränderungen, der Demokratisierung der Gesellschaft zu untersuchen. Eine so radikale Umgestaltung aber war für den überwiegenden Teil des Parteiapparats und seiner Führer kaum vorstellbar und schon gar nicht annehmbar. Sie betonten immer wieder, die Reformen sollten lediglich zu Verbesserungen innerhalb des bestehenden Systems führen. Auch Gorbatschow hat das in der Zeit vor und nach der Tagung des Zentralkomitees, auf der sein Reformfahrplan angenommen wurde, ständig hervorgehoben. Wobei sich auch hier für seine Freunde wie Gegner die Frage stellte, ob Gorbatschow mit solchen einschränkenden Bemerkungen nur diejenigen beruhigen wollte, denen der Umwandlungsprozeß zu schnell und zu weit ging, oder ob seine Äußerungen Zeugnisse eines noch nicht abgeschlossenen Denkprozesses waren. Wollte er nur eng begrenzte, das System auf Teilgebieten abwandelnde Lösungen oder strebte er grundsätzliche Veränderungen an?

Gorbatschows Äußerungen waren in dieser Zeit jedenfalls nicht ohne Widersprüche. Vor Journalisten schränkte er kurz nach dem ZK-Plenum das Ausmaß der ins Auge gefaßten Reformen wieder ein. Vorschläge, das System der zentralen Wirtschaftsplanung aufzugeben, seien nicht angenommen worden. Die Art, in der Gorbatschow sich ausdrückte, schien zu zeigen, daß er mit einer solchen Ablehnung und mit der Masse der ZK-Mitglieder einig war: »Wir sind nicht darauf eingegangen, und wir werden dem nie zustimmen, denn wir wollen den Sozialismus stärken und ihn nicht durch ein anderes System ersetzen.« Wenn er sagte, daß die Reformen nicht über die Grenzen des Sozialismus hinausführen würden, so blieb freilich offen, welche Formen des Sozialismus er dabei im Auge hatte. Aber es war klar, daß seiner Ansicht nach die Kommunistische Partei ihre führende Rolle behalten müsse, daß der Reformprozeß durch sie zu führen sei.

Diese wie andere Bemerkungen ließen bei den Anhängern einer weiterreichenden Reformpolitik den Verdacht aufkommen, es gehe Gorbatschow gar nicht um eine durchgreifende Änderung des Systems, sondern nur um die Verbesserung jener Mechanismen, die ihrer Meinung nach wirtschaftliche Fortschritte gerade erschwerten. Aber in der sowjetischen Intelligenz, die weit mehr Reformen erwartete, als sie die Mehrheit der Parteifunktionäre zugestehen wollte, setzte man weiter Hoffnungen auf Gorbatschow und auf die Politik der Glasnost, welche die Entwicklung zu einer Demokratisierung der Gesellschaft und damit zum Abbau der bürokratischen Strukturen in Bewegung halten würde.

Gorbatschow muß sich über den inneren Widerspruch im klaren gewesen sein, der einer Politik zugrunde lag, die einerseits den Abbau bürokratischer und zentraler Macht anstrebte und andererseits diese Veränderungen mit Hilfe jener Kaste von Partei- und Staatsfunktionären durchsetzen wollte, die nach seinen eigenen Worten die Masse der Bremser darstellten. Er selbst sagte vier Wochen nach dem ZK-Plenum, in der Sowjetunion sei dem Volk in den letzten Jahren die Einflußnahme auf die Politik durch einen elitären Führungsstil unmöglich gemacht worden. Im Herbst verdeutlichte er diese Kritik bei einem Besuch im äußersten Norden der Sowjetunion, in der Stadt Murmansk. Man müsse nun gründlich darüber nachdenken, sagte er, wie der aufgeblähte Leitungsapparat vereinfacht werden könnte, kündigte freilich beruhigend an, man werde bei solchem Abbau der Bürokratie verantwortungsbewußt und umsichtig vorgehen und sich um jeden einzelnen und seine Familie kümmern.

Aber er hatte den herrschenden Zustand zuvor drastisch geschildert: »In der Leitung der Wirtschaft und der Gesellschaft wurde seit vielen Jahrzehnten auf Zentralisierung sowie auf administrative und Kommandomethoden gesetzt. Das hat zu einer großen Aufblähung des staatlichen wie auch des wirtschaftlichen Leitungsapparats geführt, sowohl des Apparats der gesellschaftlichen Organisationen als auch in gewissem Maße des Parteiapparats. In der Verwaltung sind gegenwärtig achtzehn Millionen Menschen tätig, davon 2,5 Millionen in den Apparaten verschiedener Verwaltungs- und Ordnungsorgane und fünfzehn Millionen als Verwaltungsmitarbeiter in Vereinigungen, Betrieben und Organisationen. Das sind fünfzehn Prozent aller Arbeiter und Angestellten.« Gorbatschow wies darauf hin, wieviel durch den Abbau eines Apparats gespart werden könne, der die Gesellschaft jährlich vierzig Milliarden Rubel koste.

Einige Tage später nannte er den Bürokratismus den bösartigsten und gefährlichsten Feind der revolutionären Umgestaltung. Er sprach vor Leningrader Parteikadern, die wie eine selbstzufriedene, schwerfällige Masse vor dem Generalsekretär zu sitzen schienen – kaum wie begeisterte oder aktive Anhänger der revolutionären Umgestaltung, die der Generalsekretär propagierte. Wiederum freilich war sich Gorbatschow darüber klar, zu wem er sprach und mit welchen Widerständen er zu rechnen hatte. Er sagte den Zuhörern, daß er nicht dazu aufrufe, auf die führenden Kräfte von Partei und Regierung das Feuer zu eröffnen, wie das in Maos China während der Kulturrevolution der Fall gewesen sei. Er schonte die Gefühle des Apparats, dessen Schwerfälligkeit und Beharrungsvermögen er kannte, den er aber doch für seine Politik nutzen wollte.

Schon ein Jahr zuvor hatte er vor Schriftstellern gesagt, daß zwar das Volk Änderungen wünsche, aber zwischen Volk und Führung der Apparat der Ministerien und der Partei sitze, der keine Änderungen wünsche und auf Rechte und Privilegien nicht verzichten wolle. Ähnlich, aber noch deutlicher hatte er es im Herbst 1987 ausgedrückt: »Oft wird gefragt, ob es gegen die Perestroika eine politische Opposition gebe. Eine politische Opposition gibt es in der Sowjetunion nicht. Opposition und Hemmschuh, der Bremsmechanismus, sitzen in uns selbst. Dabei nehme ich mich nicht aus. Für die Perestroika sind ganz entschieden die Werktätigen, die Arbeiterklasse. Sie drängen uns, und zwar stark. Sie kontrollieren diesen Prozeß und die Position der Führung. Ständig erreicht uns der Ansporn, nicht zurückzuweichen und das Tempo nicht zu verringern.«

Gorbatschow wußte, daß der Apparat sich aus seinem eigenen Kasten-Interesse gegen den Verlust von Privilegien und Macht stemmen würde. Zugleich projizierte er seine eigenen Erwartungen auf die Arbeiter – ganz nach der Denkgewohnheit der kommunistischen Theorie, die in der Arbeiterklasse den Hort fortschrittlicher politischer Vernunft und die Antriebskraft der Veränderung sieht. Tatsächlich aber ging die Debatte um grundsätzliche Reformen des Wirtschaftssystems über die Köpfe der großen Mehrheit der sowjetischen Bevölkerung hinweg. In den Betrieben waren die meisten Arbeiter der Ansicht, Perestroika bedeute in erster Linie eine Verbesserung ihrer sozialen Lage und ihres Lebensstandards. Die Erfolge ihrer nach eigener Einschätzung fleißigen und guten Arbeit seien durch die Leitung, durch die Bürokratie verspielt worden. Die Oberen hätten sich bereichert und Privilegien verschafft und den einfachen Leuten die Früchte ihrer Arbeit geraubt. Höhere Löhne, bessere Versorgung mit Lebensmitteln in den Läden der Industriebetriebe, Werkswohnungen und Freizeiteinrichtungen – das waren die Haupterwartungen, die sich in der Kritik an der bürokratischen Führung ausdrückten, aber selten in dem Wunsch nach Reformen, die in ihrer Marktbezogenheit auch mehr Leistungszwang, Unsicherheit des Arbeitsplatzes oder steigende Preise mit sich bringen konnten.

Die sowjetischen Gewerkschaften, deren Ansehen bei den Arbeitern gering war, versuchten nun, solche sozialen Forderungen aufzugreifen, um sich in den Betrieben und später in wirtschaftspolitischen Debatten wieder als echte Vertreter von Arbeiterinteressen darzustellen.

Aus Gorbatschows Reden in diesen Jahren läßt sich herauslesen, in welch schmaler Zone er mit seinen Reformprojekten zu operieren hatte. Über die Beschränkungen und Widersprüchlichkeiten seiner Politik muß sich der Parteichef im klaren gewesen sein – auch wenn nicht sicher ist, ob er sich der Folgen eines konsequenten Weiterdenkens seiner eigenen Erklärungen voll bewußt und bereit war, tiefgreifende Systemveränderungen anzusteuern. Aber es gibt keinen Zweifel, daß ihm solche Überlegungen vertraut waren – nicht nur aus den Diskussionsbeiträgen der Wissenschaftler und Journalisten, die in jener Zeit immer häufiger in Zeitungen und Zeitschriften erschienen, sondern auch aus seinen Gesprächen mit Männern wie Alexander Jakowlew, seinem engen Vertrauten im Zentralkomitee.

Im Frühjahr 1987 hatte Jakowlew in der theoretischen Zeitschrift der Partei, *Kommunist*, in einem Artikel den Zusammenhang zwischen der Macht der Bürokratie, dem starren Dogmatismus in der Ideologie und den Formen des Eigentums in der Gesellschaft untersucht. Er schrieb: »Der Bürokratismus stützt sich auf den Dogmatismus, wie sich umgekehrt der Dogmatismus auf den Bürokratismus stützt. Bürokraten wie Dogmatiker können nur existieren, indem sie die Interessen der Gesellschaft verletzen. Dabei nutzen sie ihre Zugehörigkeit zum Staatsapparat aus, der sich eine eigenartige Allmacht aneignet. Daher die Bestrebung, alles und jedes zu ›verstaatlichen‹ und alle Erfolge und Errungenschaften mit administrativen Methoden der Verwaltung, die als die geeignetsten bezeichnet werden, zu verbinden.« So sah Jakowlew als wichtigste Ursache des wirtschaftlichen Stillstands die Verabsolutierung der staatlichen Eigentumsform an, die mit der gesamtgesellschaftlichen Eigentumsform gleichgesetzt werde, und es den Bürokraten ermögliche, ihre Herrschaft mit administrativen Methoden auszubauen. Auf diese Weise habe die bürokratische Leitungsschicht allmählich alles zu Überbleibseln des Kapitalismus erklärt, was ihre Herrschaft behinderte und ihre Führungsbefugnis einschränkte.

Als Beispiel erwähnte Jakowlew die Kolchosen, die nicht mehr wirkliches kooperatives Eigentum seien. Aber das gelte genauso für die individuelle Tätigkeit, die Warenproduktion, die Ware-Geld-Beziehung, den Markt, den Gewinn und die sozialistische Rechnungsführung. Hier waren in unpolemischer, fast wissenschaftlicher Aufarbeitung die wichtigsten Ursachen der Stagnation genannt und in eine Entwicklungsperspektive gestellt, die deutlich erkennbar machte, was im Prozeß der Perestroika an grundsätzlichen Veränderungen notwendig war. Gorbatschow muß diese Überlegung gekannt, diesen Artikel gelesen haben, ehe er veröffentlicht wurde.

Er war sich auch darüber klar, daß er unter den Parteiführern im Politbüro und noch mehr unter der Oberschicht der Partei-, Staats- und Wirtschaftsfunktionäre mit starkem, teils ideologischem, teils geradezu emotionalem Widerstand zu rechnen hatte. Zu dieser Zeit war Jegor Ligatschow noch der zweite Mann in der Parteiführung, und er blieb bis heute, trotz eines deutlichen Verlusts an Macht und Einfluß, derjenige, auf den der Apparat setzt, der für den Apparat spricht. Der Neunundsechzigjährige ist der älteste im Politbüro, ein untersetzter Mann mit randloser Brille und grauen Haaren, der wie der Chef eines mittelständischen Industriebetriebs in der deutschen Provinz wirkt. Im täglichen Umgang gewöhnlich freundlich, wird er am Rednerpult zum machtbewußten Funktionär, der seine ideologischen Leitsätze den Zuhörern einhämmert.

Ligatschow betonte in der Reformdebatte des Jahres 1987 immer wieder, daß der neue Kurs nicht auf eine Liberalisierung westlicher Art gerichtet sei, sondern die Vertiefung der »sozialistischen« Demokratie zum Ziel habe. Er sah darin zugleich eine Stärkung der Selbstverwaltung des Volkes, betonte aber noch entschiedener als alle anderen, daß der Reformprozeß unter der Leitung der Partei geführt werden müsse. Für ihn war die Wiederherstellung bäuerlichen Eigentums, auch in kleinen Schritten, eine Verletzung des sozialistischen Dogmas, der Weg zur Einführung eines anderen politischen und sozialen Systems. Marktwirtschaftliche Prinzipien schienen ihm den Führungsanspruch der Partei zu gefährden. Er ist ein Mann, der zu glauben vermag, daß die Sowjetunion sich in ihrer Entwicklung grundsätzlich an die Wegweisung Lenins gehalten habe und daß die Intellektuellen dazu neigten, die Erfolge des Landes und seiner Wirtschaft überkritisch herabzusetzen. Nach einer Reihe von Verbesserungsmaßnahmen werde das sozialistische System – mehr oder weniger in seiner gegenwärtigen Gestalt – dem Kapitalismus überlegen sein.

Ligatschow hat seine wirtschafts- und gesellschaftpolitischen Reformvorstellungen nie als geschlossenes theoretisches Konzept dargelegt oder veröffentlicht. Vielleicht erschien ihm dies überflüssig, weil die Leute, mit denen er seit Jahrzehnten im Partei- und Staatsapparat umgeht, seine Vorstellungen fast als selbstverständlich akzeptieren.

Es waren ja nicht nur eingefleischte Konservative und Gegner der Reformpolitik Gorbatschows, die bei der Beurteilung der Systemversteinerung in der Sowjetunion vor tiefgehender Kritik zurückschreckten. Ein Mann wie Lukjanow, an dem Gorbatschow seit der gemeinsamen Studienzeit Organisationstalent und Intelligenz schätzt und den er als vertrauten Mitarbeiter nachzog, gehörte zu denen, die 1987 den Rahmen der Ursachenforschung sorgsam einzuschränken versuchten. Die Kritik an der historischen Entwicklung der Wirtschaft, an Kollektivierung und Industrialisierung, die zugleich Kritik an den heutigen Zuständen war, begrenzte er: Ohne den Namen Stalins zu nennen, hob er hervor, daß die Methoden, die zum Aufbau der Industrie und zur Kollektivierung der Landwirtschaft angewandt wurden, für den Aufbau des Sozialismus und den Sieg über den Faschismus unbedingt notwendig gewesen seien.

Zu dieser Zeit waren sowjetische Historiker und Wirtschaftswissenschaftler in der öffentlichen Diskussion schon sehr viel weiter gegangen. Sie hatten die Zwangskollektivierung, die unter den Bauern Millionen Opfer gefordert hatte, als die eigentliche Ursache des Niedergangs der sowjetischen Landwirtschaft geschildert. Und sie hatten die forcierte Industrialisierung, mit der Stalin schon vor Hitlers Machtergreifung begonnen hatte, als den Ursprung des Systems der zentralistischen Kommandowirtschaft erkannt, deren Trägheit die sowjetische Wirtschaftsentwicklung in die Stagnation führte.

Daß es in der sowjetischen Geschichte keinen anderen Weg gegeben habe, bezweifelten mehr und mehr sowjetische Autoren. Alexander Bowin, einer der eigenwilligsten und gescheitesten sowjetischen Journalisten, gehörte zu den ersten, die darauf hinwiesen, es habe in den zwanziger Jahren nicht nur der Weg in die zentralisierte Kommandowirtschaft zur Wahl gestanden, sondern durchaus auch andere Alternativen des Sozialismus. Für Bowin wie für andere Intellektuelle ging es darum, den Spielraum der heutigen Diskussion über Reformmodelle für den Sozialismus offenzuhalten. Wenn in den zwanziger Jahren, also vor Stalin, mehrere Modelle und Wege innerhalb der Partei und der Gesellschaft diskutiert werden konnten, so rechtfertigte das nach ihrer Ansicht in der heutigen Situation eine Diskussionsfreiheit, die über die Grenzen hinausging, die ihr von Funktionären wie Ligatschow und zeitweise auch von Gorbatschow gesetzt werden sollten. Bei Alexander Bowin las man, es sei eine Ironie der Geschichte, daß das, was in der Sowjetunion verwirklicht wurde, sich völlig von den Konzepten zu Lebzeiten Lenins und in den Jahren danach unterschied und daß die heutige sowjetische Gesellschaft deshalb nicht in der Lage sei, die Möglichkeiten des Sozialismus zu entfalten. So müsse man eine historisch überlebte Form des Sozialismus durch eine andere ersetzen, und wenn die Modernisierung der Perestroika scheitere, dann würden künftige Krisen zeigen, daß die Stagnation in der Sowjetunion und anderen sozialistischen Staaten nicht überwunden werden könne, während der Kapitalismus zunehmend Kraft und Überlegenheit gewinne.

In der Folge setzten sich viele sowjetische Wissenschaftler und Journalisten mit der bürokratischen Kommandowirtschaft im Lande auseinander. Sie schilderten sie als eine gefährliche soziale Krankheit, einen Krebs, der durch Anpassung und Unterwürfigkeit alle Prinzipien der Wirtschaftlichkeit und Kompetenz außer Kraft setze. In der Bürokratie verbinde sich die Machtkonzentration unheilvoll mit der Scheu vor jeder Verantwortung. So sei seit der Revolution ein riesiger und schwerfälliger Apparat geschaffen worden, der die produktiven Kräfte der sowjetischen Gesellschaft erdrücke.

Ein geradezu religiöser Glaube an die Organisation, so schrieb Nikolai Schmeljow, habe schwerwiegende negative Folgen, Apathie, Korruption und Vergeudung, im Wirtschaftssystem hervorgerufen und in der Gesellschaft aggressiven Neid und die Entfremdung eines Teils der Arbeiter nach sich gezogen. Das Monopol der Staats- und Wirtschaftsbürokratie führe zu einem Diktat der Produzenten. Da es keinen Markt und nicht einmal marktwirtschaftliche Elemente in diesem System gebe, könne die Folge nur der Mangel sein. So forderten Schmeljow und andere eine radikale Lösung des Problems der Bürokratie, eine schnelle Entmachtung des staatlichen und wirtschaftlichen Verwaltungsapparats. Vom System der administrativen Kommandowirtschaft müsse man zu einem mit Effizienz und Rentabilität arbeitenden sozialistischen Wirtschaftssystem kommen. Dies aber werde durch Feudal- und Kastendenken und den Glauben an die eigene Unfehlbarkeit bei den höchsten Wirtschaftsführern verhindert.

Wer so scharf mit der Bürokratie ins Gericht ging, konnte sich immerhin auf Lenins Kritik berufen. Zweihundertmal habe er in seinen letzten Lebensjahren die Bürokraten aufs schärfste angegriffen, berechnete man in der sowjetischen Akademie der Wissenschaften. Den Bürokraten habe er den schlimmsten inneren Feind genannt, von dem man sich mit Hilfe der Arbeiter und Bauern befreien müsse, auch und besonders wenn er als Kommunist auf verantwortlichem Posten sitze.

Noch immer operiert man in sowjetischen Diskussionen gerne mit Lenin-Zitaten, um sich gegen Kritik abzusichern. Aber bei den Parteifunktionären ist mit diesem alten Spiel, das sie selber so gut kennen, kaum noch Wirkung zu erzielen. Natürlich fürchteten sie, daß die Kritik, die sich gegen Bürokraten im Staats- und Wirtschaftsapparat richtete, notwendigerweise weitergehen müsse. Sie bezog, ohne das auszusprechen, die Partei und ihren Apparat ein, die ja die bürokratischen Institutionen geschaffen hatten. Das bürokratische Kommandosystem in der Wirtschaft untermauerte die politische Macht der Parteifunktionäre. Deshalb traten die Wirtschaftsreformer auch für politische Demokratisierung ein. Sie fühlten sich dabei als Mitkämpfer oder Vorkämpfer Gorbatschows und seiner Reformpolitik – bereit, seine Begrenzungen der Auseinandersetzung als vorläufig notwendigen Kompromiß zu akzeptieren.

Otto Lacis, der stellvertretende Chefredakteur der Zeitschrift *Kommunist*, bemerkte im Sommer 1987, daß der Verwaltungsapparat in der Vergangenheit trotz aller Kürzungsbeschlüsse immer weitergewuchert sei. Zu der Zeit aber glaubte Lacis an eine Tendenzwende, die nun zur Entbürokratisierung des Wirtschaftssystems führen würde. Es war die Zeit, in der Moskauer Intellektuelle, Wissenschaftler, Schriftsteller und Journalisten selten abends zusammensaßen, ohne einen Toast auf Michail auszubringen.

Was sie in ihren Hoffnungen bestärkte, war die unübersehbare Tatsache, daß Gorbatschow eine weitgehende Reform der Gesellschaft anstrebte, daß er die politische Demokratisierung einsetzen wollte, um die Wirtschaftsreform auf breiterer Front voranzutreiben. Es war einfacher geworden, in den führenden Parteigremien ein wirtschaftspolitisches Reformprogramm zu vertreten. Unter Führung und Funktionären war man sich schon seit der Amtszeit Breschnews darüber klar, daß der herkömmliche Wirtschaftsmechanismus die Grenzen seiner Effektivität längst erreicht hatte und daß seine Unbeweglichkeit nun jedem weiteren Fortschritt im Wege stand.

Ohne ein neues Wirtschaftsprogramm waren weder jene sozialpolitischen Verbesserungen zu erreichen, die die Bevölkerung aus Gleichgültigkeit und Resignation reißen sollten, noch konnte die Sowjetunion im Wettlauf mit den USA und anderen kapitalistischen Ländern auf dem Weltmarkt oder auch im militärischen Kräftemessen mithalten. So ließ sich ein einigermaßen geschlossenes wirtschaftspolitisches Programm Mitte 1987 in der Partei durchsetzen. Es zeigte sich dann jedoch, daß die Verwirklichung eines solchen Programms in den bürokratischen Apparaten von Wirtschaft, Staat und auch Partei auf hinhaltenden Widerstand stieß. Es bedurfte dringend einer Gesellschaftsreform, die erst die Grundvoraussetzung für eine erfolgreiche Wirtschaftsreform schaffen mußte.

Mit dem Versuch, ein solches Reformprogramm von den Parteiorganen absegnen zu lassen, war Gorbatschow seit Januar 1987 dennoch kaum weitergekommen; im Herbst nahm er den Kampf mit Unterstützung von Wissenschaft und Publizistik entschiedener auf. Dem war freilich eine jener Pausen vorausgegangen, durch die Gorbatschow seine Freunde und Anhänger immer wieder beunruhigt hat. Der Generalsekretär hatte sich im Spätsommer auf die Regierungsdatscha bei Pitsunda am Schwarzen Meer zur Erholung zurückgezogen und war ungewöhnlich lange nicht wieder in der Hauptstadt aufgetaucht. Er nutzte die Zeit, um seine Gedanken zusammenzufassen und das Buch *Die Perestroika und das Neue Denken* zu schreiben. Aber kaum hatte er die Hauptstadt verlassen, meldeten sich im Fernsehen und auf Inspektionsbesuchen in den Provinzen die Konkurrenten aus der Führungsmannschaft zu Wort.

Besonders Jegor Ligatschow und der KGB-Chef Tschebrikow, beide Politbüro-Mitglieder, machten in Reden und Interviews deutlich, daß sie der Auseinandersetzung mit den Verbrechen und Fehlern der Stalin-Ära enge Grenzen ziehen und das Tempo der Umgestaltung drosseln wollten. Zeitungsschlagzeilen im Westen rätselten über die mögliche Entmachtung oder gar den Sturz des aus der Öffentlichkeit verschwundenen Gorbatschow. Auch in Moskau zeigten sich die Anhänger der Perestroika beunruhigt darüber, daß die konservativen Führer in den Medien Profil gewannen. Manche fürchteten, der Generalsekretär mache einen schweren taktischen Fehler, indem er in einer so wichtigen Phase des Kampfes wochenlang am Schwarzen Meer Erholung suchte. Bei aller Besorgnis aber wußten die Anhänger von Umgestaltung und Liberalisierung, daß sie in höchsten Führungskreisen nach wie vor auf Unterstützung rechnen konnten. Alexander Jakowlew zum Beispiel, im Politbüro der engste Vertraute Gorbatschows, konnte ungehindert für eine scharfe Auseinandersetzung mit der Stalinzeit eintreten.

Gorbatschows Rückkehr aus dem Arbeitsurlaub und seine Rede in Murmansk, in der er Veränderungen im Parteiapparat und die Ausmusterung reformfeindlicher Altfunktionäre ankündigte, zeigte an, daß er die Urlaubspause ohne Machtverlust überstanden hatte und daß seine konservativen Gegenspieler sie nur verbal genutzt hatten. Gorbatschow konnte sie wieder einmal überspielen – freilich indem er sowohl, was die Säuberung der Partei als auch, was die Auseinandersetzung mit der Vergangenheit anging, die radikaleren Formulierungen milderte und den Konservativen einen Kompromiß anzubieten schien. Für den überwiegenden Teil der Sowjetbevölkerung, der von der Perestroika ein besseres Leben erhoffte, und auch für Gorbatschows intellektuelle Gefolgsleute war dies dennoch genug, um sie aufatmen und an den Fortgang des Reformprogramms glauben zu lassen.

Einem unter den sowjetischen Führern gingen solche Kompromisse mit den Bremsern auf der Rechten zu weit, dem Ersten Sekretär der Moskauer Parteiorganisation, Boris Jelzin. Er war von Gorbatschow aus der Industriestadt Swerdlowsk am Ural nach Moskau geholt worden – ein Mann, der nach einer Ingenieur- und Managementkarriere im Bauwesen seit Mitte der siebziger Jahre hauptamtlicher Parteifunktionär und bis zum Mitglied des Zentralkomitees aufgestiegen war. Hochgewachsen, etwas bullig und mit silbergrauem Haar ist er das, was die Russen eine stattliche Erscheinung nennen. Er redet langsam, beinahe bedächtig, und läßt seinen Zuhörern Zeit zu einer Denkpause, wenn er eine polemische Pointe gesetzt hat. Er registriert genau, wie der Saal reagiert, und versteht es, Stimmungen sofort aufzunehmen. Weil er groß ist und langsam spricht, bekommt das, was er sagt, für die Zuhörer zusätzliches Gewicht. Er neigt dazu, sich in die Brust zu werfen, aber das verstärkt nur den Eindruck eines energischen und dynamischen Mannes.

Er galt als einer, der besonders fest auf Gorbatschows Reformpolitik eingeschworen war – als Vorhut des Kampfes gegen Stagnation und Filz. Tatsächlich hatte er schon sehr früh, auf dem 27. Parteikongreß im Frühjahr 1986, den Partei- und Staatsapparat mit auffallender Schärfe kritisiert und Veränderungen in der Struktur und der Besetzung gefordert. Mangelnde Verantwortung und Disziplin hatte er seinen Kollegen vorgeworfen, Chefallüren und Unfähigkeit, Kritik zuzulassen. Er sprach von Opportunisten mit dem Parteibuch in der Tasche, die alle radikalen Veränderungen zu vereiteln suchten, er griff insbesondere die Privilegien und Vergünstigungen der führenden Kaste an und forderte, mit den Wurzeln des Bürokratismus auch die soziale Ungerechtigkeit und den Mißbrauch der Vorrechte auszurotten. Er schlug schon damals jene populistischen Töne an, auf die sich seine Beliebtheit in zunehmenden Maße gründen sollte. Allerdings hob er zunächst noch, ganz im üblichen Stil der Parteifunktionäre, hervor, daß die Partei die einzige Kraft sei, die Veränderungen herbeiführen könne und als einzige Instanz Sicherheit dafür biete, daß die gemeinsame Sache nicht von verschiedenen Interessenvertretern hin und her gezerrt würde.

Hatte er 1986 noch kritisiert, daß hohe Parteifunktionäre sich als mächtige Wundertäter darstellten, so zeigte sein eigener Führungsstil in Moskau an, wie sehr er selber der Tradition einer Politik verbunden blieb, in der der Parteisekretär durch sein Eingreifen auf praktisch allen Gebieten die erforderlichen Veränderungen selbst durchsetzte. Schon ehe Jelzin die Konfrontation mit dem Parteiapparat und dann mit Gorbatschow selbst suchte, hatten sowjetische Beobachter in Moskau bei allem Wohlwollen kritisch angemerkt, daß er zu Alleingängen und manchmal leicht theatralischen Auftritten neige. So tauchte er etwa, in Moskau noch ein neues Gesicht, im Lebensmittelmagazin Gastronom Nr.1 auf und versuchte, Rindfleisch zu kaufen. Als man ihm sagte, daß keines da sei, gab er sich als Erster Parteisekretär von Moskau zu erkennen und verlangte Auskunft darüber, wo das am Morgen dieses Tages gelieferte Fleisch geblieben sei. Es war, wie häufig in Moskau, in den Kühlräumen geblieben, um später gegen Aufschlag an Leute mit Beziehungen verkauft zu werden.

Solche Unternehmungen und die ihnen folgenden Strafaktionen machten Jelzin bei der Bevölkerung populär. Seine Kritiker wandten dagegen ein, daß mit diesen Methoden den eigentlichen Versorgungsproblemen Moskaus nicht beizukommen sei. Jelzin, so sagten sie, agiere noch immer wie der Parteichef der Industriestadt Swerdlowsk und habe nicht begriffen, daß die Neun-Millionen-Stadt Moskau ein eigener Staat mit komplizierten politischen Strukturen und einem Dschungel von Interessenverflechtungen und Abhängigkeiten sei. Tatsächlich stand der Parteisekretär Jelzin in Moskau einer großen Zahl erfahrener Parteiorganisationen gegenüber, deren Interessen sich meist keineswegs mit den Forderungen nach Abbau bürokratischer Arbeitsplätze und Privilegien deckten. Das waren die Parteiorganisationen in den großen Ministerien und Verwaltungen, in den zentralen gesellschaftlichen Organisationen, im Industrie- und Handelsapparat der Stadt. Es fiel Jelzin schwer, in die geschlossene Front dieser routinierten Interessenvertretungen einzubrechen. Häufig boten sich ihm nur handstreichartige Umbesetzungen in Führungspositionen an. Jelzin, der sich am besten im direkten Kontakt mit Leuten aus der Bevölkerung entfalten konnte, wirkte als Parteisekretär im Kampf um die Reform des Apparats am Ende frustriert.

In mancher Hinsicht gab es zwischen Jelzin und Gorbatschow auffallende Ähnlichkeiten, in ihrer Karriere wie in ihrem direkten Herangehen an praktische Probleme. Beide verzichteten auf die üblichen ideologisch-propagandistischen Sprechblasen. Beide waren im Apparat aufgestiegen, ohne Anstoß zu erregen, scheinbar angepaßt und ohne beunruhigenden Ehrgeiz, zugleich aber, wie sich zeigen sollte, über den Zustand von Partei und Staat und den Lebensstil ihrer Führungskollegen insgeheim erbittert. Beide hatten gelernt, daß sich politische Ziele auf lange Sicht nur auf dem Weg über Kompromisse erreichen lassen, auch wenn Jelzin, häufiger als Gorbatschow, dazu neigte, taktische Entscheidungen durch sichtbares persönliches Eingreifen zu erzwingen. Beide hatten für sich und ihre Familien einen einfachen Lebensstil gewählt und nur einen Teil der üblichen Privilegien in Anspruch genommen. All dies hatte den Eindruck erweckt, daß Gorbatschow und Jelzin eng befreundet seien und zusammenarbeiteten. Wo Jelzin in seiner kritischen Ungeduld weiterging als Gorbatschow, glaubten die Moskauer, daß es sich um eine abgestimmte taktische Operation handele, bei der Jelzin den Angriff führe und Gorbatschow das gewonnene Terrain befestige.

Im Oktober 1987 aber zeigte sich, daß es trotz mancher Gemeinsamkeiten der Zielsetzung zwischen Gorbatschow und Jelzin tiefe Gegensätze gab. Jelzin jedenfalls war nicht mehr bereit, sich an der Linie der Kompromisse zu orientieren, auf der Gorbatschow die Reformpolitk voranbringen wollte. Er suchte, gegen den Rat und den Wunsch Gorbatschows, im Zentralkomitee die direkte Konfrontation mit Jegor Ligatschow, dem Vertrauensmann der überwiegend konservativ gestimmten Funktionäre. Er hielt eine für dieses Parteigremium ungewöhnliche Rede, die fast einem Ausbruch gleichkam.

Jelzin begann mit seinem Hauptthema, dem Angriff auf die Privilegien der Spitzenfunktionäre. Mit den Futterkrippen müsse Schluß sein, zumal sich die Versorgung der Bevölkerung nicht verbessert habe. Mit der Perestroika werde es nicht vorwärtsgehen, solange diese Partei der Bürokraten und Schreiberseelen, die eine ganze Armee darstellten, nicht zerschlagen sei. Er zitierte Briefe aus der Bevölkerung mit der Forderung, die sowjetischen Truppen aus Afghanistan zurückzuziehen. Erregt und beschwörend wandte er sich an das Zentralkomitee: »Es ist Zeit, Genossen, nach den Worten zur Sache zu kommen. Es ist Zeit, die Macht zu gebrauchen. Und wir haben die Macht. Sie ist uns vom Volke anvertraut worden. Aber wenn wir im Sumpf versinken und sie nicht gebrauchen, um die Interessen des Volkes zu verteidigen, dann wird die Perestroika ohne Ergebnis bleiben.«

Jelzin ging Ligatschow direkt an und warf ihm vor, ihn anzuschreien und zu schulmeistern. Statt konkreter kameradschaftlicher Hilfe erlebe er nur Belehrung und barsche Zurechtweisung. Aber Jelzin wandte sich nicht nur gegen den Vordermann der Konservativen und gegen den KGB-Chef Tschebrikow, sondern kritisierte auch Raissa Gorbatschowa, die Frau des Generalsekretärs. Sie mische sich mit Telefonanrufen, Belehrungen und Aufforderungen in seine Arbeit ein. Solche Eingriffe verbitte er sich. Auch das war ein wirksamer, populärer Vorwurf: in der sowjetischen Öffentlichkeit und in der Partei beschäftigte man sich seit einiger Zeit mit der Frage, welche Rolle Gorbatschows Frau eigentlich spiele und mit welchem Recht. Aber ein solcher persönlicher Angriff auf die Frau des Generalsekretärs vor dem Zentralkomitee war höchst ungewöhnlich. Er wies darauf hin, daß die Beziehungen zwischen Gorbatschow und Jelzin in jene Art fast persönlicher Feindschaft umzuschlagen begannen oder umgeschlagen waren, die zwei Jahre später deutlich sichtbar werden sollte.

Zunächst einmal hatte Jelzin mit seinem unerwarteten Vorstoß Gorbatschow in eine schwierige Lage gebracht. Die Sitzung des Zentralkomitees hatte dem Zweck dienen sollen, die Rede abzustimmen, die Gorbatschow am Revolutionsfeiertag über den Zustand der sowjetischen Politik und zugleich die Auseinandersetzung mit der stalinistischen Vergangenheit halten wollte. Nun hatte Jelzin eine Auseinandersetzung mit der Bürokratie und den Konservativen losgetreten und damit die Front der Reformgegner gefestigt. Vierundzwanzig Redner, darunter neun Politbüro-Mitglieder, traten gegen ihn an. Einige ließen seine früheren Verdienste gelten, alle aber kritisierten an ihm »politisches Abenteurertum« und seine angeblich ultralinke Radikalität. Manche warfen ihm vor, sich durch seine Alleingänge und seinen Arbeitsstil jeder selbstkritischen Auseinandersetzung entzogen zu haben. Gorbatschow erwähnte wie andere Redner Erfolge der Arbeit Jelzins, erklärte jedoch, daß es ihm für die Führung der Parteiorganisation der Hauptstadt Moskau an Kraft und Einsicht fehle. Seine Rede nannte er politisch unreif, äußerst verwirrend und widersprüchlich. Jelzin habe seinen Ehrgeiz über das Interesse der Partei gestellt und die eigenen Schwächen und Fehler anderen zugeschrieben.

Das schien das Ende von Jelzins Parteikarriere zu sein. In jähem Umschwung gab er nun die ihm vorgeworfenen Fehler zu und erklärte sie mit seinem Ehrgeiz. Er nahm seine Kritik an der Verwirklichung der Perestroika zurück und bekundete, er habe sein Gesicht als politischer Führer und als Kommunist verloren und sich gegenüber dem Moskauer Parteiapparat, dem Politbüro und Michail Gorbatschow schuldig gemacht. Gleichgültig, welche Gegensätze es zwischen ihm und Gorbatschow gab und wo ihr Ursprung lag: Als Jelzin an der geschlossenen Front der ZK-Mitglieder scheiterte, die sich an der radikalen Demontage ihrer eigenen Positionen und Privilegien nicht beteiligen mochten, hatte er die Politik und die Position Gorbatschows in der Auseinandersetzung mit den Konservativen geschwächt. Aber Jelzins Ausbruch auf der ZK-Sitzung legte auch die Grundlage für seine künftige Popularität, die sich im Wahlkampf für den Kongreß der Volksdeputierten erweisen sollte.

Nach der ZK-Sitzung wurde Jelzins Rede nicht gedruckt. Sie kursierte aber bald in einer ziemlich zuverlässigen Mitschrift. Um die Bevölkerung zu gewinnen, veröffentlichte die Parteipresse die Reden der Gegner Jelzins, aus denen sich die Zielrichtung der Jelzin-Rede jedoch in Umrissen rekonstruieren ließ. In vielen Untergrund-Stationen Moskaus erschienen anonyme Zettel an den Wänden, auf denen sich Sowjetbürger für Jelzin einsetzten und seine Kritik unterstützten. An einigen Stationen wagten es junge Leute, Handzettel zur Unterstützung von Jelzin zu verteilen. Mundpropaganda rief zu einer Protestdemonstration am Trubnaja-Platz auf, aber dazu war der Zeitpunkt noch nicht gekommen: Vierzig oder fünfzig Leute standen bei strenger Kälte vereinzelt oder in kleinen Grüppchen wie unbeteiligt herum, während hinter der Straßenecke Lastwagen mit Polizei aufgefahren waren. Wäre ein Redner aufgetreten, so wären wohl ein paar Dutzend Menschen bereit gewesen, sich mit ihm für Jelzin einzusetzen. Aber noch wagte keiner, öffentlich für ihn einzutreten.

Im Grunde hatte Jelzin vor dem Zentralkomitee keine überzeugende Figur abgegeben. Aus der Sicht der politischen Taktik hatte er die Haltung der überwiegenden Mehrheit falsch eingeschätzt und das Gegenteil der erwünschten Reaktion hervorgerufen, Gorbatschow gereizt und in eine schwierige Lage gebracht. Als Redner hatte er nach seinem kritischen Ausbruch und der Verurteilung durch die Gegenredner in scheinbarer oder momentan echter Zerknirschung Selbstkritik geübt, die über das übliche innerparteiliche Modell noch hinausging. Aber in der sowjetischen Bevölkerung schadete ihm das nicht. Im Gegenteil, sie teilte seine Unzufriedenheit mit den zu geringen Fortschritten bei der Umgestaltung, bei der Verbesserung der Versorgung und dem Abbau der Privilegien und hatte in Jelzin den Sprecher für ihre Verärgerung und Frustration gefunden. Jelzin wurde vom Parteiapparat in eine Märtyrerrolle gedrängt, und Märtyrer können bei den Russen noch stets auf Verständnis und Stimmen rechnen. Gorbatschow erkannte die Stimmungslage in der Bevölkerung: Jelzin wurde nicht völlig ausgeschaltet, sondern verlor nur seinen Posten als Parteichef von Moskau, bekam aber unerwartet als Stellvertretender Minister für das Bauwesen einen Posten mit Kabinettsrang.

Die Erregung über den Fall Jelzins verdeckte, daß auf diesem ZK-Plenum wieder ein Mann der Breschnew-Ära aus dem Politbüro ausschied: Gejdar Alijew aus Aserbaidschan. Er war unter Breschnew in die Partei- und Regierungsspitze aufgestiegen und galt Gorbatschows Freunden und wohl auch Gorbatschow selbst als einer der typischen Vertreter dieser durch auswuchernde Privilegien, Filz und Korruption gekennzeichneten Ära. In ihm hatten Anhänger einer Partei- und Gesellschaftsreform einen Repräsentanten ihrer Gegner gesehen. Gleichzeitig mit dem Sturz Jelzins hatte Gorbatschow die Möglichkeit genutzt, sich von Alijew zu befreien – nicht indem er ihn beschuldigte oder verurteilte, sondern indem er ihn aus gesundheitlichen Gründen nach Aserbaidschan ziehen ließ. Das war ein politischer Gewinn, auch wenn Gorbatschows Anhänger nicht verstanden, daß man diesen Mann in Ehren und mit hoher Sonderpension abziehen ließ. Sie vermuteten, er werde in Aserbaidschan gegen die neue Politik und die neuen Leute Gorbatschows konspirieren.

Am 7. November 1987, dem siebzigsten Jahrestag der Oktoberrevolution, stand Gorbatschows große programmatische Rede vor sechstausend Mitgliedern der Parteielite im großen Kreml-Palast an. Wochenlang hatte er sie vorbereitet. Er kannte die Aufsätze und Untersuchungen der Historiker und Wirtschaftswissenschaftler, die mit der Aufarbeitung der schrecklichen Stalinzeit und deren Folgen für das bestehende System begonnen hatten. Natürlich wußte er, wie weit ein Mann wie Alexander Jakowlew den Rahmen der Auseinandersetzung gespannt hatte. Aber er wußte auch, wieviel enger die meisten führenden Mitglieder in Politbüro und Zentralkomitee die Kritik eingrenzen wollten. Seine Rede zum Revolutionsfeiertag mußte die Zustimmung des Politbüros erhalten und vor dem Zentralkomitee diskutiert oder wenigstens erläutert werden. Zu den drei Hauptteilen der Rede lagen ihm Empfehlungen und Entwürfe seiner engeren Berater vor, die wesentlich weiter gingen als das, was die Mehrheit des Politbüros für annehmbar hielt.

Einige Tage vor der Jubiläumsrede war Gorbatschow, als er das Neue Denken erläuterte, in der Grundsatzkritik der früheren sowjetischen Außenpolitik sehr deutlich geworden und hatte erklärt, man dürfe die Entwicklung in der Welt nicht mehr vom Standpunkt des Kampfes zweier gegensätzlicher gesellschaftlicher Systeme betrachten. Freilich geschah dies auf einem internationalen »Treffen der Vertreter der Parteien und Bewegungen«, also ausländischer Delegationen, zu denen neben Kommunisten auch Sozialdemokraten, Grüne und Vertreter anderer sogenannter fortschrittlicher Gruppen gehörten.

Auf der Festsitzung im großen Kreml-Palast wurde dagegen in seiner Rede deutlich, mit welchen Kompromissen er den konservativeren Vertretern in der Führung entgegengekommen war. Er sprach über die geschichtliche Entwicklung der Sowjetunion, den heutigen Stand der Innen- und Wirtschaftspolitik und die außenpolitische Lage. In seiner Beurteilung der Vergangenheit wurde klar, wie weit Gorbatschow die Kritik an der Stalinzeit zurückgenommen hatte. Er sprach von den Repressionen der dreißiger Jahre, von der Willkürherrschaft und den Gesetzesbrüchen unter Stalin und verurteilte sie als wirkliche Verbrechen, aber als Stalins Opfer nannte er nur »viele Tausende von Parteimitglieden und Parteilosen« zu einer Zeit, als bereits in sowjetischen Publikationen zu lesen war, daß es sich um Millionen gehandelt hatte. In mancher Hinsicht blieb Gorbatschows

Festansprache sogar hinter der Geheimrede zurück, mit der Nikita Chruschtschow vor mehr als dreißig Jahren die erste Phase der Entstalinisierung eröffnet hatte. Das war für viele sowjetische Intellektuelle enttäuschend. Andrej Sacharow beklagte öffentlich, daß Gorbatschow nicht die ganze furchtbare Wahrheit über die Verbrechen Stalins gesagt habe. Aber Gorbatschow hatte mit seiner Rede einer entschiedeneren Stalin-Kritik keinen Riegel vorgeschoben, ihr nur vorsichtig die Richtung gewiesen. Und Alexander Jakowlew ließ die Intellektuellen in einem Interview wissen, Gorbatschows Überlegungen seien nicht als verbindliche Direktive zu verstehen. Wieder operierte der Generalsekretär mit äußerster Vorsicht in einem Gelände, das seine konservativen Gegner vermint hatten.

In seinen Bemerkungen zur Lage der Sowjetunion hob Gorbatschow besonders hervor, daß eine Reform der Gesellschaft dringend notwendig sei, ja, er gab der Demokratisierung des gesamten Lebens den Vorrang vor einer radikalen Wirtschaftsreform, die er als das andere der beiden Schlüsselprobleme der Perestroika bezeichnete. Das Wirtschaftssystem, das er als Ziel darstellte, sollte Zentralismus und Selbstverwaltung auf optimale Weise verbinden – wiederum eine Kompromißformel. Dabei bewertete der Generalsekretär die bisherigen Ergebnisse des Reformprozesses einerseits unerwartet optimistisch, andererseits kündigte er an, die nächsten Jahre würden kompliziert und kritisch sein. Er sprach sogar davon, daß der Widerstand der konservativen Kräfte zunehmen werde und erwähnte dabei – ohne nähere Ausführungen – die Arbeitskollektive. Das zeigte, wie gut er über Entwicklungen informiert war, die die Öffentlichkeit noch kaum bemerken konnte, denn die Organisatoren der sogenannten Arbeitskollektive, die zu Widerstandszentren gegen Wirtschaftsreform und Demokratisierung werden sollten, traten erst etwa ein Jahr später in Leningrad öffentlich hervor.

Wie in den meisten seiner Reden warnte Gorbatschow auch diesmal sowohl vor den dogmatischen und konservativen Kräften als auch vor den Übereifrigen und Ungeduldigen, denen die Perestroika nicht schnell genug Erfolge bringe und die die Etappen der Entwicklung überspringen wollten.

Wie zu erwarten, waren diejenigen, die Gorbatschow mit solchen kritischen Bemerkungen meinte, mit seiner Rede wenig zufrieden. Dem Reformflügel fehlten entschiedenere Aussagen, ein Fahrplan von Maßnahmen, der die Veränderungen in der Gesellschaft durchsetzen sollte. Mit der außenpolitischen Kursbestimmung war man schon eher einverstanden. Schließlich sah Gorbatschow ein neues Verhältnis zwischen allen Staaten, kapitalistischen wie sozialistischen, voraus, in dem die gegenseitige Abhängigkeit wachsen würde. Nicht mehr Klassengegensätze, sondern gemeinsame Interessen der Menschheit sollten die bestimmenden Faktoren der Zukunft sein.

Auch hier freilich blickte Gorbatschow, der Lenins Imperialismustheorie revidierte, ohne sie zu erwähnen, zugleich auf den konservativen Flügel seiner Partei und auf die Armee, als er erklärte, die Verteidigungskraft der Sowjetunion müsse stets hoch genug sein, um eine Überlegenheit des »Imperialismus« über den Sozialismus auszuschließen. Immerhin war das auch eine Aufforderung zum Umdenken an das Militär, das bisher eher Überlegenheit – die es als garantierte Verteidigungsfähigkeit verstand – angestrebt hatte. Nun sollte sie das Konzept der Parität, der gleichen Stärke, akzeptieren. In den wissenschaftlichen Forschungsinstituten war man freilich schon einige Schritte weiter und von dem mechanischen Konzept der gleichen Stärke zum Begriff der »ausreichenden Verteidigungsfähigkeit« übergegangen. Wieder hielt Gorbatschow einen Prozeß in Bewegung, ohne die konservativeren Kräfte zu überfordern oder in die Konfrontation zu drängen.

Gorbatschow hielt in der Diskussion über Außen- und Abrüstungspolitik starke Karten in der Hand. Schon seine ersten Auslandsreisen hatten der sowjetischen Bevölkerung das Gefühl gegeben, daß ihr Partei- und Staatschef ein Mann war, der mit den Führern der westlichen Welt selbstsicher und gleichberechtigt verkehren und verhandeln konnte. Das Fernsehen, das die Bilder seiner Auftritte in London, Paris oder Reykjavik übertrug, hatte natürlich auch seine Frau Raissa gezeigt, und die sowjetischen Zuschauerinnen vermerkten mit Befriedigung oder auch Stolz, daß sie in Kleidung und Auftreten hinter den Frauen westlicher Regierungschefs nicht zurückstand. Das wurde in diesen ersten Phasen ihres öffentlichen Auftretens noch ohne Kritik und durchweg mit Zustimmung aufgenommen. Insgesamt trug die neue Außenpolitik zur Stärkung der Position Gorbatschows entscheidend bei. Die Bevölkerung erhoffte sich eine Sicherung des Friedens, der in den Breschnew-Jahren meist in düsteren Kommentaren als äußerst gefährdet geschildert worden war. Sie sah erste Anzeichen dafür, daß die Sowjetregierung unter Gorbatschow bereit sein könnte, die Soldaten aus Afghanistan zurückzuholen. Sie erwartete, daß die Verhandlungen über Rüstungsbeschränkung oder Rüstungsabbau den wirtschaftlichen Druck im eigenen Lande vermindern und zu einer Verbesserung des Lebensstandards beitragen würden. So machte Gorbatschow auf Gipfelkonferenzen Boden gut, den er durch die Auseinandersetzung mit Jelzin sowohl bei Konservativen wie radikalen Reformern verloren hatte.

Die Begegnung mit Ronald Reagan im Weißen Haus mußte den sowjetischen Fernsehzuschauern wie ein Friedensfest und wie ein Triumph ihres Staats- und Parteichefs vorkommen. Was die Amerikaner als »Gorbimania« bezeichneten, kam auch über den Bildschirm. Gorbatschows Bad in der Menge, die Unterbrechung seiner Autofahrt, um die Hände freundlicher, ja begeisterter Amerikaner zu schütteln, Van Cliburn am Flügel des Weißen Hauses, der mit Reagan und Gorbatschow »Moskauer Nächte« sang, das wog kaum weniger schwer als die Unterzeichnung des Abkommens über den Abbau der Mittelstreckenraketen oder der Hinweis darauf, daß sich Sowjets und Amerikaner über Möglichkeiten für ein Ende des Afghanistan-Kriegs zu verständigen begannen. Das neue Klima spielte für Gorbatschows Position in der Sowjetunion jedenfalls keine geringe Rolle.

In der Sache hatte das INF-Abkommen zum erstenmal die Grundlage für die Vernichtung einer ganzen Klasse von atomaren Raketen festgeschrieben. Zwar mußte das sowjetische Militär in Kauf nehmen, daß die zahlenmäßige Überlegenheit sowjetischer Mittelstreckenraketen der Vernichtung einer weit kleineren Zahl amerikanischer Mittelstreckenraketen geopfert wurde, aber zugleich verschwanden eben die von den Sowjets stets als besonders gefährlich eingeschätzten Raketen, die als einzige von europäischem, meist deutschem, Boden

Ziele in der Sowjetunion erreichen konnten. In Reykjavik hatte sich dies angekündigt, als Gorbatschow den Generalstabschef Marschall Achromejew als Delegationsmitglied und Symbol der Unterstützung durch das Militär zu den Gipfelverhandlungen mitgebracht hatte.

In Washington erwies sich später, daß Gorbatschow sein Abrüstungskonzept gegen ein Militär durchzusetzen vermochte, dessen ältere Führer den Abbau sowjetischer Stärke zunächst mit ablehnender Besorgnis beurteilt hatten. Während die Wirtschaftsreform nur langsam vorankam und kaum praktische Verbesserungen brachte, während die Demokratisierung Reibungsverluste und Ablehnung unter den Staats- und Parteifunktionären provozierte, waren außenpolitische Erfolge deutlich zu erkennen. Das internationale Ansehen der Sowjetunion war in gleichem Maße gewachsen wie Prestige und Popularität Gorbatschows. Er wußte die Wechselwirkung von Innen- und Außenpolitik zu nutzen, und er brauchte den außenpolitischen Erfolg, um in den Konflikten um die Macht in Partei und Regierung bestehen zu können.

Im Westen wie in der Sowjetunion ist man gewohnt, diese Auseinandersetzung als Machtkampf im Kreml zu bezeichnen, so als handele es sich um ein ganz besonderes, spezifisch sowjetisches Phänomen. Seit Mitte der achtziger Jahre aber konnte man das, was sich in der kollektiven Führung vollzog, durchaus mit den Positionskämpfen vergleichen, die sich in Koalitionsregierungen von Staaten im Westen oder in der Dritten Welt abspielen. Die kommunistische Terminologie verwischt solche Ähnlichkeiten, weil sie stets die Geschlossenheit der Führungsgruppe oder der Gesamtpartei behauptet. Tatsächlich aber handelte es sich Mitte der achtziger Jahre im Politbüro der Sowjetunion um eine Führungsriege, deren Spektrum etwa von gemäßigt konservativen bis zu gemäßigt liberalen Positionen der Staatspolitik reichte. Für die verschiedenen Führer kam es darauf an, sich die Unterstützung größerer Gruppen in der Partei, im Verwaltungsapparat, bei den Intellektuellen und in der Bevölkerung zu erhalten und zugleich dafür zu sorgen, daß sich die eigenen politischen Vorstellungen in Entscheidungen und Veröffentlichungen sichtbar niederschlugen. So ließ sich ein Rückkoppelungseffekt erzeugen. Der Glaube, daß einer der Führer in der Lage war, seine Richtung öffentlich durchzusetzen, sicherte ihm wiederum zugleich eine wachsende Gefolgschaft.

In dieser Zeit verfügte keiner der Männer im Politbüro über eine klar umrissene, einsetzbare Hausmacht, auf die er sich stützen konnte. Zweifellos aber war es wichtig, die Dossiers zu kennen und über Lebenslauf und Lebensstil der Mitbewerber und ihrer Gefolgsleute möglichst genau Bescheid zu wissen. Damit ließ sich ihnen von Fall zu Fall ein Wink geben, daß ihre Position nicht unverletzlich sei. Gute Beziehungen zu dem in sich schon nicht mehr geschlossenen Apparat der Geheimpolizei, des KGB, waren dafür nötig. Es ging darum, in der Führungsgruppe selbst offene Konfrontationen und Beschuldigungen zu vermeiden, aber zugleich um die Besetzung ideologischer und personeller Positionen zu konkurrieren.

Gorbatschow hatte sich als ein Meister einer Politik erwiesen, die ihre Ziele nicht aus den Augen verlor, aber doch kompromißfähig blieb, und die in der Parteiführung zunehmend einflußreiche Posten mit eigenen Anhängern besetzte, ohne die Verdrängten zu bestrafen oder bloßzustellen. Daß die abgeschlagenen Konkurrenten weder ihre Privilegien noch ihre Komfortwohnungen verloren, hatte dem Generalsekretär den Prozeß des Auswechselns erleichtert. Aber auch im Frühjahr 1988 hatte er seine Machtbasis noch nicht weit genug ausgebaut, um, wie er selbst einmal sagte, personelle und politische Entscheidungen schnell und allein treffen zu können.

Im Frühjahr 1989 traten achtundneunzig Mitglieder und Kandidaten des Zentralkomitees zurück. In überraschender Freiwilligkeit erklärten sie sich für zu alt, um in einer Zeit schneller Veränderungen den großen Aufgaben gerecht zu werden. Gorbatschow zog vierundzwanzig weniger konservative Mitglieder aus dem Kreis der Kandidaten ins Zentralkomitee. Aber eine reformfreudige Mehrheit unter den 251 Mitgliedern des neuen ZK hatte er immer noch nicht, und im Politbüro saßen auch Anfang 1990 nach wie vor überwiegend Männer, die allzu schnelle Veränderungen der Gesellschaft mit Mißtrauen betrachteten – auch wenn sie, wie Ligatschow, den Kampf gegen Korruption im Parteiapparat an Gorbatschows Seite geführt hatten.

Das war schon 1988 im Kampf um die politische Grundrichtung, der nach außen in der sogenannten Zeitungsfehde zwischen *Sowjetskaja Rossija* und *Prawda* gipfelte, deutlich sichtbar geworden. Anlaß war der Brief einer unbekannten Hochschullehrerin aus Leningrad, Nina Andrejewa, die sich zu den starren Prinzipien des überkommenen Marxismus-Leninismus bekannte und die Öffnung zu einer pluralistischen, wenn auch noch begrenzten politischen Diskussion als Angriff auf die führende Rolle der Partei brandmarkte. Der Brief erschien am 13. März in der Zeitung *Sowjetskaja Rossija*, dem Parteiorgan der Russischen Föderativen Republik. Die Zeitung hatte seit Monaten schon neostalinistische, antisemitische und Glasnost-feindliche Artikel veröffentlicht. Zugleich wurden Kopien des Briefes oder des Zeitungsabdrucks in Moskau und anderen Städten verteilt und von Unbekannten in die Postkästen der Wohnungen von Funktionären und Intellektuellen gesteckt.

Dem ausführlichen Brief konnte man ansehen, daß nicht einfach eine empörte Leserin zur Feder gegriffen hatte. Hier war ein Gegendokument zur Perestroikapolitik sorgfältig erarbeitet worden. Die Verfasserin wandte sich gegen die Auseinandersetzung mit der stalinistischen Vergangenheit, forderte eine positivere Beurteilung der Rolle und der Person Stalins und wies die Forderung, daß überlebende Altstalinisten Reue bezeugen sollten, mit Empörung zurück. Sie geißelte einen entstehenden »linksliberalen Sozialismus«, der sich als Träger eines von Klassengegensätzen freien Humanismus aufspiele, warf Neoliberalen wie Trotzkisten Verrat an der Arbeiterklasse und an der russischen Nation vor. Antisemitische Untertöne waren unüberhörbar. Nina Andrejewa schmeichelte dem Nationalstolz der Großrussen. Aber zugleich griff sie auch jene Vertreter traditioneller russischer Strömungen an, die die Zwangskollektivierung und die Vernichtung der Bauernschaft für ein Grundübel der sowjetischen Entwicklung erklärten. Was die Zeitung *Sowjetskaja Rossija* abdruckte, las sich wie eine ausführliche Gegenposition zu Gorbatschows Politik der Glasnost und Perestroika. So konnte man den Rückgriff auf eine administrative und zentralistische Politik rechtfertigen, die sich ihrer stalinistischen Herkunft nicht schämte.

Als der Brief veröffentlicht wurde, bezweifelten viele Moskauer Intellektuelle sofort, daß er von Frau Andrejewa selbst geschrieben sei. Wenigstens teilweise müsse er, glaubte man, von Ligatschow, dem Vertreter der Konservativen im Politbüro, und seinen Mitarbeitern ergänzt oder redigiert worden sein. Tatsächlich war er zumindest überwiegend das Werk der alten Professorin, die bis heute fanatisch an ihrer Bewunderung Stalins und des dogmatischen Marxismus-Leninismus festhält. Ligatschow und sein Stab hatten den Brief nicht geschrieben. Es heißt sogar, sie hätten ihn durch Streichungen an den Stellen entschärft, in denen er sich zu deutlich gegen die Person und die Demokratisierungsforderungen Gorbatschows richtete. Aber es war klar, daß Ligatschow den Inhalt dieses Briefes grundsätzlich billigte und nutzen wollte. Die russisch-nationalistischen Töne, die hier angeschlagen und mit der Verteidigung des starken Führers Stalin und der führenden Rolle der Partei verbunden wurden, konnte man auch aus den Äußerungen der konservativen Politiker um Ligatschow heraushören.

Der Brief erschien, unmittelbar bevor Generalsekretär Gorbatschow zu einem Besuch nach Belgrad reiste. Die konservativen Kräfte hatten Zeit, der Veröffentlichung das Ansehen eines offiziellen Dokuments zu geben. Einige Tage lang wurde der Brief in manchen Parteiorganisationen und auch in der Armee als Schulungsmaterial benutzt, das eine Rückwendung der sowjetischen Politik ankündigte.

Die Lage war für Gorbatschow gefährlich. Hier konnte ein verunsicherter Parteiapparat auf eine konservativere Politik umgepolt werden. In der Tat ließ sich die Veröffentlichung wenigstens als Signal für das Ausbrechen eines Richtungskampfes deuten.

Gorbatschow kam fünf Tage nach der Veröffentlichung aus Jugoslawien zurück. Es dauerte zwei Wochen, bis er auf Sitzungen des Politbüros eine scharfe Widerlegung des Nina-Andrejewa-Briefes durchgesetzt hatte. Die Antwort erschien in dem Organ des Zentralkomitees, der in der ganzen Sowjetunion verbreiteten *Prawda*. Alexander Jakowlew und seine Mitarbeiter hatten den Gegenartikel erarbeitet und mit Generalsekretär Gorbatschow abgestimmt. Der Andrejewa-Brief wurde als Ausdruck einer konservativen und dogmatischen Position bezeichnet, die jeden Ansatz zur Erneuerung unmöglich machen wolle. Hurra-Patriotismus und fatalistisches Geschichtsverständnis wurden den Kräften vorgeworfen, die den Brief als ideologisches Manifest gegen die Umgestaltung benutzt hatten. Wer Stalin so verteidige, trete gleichzeitig für die Anwendung stalinistischer Methoden in der heutigen Sowjetunion ein und wende sich gegen eine Entwicklung zur Demokratie, die ohne Gedanken- und Meinungsfreiheit, ohne umfassenden und kritischen Meinungsstreit nicht vorstellbar sei. Der Gegenartikel in der *Prawda* sagte nicht, welche Kräfte in der Partei den Prozeß der Reformen stoppen wollten und nannte auch keine Namen. Die Vorwürfe richteten sich – stellvertretend – gegen die Redakteure der Zeitung *Sowjetskaja Rossija*. Sie hätten mit der Veröffentlichung verantwortungslos den Versuch unterstützt, die Beschlüsse der Partei zu revidieren.

Die Redaktion der *Sowjetskaja Rossija* rückte den Artikel des Zentralorgans *Prawda* ohne Kommentar ins Blatt, gab aber zehn Tage später immerhin zu, der Abdruck des Briefes ohne eine redaktionelle Stellungnahme sei ein Fehler gewesen. Sehr weit ging die Selbstkritik nicht: Die Redaktion rechnete offenbar damit, daß zwischen den Konservativen und den Mitstreitern Gorbatschows in der Parteiführung nach wie vor ein ungefähres Gleichgewicht herrschte und daß sie sich nicht zu grundsätzlichen Fehlern zu bekennen brauchte.

Gorbatschow allerdings hatte mit dem *Prawda*-Artikel für die Masse der Funktionäre und der Bevölkerung klargestellt, daß es keine Umkehr geben werde, auch wenn der reale Kampf um die Perestroika hart sei und noch härter werde. Das war zugleich ein notwendiges Signal an die Parteifunktionäre der Provinz. Gorbatschow brauchte ihre Unterstützung bei der Auswahl der Kandidaten für die 19. Parteikonferenz, auf der die Weichen für tiefe und langfristige Veränderungen der sowjetischen Gesellschaft und ihrer politischen Strukturen gestellt werden sollten. Die Masse der Funktionäre folgte dem neuen Kurs nur widerwillig. Gorbatschow durfte nicht den Eindruck entstehen lassen, daß ihr Widerstand von höchsten Stellen gedeckt würde.

Parallel zu der Verwirrung, die der Nina-Andrejewa-Brief hervorgerufen hatte, ging der Prozeß der Entstalinisierung weiter. Zeitungen schilderten die Verbrechen dieser Periode, zeigten Fotos von geöffneten Massengräbern Erschossener, nannten Zahlen der Opfer Stalins, die nun weit über die von Gorbatschow im Herbst genannten Tausende hinausgingen. Zugleich wurden viele jener kommunistischen Führer rehabilitiert, die unter Stalin ausgeschaltet und »liquidiert« worden waren, Vertreter der rechten wie der linken Opposition. In vielen Fällen blieb es bei der juristischen Rehabilitierung, welche die Todesurteile für unrechtmäßig erkannte, aber nichts über die Richtigkeit der oppositionellen Positionen aussagte. Ein Mann wie Nikolai Bucharin aber wurde nicht nur rehabilitiert, sondern die von ihm theoretisch begründete »Neue Ökonomische Politik« der zwanziger Jahre wurde wieder aufgegriffen und als Vorläufer heutiger Reformen diskutiert. Entscheidend war, daß die Rehabilitierungen in jedem Fall eine moralische Verurteilung der Stalinschen Politik der gewaltsamen Gleichschaltung waren, daß sie das Recht zur Diskussion über alternative Wege der sozialistischen Politik bekräftigten und damit auch die Entwicklung zum Meinungspluralismus in der heutigen Sowjetunion öffneten.

Aber die Lage blieb unübersichtlich. Die Aufstellung der Delegierten für die 19. Parteikonferenz 1988 wurde in den Grundorganisationen des Apparats entschieden. Sie schien eine deutliche Mehrheit konservativer Delegierter nach Moskau zu bringen. Intellektuelle innerhalb und außerhalb der Partei, unter ihnen Andrej Sacharow, warnten öffentlich vor einer Mehrheit konservativer Funktionäre, denen Gorbatschow auf dieser Konferenz gegenüberstehen würde. Gorbatschow selber verkündete optimistisch, die Konferenz werde der Perestroika einen neuen starken Anstoß geben. Ohne von seinen Reformvorschlägen abzugehen, gelang es ihm, in der Auseinandersetzung mit denen, die das Tempo der Perestroika beunruhigte, die Parteiführung auf zehn Thesen festzulegen, welche die Grundrichtung seiner Politik zur Leitlinie der bevorstehenden Parteikonferenz machten. Damit war für Gorbatschow schon viel gewonnen.

Es hatte sich im Laufe der Entwicklung gezeigt, daß sich die Kritiker von links und von rechts in ihrem politischen Verhalten wesentlich unterschieden. Der Reformflügel neigte schnell dazu, Entscheidungen Gorbatschows und auch den Generalsekretär selbst anzugreifen. Unter den konservativen Parteifunktionären dagegen herrschte nach wie vor die Gewohnheit, Entscheidungen des Politbüros ohne offenen Widerspruch zu akzeptieren und die Parteispitze nicht zu kritisieren. Das bedeutete, daß die eher konservative, von einschneidenden Veränderungen beunruhigte Mehrheit der Vertreter aus dem Parteiapparat und den Provinzorganisationen der vom Politbüro und ZK gebilligten Linie folgen würde – widerwillig zwar, aber ohne Widerstand und ohne gegen Entscheidungen der Führung zu stimmen.

Die zehn Thesen hatte Gorbatschow zwar überwiegend selbst verfaßt und von seinen Vertrauten ausarbeiten lassen. Offenbar aber waren sie sehr schnell aufgesetzt worden, manche Stellen wirkten wie später eingeschoben. Das Ergebnis sah aus, als sei es mit Rücksicht auf die konservative Mehrheit in Form und Inhalt noch nachträglich geändert worden. Die meisten ZK-Mitglieder, behauptete Boris Jelzin, hätten die Thesen vor der Konferenz kaum gekannt und jedenfalls keine Meinung zu ihnen geäußert. Aber nach ihrer Annahme durch das Politbüro galten sie als durch jene Führer gutgeheißen, in denen der Parteiapparat seine Fürsprecher und Vertreter erblickte. Damit waren sie von der Mehrheit der Delegierten schon akzeptiert.

Gorbatschows Rechnung ging auf. Den Delegierten der Parteikonferenz war anzumerken, daß sie dem Programm gesellschaftlicher Veränderungen meist ohne Enthusiasmus zustimmten. Den stärksten Beifall bekamen Redner, die der Glasnost Grenzen setzen und das Tempo der Perestroika verlangsamen wollten. Selbst Viktor Afanassjew, bis Herbst 1989 Chefredakteur der *Prawda* und einer der Konservativen, fragte die Delegierten, warum sie der Presse und Glasnost so feindlich gegenüberstünden.

General Gromow, Oberkommandierender in Afghanistan, nannte in seiner Rede einen der Gründe dafür: »Niemand, nicht einer in unserem Lande, hat das Recht, den Glauben der Jugend daran zu zerstören, daß der Dienst eine Pflicht und die Militärzeit nicht umsonst durchlebt ist.« Wie er, der den Krieg in Afghanistan und die Opfer der Soldaten rechtfertigte, wehrten sich andere gegen eine angeblich nihilistische Kritik in der Presse, deren Betreiber ihre Strategie lange geplant hätten, um den Glauben an die Vergangenheit und die Geschichte und das Vertrauen zur älteren Generation zu zerstören.

Der Schriftsteller Jurij Bondarew warnte dramatisch vor einer Amoralität der Ideologie, die geistige Verderbnis nach sich ziehen müsse. Der Versuch, »ohne Führung, ohne Leitung auf irgendeinem Gebiet auszukommen«, so unterstützte ihn Wladimir Karpow, der neue Erste Sekretär des Schriftstellerverbands, sei eine Art Idealismus, der zur Anarchie führe. Es gab auch ein paar mutige und brillante Verteidigungsreden für die Glasnost, aber bei Gorbatschow wurde nicht deutlich, für welche Seite er eintrat. Einige Redner unterbrach er scharf und ungeduldig, und das waren stets solche, die besonders entschieden für mehr Offenheit und Demokratie eintraten. Die Reden der Leute aus dem Apparat ließ er durchgehen.

Die Delegierten, die über die Schwarzmalerei der Journalisten geklagt hatten, machten die Konferenz selber zur Klagemauer. Die meisten der über siebzig Redner hatten Erschreckendes aus ihrer Heimat und ihrem Arbeitsgebiet zu berichten. Von den Bauern hieß es, sie lebten seit der Breschnew-Zeit in einer Art Leibeigenschaft, Kollektivierung und Industrialisierung seien auf ihrem Rücken ausgetragen worden. Nachdem der Staat den Bauern alles genommen hätte, sei es nun an der Zeit, ihnen wenigstens einen Teil zurückzugeben, damit man die Versorgungskrise lösen könne, rief ein Abgeordneter der Konferenz zu. Der Gesundheitsminister gestand ein, die Sowjetunion liege auf der Weltrangliste des öffentlichen Gesundheitswesens so weit zurück, daß die Kindersterblichkeit höher sei als in Drittweltländern wie Mauritius und Barbados. Der Vorsitzende des Komitees für Volksbildung berichtete, die Hälfte der Schulen sei ohne Heizung, Wasserleitung und Kanalisation, ein Viertel der Schüler habe Schichtunterricht, und für anderthalb Millionen Kinder gebe es keinen Platz in den Kindergärten. Der Erste Sekretär des Jungkommunistenverbands berichtete, mit der neuen Linie habe man Mißtrauen und Gleichgültigkeit nicht überwinden können. Sie gelte vielen jungen Leuten als revolutionäre Phrasendrescherei. Daß auch die Arbeiter von den Reformen nicht begeistert waren, begründeten Redner damit, daß die Geschäfte leer seien und die Preise stiegen.

Einzelne Delegierte sprachen, als sei die Wirtschaftsreform schon gescheitert. Sogar der Wirtschaftswissenschaftler Leonid Abalkin, den Gorbatschow als Experten schätzte und später zum Stellvertretenden Ministerpräsidenten machen sollte, bezweifelte, daß es eine Wende der Wirtschaftspolitik gegeben habe und daß die Führung die Probleme überhaupt verstehe.

Aber einstimmig, wie sie es gewohnt waren, nahmen die Delegierten schließlich die von Gorbatschow vorgetragenen Thesen an. Sie erklärten die radikale Wirtschaftsreform für notwendig, weil das Land am Rande einer Wirtschaftskrise stehe. Sie stimmten weiteren Schritten zur tiefgreifenden Demokratisierung von Partei und Gesellschaft zu und auch einer Parteireform, bei der die Funktionäre in geheimen Wahlen unter mehreren Kandidaten gewählt und nicht nur vom Apparat bestimmt werden sollten. Sie waren für die Schaffung eines sozialistischen Rechtsstaats, in dem sich nicht nur die Bürger gegenüber dem Staat, sondern auch der Staat gegenüber den Bürgern zu verantworten hat, und in dem die Rechtsprechung sich an den Gesetzen und nicht an den Anweisungen von Parteisekretären orientiert. Sie akzeptierten, daß unabhängige gesellschaftliche Organisationen und Vereinigungen ihre Interessen zum Ausdruck bringen und an der politischen Diskussion teilnehmen könnten.

Es ist schwer zu sagen, ob die Delegierten auch die Bedeutung der These sechs voll erkannten, die die völlige Wiederherstellung der Befugnisse der Sowjets der Volksdeputierten vorsah. Sowjets – auf deutsch »Räte« – sind der Verfassung nach Volksvertretungen. Aber sie waren seit Jahrzehnten zu Schein-Parlamenten verkommen, deren Mitglieder von der Parteiführung und den Exekutivorganen bestimmt wurden und die sich deshalb den oberen Organen verantwortlich fühlten und nicht der Bevölkerung, die an ihrer Wahl nur scheinbar beteiligt war. Diesen Sowjets und ihren Abgeordneten würden nun die Organe der Exekutive wieder untergeordnet werden. Den gewählten Parlamenten der Sowjetunion, aber auch der sowjetischen Regierung sollte damit eine andere, stärkere Rolle gegeben werden, die sie gleichberechtigt und unabhängig neben die Partei und ihren Machtapparat stellen würde.

Wahrscheinlich war es den Delegierten und selbst hohen Funktionären nicht klar, welche Folgen das für die Rolle der Partei haben mußte. Zu lange waren sie daran gewöhnt, daß die Beschwörungsformeln von der Sowjetdemokratie die Parteiherrschaft nicht schmälerten. Es erfaßte sie freilich sichtbares Erstaunen, fast Verwirrung, als Gorbatschow ihre Zustimmung zu einer Änderung verlangte, auf die weder sie noch die Mehrheit der Führungsspitze vorbereitet schienen. Gorbatschows Vorschlag besagte, in Zukunft gewisse Partei- und Regierungsfunktionen personell zusammenzulegen. So sollte etwa der Parteisekretär eines Ortes zugleich Vorsitzender des Ortssowjet sein – scheinbar eine Stärkung des Parteisekretärs. Aber er sollte sich bei der Wahl für den Ortssowjet den Wählern stellen und lief damit Gefahr, bei einer Niederlage auch sein Parteiamt zu verlieren.

Vielleicht schien dies den Delegierten nicht gefährlich, weil eine Wahlniederlage des Kandidaten der Partei in ihrer Lebenszeit praktisch nie vorgekommen war. Aber es verschlug ihnen die Sprache, als Gorbatschow das Prinzip der Personalunion auch für die beiden höchsten Ämter von Partei und Staat vorschlug. Der Generalsekretär der Partei sollte nach den Wahlen zu einem neuen Kongreß der Volksdeputierten auch Staatspräsident werden – und dies mit Vollmachten, die wesentlich weiter gingen als jene, die früher die Vorsitzenden des Präsidiums des Obersten Sowjet in ihrem überwiegend repräsentativen Amt gehabt hatten. Manche Delegierte sahen in Gorbatschows Vorschlag nur einen Schachzug, mit dem er sich Machtvollkommenheiten aneignen wollte, die fast denen eines Stalin gleichkamen. Sie bemerkten noch nicht, welche Machtverschiebung die von Gorbatschow vorgeschlagenen Veränderungen bewirken mußten: Der erste Mann von Partei und Staat könnte in seinem staatlichen Amt über mehr Macht verfügen als in seinen Parteifunktionen. Das Prinzip geheimer Wahl mit mehreren Kandidaten würde die Macht des Parteiapparats schwächen. Offene Wahlen zu den Sowjets würden, auch wenn keine Parteien zugelassen sind, zu parlamentarischen Kontrollorganen führen, die nicht mehr von Partei und Regierungsapparat abhängig sind. Gorbatschow selber könnte mit Vollmachten, die denen des amerikanischen Präsidenten entsprechen, den Schwerpunkt seines Wirkens vom Partei- auf den Regierungsapparat verlagern, wenn sich die Funktionäre dem Umwandlungsprozeß widersetzten. Eine italienische Kommunistin, als Gast im Saal der Konferenz, faßte ihren Eindruck in zwei Sätzen zusammen: »Gorbatschow hat diese Parteifunktionäre satt. Er will den Verein auf dem Weg von Wahlen auflösen.«

Die Stärkung der künftigen Funktionen eines Vorsitzenden des Obersten Sowjet, die ganz auf Gorbatschow selbst zugeschnitten schien, beunruhigte seine Anhänger auf dem Reformflügel, die mit ihm Glasnost und Perestroika durchsetzen wollten. Sie bezweifelten, ob diese Machtkonzentration ein Schritt zur Demokratisierung sei. Gorbatschow warf sogar seinem Berater Abalkin vor, er begreife die Reform des Systems nicht, weil der künftige Stellvertretende Ministerpräsident ernste Bedenken hatte, ob die sowjetische Gesellschaft bei den bestehenden Organisationsformen und bei Erhaltung des Ein-Parteien-Systems überhaupt zu demokratisieren sei.

Das Ergebnis der Parteikonferenz war doppeldeutig. Die Resolutionen, die die Delegierten annahmen, wurden nicht sofort veröffentlicht, sondern erst vier Tage später nach einer Politbürositzung, auf der sie wahrscheinlich noch einmal redigiert und abgeändert wurden. Die von Gorbatschow geforderte Konzentration der Macht beim Vorsitzenden des Obersten Sowjet tauchte nur noch verwässert auf. Eine Plenarsitzung des Zentralkomitees sollte erst am 29. Juni erörtern, wie diese Resolutionen verwirklicht werden könnten. Dabei aber sollte Gorbatschow selber als Kommissionsvorsitzender die Maßnahmen zur Verwirklichung der Reformen ausarbeiten lassen. Gorbatschow hatte, wie so oft, etwas zurückgenommen, um wieder vorwärtsgehen zu können. Als Ergebnis der Glasnost-Diskussion, über die nach der Konferenz noch einmal im Politbüro gestritten wurde, entstand eine Formel, die praktisch ein Freibrief für mehr Offenheit in den Medien war: »Niemand besitzt ein Monopol auf Wahrheit, und es darf auch kein Monopol auf Offenheit geben.« Das hatte die Kommunistische Partei noch niemals zugestanden.

Gorbatschow, der in seinem Schlußwort die Delegierten aufforderte, sich vom »blinden Glauben an eine lichte Zukunft« loszusagen, formulierte sein Ziel der Umgestaltung: »Ein neues, menschliches Antlitz des Sozialismus.« Es war ein Ziel, wie es zwanzig Jahre zuvor in Prag proklamiert worden war, ehe die Sowjetunion und ihre Verbündeten mit Panzern einmarschiert waren.

# Gegenspieler

Die träge Masse der Parteifunktionäre konnte der Beweglichkeit der Reformer, mit denen sich Gorbatschow umgeben hatte, natürlich nicht folgen. Aber auch die Uhren der Sowjetgesellschaft gingen nun schneller als die der Partei. Die größere Offenheit in den Medien hatte die Schleusen der Kritik geöffnet. Sie schlug sich nicht mehr nur in halblautem Schimpfen nieder, wenn die Sowjetbürger in den Einkaufsschlangen standen. Immer häufiger wagten es Arbeiter, in Leserbriefen an die Zeitungen die Leitung ihres Betriebs oder ihrer Stadtverwaltung zu kritisieren und über die Versorgungslage zu klagen, die seit Beginn der Perestroika nicht besser, sondern schlechter geworden war. »Die Perestroika haben wir nun, aber wo bleibt die Wurst?« fragten Betriebsräte in Sendungen des sowjetischen Fernsehens. Hauptgewinner der Veränderungen waren bisher Wissenschaftler, Schriftsteller und Publizisten gewesen, denen die Glasnost das Recht zu freierer Rede gegeben hatte.

Die Offenheit der Diskussion aber hatte auch die verschiedensten Bevölkerungsgruppen dazu ermutigt, sich zusammenzuschließen, um ihre höchst unterschiedlichen Interessen selber zu vertreten. Das hatten Partei und KGB in der Vergangenheit nicht zugelassen. Nun aber entstanden sogenannte »informelle Vereinigungen«, und schon Anfang 1988 hieß es in der Presse, daß sich dreißig- bis vierzigtausend solcher Gruppen im ganzen Lande gebildet hätten.

Die meisten von ihnen bestanden aus jungen Leuten, die offen ausleben wollten, was bisher als Subkultur unterdrückt worden war: So entstanden Rockgruppen und Fanclubs, die sich auf Dachböden und in Kellern trafen. Die ausländische Musik, aber dann auch die Texte der russischen Rockgruppen befriedigten ein meist unklares Bedürfnis nach Rebellion gegen den Staat der Erwachsenen. Sie waren zugleich ein Ausstieg aus der organisierten Freizeit, die der kommunistische Jugendverband monopolisiert hatte.

Aber sehr schnell entwickelten sich auch Gruppen, die sich aktiver ins Leben der Gesellschaft einschalten wollten. Eine der ersten nannte sich »Barmherzigkeit«. Wenn in der Sowjetunion nach offiziellem Eingeständnis vierzig Millionen Menschen unter der Armutsgrenze lebten, so meinten die jungen Gründer der »Barmherzigkeit«, dann müsse neben die staatliche Sozialversorgung ein karitatives Engagement der Bürger treten, um den Ärmsten der Gesellschaft zu helfen. Sie betreuten Alte und Kranke in den großen Städten und konnten für ihre Arbeit die Unterstützung der Verwaltungen, großer Betriebe und des Komsomol gewinnen. Sie galten als politisch harmlos und als eine entlastende Hilfstruppe des behördlichen Versorgungssystems, aber dadurch, daß sie sich freiwillig und selbständig zusammengeschlossen hatten, durchbrachen sie das Monopol der Partei, die bis dahin als einzige die gesellschaftliche Arbeit hatte organisieren dürfen.

Andere Gruppen erregten bei den Behörden sehr schnell mißtrauische Aufmerksamkeit. Das waren besonders die Umweltschützer, die nun Baustellen blockierten, historische Gebäude vor dem Abbruch retten wollten oder gegen Atomkraftwerke protestierten. Oft erhielten sie moralische Unterstützung von bekannten Wissenschaftlern und Schriftstellern, die schon früher in Eingaben an das Politbüro gegen die Zerstörung der Umwelt eingetreten waren, ohne an die Öffentlichkeit zu gehen. Ökologie-Gruppen, die nun Strategien des gewaltlosen Widerstand zu erproben versuchten, waren ein ganz neues Element in der Sowjetgesellschaft.

Daneben entstanden Gruppen, die in freiwilliger Wochenendarbeit am Wiederaufbau zerfallender Kirchen mitarbeiteten, und manche von ihnen waren einer neuen Bewegung verbunden, die unter dem Namen »Pamjat« – Erinnerung – das nationale Erbe der russischen Kultur wiederzubeleben versprachen. Pamjat gewann schnell Anhänger; der radikalste Flügel der Bewegung brachte in Moskau und anderen Städten mehrere tausend Leute auf die Straße. Bei ihren Demonstrationen zeigte sich, daß nicht jede Lockerung zu einer Liberalisierung der Sowjetgesellschaft führen muß: In den Pamjat-Parolen tauchten die alten Schlagworte des großrussischen Chauvinismus wieder auf und unterschwellig auch die schrillen Töne des traditionellen russischen Antisemitismus. Im veränderten politischen Klima wurde auch Pamjat geduldet, und es schien sogar, als wollten sich orthodoxe Parteifunktionäre solche national-konservativen Kräfte im Kampf gegen Glasnost und Perestroika zu Verbündeten machen.

Aber auch die Gegenkräfte formierten sich. Von Moskau bis in die Provinzen entstanden Komitees der Vereinigung »Memorial«, die eine ganz andere Erinnerung als die Leute von Pamjat am Leben erhalten wollten: Sie traten für eine offene Aufarbeitung der Schreckensherrschaft des Stalinismus, für die Rehabilitierung seiner Opfer und den Bau von Gedenkstätten ein. Aber ihre Auseinandersetzung mit der Vergangenheit war auch auf Gegenwart und Zukunft gerichtet, wenn sie die Wurzeln der heutigen Erstarrung untersuchten und auf die nach wie vor wirksamen stalinistischen Elemente in der sowjetischen Gesellschaft verwiesen.

In vielen Betrieben und Städten entstanden politische Klubs zur Unterstützung der Perestroika, in denen über Veränderungen diskutiert wurde und in denen sich die aktivsten Anhänger der Demokratisierung zusammenfanden. Solche Gruppen wurden als »informelle Verbindungen« geduldet. Politische Parteien waren nach wie vor verboten, und die neuen oppositionellen Gruppen vermieden das Wort Partei im allgemeinen mit äußerster Vorsicht. Nur in Moskau versuchten sich Oppositionelle als »Demokratische Union« zusammenzuschließen und traten mit der Forderung nach einem Mehrparteiensystem, nach freien Gewerkschaften und dem Selbstbestimmungsrecht der nationalen Republiken zu Demonstrationen auf dem Puschkin-Platz an. Diesen Aktivitäten sahen die Sowjetbehörden weniger geduldig zu als denen der Informellen. Die Demonstrationen der Demokratischen Union wurden noch 1989 verboten und von der Polizei aufgelöst. Aber dem harten Eingreifen einer neugebildeten Spezialtruppe folgten gewöhnlich Strafmaßnahmen, die gegenüber der brutalen Unterdrückung früherer Oppositionsgruppen milde wirkten: Haftstrafen von drei bis vierzehn Tagen oder Geldstrafen. So wagten sich immer wieder einige hundert Demonstranten mit der Forderung nach Mehrparteien-Demokratie in die Innenstädte von Moskau und Leningrad. Ihre Chance war, daß die politische Führung nicht wieder ein Klima der Verfolgung und Unterdrückung schaffen wollte, in dem die Ansätze zur Demokratisierung auf allen anderen Gebieten erstickt worden wären.

Außerhalb der Städte der russischen Republik hatten die »informellen Gruppen« bereits ganz andere Bewegungen in Gang gesetzt, ohne daß es die Parteiführung in Moskau bemerkte. In Armenien zum Beispiel hatte sich aus Protesten gegen die Umweltzerstörung ein Netz von Gruppen gebildet, deren Führer als Wissenschaftler und Künstler hohes Ansehen genossen. Ihr Kampf gegen Großprojekte der chemischen und der nuklearen Industrie war zum Kampf um die Überlebensfähigkeit ihres Landes geworden. Diese Verbindung von ökologischen und nationalen Forderungen verlieh der Bewegung eine Dynamik, die den informellen Gruppen in der Hauptstadt abging. Alte nationale Forderungen im Transkaukasus erwachten zu neuem Leben, und der Konflikt mit dem aserbaidschanischen Nachbarn brach gewalttätig aus. Die Zentralorgane in Moskau versuchten, die Auseinandersetzung geheimzuhalten. Sie griffen zum alten Mittel der Nachrichtensperre und mußten entdecken, daß sich ein inoffizielles Netz der Kommunikation durch die Sowjetunion zog. Armenische Informations- und Organisationsstellen gaben Nachrichten weiter und verteilten Fernsehaufzeichnungen von Demonstrationen an ausländische Korrespondenten. Das Informationsmonopol der Partei existierte nicht mehr. In Armenien selbst solidarisierten sich der Oberste Sowjet der Republik und ein großer Teil der Parteiorganisation mit der nationalen Bewegung. Die einst monolithische Partei war in einzelne Blöcke zerfallen.

In den drei baltischen Republiken verlief die Entwicklung äußerlich weniger dramatisch. Aber hier wurde seit 1986 mit offener Unterstützung von Parteiführung und Regierung intensiv an weitreichenden Plänen gearbeitet, die den Republiken wirtschaftliche Unabhängigkeit innerhalb der Sowjetunion verschaffen sollten. Auch das geschah im Namen der Unterstützung der Perestroika, deren Ziele der wirtschaftlichen Modernisierung sich in Estland, Lettland und Litauen leichter verwirklichen ließen als in den weniger entwickelten Gebieten der Sowjetunion. Es schien, daß die drei baltischen Staaten zum Motor der Perestroika werden könnten, und die Zentralorgane in Moskau sahen keinen Grund, die Diskussion über Verbesserungen des Wirtschaftssystems abzuwürgen.

Die Forderung nach wirtschaftlicher Selbstbestimmung aber war in den baltischen Republiken der gemeinsame Nenner für viele Kräfte: Bisher verfolgte Gruppen, die die nationale Unabhängigkeit und den Austritt aus der Sowjetunion forderten, beteiligten sich an der Bewegung; die neugegründeten Grünen, die die Bodenschätze und die Natur ihres Landes gegen den Zugriff der Moskauer Industrieministerien schützen wollten; Kommunisten, denen die Partei nur zu retten schien, wenn sie deutlich für nationale Interessen eintrat. Manche führenden kommunistischen Funktionäre gelangten in ihren Republiken zu bis dahin ungekannter Popularität, wenn sie sich an die Spitze der nationalen Bewegung stellten und die Wünsche der Bevölkerung gegenüber der Zentralmacht in Moskau nachdrücklich vertraten. Aber bald vermochten sie nicht mehr, das Tempo zu bestimmen. Sie brauchten in ihren Republiken die Unterstützung jener Massenbewegungen, die sich nun Nationale Front nannten und die in Presse und Fernsehen ihrer Republiken über Medien verfügten, mit denen sie die Propaganda der Moskauer Zentrale übertönten.

Noch immer galt für die Sowjetunion der Führungsanspruch der Kommunistischen Partei, wie er in Artikel 6 der Verfassung festgeschrieben war. Er lautet: »Führende und lenkende Kraft der sowjetischen Gesellschaft, Kern ihres politischen Systems, der staatlichen und gesellschaftlichen Organisation ist die KPdSU.« Der Artikel bestimmt, daß die Partei die Linie der Innen- und Außenpolitik der UdSSR festlegt. So sichert der Artikel 6 der Partei ein absolutes Machtmonopol, das sie über jede Regierung stellt. Aber in den Randrepubliken war dieser Führungsanspruch schon unterhöhlt und sogar der Weg zu einem Mehrparteiensystem bereits beschritten.

Die sowjetische Gesellschaft war schon in Bewegung gekommen, als Anfang 1989 der Wahlkampf für den Kongreß der Volksdeputierten begann. Zum erstenmal seit über sechzig Jahren stellte diesmal nicht mehr die Parteizentrale die Kandidaten auf. Zum erstenmal sollten die Wähler mit ihrer Stimme entscheiden, wer sie im obersten gesetzgebenden Organ der Sowjetunion vertrat. Die Parteikonferenz im Sommer zuvor hatte allerdings eine Reihe von Sicherheitsmaßnahmen in den Auswahlprozeß eingebaut, mit denen sie die Kandidatenaufstellung unter Kontrolle halten wollte. Der Führungsanspruch der Kommunistischen Partei blieb gewahrt, und andere Parteien durften sich nicht zur Wahl stellen. Aber auch wenn es kaum Oppositionsparteien gab, zeigte sich in stürmischen Versammlungen, daß die Partei ihr Vorschlagsrecht in den Augen der Bevölkerung verloren hatte. Besonders in den großen Städten setzten sich fast immer die Kandidaten durch, die am schärfsten Kritik übten. Wenn die Wahlkommissionen den Versuch machten, den Auswahlprozeß zu manipulieren, stießen sie in vielen Orten auf Widerstand.

Selbst in Provinzstädten versammelten sich Tausende protestierender Bürger, wenn die Parteisekretäre etwa eine Journalistin, die sie kritisiert hatte, von der Liste streichen ließen. Zu ihrer Überraschung erlebten die Funktionäre, daß ein großer Teil der sowjetischen Bevölkerung erbittert auf seinen brandneuen demokratischen Rechten bestand. Die Russen galten als autoritätsgläubig und geduldig. Fast ihre ganze Geschichte, außer dem kurzen Zwischenspiel nach der Revolution, war von der Alleinherrschaft der Zaren, der Diktatur Stalins und dem Machtmonopol der Partei geprägt worden. Jetzt schlug eine fast anarchische Lust am Widerstand gegen die Autorität durch.

Um die Auswahl in der Hand zu behalten, hatte die Partei das Wahlgesetz so ausgelegt, daß 750 der 2250 Deputierten nicht zur regulären Wahl antreten mußten, sondern von gesellschaftlichen Organisationen benannt wurden. Aber auch dieses Steuerungsinstrument versagte. In den Verbänden der Filmschaffenden und Schriftsteller wurden radikale und linke Kritiker aufgestellt. In der Akademie der Wissenschaften konnte sich die Leitung mit ihrer konservativen Vorschlagsliste nicht durchsetzen. In vielen gesellschaftlichen Organisationen wurden kritische Delegierte direkt in den Kongreß der Volksdeputierten abgeordnet, deren Chancen in den Wahlkreisen oft geringer gewesen wären als unter ihren Kollegen. Als die Leitung der Akademie der Wissenschaften Andrej Sacharow von der Kandidatenliste gestrichen hatte, erzwangen jüngere Wissenschaftler eine neue Abstimmung und setzten durch, daß er mit einer ganzen Reihe angesehener Experten des Reformflügels in den Kongreß entsandt wurde.

Der Parteiapparat glaubte, wenigstens sich selber vor solchen Überraschungen gesichert zu haben: Er hatte das Recht, einhundert Delegierte auszusuchen und zu entsenden, ohne daß sie sich zur Wahl stellen mußten. Zu ihnen gehörte auch Gorbatschow. Die Sitze der Parteiführung im Kongreß der Volksdeputierten waren damit garantiert, aber längst nicht alle hohen Funktionäre kamen auf die Liste der Hundert. Manche der besonders konservativen Parteisekretäre von Gebieten und Städten fehlten in dieser Auswahl. Sie mußten sich Wahlen stellen. Das schien sie nicht zu beunruhigen, denn sie waren selbstsichere Leute, die sich in ihren Heimatgebieten mächtig fühlten. Mit Sicherheit hatte Gorbatschow hier eine Chance gesehen: Solche erwiesenen Gegner der Reformpolitik mußten nun zeigen, daß sie die Bevölkerung hinter sich hatten und mehr als nur von der Partei eingesetzte Machthaber waren. Fast vierhundert von ihnen schienen stark genug, um sich gegen jeden Fehlschlag abzusichern: Sie schafften es, als jeweils einziger Kandidat auf dem Stimmzettel zu erscheinen und sahen den Wahlen unbesorgt entgegen.

In den meisten Wahlkreisen aber lieferten sich zwei oder mehr Kandidaten harte Duelle. Niemals waren Parteiapparat, Bürokratie und System so hart angegangen worden wie auf den Versammlungen des Frühjahrs 1989. Die Versorgungslage wurde zum Hauptthema, und die Zustandsbeschreibungen waren drastisch. Ein Professor der Parteiakademie für Sozialwissenschaften belehrte die Wähler darüber, daß sie in langen Schlangen für wenige und schlechte Nahrungsmittel anstehen müßten, die nicht einmal die Katzen fressen wollten, während die Parteioberen aus Sonderläden mit salpeterfreier Wurst und biologisch angebautem Gemüse versorgt würden. Ein General verteidigte die Kosten des Weltraumprogramms mit dem unbeholfenen Argument, die unpopuläre Anti-Alkohol-Kampagne sei viel teurer gewesen. Ein Fernsehkommentator nannte die achtzehn Millionen Bürokraten der Ministerien und Verwaltungen unnütze Esser, die die Entwicklung behinderten, an ihren Plätzen klebten und sich selbst von Gorbatschow nicht verdrängen ließen. Der Chef der Luftabwehr von Moskau trat für eine Reduzierung der Verteidigungsausgaben ein und versprach den Wählern einen höheren Lebensstandard, sobald die Armee nicht mehr so teuer sei.

Niemand hatte erwartet, daß die Kandidaten allen Ernstes versuchen würden, die Wähler durch Kritik und Versprechen für sich zu gewinnen. Noch am Vorabend der Wahl glaubten die meisten sowjetischen Beobachter, die Wähler würden sich überwiegend für solche Kandidaten entscheiden, die sich gemäßigt zur Partei und zu Gorbatschows Perestroika-Politik bekannten.

Das Ergebnis im Wahlkreis Nummer eins der Sowjetunion, dem Wahlkreis der Hauptstadt Moskau selbst, war ein Paukenschlag. Hier stand Boris Jelzin gegen den Direktor einer Automobilfabrik, einen angesehenen und erfolgreichen Mann der Wirtschaft. Der Parteiapparat hatte alles versucht, Jelzins Wahl zu verhindern. In letzter Minute hatte man im Zentralkomitee ein Verfahren eingeleitet, das angeblich parteischädigende Äußerungen Jelzins untersuchen sollte und mit seinem Ausschluß enden konnte. Führende Leute der Partei griffen Jelzin öffentlich an und nannten ihn einen erfolglosen Parteisekretär und oberflächlichen Demagogen.

Diese Versuche, einen populären Einzelgänger auszuschalten, waren jedoch gefährlich. Die Parteiführung hatte ihr Ansehen überschätzt. Ihre Kritik hatte Jelzin noch stärker herausgehoben und ließ ihn als einen Märtyrer erscheinen, den der Apparat verfolgte. Massenversammlungen in Moskau zeigten in den Tagen vor der Wahl, daß ein aktiver Teil der Wähler sich erst recht zu einem Kandidaten bekennen wollte, den die Partei auszuschalten versuchte. Sie stellten Überwachungsgruppen auf, die in den Wahllokalen aufpaßten, daß die Stimmen für Jelzin nicht unterschlagen oder ungültig gemacht wurden. Auch hier zeigte sich, daß sich neben dem Staats- und Parteiapparat bereits andere Organisationsformen gebildet hatten, mit denen ein erfolgreicher Wahlkampf zu führen war.

Der Wahlkreis Moskau, in dem Jelzin antrat, hatte 6,7 Millionen Wahlberechtigte. Als die Stimmen ausgezählt waren, war Jelzin der überwältigende Sieger: 89,4 Prozent aller Stimmen waren für ihn abgegeben worden.

Parteifunktionäre, die sich ihrer Wahl ganz sicher gewesen waren, erlitten den Schock ihres Lebens. Leningrads starker Mann, Jurij Solowjow, Erster Gebietssekretär und Kandidat des Politbüros, brauchte gar keinen Gegenkandidaten zu besiegen, aber er fiel trotzdem durch. Die Mehrheit der Wähler hatte seinen Namen einfach durchgestrichen. Der Erste Parteisekretär der Stadt bekam nur fünfzehn Prozent der Stimmen. Die Meldungen von der Katastrophe, die über viele Parteisekretäre hereingebrochen war, sickerten nur langsam nach Moskau und wurden in den ersten Tagen ungläubig aufgenommen. In Estland, so zeigte sich, waren praktisch nur Kandidaten durchgekommen, die von der Nationalen Front unterstützt worden waren. In allen größeren Städten der Union hatten Kandidaten gewonnen, die mit Apparat und Regierung scharf ins Gericht gegangen waren. In den kleinen Städten auf dem Lande sah es wieder anders aus: da hatte die Partei ihre Kandidaten meist durchbringen können. In diesen Gebieten war es dem Apparat noch einmal gelungen, die Wahlen zu manipulieren, aber in den wichtigsten Städten des Landes war die Autorität der Partei schwer angeschlagen.

Statistisch betrachtet, war der neugewählte Kongreß der Volksdeputierten ein Kongreß der Kommunisten. Achtundachtzig Prozent der gewählten Abgeordneten waren Mitglied der KPdSU, prozentual sogar wesentlich mehr als im Obersten Sowjet von 1981. Aber viele von ihnen waren ganz andere Kommunisten als ihre vom Apparat entsandten Vorgänger. Die Zahl der kritischen Intellektuellen aus Kultur und Wissenschaft war wesentlich gestiegen. Diese Leute waren im Lauf ihrer Karriere Parteimitglieder geworden, aber nicht »Apparatschiki«, die sich ihre Meinung vorschreiben ließen. Sie hatten einen erregenden, offenen Wahlkampf hinter sich, und sie waren entschlossen, den Kongreß der Volksdeputierten zur großen Tribüne der Diskussion über die Zukunft des Landes zu machen.

Vor ihren Fernsehgeräten verfolgten die Sowjetbürger bis tief in die Nacht die Redeschlachten, die sich ihre gewählten Vertreter lieferten. Tagsüber kam in den Ministerien die Arbeit fast zum Erliegen, wenn die Sitzungen übertragen wurden. Industriebetriebe meldeten Produktionsrückgänge, weil die Arbeiter den Deputiertenkongreß verfolgten. Vorlesungen und Unterrichtsstunden mußten ausfallen. Das ganze Land war fasziniert von diesem plötzlichen Ausbruch demokratischer Diskussion.

Im Kongreß brach nicht nur die Diskussion über die Wirtschaftspolitik los, auf die alle gewartet hatten und zu der sich Volkswirtschaftsprofessoren mit ebenso fundierten wie gegensätzlichen Meinungen meldeten. Da wurden Grundfesten des Systems von allen Seiten her angegangen. Ein bekannter Gewichtheber riskierte es, die Macht des KGB anzugreifen und zu verlangen, daß die Geheimpolizei der Kontrolle der Volksvertreter unterstellt würde. Da wurden die Schuldigen für die Ausschreitungen in Aserbaidschan oder die blutige Niederschlagung der Demonstrationen in Georgien in öffentlicher Debatte gesucht.

Ein Deputierter schlug vor, das Lenin-Mausoleum zu demontieren und Lenin endlich neben seiner Mutter zu beerdigen, wie er es selber gewünscht hatte. Der Schriftsteller Tschingis Aitmatow bezeichnete die Idee der Weltrevolution schlichtweg als barbarisch. Volltönende Reden über die Fortschritte der Sowjetunion oder das Endziel des Kommunismus waren nicht mehr zu hören. Die konservativeren Delegierten versuchten, den »internationalistischen Kampf« der Armee in Afghanistan zu rechtfertigen, aber auch sie widersprachen nicht, wenn die Invasion als ungesetzliche Entscheidung einer kleinen Gruppe von Politbüro-Mitgliedern verurteilt wurde.

Der Kongreß hatte eine konservative Mehrheit, aber die Konservativen waren verunsichert, sie meldeten sich nur mit glanzlosen Reden zu Wort, in denen sie davor warnten, alles zu kritisieren und schlecht zu machen.

Michail Gorbatschow mußte versuchen, diesen unübersichtlichen Kongreß von 2250 Delegierten zu zügeln und zu dirigieren. Es drängte die Abgeordneten, die Beschwerden ihrer Wähler und ihre lange aufgestauten Klagen über die Politik des Landes vorzubringen. Fast alle traten als Einzelkämpfer an, denn es galt die alte kommunistische Regel, nach der Fraktionsbildung verboten ist. Der Inhalt ihrer Stellungnahmen war mit niemandem vorher abgeklärt. Wie die Delegierten abstimmen würden, ließ sich nicht vorhersagen. Selbst der Abstimmungsapparat war höchst unvollkommen. Als Vorsitzender des Kongresses stand Gorbatschow zu Anfang neben dem Rednerpult und versuchte, die Stimmen mit dem Zeigefinger zu zählen, bis schließlich für einzelne Blöcke der riesigen Halle Zählerzentralen mit Telefonanschluß zum Präsidium installiert wurden. Unübersehbar war im Saal wie auf den Fernsehschirmen, daß nur Gorbatschow dieses Überparlament dirigieren und die Debattierfreudigkeit kanalisieren konnte.

Das Bild eines Dompteurs, der 2250 Delegierte an kurzer Leine zu führen versuchte, drängte sich auf und rief neben Bewunderung auch Mißtrauen hervor. Der Widerstand kam nicht von den altgedienten Funktionären, die sich der Führung durch den Generalsekretär der Partei noch fast gewohnheitsmäßig unterwarfen. Er kam von den Reformern, die ein knappes Drittel der Delegierten stellten. Sie fürchteten die Entmündigung des neuen parlamentarischen Gremiums durch den übermächtigen Vorsitzenden. Viele von ihnen verstanden, daß Gorbatschow angesichts der großen Schwierigkeiten, die dem Lande bevorstanden, Macht brauchte, um Reformen durchzusetzen und kritische Momente zu überstehen. Aber wenn Gorbatschow Generalsekretär und Staatsoberhaupt mit neuen, ungewöhnlichen Vollmachten werden wollte, so sahen sie den Prozeß der Demokratisierung selbst gefährdet.

Als bedeutendster Sprecher des Reformflügels trat der Mann auf, den Gorbatschow aus der Verbannung zurückgeholt hatte: Andrej Sacharow. Ihm konnte niemand Ehrgeiz oder Machthunger nachsagen. Der Kernphysiker, der als Vater der russischen Wasserstoffbombe galt, war unter seinen Kollegen schon eine verehrte moralische Autorität, ehe er sich mit der Forderung nach dem Ende der militärischen Nuklearforschung gegen die Politik des Staates gestellt hatte. Er war mutig für Menschenrechte und Demokratie aufgestanden, als dies in der Sowjetunion noch lebensgefährlich war, und der Staat hatte ihn dafür mit der Isolierung in der Provinzstadt Gorkij, mit Drangsalierung und Verfolgung bestraft. Jahrelang war seine Stimme in Moskau nur schwach zu hören gewesen, aber mutige Freunde hatten dafür gesorgt, daß die Welt den Mann nicht vergaß, der als einer der ersten gegen die Zerstörung der Umwelt aufgetreten war und noch aus der ungesetzlichen Isolationshaft in Gorkij von seiner Regierung die Menschenrechte für alle Unterdrückten einforderte.

Heinrich Böll schrieb über ihn: »Er wirkt verträumt, gelegentlich fast abwesend – und doch ist er wach, ständig anwesend, liebenswürdig und – das ist nur scheinbar ein Paradox – ein sanftmütiger Kämpfer, dessen Härte die Unerbittlichkeit ist. Ich bin versucht, ihn ein Wunder zu nennen, und es mag sein, daß es das scheinbar Unerklärliche an ihm ist, das die Sowjet-Machthaber ärgerlich, bösartig macht; sie verstehen ihn nicht, verstehen nicht, daß einer, der in seinem Ruhm und Ruf als genialer Naturwissenschaftler baden und ausruhen, der lorbeerbekränzt seine Verdienste genießen könnte, daß einer selbstlos für etwas kämpft, das zwar in fast allen Verfassungen der Welt festgeschrieben, aber nur in wenigen Staaten voll verwirklicht ist: die Menschenrechte [...] Es ist schwer, fast unmöglich, einem voll etablierten, mit allen Insignien und materiellen Mitteln der Macht ausgestattenen Funktionär klarzumachen, daß einer *für andere* mehr will, nicht für sich selbst.«

Der mächtigste Funktionär der Sowjetunion aber hatte verstanden, wer Andrej Sacharow war. Es kann in seinem Leben kaum einen Augenblick von tieferer symbolischer Bedeutung geben als den, in dem Michail Sergejewitsch Gorbatschow den Telefonhörer in die Hand nahm, um Andrej Sacharow aus der Verbannung zurückzurufen. Weit über hundert Dissidenten wurden um diese Zeit aus Straflagern und Gefängnissen entlassen. Aber Gorbatschow fühlte, daß ein bloßer administrativer Akt der Polizeibehörden der Größe des Mannes nicht gerecht würde, der nun seinen Platz in der sich wandelnden geistigen Welt der Sowjetunion wieder einnehmen sollte.

Die äußeren Umstände dieses Telefongesprächs wirken einigermaßen skurril. Am 15. Dezember 1986 erschienen am frühen Abend einige Fernmeldetechniker in der überwachten Wohnung Andrej Sacharows und begannen, ohne jede Erklärung, ein Telefon anzuschließen. Achtzehn Stunden später, gegen drei Uhr nachmittags am folgenden Tag, klingelte dieses Telefon zum erstenmal. Andrej Sacharow erzählt: »Eine Frau in der Zentrale sagte, ›Michail Sergejewitsch wird mit Ihnen sprechen.‹ Ich war natürlich ganz erstaunt. Dann hörte ich ihn sagen: ›Hier ist Gorbatschow.‹ -›Ja‹, antwortete ich. ›Guten Tag.‹ Er teilte mir mit, das Präsidium des Obersten Sowjet habe beschlossen, daß ich nach Moskau zurückkehren könne [...] Dann fuhr er fort: ›Ich höre, daß Sie eine Wohnung in Moskau haben, so daß es in dieser Hinsicht kein Problem geben dürfte. Ich hoffe, Sie werden Ihre patriotische Tätigkeit wiederaufnehmen.‹ Ich dankte ihm für unsere Freilassung, sagte ihm jedoch auch, daß ich über die Ermordung – und dieses Wort gebrauchte ich – meines Freundes Anatolij Martschenko in einem Gefängniskrankenhaus sehr traurig sei. Er ging darauf nicht ein, sagte aber, daß er meinen Brief vom 15. Januar erhalten habe, in dem ich an ihn wegen der Freilassung aller Gewissensgefangenen in unserem Lande appelliert hatte. Er sagte: ›Wir haben alle Namen in Ihrem Brief geprüft und viele dieser Personen auf freien Fuß gesetzt. Andere sind jedoch eine besondere Art von Leuten.‹ Ich antwortete darauf, in meinem Brief sei keine besondere Art von Leuten erwähnt worden. Es gehe ausschließlich um Gewissensgefangene, also um Personen, die allein ihrer Überzeugung wegen inhaftiert wurden und niemals gewalttätig für ihren Glauben eingetreten seien. Er hörte offenbar zu, gab jedoch keinen Kommentar ab, dann, so scheint mir, habe ich das Gespräch von mir aus beendet. Ich weiß nicht, warum, aber ich glaube, wir hätten es fortsetzen können.«

Es war ein ganz und gar ungewöhnlicher Entschluß, Andrej Sacharow persönlich anzurufen und zu befreien. Einen Generalsekretär der KPdSU, der einen Dissidenten anruft, hatte es noch nie gegeben, und so etwas schien bis dahin unvorstellbar. Viele Funktionäre hielten es für einen merkwürdigen Einfall des Generalsekretärs, der sich höchstens damit erklären ließ, daß Sacharow in der westlichen Welt ungeheures Ansehen genoß. Auch im Westen neigte man dazu, in diesem dramatischen Akt der Befreiung einen PR-Trick zu sehen. Aber die Geste war zu groß für einen bloß taktischen Winkelzug. Gorbatschow wußte sehr wohl, wer Andrej Sacharow war. Er kannte seine »Überlegungen zu Fortschritt, friedlicher Koexistenz und intellektueller Freiheit«, die Jelena Bonner, Sacharows Frau, bei der Verleihung des Friedensnobelpreises verlesen hatte, sein Konzept einer Weltökologie und seine Forderung nach Demokratisierung der Gesellschaft.

Gorbatschow empfand, so sagen ehemalige Mitarbeiter, eine innere Verwandtschaft mit dem Denken dieses Naturwissenschaftlers, der ein politischer Moralist geworden war. Er glaubte, daß die sowjetische Gesellschaft in der Auseinandersetzung um die große Wandlung auf einen Mann wie Andrej Sacharow nicht verzichten könne. Der Entschluß, Andrej Sacharow zurückzurufen, sagt etwas über die menschliche und politische Größe Gorbatschows.

Es dauerte fast ein Jahr, bis Andrej Sacharow sich von den Verfolgungen erholt und in der veränderten politischen Umwelt zurechtgefunden hatte. Dann begann er wieder zu sprechen. Daß er sich für Gorbatschows Reformpolitik einsetzte, machte ihn nun im Westen verdächtig. Natürlich war Sacharow keineswegs Sprachrohr der offiziellen Politik geworden. Aber er hatte sich davon überzeugt, daß Gorbatschows Politik eine Richtung nahm, die zu mehr Demokratie und Menschenrechten führen konnte. Er war freilich zu sehr der reine Idealist, um sich mit einer Politik von Kompromissen abzufinden, mit der Gorbatschow seine Ziele ansteuerte. Er verlangte, daß diese Politik schneller und folgerichtiger geführt werde. Die Unbedingtheit, mit der er an seinen Forderungen festhielt, machte ihn im Kongreß der Volksdeputierten zu einer überlebensgroßen Figur. Der siebenundsechzigjährige Professor, der da ein wenig zerstreut und zugleich unübersehbar fest entschlossen ans Rednerpult ging und sich auf Diskussionen mit dem Vorsitzenden und Generalsekretär Gorbatschow einließ, schien als einziger angemessener Gegenspieler Michail Gorbatschows dazustehen. Auch er bekam gelegentlich die Ungeduld des Vorsitzenden zu spüren, der den Kongreß zur Lösung praktischer Fragen vorantreiben wollte, aber zwischen beiden lag offensichtlich so etwas wie ein respektvolles Einverständnis, das stärker war als die Gegensätze des Augenblicks.

Für viele konservative Delegierte aber wurde Andrej Sacharow zum Hauptfeind. Als ein Redner Sacharow besonders bösartig angriff und der halbe Saal applaudierte, wandte sich Gorbatschow am Präsidiumstisch zu seinem Stellvertreter Lukjanow.

41

41
G. wird auf dem Weg zum Abschlußtreffen des Washingtoner Gipfels von den Amerikanern begeistert applaudiert, Dezember 1987

42
G., Ryschkow und Ligatschow vor dem Leninmausoleum bei der Abnahme der Parade zum Jahrestag der Oktoberrevolution, 1988

43
Alexander Jakowlew (November 1989)

44
Jegor Ligatschow beim 19. Allunions-Kongreß (Juni 1988)

45
Boris Jelzin spricht in Moskau zu einer Menschenmenge zum bevorstehenden Kongreß der Volksdeputierten (Mai 1989)

42

43

44

45

46
G. mit Frau, Tochter, Schwiegersohn und Enkelin beim Spaziergang

47
G.s Tochter, Irina

48
Raissa in Washington mit George Bush, Ronald Reagan, G., Dezember 1987; sie begrüßt die sowjetische Sängerin Jelena Obraszowa

49
Raissa mit Schulkindern während ihres Besuchs in Bonn, Juni 1989

46

47

48

50

51

53

52

50
G. im direkten Dialog mit den Delegierten (Juni 1988 auf der Sitzung des 19. Allunions-Kongresses im Kreml)

51
G. bei einer Pressekonferenz während des amerikanisch-sowjetischen Gipfels (1. Juni 1988)

52
G. in lebhafter Diskussion mit Arbeitern während seines Besuchs in der sibirischen Stadt Krasnojarsk (12. September 1988)

53
G. im Gespräch mit Bewohnern der Stadt Spitak, während seines Besuchs im Dezember 1988 nach der Erdbebenkatastrophe in Armenien (links Ministerpräsident Ryschkow)

54
G. im Disput mit Andrej Sacharow, während des Kongresses der Volksdeputierten, Dezember 1989

54

Er hatte vergessen, das Mikrophon auszuschalten, und viele Abgeordnete hörten seine Stimme: »Das mußte bewiesen werden. Das halten sie für Demokratie.« Manche Abgeordnete unterbrachen Sacharows Reden mit gehässigen Zwischenrufen. Einmal übertönte ihr Gebrüll Sacharows Worte, und einige von ihnen schrien: »Zuckermann, Zuckermann!« – so als stempele der vom russischen Wort »Sachar«, Zucker, abgeleitete Name Sacharow ihn zum Mitglied einer jüdisch-kosmopolitischen Weltverschwörung.

Die Abgeordnete Ira Andrejewa, die zu den gemäßigten Liberalen gehört, berichtet darüber: »Der schlimmste und zugleich wichtigste Augenblick in den Sitzungen des Kongresses kam für mich, als man den armen Sacharow nicht sprechen lassen wollte. Am Ende der Sitzung liefen einige von uns zu ihm hinüber, um den großen Mann zu trösten. Dann drehte ich mich um und sah, daß Gorbatschow noch allein am Präsidiumstisch saß. Auf der riesigen Bühne des Kongreßsaals wirkte er so klein, so müde, fast erschöpft. Meine Kehle war wie zugeschnürt. Dies war doch der Mann, der diesen ganzen Kongreß möglich gemacht hatte, ohne ihn hätten unsere Sitzungen nie stattfinden können. Ich ging zur Bühne, und er blickte auf. Wenn man mit ihm spricht, blickt er einen immer an. Ich sagte, ›Michail Sergejewitsch, ich möchte mich bei Ihnen im Namen der Moskauer Deputiertengruppe bedanken.‹ Er schien meine Worte nicht zu hören. Er sagte mit trauriger Stimme: ›Verstehen sie nicht, was passiert? Haben sie kein Mitgefühl mit dem alten Mann? Diese Art von Delegierten kenne ich auswendig.‹ Er schien ganz verstört darüber, wie man Sacharow behandelt hatte.«

Zwei Tage vor Andrej Sacharows Tod kam es in der zweiten Sitzungsperiode des Volkskongresses zu einer Begegnung besonderer Art zwischen den beiden Männern. Gorbatschow hatte einen Geschäftsordnungspunkt als Vorsitzender eilig abgeschlossen. »Das ist alles. Gehen wir zur Behandlung der Fragen über. Das war alles«, sagte er zu den Deputierten. Und dann rief er Sacharow auf. Er sprach ihn als Andrej Dimitrijewitsch an, benutzte also vertraut-höflich seinen Vornamen und Vatersnamen. Im Saal begann es zu lärmen. Gorbatschow hob beruhigend die Hand und sagte zu Sacharow:

»Neue Vorschläge.« Andrej Sacharow wollte den Textentwurf des Gesetzes über das Eigentum an Betrieben und an Boden abgeändert wissen. Gegen den Entwurf war der Einwand vorgebracht worden, er entspreche nicht der Verfassung. Darum sollte dieses Kernstück der Wirtschaftsgesetzgebung in der laufenden Sitzung nicht mehr behandelt werden. Nun wollte Andrej Sacharow den Wortlaut des Entwurfs so weit verändern, daß er nicht gegen die Verfassung verstieß und schon auf dieser Sitzung grünes Licht bekommen könne. Gorbatschow hörte mit mühsam gezügelter Ungeduld zu. Dann sagte er: »Ich habe den Eindruck, Sie verstehen selber nicht, wie sich Ihr Vorschlag verwirklichen läßt, und wir wissen es auch nicht.«

Das sei ganz einfach, wollte Sacharow einwenden, aber Gorbatschow hatte keine Zeit mehr. Ein paarmal unterbrach er Sacharow mit kurzen Einwürfen. Sacharow wollte ihm Telegramme und Schreiben geben, die seine Position unterstützten. »Kommen Sie bei mir vorbei, und ich zeige Ihnen drei Mappen mit Tausenden von Telegrammen«, winkte Gorbatschow ab. »Ich habe 60000 Telegramme«, wandte Sacharow ein. Gorbatschow hob die Hand: »Das ist alles. Hören wir auf, einander unter Druck zu setzen, die Meinung des Volks zu manipulieren und uns darauf zu stützen. Das werden wir nicht tun.« Im Saal wurde gelacht. Sacharow schob Gorbatschow seine Briefe und Telegramme auf den Tisch und verließ die Tribüne. Es war der letzte Wortwechsel zwischen Gorbatschow und Sacharow, zwei Tage vor dem Tode des Friedensnobelpreisträgers.

Gorbatschow war der beherrschende Lenker der Sitzungen. Aber das ganze Volk der Sowjetunion konnte am Fernsehen verfolgen, wie selbstbewußt die Deputierten des Volkskongresses und später das aus ihrem Kreis gewählte kleine Gremium des Obersten Sowjet in den Sitzungen auftraten. Das war etwas ganz anderes als die kurzen Tagungen des Zentralkomitees der Partei, die hinter verschlossenen Türen stattfanden und von denen es nur trockene Berichte und Redenauszüge in den Zeitungen gab. Im Kongreß bestimmten Gorbatschow und die Deputierten. Die Mitglieder des Politbüros, sonst immer deutlich als Führer des Landes herausgehoben, waren kaum zu sehen, und sie meldeten sich auch selten zu Wort. Für sie waren zunächst besondere Plätze beim Präsidium auf der Bühne reserviert und dann eine Art Ehrenloge. Einige Delegierte erhoben dagegen Einspruch. Im Vollgefühl des neuen Selbstbewußtseins ging ein Deputierter ans Rednerpult und beruhigte die Kritiker: Es sei ganz gleichgültig, wo die Politbüro-Mitglieder säßen, denn sie hätten im Volkskongreß ohnehin keine Rolle zu spielen. Schließlich saßen die Politbüro-Mitglieder wie alle Deputierten im Saal. Vor den Augen der sowjetischen Öffentlichkeit hatte sich die Macht von der Partei zum gewählten Kongreß der Volksdeputierten und zum Obersten Sowjet verschoben. Und kaum einer zweifelte daran, daß Gorbatschow diese Machtverschiebung gewollt und durch seine taktisch kluge Politik herbeigeführt hatte.

Aber auch er bekam das neue Selbstverständnis der gewählten Deputierten zu spüren. Sie unterzogen ihn einer Fragestunde, in der er sogar über seine Feriendatscha Auskunft geben mußte, ehe sie ihn mit wenigen Gegenstimmen zum Vorsitzenden des Obersten Sowjet, *de facto* also zum bevollmächtigten Staatspräsidenten der Sowjetunion wählten. Gorbatschow ertrug das ungewohnte Verhör mit Fassung. Aber ein wenig gereizt klang er schon, als er den Deputierten bestätigte, er akzeptiere solche Befragungen als Teil des demokratischen Prozesses, sie sollten nur nicht glauben, daß er nicht bemerke, was manche von ihnen bezweckten. Und hier hob er den Zeigefinger. »Gorbatschow sieht alles!« sagte er. Der Kongreß der Volksdeputierten lachte.

Die Abgeordneten nahmen sich auch viel Zeit für Debatten über die Kandidaten, die Gorbatschow für hohe Staats- und Regierungsämter ausgewählt hatte. Schon seinen Stellvertreter Lukjanow, den Gorbatschow seit seinem Studium und aus gemeinsamer Arbeit kannte, wählten die Deputierten erst nach langer, erbitterter Debatte. Der designierte Ministerpräsident Nikolai Ryschkow mußte seine frühere Tätigkeit im Regierungsapparat stundenlang rechtfertigen, ehe ihn schließlich eine große Mehrheit bestätigte. Neun Ministerkandidaten fielen durch, und Gorbatschow mußte alle Möglichkeiten des parlamentarischen Wahlverfahrens nutzen, damit Verteidigungsminister Jasow sein Amt behalten konnte.

Im Zuge der Auseinandersetzungen begannen sich die Fronten unter den Deputierten zu klären. Nach über siebzig Jahren entstand in der Sowjetunion wieder so etwas wie eine offizielle Opposition, die sich freilich noch nicht einmal Fraktion nennen mochte. Um Boris Jelzin und Andrej Sacharow formierte sich die »Interregionale Gruppe«. Ihre vierhundert Abgeordneten fühlten sich als die Vorkämpfer der Perestroika in einem überwiegend konservativ gestimmten Kongreß. Die meisten von ihnen verstanden sich als Verbündete Gorbatschows, die seine Politik nur schneller vorantreiben wollten als die Mehrheit. Aber selbst unter ihnen waren viele, die Gorbatschow mit seinem politischen Taktieren ungeduldig gemacht hatte. Er hatte bis zu diesem Zeitpunkt gegen den Widerstand des konservativen Parteiapparats kämpfen müssen – nun ließ die Demokratisierung, die er vorangetrieben hatte, auf dem Reformflügel der sowjetischen Politik eine neue Opposition entstehen.

Michail Gorbatschow sah die Schwierigkeiten, die auf ihn zukamen, sehr wohl voraus, aber er betrachtete sie als unumgänglichen Teil der Entwicklung zu mehr Demokratie. Vielleicht allerdings hatte er sich Demokratie weniger schwierig und umständlich vorgestellt. Jedenfalls mehrten sich die Zeichen von Ungeduld und manchmal Unduldsamkeit, wenn er die Debatten lenkte.

Dennoch hatte Gorbatschow seinen Kampf um die Führung der Sowjetunion gewonnen. Es war ihm gelungen, Vision und Taktik zu verbinden. Nun war er Vorsitzender des Obersten Sowjet und Generalsekretär zugleich. Damit hatte er eine Machtposition gewonnen, von der aus er die Reformpolitik in der Partei und im Staat wirksam durchsetzen konnte. Aber vor ihm lagen Aufgaben, die auch die Kraft eines so ungewöhnlichen Mannes erschöpfen konnten.

Die zentrale Frage, die im Ausland und in der Sowjetunion immer wieder gestellt wird, lautet: Wie stark ist Gorbatschow? Als Generalsekretär der Partei und Vorsitzender des Obersten Sowjet mit vielen Vollmachten eines Staatspräsidenten schien er eine fast allumfassende Macht auf sich vereinigt zu haben. Aber sie war nicht klar definiert und ließ sich nicht umstandlos in exekutive Gewalt umsetzen. Anders als seine Vorgänger hat er diese Macht überdies selbst eingeschränkt. Mehr Meinungspluralismus und mehr Demokratie waren ein entscheidender Bestandteil seines Plans zur Neugestaltung der Sowjetunion und ihrer Gesellschaft. Gorbatschow konnte nicht wie ein Diktator regieren, wenn sich die Kräfte des Landes entfalten sollten. Früher hatten Parteiapparat und Geheimpolizei das Land gewaltsam zusammengehalten. Nun waren innerhalb und außerhalb der Partei politische Gruppierungen entstanden, in vielen Republiken hatten die Bewegungen, die sich Nationale Front nannten, mehr Macht als die Organisationen der Partei und der alte Staatsapparat. Der Sowjetunion drohte mit der innenpolitischen Lockerung ein Zerfallsprozeß, in dem nationale, regionale und lokale Interessen die Bindungen an die Union wegschwemmten. Aber selbst in der großen russischen Republik, die zwischen Europa und Alaska das Kerngebiet der Sowjetunion bildet, hat der Demokratisierungsprozeß das politische Bewußtsein verändert. Es gab keine Parteien außer der Kommunistischen Partei, die Mehrheit des Zentralkomitees wollte an der alleinigen Führungsrolle festhalten. Gorbatschow führte es Schritt für Schritt an den politischen Pluralismus heran. In dieser Übergangsphase zwischen Ein-Parteien-Staat und Mehr-Parteien-System ist das politische Feld unübersichtlich geworden. Es gab offenbar keine Gruppierung, auf die sich Gorbatschow mit Sicherheit stützen konnte. Im Parlament und im Zentralkomitee existierten nur informelle Fraktionen, die sich meist öffentlich zu Gorbatschows Politik bekannten, aber alle schienen darunter etwas anderes zu verstehen.

Sowjetische Soziologen versuchten, das Feld der Kandidaten auszuleuchten, die bei den Wahlen zum Obersten Sowjet der Russischen Republik im Frühjahr 1990 gegeneinander antraten, und zu beschreiben, wie die Anhänger dieser Kandidaten aussahen. Das ergab ein ungefähres Bild dessen, was sich in der sowjetischen Gesellschaft an neuen politischen Kräften herausbildete, ohne sich organisatorisch formieren zu können. Die erste Gruppe nannte das soziologische Forschungszentrum »Wissenschaft« die »Westler«. Sie sind für ein Mehr-Parteien-System oder einen ungenau definierten politischen Pluralismus und orientieren sich an den Werten westeuropäischer und amerikanischer demokratischer Kultur. Hoffnung auf wirtschaftliche Verbesserungen bringt nach ihrer Ansicht nur eine liberalisierende Wirtschaftspolitik mit Konkurrenz, freiem Markt und persönlichem Eigentum an den Produktionsmitteln und dem Ackerboden der Bauern. Unter den Moskauern insgesamt ordneten die Soziologen fünfzehn Prozent als »Westler« ein, entdeckten allerdings, daß bei den jüngeren Leuten unter Dreißig mehr als ein Drittel für eine so radikale Umgestaltung der Sowjetunion sind.

Die zweite Gruppe wurde »linke Populisten« genannt. Sie orientieren sich an der Formel vom »Sozialismus mit menschlichem Antlitz«, an einer humaneren Gesellschaft mit größeren Rechten für das Individuum. Ihre Vorstellungen stimmen in vielem mit denen der »Westler« überein, aber die »linken Populisten« wollen der Wirtschaftsreform und dem privaten Eigentum engere Grenzen setzen. Siebzehn Prozent der befragten Moskauer fielen in diese Kategorie.

Stärker erschienen die »rechten Populisten« mit fünfundzwanzig Prozent, bei denen die jungen Leute freilich nur mit siebzehn Prozent beteiligt waren. Sie kritisieren den Zustand der Sowjetunion und die Herrschaft der Bürokraten. Sie mißtrauen den Intellektuellen, die in den Medien angeblich zuviel Macht gewonnen haben. Korruption, Schwarzhandel und Pornographie sind für sie die Hauptprobleme der Gesellschaft. Soziologisch ließen sich die »rechten Populisten« als Angehörige der Arbeiterschicht und der unteren und mittleren Beamten orten.

Am äußersten rechten Spektrum fanden die Wissenschaftler die »Nationalpatrioten« mit fünf Prozent und auffällig wenigen jungen Anhängern. Für sie steht die Forderung nach einem starken Staat im Vordergrund, in dem das russische Volk die Sowjetunion zusammenhalten müsse. Für sie verschmelzen die Alleinherrschaft der Zaren mit Stalins Diktatur zu einer mythischen Idee der Sowjetunion, die gegen liberale Einflüsse aus dem Westen ebenso verteidigt werden muß wie gegen eine kapitalistische Wirtschaftsordnung.

Die stärkste Gruppe der Befragten stuften die Soziologen als »Staatsanhänger« ein. Siebenundzwanzig Prozent der Moskauer waren Partei und Regierung gegenüber unkritisch. Sie hoffen auf Verbesserungen, auf strengere Ordnung und fordern nicht mehr Demokratie und Liberalisierung. Die Erinnerung an den Sieg im Zweiten Weltkrieg bestätigt sie im Glauben an eine Sowjetunion, die in ihren Augen auch im Rahmen der bestehenden Herrschaft verbesserungsfähig ist.

Hier ist innerhalb des einst monolithischen Parteienstaats der Anfang zu einer Entwicklung erkennbar, die sich dem Spektrum der westeuropäischen Parteienlandschaft nähert. Aber die besonderen sowjetischen Bedingungen erlauben es den entstehenden Gruppierungen noch nicht, sich klar auszuformen. Schon die Frage, welcher Teil des Spektrums als links oder rechts zu bezeichnen ist, macht Schwierigkeiten. In der sowjetischen Terminologie galten »Westler« und »linke Populisten« als links, »rechte Populisten« und »Nationalpatrioten« und konservative Kommunisten dagegen als rechts. Gerade die sogenannten Rechten wollen am sowjetischen Gesellschaftssystem festhalten und kämpfen gegen die Liberalisierung von Wirtschaft und Kultur.

Die angeblichen Linken dagegen sind den westeuropäischen Sozialdemokraten und häufig sogar den Wirtschaftsliberalen verwandt. Es vergrößert die Verwirrung, daß in allen Lagern Kommunisten die führenden Sprecher stellen. Die Einheitspartei hatte jahrzehntelang die aktivsten Leute des Landes aufgesogen. Nun wurde ihnen bewußt, daß sie in der einen Partei in Wirklichkeit verschiedenen Parteien angehörten, die weit mehr als bloße Fraktionen waren. Solange aber Fraktionen und Parteien verboten waren, konnten Kandidaten gleichzeitig als Kommunisten und gegen die Partei auftreten.

Auf so unsicherem Grund war es für Gorbatschow schwer, eine zuverlässige politische Basis zu finden. Auf der Linken, beim Reformflügel, hatte er die meisten Anhänger, aber dies waren keineswegs unkritische Gefolgsleute, und ihre politischen Vorstellungen blieben in sich widersprüchlich. Die Linke drängte auf mehr Demokratie und forderte Gorbatschow zugleich auf, als Staats- und Parteichef mit starker Hand den Widerstand der Reformgegner zu brechen. Die Rechten erwarteten von Gorbatschow ebenfalls eine Politik der starken Hand, aber sie wollen, daß er die Reformen bremst und die kritische Diskussion begrenzt. Weil das Land das Ausmaß der Krise deutlich spürte, hatten alle Sowjetbürger Veränderungen erhofft, und Gorbatschow war der Mann, der Veränderungen überzeugend versprach. So hatte er gegensätzliche Kräfte in seine Politik eingebunden. Aber er konnte nicht alle Erwartungen gleichzeitig erfüllen, und nun fühlten sich allzu viele enttäuscht. Weder in der russischen noch in der kommunistischen Politik gab es je eine Tradition des Ausgleichs und des Kompromisses. Gorbatschows Problem lag auch darin, daß er nach den Spielregeln der parlamentarischen Demokratie regieren wollte, noch ehe es ein parlamentarisch-demokratisches System wirklich gab.

Nicht aufgrund seiner Ämter, sondern kraft seiner Persönlichkeit ist Gorbatschow die beherrschende Figur der sowjetischen Politik. Aber die politischen Gruppierungen, die sich formieren, suchen ihre eigenen Sprecher. Zum erstenmal treten Männer auf, die sich als Gorbatschows Rivalen betrachten. Einer von ihnen ist Boris Jelzin, der ganz offen diese Rolle beansprucht. Der andere ist Jegor Ligatschow, der in der Partei zugleich Gorbatschows Verbündeter und Gegenspieler ist und für den konservativen, von den Reformen beunruhigten Teil der Bevölkerung spricht.

Boris Jelzin ist nach Gorbatschow das größte politische Talent des Landes, aber er ist eher ein populistischer Oppositionsführer als ein Mann weit ausgreifender politischer Konzeptionen. Er sieht sich durchaus als künftigen Führer der Sowjetunion und strebt als nächsten Schritt die Präsidentschaft der Russischen Föderativen Republik an. Dieses neue Amt verspricht mit der Leitung der größten und weitaus wichtigsten sowjetischen Republik eine Machtfülle, die nur hinter der Gorbatschows zurückstünde. Zwischen ihm und Gorbatschow besteht eine Rivalität, die Züge persönlicher Feindschaft trägt, seit er unter Gorbatschow seinen Sitz im Politbüro verlor. Aber sein überwältigender Wahlsieg in Moskau bewies ihn dann als Volkstribun, der gegen den Apparat zu siegen versteht. Er ist zum schärfsten und offensten Kritiker Gorbatschows geworden.

»Natürlich kann man nicht von Anfang an volles Tempo gehen«, sagt Jelzin. »Ich weiß, daß die Veränderungen schrittweise kommen müssen, aber ich werfe Gorbatschow seine ständigen Kompromisse und halben Maßnahmen vor. In fünf Jahren Perestroika ist kein umfassendes Programm erarbeitet worden. Wir bauen ein Haus, indem wir hier ein Fenster einsetzen, dort ein Stück Dach decken und das Fundament nicht errichtet haben. Die Wirtschaftspolitik sieht nicht viel anders aus als das, was unter Chruschtschow und Kossygin versucht wurde. Und nun zeigt die Statistik für Januar 1990, daß es kein Wachstum gibt und die Produktion zurückgeht.« Jelzin wirft Gorbatschow vor, daß er seine Strategie aus taktischen Gründen verwässert habe. Sein Versuch, alle Gruppierungen der Partei in seine Politik einzubinden, habe zur Lähmung geführt. »Wenn man Jegor Ligatschow im Politbüro behält, dann gibt man den konservativen Kräften Zeit zur Konsolidierung und signalisiert ihnen, daß sie noch an der Macht sind«, sagt Jelzin. »Nach der 19. Parteikonferenz und auch jetzt nach dem letzten Plenum war der Zeitpunkt ideal, um Ligatschow loszuwerden. Irgend etwas, was wir nicht wissen, bindet Gorbatschow an Ligatschow. Solange Ligatschow im Politbüro sitzt, glauben die meisten Parteisekretäre, daß sie Unterstützung von oben haben. Und das sind die Leute, die den Übergang zur Marktwirtschaft verhindert haben.«

Aber da, so scheint es, schätzt Jelzin die Kräfteverhältnisse falsch ein, und das muß er eigentlich auch selber wissen. Er nennt Gorbatschow einen General der Perestroika ohne Soldaten und zählt auf, wie viele Leute im Zentralkomitee Konservative oder Anhänger einer konservativen Politik sind. Jelzin selber hat im Zentralkomitee und im Kongreß der Volksdeputierten nur eine Minderheit überzeugen können, und er kann nicht erklären, wie sich seine Forderung, das Zentralkomitee und das Politbüro komplett auszuwechseln, unter den gegenwärtigen Bedingungen verwirklichen ließe.

Im Januar 1990 gab er völlig isoliert im ZK-Plenum die einzige Gegenstimme gegen die neue Plattform der Partei ab, allein gegen alle und ohne jede Chance, ein eigenes Programm durchzubringen. Seine politischen Vorstellungen bleiben undeutlich, zum Beispiel wenn er kritisiert, Gorbatschow habe fünf Jahre die Entwicklung in den baltischen Staaten vernachlässigt und sei erst nach Litauen gefahren, als die Unabhängigkeitsbewegung schon stark geworden war. Oder wenn er sagt, Gorbatschow habe die Armee im Transkaukasus-Konflikt zu spät eingesetzt. Seine Kompromißpolitik habe die Revolten ausgelöst, mit denen die Bevölkerung großer Industriestädte die örtlichen Parteiführer abgesetzt habe. Dies ist nicht die Argumentation eines demokratischen Populisten, sondern eher eines Mannes, der vom Zentrum aus die Ordnung aufrechterhalten will. Das erinnert an den selbstherrlichen, sprunghaften Parteisekretär Jelzin, der in Moskau Funktionäre und Beamte feuerte und den Parteiapparat doch nicht in den Griff bekam.

Von Gorbatschow erwartet Jelzin, daß er die Macht des Parteiapparats zerbricht, Fraktionen und Parteien zuläßt und im Obersten Sowjet ein marktwirtschaftliches Programm durchsetzt, obwohl sich die große Mehrheit der Abgeordneten in langen Debatten und zähem Kampf in den Ausschüssen solchen Reformen widersetzt. »Ich hatte Respekt vor seiner Intelligenz und seinem Mut, und ich habe ihn unterstützt, als er die Politik der Perestroika begann«, sagt Jelzin. »Aber er hat sich schon geändert, seit er aus Stawropol nach Moskau kam. Früher war er ein bescheidener Mann, der einfach lebte. Heute kann er Kritik nicht mehr vertragen, er hört nur, was er hören will. Im November-Plenum des ZK verlor er völlig die Selbstbeherrschung. Er stand auf, schob seinen Stuhl abrupt beiseite und rief: ›Wollen Sie den Stuhl des Generalsekretärs? Nehmen Sie ihn doch!‹ Auch bei anderen Anlässen hört er nicht zu, sondern schreit.«

Solche Zeichen der Ungeduld haben auch andere an Gorbatschow beobachtet, sie aber seiner Überlastung und Erschöpfung zugeschrieben. Jelzin, der Gorbatschow eine zögerliche Kompromißpolitik vorwirft, unterstellt ihm andererseits einen diktatorischen Machthunger, der die Demokratisierung gefährde. Jelzin hebt hervor, daß er selber auf die Privilegien des Apparats verzichtet habe. Seine Frau kaufe in den gleichen Geschäften wie alle Moskauer, für seinen Enkel habe er keine Medikamente besorgen können. Aber das, sagt er, sei besser als ein Leben mit doppelter Moral. Wenn er über Privilegien spricht, deutet er gelegentlich an, Gorbatschow habe sich vier neue Landhäuser bauen lassen, aber er belegt diese Vorwürfe nicht.

Die Datscha, die Gorbatschow in Rasdorij bei Moskau benutzt, ist mit Sicherheit weder neu gebaut noch sein Eigentum. Irgendwo in den baltischen Staaten habe Gorbatschow eine weitere Datscha, sagt Jelzin, und dann fahre er auf eine Regierungs-Datscha am Schwarzen Meer bei Pitsunda, aber da, gibt Jelzin zu, ist Raissa Gorbatschowa jedenfalls nie gewesen. Nur mit einem der Beispiele scheint Jelzin recht zu haben. In Faross auf der Krim wurde ein neues Landhaus gebaut, nicht weit entfernt von der Datscha Breschnews, auf der einmal Willy Brandt zu Besuch war. Dort, sagt Jelzin, in einer unerschlossenen Landschaft ohne Touristen, habe Raissa Gorbatschowa ein Sommerhaus haben wollen. Es sei unter großen Kosten gebaut worden, freilich nicht als Gorbatschows Haus, sondern als Datscha des Zentralkomitees.

Wenn Jelzin Gorbatschow Privilegien vorhält, dann läßt er gerne den Namen Raissa Gorbatschowa einfließen. Sie sei ehrgeizig und habe starken Einfluß auf ihren Mann, sagt er. Was das für ein Einfluß sei, den sie ausübe, läßt Jelzin offen. Frauen wüßten schon, wie sie mit ihren Männern umgehen können, sagt er. Spricht man mit Jelzin über Gorbatschow, dann hört man aus seinen Worten eine tiefe persönliche Kränkung heraus.

Jedenfalls hat sich Boris Jelzin vom Verbündeten und Mitkämpfer Gorbatschows in seinen erbittertsten Gegner verwandelt. Wenn Gorbatschow nicht durch eine Rebellion von unten aus seinem Amt entfernt werde, dann würden die Konservativen die Macht zurückerobern, prophezeit Jelzin. Er ist enttäuscht über die Langsamkeit der Entwicklung. »In Osteuropa haben die Menschen in wenigen Wochen mehr erreicht als wir in fünf Jahren«, sagt er. In Jelzins Reden mischen sich Programm und Demagogie. Er erreicht jenen Teil der Bevölkerung, der von den Ergebnissen der neuen Wirtschaftspolitik enttäuscht ist. Da läßt sich von den linken Reformern bis zur rechten Mitte Unterstützung finden, wenn die Mischung der Forderungen und Vorwürfe stimmt. Denn natürlich ist es populär, die Parteifunktionäre aufzufordern, auf Vergünstigungen zu verzichten, damit sie selber spüren, wie schwer das Alltagsleben ist. Und die Forderung nach einer entschiedenen, durchsetzungsfähigen Führung, die die Versorgungsmängel schneller beseitigt, überzeugt viele Russen.

Zu Jelzin sind aber auch manche der Intellektuellen gestoßen, die zu Beginn der Perestroika die neue Wirtschaftspolitik planten und nun enttäuscht sind, weil Gorbatschow sie nicht durchsetzte. Sie teilen Jelzins Überzeugung, daß die Reform nur bei einem Umbau des Systems verwirklicht werden kann. Ihre Analysen haben Jelzins politische Vorstellungen theoretisch unterbaut. Aber auch sie sind nicht sicher, wie weit ihr Mann wirklich gehen will. Denn Jelzin sucht die breiteste Basis und sowohl die Stimmen jener, die grundsätzliche Veränderungen wollen, als auch derer, die sich vor dem Leben in einer marktwirtschaftlichen Ordnung fürchten. Auch Jelzin, so scheint es, ist ein Politiker der Kompromisse, allerdings einer, dessen Kompromisse auf die russischen Wählermassen zielen.

Gorbatschow hatte einen anderen Weg gewählt. Er benutzte die Strukturen von Partei und Staat, um sie von innen heraus zu verändern. Das ist ein schwieriger Balance-Akt, bei dem taktische und auch strategische Kompromisse unumgänglich sind. Einer der politisch klügsten unter den liberalen Volksdeputierten, Sergej Stankewitsch, meint, es habe Vorteile und Nachteile, wenn man wie Gorbatschow zugleich Teil des Parteiapparats bleibe und ihn radikal zu reformieren versuche. Auf diese Weise habe es Gorbatschow vermeiden können, daß sich der Apparat offener und entschiedener gegen seine Politik wandte. »Er ist im Apparat aufgewachsen, und der Apparat fühlt das«, meint Stankewitsch. »Er signalisiert den Leuten in der Partei, daß er einer von ihnen ist und benutzt die rituellen Formeln, an die sie gewöhnt sind. Mit einem Fuß steht er im Apparat, und von diesem Platz kann er radikale Reformen beginnen, ohne daß sofort eine Rebellion ausbricht. Mit dem anderen Fuß steht er außerhalb des Apparats, und auf diesen Fuß muß er nun sein Gewicht verlagern, wenn er die Reformen vollenden will. Aber der Apparat ist mißtrauisch, und in dem Augenblick, in dem er sich wirklich gefährdet fühlt – und radikale Reformen werden schließlich zur wirklichen Gefahr für ihn –, werden die Organisationsfunktionäre ihre Haltung ändern. Noch versuchen die konservativen Kräfte, Gorbatschow auf ihre Seite zu ziehen. Die Zukunft hängt davon ab, ob Gorbatschow entschlossen genug ist, seine Reformen auch gegen sie durchzusetzen.«

In dieser Konstellation konnte Jegor Ligatschow gleichzeitig zum Verbündeten und Gegenspieler Gorbatschows werden. Der Mann, der im Politbüro heute als der Sprecher des konservativen Parteiapparats gilt, war wie Gorbatschow und Jelzin als Parteisekretär mit fleckenloser Weste aus der Provinz nach Moskau gekommen. Generalsekretär Andropow hatte ihm die Abteilung für die organisatorische Arbeit der Partei anvertraut. Er kannte Gorbatschow seit dem Ende der sechziger Jahre, als er im Obersten Sowjet die Kommission für Jugendfragen leitete, die Michail Gorbatschow 1974 von ihm übernahm. In Ausschüssen des Obersten Sowjet und in der Partei hatten beide einander in gemeinsamer Arbeit kennengelernt.

In den ersten Jahren, als Gorbatschow den Parteiapparat von Korruption und Inkompetenz säuberte, war er Gorbatschows wichtigste Stütze. Er deutet gerne an, daß die Wahl Gorbatschows zum Generalsekretär ohne ihn nicht möglich gewesen wäre und daß er zusammen mit Gorbatschow die Perestroika einleitete. Zunächst war er der zweite Mann der neuen Führung gewesen, der Leiter des Sekretariats des Zentralkomitees, in dem die Entscheidungen vorbereitet werden, zuständig für die Parteikader und für die Ideologie. Er stand hinter Gorbatschow, als die Politik der Beschleunigung einsetzte. Aber seine Vorstellungen von den Veränderungen, die in der Sowjetunion nötig sind, waren von Anfang an enger begrenzt als das, was Gorbatschow zu verwirklichen suchte. Glasnost, die neue Freiheit der Medien, erschien ihm früh als Gefahr für das Ansehen und die Ideologie der Kommunistischen Partei. Er widersetzte sich der Kritik an der sowjetischen Geschichte, die in Zeitungen und Zeitschriften immer offener wurde. Da würden die Sowjetmenschen geradezu als Sklaven dargestellt, die jahrzehntelang nur mit Lügen gefüttert worden seien, wandte er empört ein. In Wahrheit hätten Millionen Menschen in diesem Lande, und besonders die Kommunisten, in den Jahren Stalins und Breschnews aufrecht für ihr Land gekämpft und gewissenhaft ihre Pflicht erfüllt.

Mit diesen Worten gab er die Gefühle von vielen Menschen wieder, die die Neubewertung von Geschichte und Gesellschaft, auf die sie nicht vorbereitet waren, verunsichert hatte. Sie fühlten sich überrollt von der massiven Kritik an der Vergangenheit, die ein wesentlicher Abschnitt ihres Lebens gewesen war. Sie hatten unter Stalins Führung die Heimat verteidigt und gerettet, in den Breschnew-Jahren unter schlechten Bedingungen anständig gearbeitet, und nun erschien ihnen die Revision des Geschichtsbildes als Abwertung ihrer Lebensleistung. Ligatschow sprach auch für die Parteifunktionäre, wenn er zu ihrer Ehre hervorhob, der durchschnittliche Verdienst von Parteiangestellten betrage nur zweihundertsechzig Rubel, und sie stünden nur auf dem sechsundzwanzigsten Platz der Lohnskala. Wenn Ligatschow vor Parteigremien sprach, erhielt er mit seinen Reden oft mehr Applaus als Gorbatschow mit der Forderung nach Reformen.

Für Ligatschow steht fest, daß die Partei in ihrer alles beherrschenden Rolle die oberste Instanz des Landes bleiben muß, nur ihrer eigenen Führung verantwortlich. Politischer Pluralismus würde nicht nur ihre Position gefährden, sondern darüber hinaus, so glaubt er, den Zusammenhalt der Sowjetunion. Für ihn konnte es nur darum gehen, das Ein-Parteien-System zu modernisieren und die Einheit der Ideologie zu retten. Das waren die Grundlagen für die Stabilität des Systems, die Ligatschow nun durch Glasnost und eine zu weit getriebene Perestroika, durch Diskussionsfreiheit und Wirtschaftsreform gefährdet sah.

Ligatschow ist kein guter Redner, er spricht eher im Ton des ans Befehlen gewohnten Parteisekretärs. Er ist ein altmodischer Sowjetkommunist, ein Konservativer. Aber der Mann, der am Ende des Krieges Chefingenieur eines Flugzeugwerks war, ist kein reaktionärer Gegner der wirtschaftlichen Modernisierung. Er setzte sich in den ersten Perestroika-Jahren mit Gorbatschow entschieden für eine technokratische Wirtschaftsreform ein, die der Sowjetunion den Anschluß an die Entwicklung der westlichen Welt ermöglichen sollte. Aber die Grenzen seiner Konzeption waren stets deutlich. Rationalisierung und technologischer Fortschritt sollten die sowjetische Wirtschaft modernisieren, ohne daß sie den Schritt zu einer Informationsgesellschaft tun müsse. Die Modernisierung sollte auf einem gesellschaftlichen Bewußtsein aufbauen, wie es die russische und die sowjetische Geschichte geprägt hatten.

Schon früh schlug Ligatschow die Brücke zwischen konservativen Kommunisten und russischen Nationalisten. »Die Partei muß streng Rechenschaft fordern, wenn mit dem Nationalheiligtum fahrlässig umgegangen wird«, sagte er Anfang 1986. »Die Geschichte, die Revolution und ihre Denkmäler sind ein starkes Mittel für die Erziehung des Volkes. Und wir müssen die Menschen so erziehen, daß sie den Geist des Volkes hüten, der in den Geschichts- und Kulturdenkmälern, in Stein und Bronze, in der Einmaligkeit der Namen unserer Städte, Straßen und Dörfer fortlebt.«

Solange das Kennwort der neuen Politik »Beschleunigung« hieß, stand Ligatschow fest an Gorbatschows Seite. Als es klar wurde, daß Gorbatschow mehr wollte als nur die Modernisierung und eine begrenzte Auflockerung der zentralen Kommandowirtschaft, meldete Ligatschow seine Bedenken an. »Ich bin nie um die Freiheitsstatue geflogen«, sagt er in Anspielung auf Boris Jelzin. »Ich glaube, daß wir auf dem Marsch zum Kommunismus sind.« Halbprivate Kleinbetriebe, Restaurants und Handelsunternehmen erschienen ihm als der erste Schritt zurück zum Kapitalismus, auch wenn sie mit Lenins Genossenschaftstheorien gerechtfertigt wurden. Es war leicht, manche der neuen Unternehmer beim Volk als Spekulanten anzuschwärzen, welche die schwierige Lage ausnutzten, und Ligatschows Kritik an ihnen war durchaus populär. Sie ging über in den Widerstand gegen alle Versuche, die Rolle der Eigeninitiative und des privaten Eigentums in den sowjetischen Gesetzen zu verankern.

Daß Bauern in Zukunft eigenes Land pachten oder besitzen dürften, gilt Ligatschow als Anfang der Zerstörung von Kolchosen und Staatsgütern. Die gesamte Wirtschaft müsse auf gesellschaftlichem Eigentum aufgebaut sein, wenn das gewachsene sowjetische System nicht erschüttert werden soll. Ligatschow war noch im Spätsommer 1989 von einer Reise durch die DDR und die Tschechoslowakei mit einer frohen Botschaft zurückgekommen: Grundsätzliche Änderungen seien in der sowjetischen Landwirtschaft unnötig, denn er habe in den Produktionsgenossenschaften und Staatsgütern bei den Tschechoslowaken und den Ostdeutschen gesehen, wie erfolgreich der sozialistische Fortschritt im kollektiven Wirtschaftssystem marschiere!

Schon in einer Wirtschaftsreform, deren Ziel eine sozialistische Marktwirtschaft ist, sieht Ligatschow die Gefahr, daß sie in logischer Konsequenz zu neuen Betriebsformen führen würde, die sich der zentralen Leitung entziehen, und schließlich zur Entstehung von privatem Eigentum.

Für Ligatschows Positionen gibt es im sowjetischen Volk durchaus eine Anhängerschaft. Da sind nicht nur die Parteifunktionäre und die Beamten der Ministerien, die ihre Stellung bedroht sehen. Auch ein Teil der Direktoren in der Industrie fürchtet die Anforderungen, die eine Wirtschaftsliberalisierung stellt, wenn sie auf die zentral geleitete Staatswirtschaft trifft. Niemand ist wirklich darauf vorbereitet. Rentner und viele Arbeiter glauben, daß nach den Reformen die Preise steigen und ihre kleinen Einkommen noch unzureichender werden. In einer Zeit schneller Veränderungen suchen sie Sicherheit in der Stabilität, für die Ligatschow mit der Berufung auf Partei, Staat und Heimat einsteht.

Eigentlich brauchte Jegor Ligatschow ein Mehr-Parteien-System nicht zu fürchten. Er wäre der Führer jener Gruppen, die sich als »Vereinigte Front der Werktätigen« oder als »Block der Patriotischen Bewegung« formiert haben und die wie er traditionelle kommunistische und russische Überzeugungen verbinden. Aber obwohl Ligatschow aus seinen stärksten Positionen im Parteiapparat herausmanövriert wurde, hat er sich – anders als Jelzin – nie offen gegen Gorbatschow gestellt. Er ist längst nicht mehr Gorbatschows zweiter Mann – einen zweiten Mann gibt es bezeichnenderweise nicht mehr –, nur noch der Rechtsaußen des Politbüros, aber er ist eher bemüht, die Unterschiede zwischen seinen und Gorbatschows Vorstellungen herunterzuspielen und zu verwischen. Er blieb der Mann des Apparats, für den der Anschein der Einheit bewahrt werden muß. Denn offene Opposition bedeutet den ersten Schritt zur Fraktionsbildung in der Parteiführung und letztlich zur Zulassung von Parteien in der Gesellschaft. So mußte es Jegor Ligatschow genügen, ein Teilhaber am Machtmonopol zu bleiben. Wenn dieses Monopol durch Gorbatschows Reformen aufgelöst wird, könnte ein Mann wie Ligatschow auch bei Wahlen durchaus Anhänger finden – eine Minderheit, die jedoch eine zuverlässige Basis für ihn wäre. Aber noch verhält er sich wie ein konservativer Kommunist. Er setzt auf das Beharrungsvermögen des Apparats. So blieb er der Bremser der Reform, der sie aber nicht aufzuhalten vermochte.

Gorbatschow hat die Partei Zug um Zug in die Reformpolitik hineingeführt. Was ein Jahr zuvor noch undenkbar schien, akzeptierten die Mitglieder des Zentralkomitees im Februar 1990: den Verzicht auf das politische Monopol der KPdSU. Gorbatschow hatte den Führungsanspruch scheinbar bloß neu formuliert. Die Kommunistische Partei werde in Zukunft um ihre Stellung als führende Partei kämpfen, erklärte er, aber sie werde das im Rahmen des demokratischen Prozesses tun. Sie werde auf rechtliche und politische Vorteile verzichten und ihr Programm in Diskussionen wie in der Zusammenarbeit mit anderen gesellschaftlichen und politischen Kräften verteidigen. Das war nicht die Ankündigung eines Mehr-Parteien-Systems, wie es zweihunderttausend Demonstranten am Wochenende zuvor in Moskau gefordert hatten, aber es war doch die Abkehr von einem Führungsanspruch, auf den die Kommunistische Partei sieben Jahrzehnte lang ihre Macht gegründet hatte.

Die Mitglieder des Zentralkomitees, überwiegend eher konservativ als reformfreudig, nahmen hin, daß sich in der Gesellschaft bereits tiefe Veränderungen vollzogen hatten. Es gebe praktisch schon ein Mehr-Parteien-System in der Sowjetunion, erläuterte ihnen Ministerpräsident Nikolai Ryschkow, und die Kommunistische Partei könne sich nicht gegen diese Tatsache stellen, sondern müsse mit den neuen Bedingungen leben. Weniger als ein Jahr zuvor hatte Gorbatschow die Diskussion über ein Mehr-Parteien-System noch »Unfug« genannt. Nun hatte ihn die Entstehung neuer politischer Gruppierungen davon überzeugt, daß die Kommunistische Partei ihre Glaubwürdigkeit verlöre, wenn sie sich dieser Entwicklung widersetzen wollte. Denn den Aufbruch in der Sowjetgesellschaft hätte nur ein erneuerter Polizeistaat verhindern können. Und damit wäre die Sowjetunion wieder auf dem Rückmarsch in Verfall und Erstarrung gewesen.

Die tiefen Veränderungen, die in anderen sozialistischen Ländern über die Parteiführungen hereingebrochen sind, will Gorbatschow auf dem Wege einer kontrollierten Evolution vollziehen. Er weiß, welche Gefahren auf diesem Wege liegen, und er kennt den Widerstand der Konservativen nur zu gut. Aber er scheint ihnen schon wieder einen Schritt voraus. In der Partei stehen Wahlen an. Gorbatschow erwartet, daß sie die Konservativen schwächen und seine Reformpolitik bestätigen.

Seine engsten Mitarbeiter arbeiteten auf eine Stärkung des Regierungssystems hin, in dem Gorbatschow als Präsident mit Vetorecht und großen Vollmachten die wirtschaftlichen und politischen Probleme der Union energischer angehen kann. Sein ehemaliger Assistent Iwan Frolow, seit Herbst 1989 Chefredakteur der Parteizeitung *Prawda*, kündigte am 9. Februar 1990 an, daß der Oberste Sowjet die Einführung eines wirklichen Präsidialsystems erörtern und daß die 2250 Mitglieder des Kongresses der Volksdeputierten diese Verfassungsänderung mit Mehrheit beschließen würden. Dann könne der Kongreß entweder selbst für eine Übergangszeit einen Präsidenten der Sowjetunion wählen, der mehr sei als nur der Vorsitzende des Obersten Sowjet. Oder es könne sofort ein Termin für allgemeine und direkte Wahlen festgesetzt werden, bei denen das sowjetische Volk zum erstenmal in seiner Geschichte den Präsidenten des Landes bestimmt. In jedem der beiden Fälle werde das Land bald einen starken Präsidenten haben, wie es ihn in einer Krise, die seinen Zusammenhalt bedrohte, dringend brauche.

Durch scheinbares Zögern und kluge Kompromisse hatte Gorbatschow die Entwicklung an einen Punkt geführt, an dem das Unmögliche erreicht schien: Er blieb der Führer einer kommunistischen Partei, deren Machtmonopol er aufgelöst hatte, und war auf dem Wege zum gewählten Präsidenten der Sowjetunion, der seine Macht nicht mehr mit dem Parteiapparat zu teilen brauchte.

# Außen und Innen

Der Mann, der im eigenen Lande um seine Reformpolitik kämpfen mußte, galt dem Ausland schon als ein Politiker von welthistorischer Bedeutung. Er hatte mehr erreicht als nur eine Stärkung der sowjetischen Außenpolitik, die er aus Verkrampfung und Isolierung herausgeführt hatte. Auf jeder seiner Auslandsreisen hatte er eine blendende Figur gemacht. In den Meinungsumfragen aller Länder lag er als populärster Politiker der Welt weit vor Amerikas Präsidenten Ronald Reagan. Er hatte durch seine Persönlichkeit und die Art seines Auftretens das Mißtrauen gegen die Sowjetunion stark vermindert, das nach Jahrzehnten des Kalten Krieges und des Wettrüstens die weltpolitischen Fronten verhärtet hatte. Er war der erste und einzige sowjetische Politiker, dem die Welt zu glauben bereit war, wenn er einen Atomkrieg für nicht mehr führbar erklärte. Ihm nahm man ab, daß friedliche Koexistenz mehr sein sollte als nur eine Atempause für die Sowjetunion und daß das neue politische Denken, auf das er sich immer wieder berief, eine wirkliche, auf lange Sicht angelegte Zusammenarbeit bei der Lösung globaler Probleme, die die ganze Menschheit bedrohten, zum Ziel hatte. Darauf hatten die Völker gewartet, deren Entspannungshoffnungen vom großen Rüstungswettlauf der Supermächte enttäuscht worden waren. Der neue Mann aus Moskau brachte Bewegung in die erstarrten Fronten eines Konflikts, dessen ungeheure Kosten den Menschen immer deutlicher vor Augen traten.

Der Durchbruch zu weltpolitischer Bedeutung gelang einem Mann vom Dorf, der über zwanzig Jahre seines Lebens als Parteisekretär eine Provinz fern von Moskau regiert hatte. Als er wie ein neuer Stern der Sowjetunion in den Hauptstädten des Westens erschien, wußte man nichts über die Wurzeln seines politischen Denkens. Mißtrauisch betrachtete man ihn als Vertreter einer neuen Generation PR-gewandter sowjetischer Politiker, die die alten Ziele nur besser tarnten. Was er wirklich wollte, verstanden die Völker meist eher als ihre politischen Führer.

In den Außenministerien wurden in Gorbatschows Biographie die Auslandsaufenthalte abgehakt. Wo war der neue Mann gewesen? 1966 war der junge Parteisekretär zum erstenmal in ein anderes Land gereist, in die DDR. Da hatte er sich für Landwirtschaftspolitik interessiert. Für seine Gastgeber war er ein neugieriger Mann gewesen, der mit eigenen Fragen an Arbeiter und Bauern heranging. Aber er hatte sie nicht besonders beeindruckt. Sie sahen in ihm einen Mann von mäßiger Wichtigkeit, dem vielleicht der Aufstieg in die Führung des Jungkommunistenverbands der Sowjetunion bevorstand.

Seinen ersten Besuch im Westen hatte fast niemand bemerkt: 1975 war der Erste Parteisekretär von Stawropol in der Bundesrepublik gewesen und hatte aus Anlaß des dreißigsten Jahrestages des Sieges über den Nationalsozialismus am DKP-Kongreß in Stuttgart teilgenommen. Aufgefallen war er nicht; er selber hatte sich die erste westliche Stadt seines Lebens so gut angesehen, wie es die knappe Zeit zuließ. Am deutlichsten scheint ihm das Gespräch mit einem Tankwart in Erinnerung geblieben zu sein. Bis heute kommt er in seinen Gesprächen mit Besuchern aus der Bundesrepublik, mit Richard von Weizsäcker wie Helmut Kohl, darauf zurück.

»In der Nähe von Frankfurt sprach ich mit dem Besitzer einer Tankstelle. Er sagte zu mir: ›Stalin hat gesagt, die Hitlers kommen und gehen, das deutsche Volk aber bleibt. Aber dann, am Ende des Krieges, hat die Sowjetunion das deutsche Volk gespalten.‹« In seinem Gespräch mit Bundespräsident von Weizsäcker schloß Gorbatschow an diese Erinnerung den Hinweis an, die Westmächte hätten einen gesonderten Staat in Westdeutschland unterstützt, ehe die Deutsche Demokratische Republik entstand. Und jeder realistisch denkende Politiker könne sich einzig und allein an der Existenz zweier deutscher Staaten orientieren. Wenn er dem Tankstellenbesitzer 1975 nicht nur zugehört, sondern auch geantwortet hat, dürfte seine Antwort ähnlich geklungen haben.

Bei seiner zweiten Reise in den Westen, seinem Besuch in Kanada im Frühjahr 1983, hatte er nicht mehr Tankstellenbesitzer, sondern die führenden Leute von Politik und Wirtschaft als Gesprächspartner. Da kam er als Mitglied des Obersten Sowjet, Mitglied des Politbüros und als Landwirtschaftssekretär des Zentralkomitees. Zunächst hatte ihn die nordamerikanische Presse als eine Art Junior-Mitglied der sowjetischen Führung eingeschätzt. Noch 1983 hatte er keine Biographie, die im Westen Schlagzeilen machte. Aber die Kanadier entdeckten in ihm einen lebhaften, neugierigen und aufgeschlossenen Mann, der sich in Rede und Gegenrede frei ausdrücken konnte und sich auf einen fast amerikanischen Umgangsstil einließ, ohne deshalb hemdsärmelig zu wirken. Die politische Bedeutung seines Besuchs war nicht überragend, aber die Tage in Kanada lehrten Michail Gorbatschow, daß er mit einer Welt umgehen konnte, die die Sowjetbürger nach Jahren der Feindbild-Propaganda eigentlich fürchten mußten.

Gorbatschows Auftritt in Kanada hatte bewiesen, daß er die Sowjetunion in der Welt ungewöhnlich erfolgreich vertreten konnte. Davon war nun auch der alte Außenminister Gromyko überzeugt, der als der »grimmige Grom« einen ganz anderen außenpolitischen Stil geprägt hatte. Gromyko war dafür, Gorbatschow als einen Mann der jüngeren Generation eigene außenpolitische Erfahrungen sammeln zu lassen, und Gorbatschow legte Wert darauf, die Welt mit eigenen Augen anschauen zu können.

Das unterschied ihn von den älteren Führern des Landes. Gromyko hatte die Hunderte seiner Auslandsreisen eher pflichtgemäß ertragen als neugierig genossen. Für die Haltung der meisten hatte der alte Suslow gesprochen, als er Stalins Tochter nach dem Tode ihres Mannes die Reise zu dessen Beisetzung in Indien ausreden wollte. »Was zieht Sie eigentlich ins Ausland? Meine Familie und ich haben nie den Wunsch gehabt, ins Ausland zu fahren. Das ist doch überhaupt ganz uninteressant.« Seit Stalin entschieden hatte, den Sozialismus in einem Lande aufzubauen, war der Rest der Welt für die meisten sowjetischen Führer zum Feindesland geworden, über das man sich am besten nur aus den Berichten der Botschaften und der Geheimdienste informierte. Wenn Auslandsreisen sein mußten, dann nur nach streng geregeltem Protokoll mit rein offiziellen Reden und Begegnungen.

Gorbatschow brach aus diesem Bannkreis aus. Im Juni 1984 nutzte er eine Möglichkeit, nach Italien zu reisen: Er vertritt die Sowjetunion bei der Beisetzung des italienischen KP-Chefs Enrico Berlinguer. Den kommunistischen Funktionären Italiens, die jahrelang aus Moskau als zweifelhafte Eurokommunisten kritisiert und angegriffen worden sind, fällt auf, daß dieser sowjetische Gast sie nicht belehren will. Im Gegenteil, er spricht selbstkritisch über die Probleme der Sowjetunion, deren Überzentralisierung die Entwicklung behindere und deren staatliches System den vielen nicht-russischen Völkern der Sowjetunion zuwenig Selbständigkeit einräume. Offenbar ist dieser Mann aus dem Politbüro nicht gekommen, um die italienischen Kommunisten auf Moskaus Linie zu verpflichten, sondern um etwas über das undogmatische Denken einer starken kommunistischen Partei in einem kapitalistischen Land zu erfahren.

Im Dezember 1984 fährt Gorbatschow nach London. Zwar kommt er als Leiter einer Delegation des Obersten Sowjet auf Einladung des ältesten Parlaments der Welt, aber sein Aufenthalt wird zum Staatsbesuch. In London weiß man, daß Gorbatschow als Vertreter des kranken Tschernenko der zweite Mann der Sowjetunion ist und schnell erster Mann werden könnte. Aber solche politischen Einschätzungen verblassen vor dem Eindruck, den dieser Mann aus Moskau auf seine britischen Gastgeber macht. In London hat man sich darauf vorbereitet, den sowjetischen Gast in sorgsamer Abschirmung zu empfangen. Ein formeller Besuch soll nicht durch Proteste von Menschenrechtlern gestört werden, die Gorbatschow verärgern könnten. Aber aus der Regierungsmaschine steigt ein selbstbewußter und sicherer Mann, der seinen Besuch nicht durch Protokoll und Sicherheitsmaßnahmen einschränken läßt. Er will sehen, zuhören und diskutieren. Er kann witzig und charmant reagieren, aber auch kühl und trocken antworten, wenn man ihn auf Menschenrechtsverletzungen in der Sowjetunion anspricht. Aber selbst dann doziert er nicht in den Worten der üblichen Sowjetpropaganda, sondern macht seine Punkte wie ein geübter Debattierer. Das erkennen die Engländer an, auch wo sie mit ihm nicht übereinstimmen.

Die Londoner »Times« schrieb: »Freundlichkeit und Humor des Herrn Gorbatschow zusammen mit dem Charme seiner Frau haben größten Eindruck auf die britischen Gastgeber gemacht.« Tatsächlich war es ebenso klug wie ungewöhnlich gewesen, Raissa Gorbatschowa zum London-Besuch mitzunehmen. Denn üblich war das in Moskau zu dieser Zeit nicht. Selbst das Protokoll war sich unsicher, wie die Frau eines Politbüro-Mitglieds und Delegationsleiters zu behandeln sei. Als die Delegation in Moskau verabschiedet wurde, war Raissa Gorbatschowa nicht zu sehen. Sie saß schon in der Maschine. Als die Iljuschin in London landete, stieg sie nicht mit aus. Sie wartete, bis die offizielle Begrüßung vorbei und die Delegation abgefahren war. Beim Staatsbesuch in Paris war es ein Jahr später schon etwas anders: Zwar sah niemand in Moskau Raissa Gorbatschowa einsteigen, aber in Paris kam sie mit ihrem Mann die Flugzeugtreppe herunter. Erst im November 1985 war sie auf der Reise zur Gipfelkonferenz in Genf beim Abflug wie bei der Ankunft zu sehen.

Offenbar war man sich im Politbüro nicht einig, wie die Frau des Generalsekretärs aufzutreten habe und wo man sie sehen dürfe. Im Zentralkomitee hatte Boris Jelzin sich bei Gorbatschow darüber beklagt, daß Raissa ihn auf seinen Reisen in der Sowjetunion begleite. Aber Gorbatschow hatte geantwortet: »Wenn die Leute das nicht verstehen, muß man ihr kulturelles Niveau erhöhen.« Bei Staatsbesuchen im Ausland konnte er Kritik leicht mit dem Hinweis auf das internationale Protokoll zurückweisen. Aber in der Sowjetunion fragten sich Funktionäre wie einfache Leute, ob das nötig und richtig sei, und welches Amt die Frau eines Generalsekretärs denn bekleide.

Das war Presse und Fernsehen im Westen gleichgültig. Raissas Auftreten gab Gorbatschows Besuch erst den richtigen Glanz. Sie war gut angezogen, konnte lächeln, schien wirklich an dem interessiert, was es Neues zu sehen gab. Die Pressefotografen waren vom leichten Umgang mit ihr so angetan, daß sie zum Abschied für einen Blumenstrauß zusammenlegten. Raissa fragte Frau Thatcher freundlich, wo sie ihre Ohrringe gekauft habe, und ließ sich am nächsten Tag zu Cartier in der Bond Street fahren, um ein ähnliches Paar zu kaufen. Es kostete mehrere tausend Mark, die ein Mann vom Protokoll bezahlte. Das war nicht ungefährlich und sollte ihr Schwierigkeiten machen. Denn in Moskau verbreitete sich das Gerücht, Raissa Gorbatschowa verfüge über eine »goldene« American-Express-Kreditkarte und habe in London für ein Vermögen eingekauft. In Wirklichkeit kaufte sie ziemlich wenig. Nach der Rückkehr erzählte sie den Mitarbeitern des »Hauses der Modelle«, die sie vor der Reise eingekleidet hatten, es sei für sie doch besser, sich von ihren Moskauer Schneiderinnen anziehen zu lassen, als fertige Kleider in westlichen Salons oder Warenhäusern zu kaufen. Sie habe zwei Tage lang intensiv das Mode-Angebot studiert, aber entweder seien Farbe und Schnitt falsch für sie gewesen, oder die Kleider waren einfach nicht ihr Stil. Was es dort zu kaufen gebe, passe besser zu ihrer Tochter Irina.

Aber es kann keinen Zweifel daran geben, daß Mode und Lebensstil des Westens sie damals faszinierten. Das wurde noch deutlicher im Herbst 1985, als sie sich im Salon von Pierre Cardin von Pariser Mannequins Haute Couture vorführen ließ und dem Modeschöpfer das Kompliment machte, sie betrachte diese Kleider als Kunstwerke. Aber sie kann auch klug, mit Kenntnis und Interesse über die Bilder der Impressionisten sprechen. Es ist nicht nur das Auftreten Michail Gorbatschows, sondern dieses unerwartete Bild einer sowjetischen Frau, das die Vorstellungen westlicher Leser und Zuschauer zu verändern beginnt. Früher hatte man schwerfällige sowjetische Gäste betreuen müssen. Jetzt gab es einen neuen Umgangsstil und andere Gesichter. Offenbar war die Sowjetunion doch anders, als der Westen geglaubt hatte.

Anläßlich der Beisetzung von Tschernenko fiel ausländischen Staatsgästen im Gespräch mit Gorbatschow auf, daß die Sowjetunion nun einen Führer ganz anderer Art hatte. Vorher hatte bei solchen Begegnungen Außenminister Gromyko seinem Staatschef Zettel mit oft wörtlichen Texten außenpolitischer Erklärungen zugeschoben oder bei schwierigen Fragen selber das Wort ergriffen. Nun sprach meistens Gorbatschow und Gromyko hörte zu. Von diesen ersten kurzen Begegnungen bis zu den Gipfelkonferenzen bemerkten die ausländischen Experten mit Bewunderung, daß Gorbatschow fast immer ohne die Gedächtnisstütze jener Notizen sprach, die in allen Ländern üblicherweise vom Außenminister und seinen Beamten für die Erörterung komplexer Probleme vorbereitet werden. Gorbatschow hatte nicht nur ein exzellentes Gedächtnis, er hatte die anstehenden Fragen zweifellos ernsthaft studiert und besaß einen Überblick über die Zusammenhänge, den ihm nur die lange Zusammenarbeit mit guten Beratern hatte verschaffen können.

Bei seinen Auslandsreisen zu Gipfelkonferenzen in Genf, Reykjavik und Washington hatte Michail Gorbatschow eine Neuerung eingeführt, die sich als außerordentlich wirksam erwies. Er ließ sich von bedeutenden sowjetischen Wissenschaftlern, Schriftstellern und Experten für Außen- und Wirtschaftspolitik begleiten. Sie waren immer bereit, den Journalisten, die von den Gesprächen der Hauptakteure nur wenig erfahren konnten, Auskunft über das Konzept der neuen Politik zu geben. Sie waren so offen und zugänglich, daß sie die sonst so PR-bewußten Amerikaner einfach ausspielten. Das war ein wirksames Mittel der Informationspolitik und verschaffte Gorbatschows Ideen im Westen weit mehr Gehör, als es die offiziellen Pressekonferenzen tun konnten. In Restaurants und Hotelzimmern führten Gorbatschows Experten Gespräche, sie redeten von den wirtschaftlichen Schwierigkeiten der Sowjetunion oder den Umweltschäden und ließen erkennen, daß die Kosten des Rüstungswettlaufs die Entwicklung ihres Landes allzu schwer belasteten. Das machte sie glaubwürdig, wenn sie über ein neues politisches Denken sprachen, das die Militarisierung der Weltpolitik ablösen sollte. Den Wissenschaftlern nahm man ab, daß sie über die Gesetze des Nuklearzeitalters ohne ideologische Scheuklappen nachgedacht hatten.

Hier wurde der Gesamtzusammenhang des neuen außenpolitischen Kurses der Sowjetunion deutlich: Wenn ein Atomkrieg nicht mehr als führbar galt, brauchte die Außenpolitik nicht länger das Kräfteverhältnis zwischen den Militärblöcken in den Mittelpunkt zu stellen, und ein Ende des Wettrüstens wurde vorstellbar. Wenn ideologische Faktoren nicht die Formulierung der Außenpolitik beherrschten, ließen sich die Beziehungen zwischen den Staaten normalisieren und der wirtschaftliche Austausch fördern. Früher war es ein Lehrsatz der sowjetischen Außenpolitik gewesen, daß die kapitalistisch-imperialistischen Staaten den Weltfrieden ihrer Natur nach grundsätzlich und immer bedrohten.

Aus der neuen Sicht konnte friedliche Koexistenz nun zu einer langfristigen und umfassenden Kooperation zwischen Ost und West werden, die beiden half, die großen Umwelt- und Menschheitsprobleme gemeinsam anzugehen. Das waren die Grundzüge des Neuen Denkens, das Gorbatschow verkündete. Oft konnten seine Begleiter auf Gipfelkonferenzen Beweggründe und Ziele offener darlegen als Gorbatschow selbst, der dem amerikanischen Präsidenten nicht als politischer Denker gegenübersaß, sondern taktisch geschickt über Detailfragen des Raketen-Gleichgewichts verhandeln mußte. Jetzt wurde deutlich, daß sich in der sowjetischen Außenpolitik innerhalb weniger Jahre eine so grundsätzliche Wende vollzog, wie sie niemand im Westen für möglich gehalten hatte. Gorbatschow hatte verstanden, daß die Perestroika im eigenen Lande nur in einem internationalen Umfeld Erfolg haben konnte, in dem wachsendes Vertrauen den Weg zu Rüstungskontrolle und Abrüstung öffnete.

Manche seiner Initiativen waren noch in den siebziger Jahren Ziele der westlichen Politik gewesen – wie die Null-Lösung des Nato-Doppelbeschlusses zu den Mittelstreckenraketen. Damals hatte sich Moskau gegen praktische Schritte zur Abrüstung gesträubt und propagandistische Globalforderungen dagegengestellt. Nach 1980 hatte sich im Westen die Vorstellung von einem Gleichgewicht auf ständig wachsender Höhe der Rüstung oder auch der Wunsch nach Überlegenheit durchgesetzt. Außen- und sicherheitspolitische Konzeptionen waren in West und Ost von der »Erbsenzählerei« der Raketenexperten und dem Denken in militärischen Kategorien der Stärke ersetzt worden, als Gorbatschow versuchte, die erstarrte weltpolitische Konfrontation aufzulösen.

Mit zäher Entschlossenheit wiederholte und erneuerte er seine Vorschläge, wenn sie am Mißtrauen der Amerikaner und Westeuropäer gescheitert schienen. Immer war er den Amerikanern mit seinen Vorschlägen mehrere Schritte voraus. Und er war bereit, auch einseitige Schritte zu tun, wenn der Westen zu einer Gegenleistung noch nicht bereit war. 1985 schon hatte er alle nuklearen Test-Explosionen einseitig eingestellt und das Moratorium gegen Widerstand und Zweifel seiner eigenen Militärs durchgesetzt. Er zog die sowjetischen Truppen aus Afghanistan zurück, ohne dafür mehr als eine formelle Gegenleistung der Amerikaner einzuhandeln.

Als die Verhandlungen über den Abbau der Mittelstreckenraketen in Reykjavik scheiterten, weil die Sowjetunion von den Amerikanern den Verzicht auf ihr Programm der Weltraum-Verteidigung verlangt hatte, ließ Gorbatschow den Verhandlungsprozeß daran nicht zerbrechen. Nach wenigen Monaten hatte er die eigenen Forderungen korrigiert und die Voraussetzungen dafür geschaffen, daß die USA und die Sowjetunion zum erstenmal in der Geschichte die Verschrottung einer ganzen Klasse von Atomraketen vereinbaren konnten. Ohne auf einer Übereinkunft und auf ausgehandelten Gegenleistungen zu beharren, zog er sowjetische Truppen aus Osteuropa ab. Sowjetische Zugeständnisse machten es möglich, die europäische Konferenz über Sicherheit und Vertrauensbildende Maßnahmen erfolgreich abzuschließen und die Wiener Verhandlungen über die konventionellen Streitkräfte in Europa nach jahrelanger Stagnation wieder in Gang zu bringen. Schritt um Schritt arbeitete er auf die Verwirklichung seines großen Ziels hin: das Abkommen über die Begrenzung und den Abbau der gefährlichsten Waffen der Menschheitsgeschichte, der strategischen Nuklearraketen.

Seine Politik wirkte auch deshalb glaubwürdig, weil sich das Verhältnis zu den sozialistischen Staaten Osteuropas grundsätzlich zu ändern begann. Nun drohte nicht mehr das militärische Eingreifen der Sowjetarmee, wenn Länder wie Polen und Ungarn den Weg politischer Reformen beschritten. Die Breschnew-Doktrin, die 1968 den Einmarsch in die Tschechoslowakei gerechtfertigt hatte, war abgeschrieben. Über die Rechte der Menschen und der Nationen konnte man mit der Sowjetunion zum erstenmal wirklich verhandeln.

Gorbatschow hatte im eigenen Lande kämpfen müssen, um die Anhänger des alten Denkens in Partei und Armee für den neuen Kurs zu gewinnen. Es war ihm gelungen, weil er Wissenschaftler und Experten kannte und einsetzen konnte, die mit sachkundigen Argumenten belegten, daß die dringend notwendige Reform im eigenen Lande nur im Klima einer verbesserten internationalen Zusammenarbeit durchführbar war.

Die alten Männer um Breschnew waren noch vom Zweiten Weltkrieg geprägt gewesen und überzeugt davon, daß der Frieden am besten durch die militärische Stärke, ja die Überlegenheit der Sowjetunion gesichert werden könne. Ihre Militärs forderten, die sowjetischen Streitkräfte müßten so stark sein wie irgendeine denkbare Koalition sämtlicher Armeen der Welt. Jetzt mußten sie umlernen und hinnehmen, daß der Staat nur noch soviel Rüstung finanzieren wollte, wie für eine »vernünftige« Verteidigungsfähigkeit unbedingt erforderlich war. Die neue Politik ließ sich mit dem Hinweis auf die riesigen Wirtschaftsprobleme des Landes begründen.

Aber Gorbatschows Neues Denken stellte darüber hinaus militärische und wirtschaftliche Faktoren in einen größeren Zusammenhang. In seinem Konzept wächst die Welt im Zeichen menschheitsbedrohender ökologischer Gefahren zusammen, und deshalb muß friedliche Koexistenz zur dauerhaften Grundlage der Beziehungen zwischen den Staaten werden. Das bedeutet in letzter Konsequenz, daß die Völker ihre eigenen politischen und gesellschaftlichen Systeme wählen und gestalten können. Wenn Gorbatschow von Perestroika und Neuem Denken als einer Revolution spricht, so ist kein Aspekt der sowjetischen Politik so revolutionär wie der Wandel der Außenpolitik. Im Laufe des Jahres 1989 wurde dramatisch sichtbar, wie tief Gorbatschows Politik die Welt verändert hat.

Die Veränderungen kamen wie ein Sturm über Osteuropa. Die zwei Klammern, die die sozialistischen Staaten lange unter sowjetischer Herrschaft gehalten hatten, waren gesprungen. Die autoritären, von Stalin überkommenen Regierungsstrukturen hatten mit Gorbatschows Politik der Glasnost und der Perestroika ihre Rechtfertigung verloren. Mit dem Ende des Kalten Krieges endete auch das Denken in militärischen Blöcken, und der Spielraum für eigene Reformen und eine selbständige Politik erweiterte sich. Beides war Folge der Politik Gorbatschows und seines Außenministers Eduard Schewardnadse, und beides war von den Wissenschaftlern der Moskauer Institute, die sie zu ihren Beratern machten, vorbereitet worden. Die Veränderungen, die sich in den Staaten Osteuropas vollzogen, sind nicht nur durch Gorbatschows Politik in der Sowjetunion in Gang gebracht worden, sie wären ohne seine Umgestaltung im Inneren nicht denkbar. Somit vollzogen sie sich nicht gegen seinen Willen, überstiegen in ihrer Geschwindigkeit aber doch alles, was er vorausgesehen oder gewollt hatte. Dennoch, die neue Außenpolitik, welche zur Grundlage des gesamten Geschehens wurde, hatte er gegen zähen Widerstand in der eigenen Hauptstadt durchgesetzt. Ganz persönlich hatte er die Diplomaten und außenpolitischen Experten darauf eingeschworen, schnelle Ergebnisse möglich zu machen, weil er aus innenpolitischen Gründen Erfolge seiner Friedenspolitik brauchte. Solche Erfolge waren nicht zu erreichen, solange Osteuropas Entwicklung in erster Linie aus dem Blickwinkel einer sowjetischen Sicherheitspolitik betrachtet, sozusagen zur militärischen Pufferzone abgewertet wurde, deren oberstes Prinzip nichts anderes als die Erhaltung der sowjetischen Kontrolle war. Dabei übersah man in Moskau jahrelang, wieviel Sprengstoff sich in der Innenpolitik dieser Länder angesammelt hatte.

In den Jahren der Stagnation und der Führungswechsel hatte Moskau nur mit Mißtrauen zugesehen, wie sich die Regierungen osteuropäischer Staaten allmählich mehr Handlungsfreiheit verschafften. Aber die Unsicherheit über die Ziele der sowjetischen Innen- und Außenpolitik zwang selbst linientreue kommunistische Führer in Osteuropa dazu, eigene Lösungen für die Probleme ihrer Länder zu suchen. Das sowjetische Modell der späten Breschnew-Zeit hatte keine erfolgversprechenden Methoden zur Überwindung der wirtschaftlichen Schwierigkeiten mehr angeboten. Wenn die sozialistischen Länder einer sowjetischen Politik folgten, die in der Konfrontation mit Amerika erstarrt war, dann waren sie zu höheren Rüstungsausgaben oder zur Aufstellung neuer sowjetischer Raketen verpflichtet, die die Spannungen in ihren Ländern erhöhten und eine Verbesserung des Lebensstandards erschwerten. Jedes der Länder in Osteuropa suchte nach eigenen Rezepten, und die politischen Unterschiede zwischen Polen und Ungarn einerseits, der DDR und Bulgarien oder der Tschechoslowakei und Rumänien andererseits waren deutlich ausgeprägt, aber es zeigte sich auch, daß all diese Regierungen einander propagandistische und taktische Hilfe gaben, wenn es darum ging, den

Spielraum begrenzter Selbstbestimmung gegenüber der Sowjetunion zu verteidigen und zu erweitern.

Auch in Moskau merkte man natürlich, daß die sowjetische Politik an Überzeugungskraft verlor, daß sie sich als Modell für die Parteiführer der anderen Ostblockstaaten, die sich neuen Forderungen nach politischen und wirtschaftlichen Systemveränderungen gegenübersahen, immer weniger eignete. Als solche Kräfte im Aufbruch der Solidaritätsbewegung Polens ihre ganze Stärke zeigten, hofften die moskautreuen Führer auf ein Eingreifen der Sowjetunion, während reformwillige Kommunisten unter dem sowjetischen Druck zu Konzeptionslosigkeit und Unbeweglichkeit verurteilt waren. Hier zeichnete sich bereits eine Entwicklung ab, die bei Nachlassen des Drucks das ganze, von den Sowjets nur noch passiv verteidigte System Osteuropas umstürzen sollte.

Ungarn hatte als einziges Land eine konsequente Reformpolitik in Angriff genommen. Dadurch wurde das Verhältnis zwischen Partei, Regierung und Volk spannungsfreier als in den anderen kommunistischen Staaten. Aber Ungarn mußte auf einem schmalen Grat balancieren, wenn es seine Politik der Wirtschaftsreform weitertreiben wollte, ohne die Sowjetunion zu alarmieren und ohne sich erneut dem lähmenden Druck durch die große Bruder-Nation auszusetzen. Als in Moskau Andropow an die Macht kam und zum erstenmal auch dort von Reformmodellen die Rede war, wagten die Ungarn das auszusprechen, was in anderen sozialistischen Staaten nur im inneren Kreis diskutiert wurde – daß die gemeinsamen Interessen der sozialistischen Staaten nur dann verwirklicht werden können, wenn sie gleichzeitig auch dem nationalen Interesse jedes einzelnen Landes entsprechen.

In der DDR war Erich Honecker ein entschiedener Gegner der politischen und wirtschaftlichen Reformen in Ungarn. Aber auch er fühlte sich von Moskau allein gelassen und begann, wirtschaftliche Brücken zur Bundesrepublik zu bauen und von einer besonderen Verantwortungsgemeinschaft der beiden deutschen Staaten für den Frieden zu sprechen. In Moskau reagierte man zunächst skeptisch, dann warnend auf den sogenannten »deutsch-deutschen Frühling«.

Für diese Politik seien die Genossen in Ost-Berlin selber verantwortlich, sagte ein Experte des Zentralkomitees, und es werde schon dafür gesorgt, daß die Bäume nicht in den Himmel wüchsen. Es gehe nicht an, daß sich die Beziehungen zwischen den beiden deutschen Staaten auch dann erfolgreich entwickelten, wenn man einander durch einen Raketenzaun ansehe.

Als einziges Rezept für sozialistische Erfolge bot Moskau in den letzten Jahren vor der Perestroika die Forderung nach stärkerer Block-Disziplin an. Aber in allen Ländern Osteuropas, den reformfreudigen wie den konservativ-moskauhörigen, hatte man das Ausmaß der Krise eher und genauer erkannt als in der sowjetischen Führung. Wissenschaftlich-technische Innovationsfähigkeit und Reformpläne waren in allen Staaten weiter entwickelt als in der Sowjetunion. Die Furcht, daß die sowjetische Stagnation sich immer lähmender auf ihre Staaten legen und die Lösung der gesellschaftlichen Spannungen unmöglich machen würde, verunsicherte die kommunistischen Führer. Aber den meisten von ihnen fehlte es an Einsicht, politischer Kreativität und auch taktischem Geschick, um wirklich eigene Schritte nach vorn zu wagen.

Als in der Sowjetunion unter Gorbatschow der Weg zu Reformen und zu einer offenen Diskussion über den Zustand der Gesellschaft frei wurde, waren die dogmatischen Führer der DDR, der Tschechoslowakei, Bulgariens und Rumäniens unvorbereitet und unfähig, sich mit den neuen und nun plötzlich freigesetzten gesellschaftlichen Kräften auseinanderzusetzen.

Gorbatschow selber hatte darauf gesetzt, daß sich der Prozeß der Veränderungen in der Sowjetunion wie in den verbündeten Staaten Schritt für Schritt und ohne dramatische Umbrüche vollziehen könnte. Wenn er von der Perestroika als der »zweiten Revolution« sprach, hatte er doch einen tiefgreifenden, aber kontrollierten Prozeß im Auge. So sollte nach seinen Vorstellungen auch die Neuordnung der Beziehungen zwischen den sozialistischen Staaten vollzogen werden. In seinem Buch *Perestroika* schrieb er noch 1986: »Seit Ende der siebziger Jahre verkamen die Kontakte zwischen den Führern der verbrüderten Länder zunehmend zu bloßer Repräsentation anstelle des ernsthaften politischen Geschäfts. Das Vertrauen in solche Kontakte schwand dahin. Heute hat sich vieles verändert. In den letzten zweieinhalb Jahren hat die Sowjetunion zusammen mit ihren Freunden in der sozialistischen Gemeinschaft bedeutende Arbeit geleistet. Damit müssen und werden wir fortfahren. Das gesamte Spektrum der politischen, ökonomischen und humanitären Beziehungen der sozialistischen Länder wird gegenwärtig neu gestaltet. Die Art der Umgestaltung wird diktiert durch die objektiven Bedürfnisse der Entwicklung eines jeden Landes und der internationalen Situation insgesamt. Sie wird nicht von subjektiven Emotionen bestimmt.« Gorbatschow ist ein Mann der politischen Rationalität. Er mißtraut Veränderungen, die die »Straße« erzwingt. So unterschätzte er auch das Ausmaß der Umbrüche, die aufgestaute Unzufriedenheit in Verbindung mit wiedererwachtem nationalen Gefühl erzwingen konnten.

Aber als die große und allgemeine Bewegung in Osteuropa sichtbar zu werden begann, wußte Gorbatschow jedenfalls, daß die alte Politik militärischer Invasionen kein brauchbares Rezept mehr war. Er erwartete, daß die konservativen kommunistischen Führer, die sich gegen die Perestroika in ihren Ländern sperrten, doch noch Schritt für Schritt zu einer Reformpolitik finden würden, und daß sie die inneren Spannungen abbauen könnten, ehe sie sich explosionsartig entluden. Die Veränderungen in Polen, wo die kommunistische Partei zuerst von der Macht verdrängt worden war, konnte die Sowjetunion gerade noch hinnehmen, weil ein Mann wie Jaruzelski – wenn auch unter der Drohung sowjetischen Eingreifens – den Übergang zu einem neuen politischen System gelenkt hatte. So war Polen nach Ungarn Ende 1989 zum stabilsten Land in Osteuropa geworden. Die konservativen kommunistischen Führer dagegen, die sich gegen jede Veränderung gesträubt hatten, saßen auf einem Pulverfaß.

Das galt besonders für die DDR, deren Führer zu lange gehofft hatten, Gorbatschows Reformpolitik werde von den Dogmatikern in der sowjetischen Bruder-Partei gestoppt werden. Aber die Perestroika ging weiter, Gorbatschows Stellung in der Sowjetunion festigte sich, und die Lage innerhalb der DDR destabilisierte sich sichtlich. Gorbatschows Politik selbst schien der DDR-Führung das Festhalten am starren Kurs zu ermöglichen, denn der Verzicht auf Einmischung in die inneren Angelegenheiten verbündeter Länder war einer der Grundsätze des Neuen Denkens im Kreml. Die sowjetische Politik hatte sich damit selber des Mittels begeben, mit dem jahrzehntelang personelle Veränderungen in den sozialistischen Staaten erzwungen worden waren. Nun suchte Gorbatschows Führungsmannschaft vergeblich nach starken, reformwilligen Leuten in der SED, die sich als Verbündete zur Durchsetzung einer neuen Politik eigneten und zugleich Ansehen im eigenen Land genossen. Denn die neue Politik erforderte eine Autorität, die sich nicht mehr allein auf Geheimdienst und bewaffnete Macht stützte. Bei seinem Aufenthalt in der DDR anläßlich des vierzigsten Staatsgründungstages warnte Gorbatschow deutlich genug: »Wer zu spät kommt, den bestraft das Leben.«

Gorbatschow und Schewardnadse wußten längst, daß die DDR-Führung auf ernste Probleme zusteuerte. Ihre Berater in Moskau klagten: »Erich versteht die Lage nicht mehr.« Aber als Honecker schließlich von SED-Führern gestürzt wurde, denen das Ausmaß der Krise deutlicher vor Augen stand, setzte sich ein Mann an die Spitze, dessen Fähigkeiten man in Moskau auch nicht hoch einschätzte. Egon Krenz sei ein smarter, aber ältlicher Jungkommunisten-Funktionär, klagte einer der Männer, die mit Gorbatschow in Berlin gewesen waren. Bei seinem Blitzbesuch in Moskau hatten sie den Eindruck, daß auch er die Lage in der DDR und die Stimmung der Bevölkerung falsch einschätzte, daß er unbegründet optimistisch und selbstsicher sei und daß er in seinem Gespräch mit Gorbatschow nur Bestätigung herausgehört und die Warnungen des Generalsekretärs gar nicht verstanden habe.

Als Krenz der wachsenden Fluchtbewegung nachgab, Reisefreiheit zugestand, brach die lange aufgestaute Flut alle Dämme und schwemmte schließlich auch ihn selbst hinweg. Am 9. November fiel die Mauer. Wie die ganze Welt stand auch die Sowjetunion vor einer völlig veränderten Lage in Mitteleuropa. Nichts hatte auf eine so dramatische Beschleunigung der Entwicklungen hingewiesen. Aber sie war die Folge der Ost-Berliner Konzeptionslosigkeit, die Gorbatschows Berater seit Monaten mit Sorge beobachtet hatten.

Deutschland ohne Mauer – das war nun eine Folge der Politik Gorbatschows, wenn es auch gewiß nicht ihr Ziel gewesen war. Aber seine Politik hatte die Sowjetunion darauf vorbereitet, auch angesichts einer unerwarteten und für viele beunruhigenden Veränderung in Europa nach friedlichen und konstruktiven Lösungen zu suchen. Es ist bezeichnend, daß ein militärisches Eingreifen in Moskau zu diesem Zeitpunkt überhaupt nicht erwogen wurde. Zehn Jahre zuvor wäre das mit Sicherheit der Fall gewesen. Ein Rückfall in die alte Machtpolitik schien auch den konservativen Funktionären und Offizieren nicht mehr möglich. Es gehört zu den großen Leistungen Gorbatschows, in seinem Lande Verständnis dafür geweckt zu haben, daß die Interessen der Sowjetunion nicht mit Panzern, sondern durch Verhandlungen und Abkommen gesichert werden müssen.

Aber Gorbatschow wußte natürlich, daß Deutschland-Politik für einen sowjetischen Staatsmann ein gefährliches Feld ist. Für die alte Garde in Partei und Armee war der Sieg über Deutschland das große historische Ereignis in ihrem Leben gewesen. Die Erinnerung an die zwanzig Millionen Menschen, die sich im Krieg für die Sowjetunion geopfert hatten, und an die Verbrechen und Zerstörungen der Besetzung prägen das Deutschland-Bild der Sowjetmenschen zu einem guten Teil noch heute. Die DDR, »unser Deutschland«, war das Kernstück sowjetischer Sicherheit in Europa gewesen. Von solchem militärischen Sicherheitsdenken trennten sich die hohen Militärs nur schwer, und Gorbatschows Gegner in der Partei begannen schnell, die schrecklichen Erinnerungen zu beleben. Die neue Politik hatte die Sowjetunion nun auch weltpolitisch geschwächt, ihr eine vorgeschobene Bastion in Europa genommen. Manche sagten, Gorbatschows Politik habe den Krieg mit fünfundvierzig Jahren Verspätung doch noch verloren.

Weil Gorbatschow seine Gegner kannte, war er lange bemüht gewesen, die »deutsche Frage« aus der aktuellen Politik herauszuhalten. »Was hier historisch geformt wurde, sollte am besten der Geschichte überlassen bleiben«, antwortete er häufig auf Fragen nach der deutschen Nation und den künftigen Formen der deutschen Staatlichkeit. Aber er hatte nie grundsätzlich und für ewig die Vereinigung der zwei deutschen Staaten abgelehnt, und er mußte den Fall der Mauer nicht als ein Scheitern seiner Politik verstehen. Wie Schewardnadse sah er die Ursachen für den Zerfall des sowjetischen Machtbereichs in Ost- und Mitteleuropa als eine Folge der verfehlten sowjetischen Politik vieler Jahrzehnte. Nun mußte mit neuen Mitteln eine neue Ordnung gefunden werden. Der Verfall in der DDR aber vollzog sich so rapide, daß man weder in Moskau noch in der übrigen Welt Zeit und Atem hatte, den Prozeß durch neue politische und militärische Konzeptionen zu steuern.

In dieser hektischen Entwicklung bewahrten Gorbatschow und Schewardnadse Nüchternheit und Augenmaß bei der Beurteilung der sich fast täglich verändernden Lage. Sie überprüften ihre Einschätzungen und Forderungen schnell an den neu entstehenden Realitäten. Sie fühlten sich sicher genug, sowjetische Positionen zu korrigieren, wenn die Wirklichkeit sie überholt hatte. Was zu einer innen- und außenpolitisch gefährlichen Krise hätte werden können, wurde in einen Prozeß diplomatischer Verhandlungen übergeleitet. Wie selbstbewußt und gelassen die russische Außenpolitik zu diesen Umwälzungen stand, zeigte eine Stellungnahme Schewardnadses zum Verhältnis der Sowjetunion zu den osteuropäischen Staaten, die von der *Iswestija* am 27. Februar 1990 abgedruckt wurde. Während des Besuches des neuen Präsidenten der CSSR, Václav Havel, in Moskau sagte Schewardnadse, daß er die demokratischen Reformbewegungen in Osteuropa »unterstütze« und daß Moskau diese Entwicklung »unumkehrbar« zu machen wünsche. Die neuen Beziehungen zu den reformierten osteuropäischen Regierungen müßten auf »einer Basis der Gleichberechtigung« ruhen. Schewardnadse wiederholte damit eine Versicherung, die auch Michail Gorbatschow im Laufe seiner Begegnung mit Václav Havel selbst abgegeben hatte. Der Außenminister fügte noch hinzu: »Alles, was jetzt in Osteuropa geschieht, betrachten wir als eine demokratische Revolution, die unseren nationalen Interessen entspricht.« Gorbatschows neue europäische Außenpolitik nahm also die Wandlung in Osteuropa, die auch nichtkommunistische Kräfte an die Macht brachte, nicht nur hin, sondern unterstützte sie sogar, suchte sie zu stabilisieren.

Diese Entwicklung war nur möglich, weil sich das Verhältnis zwischen der Sowjetunion und der Bundesrepublik Deutschland günstiger entwickelt hatte, als man es zu Beginn der Gorbatschow-Ära erwarten konnte. Noch Anfang 1985, zur Zeit des vierzigsten Jahrestages der deutschen Kapitulation, hatte die sowjetische Propaganda die Bundesrepublik als einen militaristischen und revanchistischen Staat angegriffen, der die feindselige Politik der USA unterstützte. Mißtrauen bestimmte zunächst das Urteil der konservativen deutschen Regierungsmehrheit über Gorbatschows Politik. Man betrachtete sie anfänglich als eine lediglich geschicktere und sich besser darstellende Fortführung des alten sowjetischen Machtstrebens.

Der Wunsch der Bundesregierung, deutsche Firmen in das Weltraumrüstungsprogramm der USA einzubringen, erschien sowjetischen Diplomaten als eine bewußte Provokation. Die Beziehungen verbesserten sich erst, als Außenminister Hans-Dietrich Genscher vom 20. bis 22. Juli 1986 nach Moskau kam. Neben ausführliche Gespräche mit Außenminister Schewardnadse trat eine dreistündige Begegnung mit Generalsekretär Gorbatschow. Es war, wie der sowjetische Botschafter in Bonn, Julij Kwizinskij, erklärte, der Anfang eines intensiven politischen Dialogs. Gorbatschow selber sagte, sein Gespräch mit Genscher sei über den üblichen Rahmen hinausgegangen, nun werde eine neue Seite in den bilateralen Beziehungen aufgeschlagen. In der sowjetischen Presse änderte sich der Ton gegenüber der Bundesrepublik. Bilaterale Kontakte, die eingeschlafen waren, wurden wieder aufgenommen. Das Gespräch zwischen Genscher und Schewardnadse wurde im August in New York intensiv weitergeführt, und nach dem Scheitern der Gipfelkonferenz von Reykjavik kam der stellvertretende Außenminister Karpow selber nach Bonn, um das Auswärtige Amt ausführlich über die sowjetische Einschätzung zu informieren.

Im Herbst 1986 aber verschlechterte sich das Verhältnis wieder. Bundeskanzler Helmut Kohl hatte in einem unbedachten Interview Gorbatschow als einen PR-Taktiker vom Schlage Goebbels' bezeichnet. Im Gespräch mit dem sowjetischen Botschafter und dem Bundestag bemühte sich Kohl, den Eindruck zu korrigieren, er habe

Gorbatschow mit Goebbels vergleichen und beleidigen wollen. Aber nun sagte die sowjetische Seite die vereinbarten Ministertreffen ab, und es kam nur noch zu einem kurzen Gespräch zwischen Genscher und Schewardnadse am Rande der Wiener KSZE-Konferenz.

Mehrere Monate blieben die Beziehungen getrübt. Erst im April 1987 begannen wieder Gespräche über Wirtschaftsbeziehungen auf höchster Ebene, als der stellvertretende Ministerpräsident Antonow nach Bonn kam. Der Sowjetunion galt das Verhältnis zu Bonn als ein zu wichtiger Teil ihrer Außenpolitik, um in Gekränktheit zu verharren. Der Staatsbesuch des Bundespräsidenten Richard von Weizsäkker in Moskau brachte die wichtigste positive Veränderung des politischen Klimas zwischen Bonn und Moskau. In ihren Gesprächen wurde Gorbatschow deutlich, daß der Bundespräsident mit ihm das Bewußtsein einer gemeinsamen europäischen Kultur und der gegenseitigen Abhängigkeit aller Länder des Kontinents teilte. Er glaubte ihm, daß auch die Menschen in der Bundesrepublik Hoffnungen auf die Perestroika in der Sowjetunion und auf ein gemeinsames europäisches Haus setzten, und er hob hervor, wie wichtig ihm stabile Beziehungen zwischen der Bundesrepublik und der UdSSR seien. Darum, so sagte er, wünsche die Sowjetunion, daß die Bundesrepublik ein gefestigter und stabiler Staat bleibe, denn anders gebe es auch keine Hoffnung auf Stabilität in Europa und in der Welt. Alle Überlegungen Gorbatschows gingen von der Existenz zweier deutscher Staaten aus, aber der Besuch zeigte deutlich, wie hoch Moskau die Beziehungen zur Bundesrepublik im Rahmen seiner Europapolitik bewertete.

Das sowjetische Mißtrauen erwachte noch einmal im Sommer 1987, als die Regierung der Bundesrepublik das sowjetisch-amerikanische Abkommen über den Abbau der Mittelstreckenraketen zu verhindern schien, weil sie die auf deutschem Boden stationierten Pershing-Raketen nicht aufgeben wollte. Als die Bundesregierung Ende August 1987 dann doch auf die Pershings verzichtete, würdigte die Sowjetunion dies öffentlich als positiven Beitrag zur Entspannung. Der Weg zur Fortsetzung des politischen Dialogs war wieder frei. In vielen Gesprächen lernten sich die Außenminister Genscher und Schewardnadse verstehen und schätzen, als Partner und nicht nur als

Gegenspieler im Eintreten für die politischen Interessen ihrer Länder. Die Kontakte zwischen Fachministern wurden wieder häufiger, Franz Josef Strauß kam zu einem langen Gespräch mit Gorbatschow nach Moskau. Er entdeckte den neuen Gorbatschow, und Gorbatschow sah, daß der konservative Bayer der dämonischen Symbolfigur des deutschen Revanchismus, die die sowjetische Presse gezeichnet hatte, doch nicht entsprach. Die Ministerpräsidenten Rau und Späth wie der SPD-Chef Vogel waren Gesprächspartner des Generalsekretärs und natürlich Willy Brandt, der in der Sowjetunion unvermindert als ein besonders vertrauenswürdiger Deutscher gilt.

Im Oktober 1988 war die Zeit reif für den offiziellen Besuch von Bundeskanzler Helmut Kohl. Schon nach dem ersten der insgesamt zehnstündigen Gespräche meinte Gorbatschow, nun sei das Eis gebrochen. Es waren politische Begegnungen ohne Anzeichen besonderer Sympathie zwischen den beiden Männern, aber sie klärten die Standpunkte und bauten Vorbehalte ab. Dem Besuch folgte die Unterzeichnung einer ganzen Reihe von Regierungsabkommen. Und zum ersten Mal führte ein Verteidigungsminister der Bundesrepublik ein ausführliches Gespräch mit seinem sowjetischen Amtskollegen, besuchte sowjetische Einheiten und hielt einen Vortrag an der Militärakademie der Panzertruppen.

Eins freilich war auch bei solchen Begegnungen deutlich: Auf sowjetischer Seite hielt man daran fest, daß es auf lange Zeit zwei deutsche Staaten geben würde, die nun einmal historisch gewachsen seien, und daß nur eine unrealistische Politik die »deutsche Frage« in den Mittelpunkt stellen könnte.

Inoffizielle Texte aber ließen erkennen, daß über die geschichtlichen Beziehungen der Deutschen und der Russen und ihre Zukunftsperspektive bereits weiter nachgedacht wurde. Im Juli 1988 erschien in der angesehenen *Literaturnaja Gaseta* ein Artikel von Leonid Potschiwalow, dessen Titel die DDR-Regierung zu einem Protest veranlaßte. Er lautete »Die Deutschen und wir«. Potschiwalow schrieb darin, die Teilung Deutschlands sei nicht so alt, daß man von zwei Nationen sprechen könne. Auch er schränkte freilich ein, im Interesse der Stabilität des gemeinsamen europäischen Hauses müßten zwei deutsche Staaten bestehenbleiben, aber er drängte auf eine Zusammenarbeit mit beiden Staaten, die er in der Wertung der sowjetischen Beziehungen auf gleiche Stufe zu stellen schien.

In einem Gespräch über das Schicksal Europas, das in der Zeitschrift des IMEMO-Instituts veröffentlicht wurde, erörterten zwei Politikwissenschaftler das Problem einer »deutschen Gemeinschaft« und stellten verschiedene Ansichten gegeneinander. Nach einer Meinung sei die deutsche Frage endgültig beantwortet. Aber eine andere Perspektive sei, daß es in Europa keine Stabilität geben könne, wenn man nicht zu einer harmonischen Lösung der deutschen Frage komme. Der Politikwissenschaftler Boris Orlow sagte offen, das Problem der nationalen Gemeinschaft beschäftige die Deutschen weiterhin. Wer davor die Augen verschließe, aktiviere nur jene Kräfte, die eines Tages den Versuch unternehmen könnten, das Problem mit Gewalt zu lösen. Auf sicherem Fundament könne das gesamteuropäische Haus nur errichtet werden, wenn man sich der Auseinandersetzung mit der deutschen Frage nicht entziehe. Es sei Sache der beiden deutschen Staaten, darüber zu entscheiden, wie sich die »deutsche Gemeinschaft« entwickele. Eine Lösung könne jedoch nur in einem neuen gesamteuropäischen Klima und unter Abstimmung mit den Interessen der Nachbarn gefunden werden. Die Veröffentlichung des Gesprächs der beiden Politikwissenschaftler, wenn auch nur in einem Informationsblatt für Spezialisten, zeigte, was in den außenpolitischen Forschungsinstituten bereits vorgedacht wurde. Das Dogma der unabänderlichen Existenz zweier deutscher Staaten wurde offenbar einer kritischen Revision unterzogen.

Was sich bei Michail Gorbatschows Besuch in Bonn im Juni 1989 ereignete, wurde auch für sowjetische Beobachter, die den Erfolg seiner brillanten Auftritte im Ausland miterlebt hatten, zur überwältigenden Überraschung. Zehntausende von Deutschen jubelten einem Staats- und Parteichef der Sowjetunion zu. Das hatte sich ein paar Jahre zuvor niemand vorstellen können. In den sowjetischen Fernsehübertragungen war eindeutig zu sehen, daß dies nicht organisierter Jubel war, sondern so etwas wie ehrliche Begeisterung und Herzlichkeit. Die sowjetischen Fernsehzuschauer entdeckten, daß ein altes Feindbild der Deutschen offenbar zerbrochen war. Wenn Gorbatschow für die Deutschen die Hoffnung auf Frieden und eine bessere Zukunft Europas verkörpern konnte, dann mußte auch diese Bundesrepublik, die in der Propaganda so lange als gefährlich und revanchistisch geschildert worden war, sich verändert haben und konnte zu einem Partner für die Zusammenarbeit in Europa werden. Der erfolgsgewohnte Gorbatschow wird den Jubel nüchterner eingeschätzt haben als die erstaunten sowjetischen Zuschauer am Fernsehgerät. Aber das Erlebnis muß auch ihn berührt haben, denn er wußte, welche Rückwirkung diese Bilder in der Sowjetunion erzeugen konnten. Das vergrößerte den Spielraum seiner Deutschland-Politik.

In dem veränderten Europa hatte sich die Rolle der Bundesrepublik aus der Sicht Moskaus signifikant verschoben. In der sich abzeichnenden Neuordnung Osteuropas und bei der wirtschaftlichen Entwicklung war sie ein unverzichtbares Element, auch wenn sich die Interessen von Moskau und Bonn nicht deckten und teilweise widersprachen. Schewardnadse und Genscher hatten diese begrenzte Partnerschaft in vielen Gesprächen abgesteckt. Möglich gemacht aber hatte das Gorbatschows neue Politik, die sachlich an die Probleme heranging und zugleich eine große Perspektive für ein verwandeltes Europa eröffnet hatte.

Wie sich die »deutsche Gemeinschaft« im Kräftefeld der bestehenden wirtschaftlichen und militärischen Pakte und Gruppierungen schließlich gestaltet, ist nicht vorauszusagen. Es ist aber Gorbatschows historische Leistung, daß für die gemeinsame Zukunft der Deutschen nach ausgehandelten Lösungen gesucht werden kann und nicht mehr die Drohung militärischer Gewalt die *ultima ratio* der Ost-West-Politik ist. Indem er die Sowjetunion veränderte, hat er demokratische Veränderungen in Osteuropa und der DDR möglich gemacht. Wenn aus den Unruhen und Wirren, die jede Übergangszeit prägen, eine friedliche und gesicherte neue Ordnung in Europa entsteht, wird das seinen Platz in der Geschichte bestimmen. In jedem Fall bleibt er der Mann, der nach Jahrzehnten der Machtpolitik seinem und den anderen Völkern den Weg zur Selbstbestimmung freigab. Wenn man an Peter dem Großen rühmt, er habe Rußland ein

Fenster zum Westen geöffnet, so hat Gorbatschow die Tür zu einer besseren Zukunft Europas aufgestoßen.

Am 27. Februar 1990 beschloß der Oberste Sowjet, daß die Sowjetunion in Zukunft einen starken Präsidenten haben solle. Einige Tage zuvor hatte Alexander Jakowlew, Politbüro-Mitglied und ZK-Sekretär, noch einmal beschrieben, warum die Sowjetunion in einer Zeit des Umbruchs einen mit großen Vollmachten ausgestatteten Mann an der Spitze brauche. Die Sowjetunion, so schrieb er in der *Iswestija* am 23. Februar, sei ein Land, das keine Erfahrungen mit Demokratie und politischer Kultur besitze und deshalb eine Symbolfigur der Einheit, einen Garanten für Demokratie und Geborgenheit und einen Hüter der Verfassungsgrundlagen des Staates brauche, der dem Gesetz und dem Volke rechenschaftspflichtig sei. In der Sowjetunion sei ein Machtvakuum entstanden, in das Kräfte der Gesetzlosigkeit und der Unordnung hineinströmten. »Perestroika bedeutet Demokratie und Macht des Volkes, aber nur das Gesetz kann zuverlässig über die Demokratie wachen. Die Wahl von Machtorganen auf der Straße ist nicht Demokratie, sondern Willkür.«

Die Sowjetunion war in eine tiefe Krise geraten. Der kontrollierte Prozeß gesellschaftlicher Veränderungen, den Gorbatschow in Gang gesetzt hatte, drohte, zum Zerfall und zur Demontage der Union zu führen. Südlich des Kaukasus lebten die Republiken Armenien und Aserbaidschan wie im Kriegszustand nebeneinander. Auf sowjetische Soldaten, die die Gegner trennen und die staatliche Ordnung in Aserbaidschan wiederherstellen sollten, wurde mit Maschinengewehren und Raketen geschossen. Aserbaidschaner hatten an der Grenze zum Iran den Stacheldraht niedergerissen, die Grenzpfähle verbrannt und forderten Selbständigkeit oder den Anschluß an die Türkei.

In Georgien und der Moldaurepulik, in der Ukraine und in Belorußland wuchs von Tag zu Tag die Macht der nationalistischen Bewegungen. Die drei baltischen Staaten hatten sich Parlamente gegeben, deren Mehrheit für völlige Unabhängigkeit und den Austritt aus der Sowjetunion war. Litauen erklärte wenig später, am 12. März 1990, formell seine staatliche Selbständigkeit. In den Republiken Zentralasiens schlugen Unzufriedenheit und nationale Forderungen in blutige Zusammenstöße zwischen verschiedenen Volksgruppen um. In großen russischen Städten wie Wolgograd und Swerdlowsk hatten Massendemonstrationen die Absetzung der gesamten örtlichen Parteiführung erzwungen. In den Bergbaugebieten um Kemerowo hatten Streikkomitees der Bergarbeiter nach langem Streik praktisch die Macht in den Verwaltungsorganen übernommen. Zweimal im Februar 1990 marschierten Hunderttausende von Menschen durch Moskau, die meisten mit der Forderung nach schnellerem Umbau der Gesellschaft und der Wirtschaft, aber viele auch mit der Forderung nach dem Rücktritt von Generalsekretär, Politbüro und Regierung.

Die Bevölkerung der Russischen Föderativen Republik begann unruhig zu werden. Fünfundvierzig Jahre nach dem Krieg strömten Zehntausende von Flüchtlingen aus den Randrepubliken der Sowjetunion in die russische Heimat ihrer Vorfahren zurück – die Zeitung *Argumenti i Fakti* schätzt ihre Zahl schon auf eine halbe Million. Nun formierten sich auch die Kräfte einer russischen nationalen Bewegung, deren demagogische Führer mit antisemitischen Parolen gegen jede Verwestlichung, gegen Reform und Liberalisierung auftraten.

Die Führung in Moskau hatte die Kräfte unterschätzt, die im Prozeß der Reformen freigesetzt wurden. Als der Konflikt zwischen Aserbaidschan und Armenien aufbrach, hatten sich Partei und Regierung an der alten kommunistischen Vorstellung orientiert, nationale Konflikte seien absterbende Überbleibsel der bürgerlichen Gesellschaft, die mit einer Verbesserung der wirtschaftlichen und sozialen Bedingungen verschwinden. Aber das Versprechen auf solche Verbesserungen hatte nicht genügt, um die nationalen Emotionen zu beschwichtigen – weder in Armenien und Aserbaidschan noch in anderen Republiken. Selbst die Hoffnungen, die seit Beginn der Perestroika auf eine Verbesserung der Wirtschaftslage und der Versorgung gesetzt wurden, hatten sich in so kurzer Zeit nicht erfüllen können.

Der Glaube an die Macht des unaufhaltsamen technischen Fortschritts war seit dem Kernkraft-Unglück von Tschernobyl gebrochen. Quadratkilometer um Quadratkilometer erfuhr die Sowjetunion, wie groß die Region war, die für Jahrzehnte oder Jahrhunderte unbebaubar geworden war und wie viele Menschen direkt oder indirekt Opfer der Strahlungen wurden. Aus allen Teilen des Landes kamen Berichte über ökologische Katastrophen, die zwischen Estland und Usbekistan weite Landstriche zerstört hatten. Monokultur und Chemie, die Wunderwaffen der zentralen Landwirtschaftsplanung, hatten den Boden unfruchtbar und die Menschen arbeitslos gemacht. Berichte über Mißbildungen bei Kindern nahmen zu, die Lebenserwartung der Menschen in den betroffenen Gebieten war erschreckend gesunken.

Die Reformen aber hatten noch nicht gegriffen, selbst an ihren gesetzlichen Grundlagen arbeiteten die Ausschüsse des Obersten Sowjet noch immer. Eine halbe Reform aber bringt nicht eine fünfzigprozentige Verbesserung des Lebensstandards, sondern Unsicherheit und Chaos. Die Eigensucht der Betriebe und die Sonderinteressen regionaler Behörden überwucherten die Gemeinsamkeiten der Wirtschaftspolitik. Republiken und Städte verordneten, daß Lebensmittel und andere Konsumgüter nur noch an Menschen verkauft werden dürften, die sich als registrierte Einwohner ausgewiesen hatten. Große Werke der Industrie warben qualifizierte Mitarbeiter an, indem sie ihnen Importwaren aus dem Westen versprachen. Ein längst unübersichtliches System von Vorteilen und Privilegien setzte sich nun gegen die allgemeingültigen Richtlinien durch. Lockerung und Krise wirkten zusammen, und das Gemeinwohl blieb im Kampf der Egoismen auf der Strecke.

Gorbatschow hatte warnend gesagt, es werde zunächst schwieriger und erst dann besser werden, aber nun sah die große Mehrheit des Volkes nicht mehr einen überzeugend gelenkten Kurs mit erreichbaren Nahzielen, sondern empfand viel stärker, was ihren Alltag prägte: das Steigen der Preise, das Wuchern der Schwarzen Märkte, die Zunahme von Verbrechen. Die Autorität der Partei verfiel. Die Geheimpolizei des KGB, immer noch eine intakte Organisation, hielt sich zurück und verbreitete weniger Furcht als jemals seit der Revolution. Der neue Parlamentarismus, dessen Debatten die Bürger zunächst fasziniert hatten, erschien den an Demokratie nicht gewöhnten Sowjetbürgern nun als Tribüne endloser Diskussionen und unfähig, endlich das Gesetz zu verabschieden, das die Versorgungslage aller verbesserte. Ein außenstehender Beobachter kann leicht darüber dozieren, daß die Instabilität eine normale Erscheinung im Prozeß so tiefer Veränderungen ist, die Staat, Gesellschaft und Wirtschaft auf eine ganz neue Grundlage stellen sollen. Die Menschen, die diese Entwicklung durchleben müssen, empfinden sie als verwirrend und schmerzhaft, wenn die erste Begeisterung des Aufbruchs abgeklungen ist.

Als Gorbatschow Generalsekretär wurde, verstand er die Probleme, die sich in der Sowjetunion aufgehäuft hatten, besser als irgendein anderer in der Führung der Partei. Aber auch er unterschätzte die Schwierigkeiten und hielt das sowjetische System für weniger brüchig, als es sich erweisen sollte. Seine Erfahrungen mit dem Nationalitätenproblem hatte er mit kleinen Bergvölkern am südlichen Rande des Gebiets Stawropol gemacht, mit Gruppen, deren Nationalgefühl Stalin durch Deportierung und andere Zwangsmaßnahmen gebrochen hatte. Natürlich wußte er von nationalen Widersprüchen und von Ausbrüchen und Protesten, die es in der Sowjetunion immer wieder gegeben hatte. Aber er und seine Berater dachten in den Kategorien rationaler Reformen, arbeiteten an Projekten der Umstrukturierung von Partei, Staats- und Wirtschaftsorganen. Daß es dabei auch zu einer Neugestaltung der Union kommen werde, in der die Macht der Zentrale und die Rechte der Republiken neu gewichtet würden, war Gorbatschow und seinen Mitarbeitern durchaus bewußt. Doch schienen Fragen der Bundesverfassung weniger dringlich als die allgemeine Verbesserung des Zustands der Sowjetunion. Erst, als sich in den Republiken wirtschaftliche Unzufriedenheit mit starken nationalen Gefühlen verband, erkannten sie, welche Spannungen die Sowjetunion auseinanderzureißen drohten.

Gorbatschow, so sagen seine Kritiker heute, hätte viel früher scharf durchgreifen und die Sowjetarmee einsetzen müssen. Aber damit hätte er auf dem Wege zur Demokratisierung gegen seine eigenen politischen Grundsätze verstoßen, und das ließ ihn bei den Unruhen in Aserbaidschan zögern, bis es fast zu spät war, die Ordnung durch das Militär wiederherstellen zu lassen. Er mag aber auch gewußt haben, daß er für eine Neuordnung der Beziehungen zwischen der Sowjetunion und ihren Republiken in der Partei und im Obersten Sowjet keine Mehrheit finden würde, solange die Krise nicht deutlich ins Bewußtsein getreten war. Gorbatschow hat in seiner Politik oft abgewartet, bis sich Entwicklungen zur Krise zuspitzten. Dann trieb er vor dem Hintergrund scheinbar unlösbarer Schwierigkeiten seine Gegner dazu, seinen Vorschlägen für eine Lösung zu folgen. Das ist eine Taktik, die ebensoviel geduldige Zähigkeit wie schnelle Entschlußkraft erfordert. Heute hofft er, Zeit zu gewinnen – in der Überzeugung, daß nicht Bürgerkrieg und Zerfall die Zukunft der Union sind, sondern daß politische und wirtschaftliche Notwendigkeiten ein neues Verhältnis zwischen den Republiken und Völkern der Sowjetunion erzwingen werden. Soviel scheint mir sicher: Wenn einer verhindern kann, daß die Sowjetunion in blutigen Aufständen und Bürgerkriegen auseinanderbricht, dann ist es Michail Gorbatschow. Und es ist klar, daß er sich trotz aller Rückschläge zutraut, mit dieser ungeheuren Aufgabe fertigzuwerden.

# Präsident

Es war ein langer Weg bis zu der machtbewußten Selbstsicherheit und zu der Erkenntnis, daß sein Land nur durch ein alles umfassendes Reformprogramm, durch eine revolutionäre Umwälzung zu retten war. Der Weg war nicht gradlinig, aber seine Stationen gewinnen im Rückblick ihre eigene Folgerichtigkeit. Zu den Grunderfahrungen des Jungen aus Priwolnoje gehörte es, daß zwischen der Wirklichkeit des Lebens und der sowjetischen Theorie ein Bruch klaffte. Er kannte die Lage der Kolchosbauern und das propagandistische Bild, das in Moskau vom sozialistischen Landleben gezeichnet wurde. An der Universität traf er auf Professoren und Studenten, die oft anders reden mußten, als sie dachten. Er entschloß sich, im Jungkommunistenverband aufzusteigen in einer Zeit, in der die Enthüllungen über die Schrekken Stalins zum erstenmal in der Sowjetunion die Legitimation der Parteiherrschaft in Frage stellten. Er setzte auf eine Erneuerung des Systems, die unter Chruschtschow begann und scheiterte, und arbeitete als ein loyaler und leistungsfähiger Funktionär in Stawropol, um in seinem Gebiet zu verbessern, was sich verbessern ließ.

Er war für Korrektheit und Effektivität, aber ihn zeichnete ein Gefühl für Gerechtigkeit und demokratischen Umgangsstil vor anderen Parteisekretären aus. Er hatte den wechselnden Direktiven der Zentrale zu folgen, die neue Projekte zerstörten, ehe sie Erfolg bringen konnten. Und er versuchte, sich falschen Anweisungen zu widersetzen, soweit ein Parteisekretär in der Provinz das vermochte. Er war einer, der selbständig nachdachte, auch wenn ihn Männer förderten, die in einer Zeit der Ziellosigkeit und Stagnation die Partei beherrschten. Niemand kann genau sagen, wann er erkannte, daß das Land tiefere Veränderungen brauchte als nur eine Modernisierung und Reinigung des Systems. Aber es spricht alles dafür, daß ihn seine Erfahrung und sein Denken spätestens 1980 zu der Einsicht gebracht hatten, nur eine tiefe und grundsätzliche Reform sei der Größe der Probleme angemessen. Seine politischen Ideen entwickelten sich unter dem Eindruck der schweren Krise, die sich in der Sowjetunion ankündigte, aber er begann auch zu sehen, daß die großen Probleme der Ökologie und des Rüstungswettlaufs nicht von einem Land allein bewältigt werden konnten, sondern daß eine neue Weltordnung und internationale Zusammenarbeit notwendig waren.

Aber der Mann, der soweit dachte, war zugleich ein Funktionär des Apparats, aufgewachsen in dem Glauben, nur aus der Partei heraus Veränderungen bewirken zu können. So zögerte er noch im ersten Jahr als Generalsekretär, seine Erkenntnisse als politisches Programm auszuformulieren. Der Parteiapparat hätte sie weder verstanden noch hingenommen.

Gorbatschow ist kein allmächtiger Herrscher und wollte es auch nicht sein. Aber er war zu dynamisch, um dem Verfall der Sowjetunion nur zu präsidieren. Seiner Natur und seinen Erfahrungen nach versuchte er, seine Politik Schritt für Schritt auf dem Wege des Kompromisses und mit wechselnden Verbündeten durchzusetzen. So brachte er – fünf Jahre nach Amtsantritt als Generalsekretär – die KPdSU dazu, auf die Herrschaft des Apparats über alle Gebiete des Lebens zu verzichten und eine Machtverschiebung zugunsten gewählter Volksvertreter hinzunehmen. Die politische Entwicklung der Sowjetunion ist für ihn ein Prozeß mit offenem Ausgang. »Ich betrachte ein Mehr-Parteien-System nicht als Tragödie, wenn es einmal entsteht und den realen Interessen der Gesellschaft entspricht«, sagte er am 15. Januar 1990. »Man braucht das Mehr-Parteien-System nicht wie der Teufel das Weihwasser zu fürchten. Man darf es aber auch nicht künstlich aufzwingen. Das Mehr-Parteien-System ist kein Allheilmittel. Am wichtigsten sind Demokratie und Glasnost. Und die reale Teilnahme des Volks an allen politischen sowie gesellschaftlichen Prozessen und Institutionen.«

Gerade weil er tief überzeugt war, daß die sowjetische Gesellschaft demokratisiert werden mußte, wenn sie wiederbelebt werden sollte, konnte er ihr den Wandel nicht in einem großen Kraftakt aufzwingen. Er hat von sich selber gesagt: »Wir werden weiter den Weg der Diskussionen gehen. Ich habe diesen Weg selbst gewählt, und mein Schicksal ist mit dieser Entscheidung verbunden.«

Er hat das Land aus scheinbarer und erzwungener Stabilität in eine Periode des Wandels geführt, in dem die Instabilität überhaupt erst den Zugang zu neuen demokratischen Strukturen eröffnet. Er sucht neue Ordnungen für eine sozialistische Gesellschaft, aber der Kommunist Michail Gorbatschow ist einen weiten Weg gegangen, wenn für ihn nicht mehr Klasseninteresse und Klassenkampf die Richtschnur sind, sondern allgemein-menschliche Werte.

So fordert er ein Neues Denken für eine Welt, in der nicht nur die Sowjetunion Krise und Umbruch erlebt. Nikolai Portugalow, ein sowjetischer Deutschland-Experte, hat Gorbatschow einmal »unseren Luther« genannt. Vielleicht wollte er nur ein Reformator sein, aber sein Neues Denken hat von bloßer Reform zu revolutionärer Wandlung geführt. Gorbatschow hat aus tiefer Überzeugung sein Land einem Prozeß ausgesetzt, den nicht nur mehr Meinungsfreiheit, sondern in zunehmendem Maße auch echte politische Freiheit der Wahl bestimmen. Aber er setzt nicht auf Veränderungen, die »die Straße« erzwingt. »Das Leben hat uns vor die Notwendigkeit gestellt, die Kräfte in den höchsten Etagen der Macht gründlich umzugruppieren. Die Mechanismen der exekutiven Macht müssen verstärkt werden, damit die Gesetze funktionieren«, rief Gorbatschow den Abgeordneten zu, als Kritiker im Obersten Sowjet die Einführung eines Präsidentenamtes als Weg in die Diktatur ablehnten.

Wer das Land aus der Krise zu neuer Ordnung führen soll, muß die Macht dazu haben. Aber er muß auch bereit sein, diese Macht durch Verfassung, Gesetze und Parlament beschränken zu lassen. Das hat Gorbatschow selbst immer wieder hervorgehoben. Aber in der Machtfülle des Amtes liegt auch die Gefahr, daß ein starker Präsident angesichts der wachsenden Krisen ungeduldig seine Exekutivmacht einsetzt und den zwangsläufig langsameren demokratischen Prozeß überrollt. Andererseits, wenn die Sowjetunion, ein Land ohne demokratische Tradition, nicht in Kämpfen der Nationalitäten verbluten und in Konflikten der Gruppeninteressen zerbrechen soll, braucht sie eine Zeit des gelenkten Übergangs, in der sich neue Strukturen entwickeln – eine von Grund auf veränderte Wirtschaftsordnung, ein parlamentarisches System politischer Parteien ebenso wie ein neues

Verhältnis zu den Republiken, die heute die Sowjetunion verlassen wollen. Niemand vermag zu sagen, wie diese Sowjetunion in fünf oder zehn Jahren aussehen wird. Gorbatschow kennt das Ausmaß der Krise und die ungeheuren Schwierigkeiten, die vor dem Lande liegen.

Am 15. März 1990 nahm er die Wahl zum ersten Präsidenten der Sowjetunion an.

# Anhang

## Michail Gorbatschow über sich selbst

Im Mai 1989 erfuhren die Sowjetbürger zum ersten und bisher einzigen Mal etwas über das Leben des Generalsekretärs der KPdSU. Seit Januar war eine Veröffentlichung wieder erschienen, die es zwischen 1919 und 1929 gegeben hatte und die über die Arbeit des Zentralkomitees der Partei berichten sollte. Sechzig Jahre lang hatte das Zentralkomitee keine ausführlichen Informationen über seine Arbeit mehr veröffentlicht, und die Wiederbegründung der *Nachrichten des Zentralkomitees der KPdSU* wurde als weiterer Schritt zu mehr Offenheit dargestellt. Das Periodikum, das in festem Bucheinband erscheint, brachte in seiner fünften Ausgabe ein für sowjetische Verhältnisse ungewöhnlich ausführliches Interview mit Michail Gorbatschow. In ihm ist alles enthalten, was die Menschen in der Sowjetunion bis heute aus offiziellen Quellen in der Presse erfahren konnten. G. R.

Die Redaktion erhält viele Briefe von Kommunisten und Parteilosen, die sich mit direkten Fragen an die Parteiführung – an Vollmitglieder und Kandidaten des Politbüros, ZK-Sekretäre und andere Mitglieder des Zentralkomitees – wenden. Die Leser der *Nachrichten des ZK der KPdSU* interessieren sich für die verschiedenen Aspekte des Tätigkeitsbereichs von Leuten der Parteiführung, für deren konkrete Beteiligung an und den persönlichen Einsatz für die Verwirklichung der Politik der Perestroika. Eine Reihe von Fragen bezieht sich auch auf das Privatleben von Mitgliedern der Parteiführung – auf ihre Familien, Arbeit und Freizeitgestaltung, Hobbys.

Besonders in letzter Zeit erhält die Redaktion viele solcher Briefe im Zusammenhang mit der Veröffentlichung von Kurzbiographien der Mitglieder der Parteiführung und des Zentralkomitees der Partei. Viele Leser begrüßen solche Veröffentlichungen zwar, äußern aber auch insofern Kritik, als sie sich genauere Angaben über den Werdegang der Mitglieder der Staats- und Parteiführung wünschen würden als nur die trockene Aufzählung von Arbeitsplatzwechseln.

So schreibt R.S. Bublik aus Leningrad: »Warum werden in den *Nachrichten des ZK der KPdSU* keine ausführlicheren Biographien über unsere Parteiführer veröffentlicht? Geschieht das aus falscher Bescheidenheit, oder ist es absichtliches Verschweigen? Nicht wohlwollend eingestellten Leuten wird so Gelegenheit gegeben, die verschiedensten Unwahrheiten zu verbreiten. Dagegen anzukämpfen, ohne über verläßliche Informationen zu verfügen, ist ein schwieriges Unterfangen.«

Auch N. F. Muchin aus Krasnoarmejsk, Moskauer Gebiet, ist dieser Meinung: »Biographische Angaben über Vollmitglieder und Kandidaten des Politbüros des ZK der KPdSU sind sehr spärlich und auch unvollständig. Wir wissen mehr über den Präsidenten der USA als über unsere eigene Führung. Daher kursieren im Volk auch viele Gerüchte und erfundene Geschichten. Es fällt mir in meiner Eigenschaft als Lektor der Gesellschaft *Snamja* bisweilen schwer, auf Fragen eine Antwort zu finden. Jemand will zum Beispiel wissen, wieviel die Mitglieder der Staats- und Parteiführung im Monat verdienen.«

Solche und ähnliche Fragen finden sich auch in den Briefen vieler anderer unserer Leser.

Unser Korrespondent L. Michailow hat daher den Generalsekretär des ZK der KPdSU und Vorsitzenden des Präsidiums des Obersten Sowjet der UdSSR, M. S. Gorbatschow, gebeten, auf Fragen der Leser zu antworten.

Korrespondent: Michail Sergejewitsch, viele unserer Leser wenden sich an Sie mit der Bitte, mehr über sich selbst und über Ihre Eltern zu erzählen.

M. S. Gorbatschow: Auch ich habe schon solche Briefe bekommen. Zuerst einmal möchte ich sagen, daß jetzt, zur Zeit der Glasnost, schon recht viel über die Tätigkeit der höheren Organe von Staat und Partei und deren Führer geschrieben wird – viel mehr, als das jemals zuvor der Fall war. Die Auftritte der Führungsmitglieder, ihre Reisen,

Treffen und Gespräche mit Werktätigen – all das hat in der Zwischenzeit seinen festen Platz im gesellschaftlichen Leben gefunden. So können sich die sowjetischen Menschen – oder zumindest die, die sich dafür interessieren – über die Arbeit der Führungsmitglieder des Landes, über deren Standpunkte zu bestimmten Fragen informieren und sich von deren politischen, beruflichen und menschlichen Qualitäten ein Bild machen.

Nun aber zu Ihrer eigentlichen Frage. Was läßt sich noch über das bereits Veröffentlichte hinaus sagen?

Ich bin in Stawropol geboren und aufgewachsen. Meine Eltern und auch meine Großeltern waren Bauern. Mein Großvater mütterlicherseits, Pantelej Jefimowitsch, war einer der Organisatoren des TOS, der Genossenschaft für die gemeinsame Bewirtschaftung des Bodens und danach der Kolchosen. Er hat viele Jahre einer solchen Kolchose vorgestanden. Mein Vater Sergej Andrejewitsch und meine Mutter Maria Pantelejewna arbeiteten ebenfalls als Bauern, zuerst auf ihrem Hof, dann in der Genossenschaft und schließlich in der Kolchose und auf der Maschinen- und Traktoren-Station (MTS). Mein Vater hat vierzig Jahre lang als Mechanisator gearbeitet. Am Großen Vaterländischen Krieg hat er als Pionier teilgenommen. Er kämpfte vor Kursk, befreite Charkow und Kiew und erhielt seine erste Medaille – »Für Tapferkeit« – für den Übergang über den Dnjepr. Kurz vor Kriegsende wurde er in der Nähe der tschechoslowakischen Stadt Košice verwundet und nach Krakau in ein Lazarett gebracht. Im Krieg trat er der Partei bei. Er wurde mit militärischen Orden ausgezeichnet. Seine Landsleute schätzten ihn als einen arbeitsamen, bescheidenen und verständnisvollen Menschen. Ich bin stolz auf meinen Vater.

So wie alle Bauernkinder mußte auch ich früh mit anpacken. Mit dreizehn habe ich bereits regelmäßig in der Kolchose gearbeitet, mit fünfzehn wurde ich Mähdrescherfahrer-Gehilfe. Insgesamt habe ich fünf Jahre auf der Maschinen- und Traktoren-Station gearbeitet, gleichzeitig bin ich zur Schule gegangen.

Die Atmosphäre und überhaupt die ganze Lebensweise einer Bauernfamilie, das gemeinsame Arbeiten mit den Älteren schon in jungen

Jahren, all das hat unweigerlich Charakter und Lebenseinstellung geprägt. Die Schule habe ich erfolgreich beendet, und 1950 begann ich mein Studium an der juristischen Fakultät der Moskauer Staatlichen Universität.

Während meines fünfjährigen Studiums habe ich aktiv beim Komsomol mitgearbeitet, 1952 bin ich der KPdSU beigetreten. Ich bin der Moskauer Universität – den Lehrern, den Partei- und Komsomolorganisationen und meinen Studienkollegen (mit vielen von ihnen habe ich bis heute Kontakt) – dankbar für die Wissensvermittlung, die Freundschaft und Kameradschaft. Es waren wunderbare Jahre, ohne die sich mein weiterer Lebenslauf nicht vorstellen ließe.

Korrespondent: Michail Sergejewitsch, könnten Sie bitte etwas mehr von Ihrer eigenen Familie erzählen. Seit wann gibt es sie, und was bedeutet sie Ihnen?

M. S. Gorbatschow: Ich habe Raissa Maximowna während meines Studiums kennengelernt. Sie wurde in der sibirischen Stadt Rubzowsk in der Altaier Region geboren. Ihre Eltern arbeiteten bei der Eisenbahn. Sie beendete die Schule mit Auszeichnung und begann dann an der philosophischen Fakultät der Moskauer Staatlichen Universität zu studieren. Wir haben uns 1951 kennengelernt und 1953 geheiratet, seither leben wir zusammen.

Nach Abschluß des Studiums haben wir in Stawropol, meiner Heimat, zu arbeiten begonnen. Es hat sich dann aber so ergeben, daß ich nicht lange in meinem erlernten Beruf tätig war. Man berief mich in den Komsomol. Und seither bin ich im Komsomol und der Partei tätig. Viele Jahre habe ich im Gebiets-Parteikomitee gearbeitet, neun Jahre davon als Erster Sekretär. Auch das waren entscheidende und wichtige Jahre meines Lebens.

Da ich viel mit der Landwirtschaft zu tun hatte, habe ich noch ein Fernstudium an der ökonomischen Fakultät des Instituts für Landwirtschaft absolviert, was sich als gute Ergänzung zu meiner juristischen Ausbildung erwiesen hat.

Raissa Maximowna hat an verschiedenen Hochschulen gearbeitet.

Sie schrieb eine Dissertation über das Leben der Kolchosbauern und wurde Dozentin. Insgesamt hat sie mehr als zwanzig Jahre lang Philosophie unterrichtet. Sie war Mitarbeiterin der Gesellschaft *Snamja*. (Gesellschaft für Volksbildung, G. R.) In Stawropol wurde unsere Tochter Irina geboren. Dort wuchs sie auch auf, studierte und heiratete. Sie und ihr Mann sind Ärzte. Irina hat promoviert, sie ist Assistentin am medizinischen Institut. Anatolij, ihr Mann, ist Dozent, seit neun Jahren arbeitet er als Chirurg an einem Moskauer städtischen Krankenhaus. Promoviert hat er über Gefäßchirurgie. In Moskau hat unsere Familie Zuwachs bekommen: Wir haben zwei Enkelkinder, Xenia und Anastasia.

Raissa Maximowna leistet nun gesellschaftliche Arbeit und erfüllt die protokollarischen Aufgaben der Frau des Vorsitzenden des Präsidiums des Obersten Sowjet der UdSSR. Dabei muß ich sagen, daß meine jetzigen Verpflichtungen nicht nur mich, sondern die ganze Familie voll beanspruchen. Und ich weiß das Verständnis, die Unterstützung und Hilfe von Raissa Maximowna und der übrigen Familie zu schätzen.

Korrespondent: Michail Sergejewitsch, in den Briefen an unsere Zeitschrift gibt es Fragen, wie sich Ihr Tagesablauf gestaltet, wie Ihr Arbeitstag aussieht. Die Leser möchten auch etwas über Ihren Alltag und Ihr Einkommen, Honorare etc. wissen. Könnten Sie diese Fragen beantworten?

M. S. Gorbatschow: Wenn die Leser diese Fragen interessieren, dann müssen sie auch beantwortet werden. Zu meinem Arbeitsregime – das ist eine schwierige Frage. Mein Arbeitstag wird bestimmt durch die Zeit, in der wir leben, durch die Aufgaben, die die Gesellschaft heute zu lösen hat, und natürlich durch die Verpflichtungen, die einem Staats- und Parteichef auferlegt sind. Bis auf die wenigen Stunden, in denen ich schlafe, komme ich von der Arbeit praktisch nicht los. Dabei ist es gleich, ob ich gerade im ZK, im Präsidium des Obersten Sowjet oder zu Hause bin. Und ich brauche wohl nicht zu betonen, daß einen selbst im Urlaub die Arbeit nicht losläßt.

Nun zu meinem Einkommen. Wie alle anderen Politbüro-Mitglieder auch, bekomme ich, unabhängig vom Posten, den ich bekleide, zwölfhundert Rubel im Monat. Kandidaten des Politbüros verdienen elfhundert, ZK-Sekretäre tausend Rubel. Alle Honorare, die ich für Veröffentlichungen, Vorträge, Ansprachen, Reden bekomme, gehen in die Parteikasse.

Insbesondere möchte ich etwas über die Honorare für das Buch *Perestroika und das Neue Denken* sagen, da dieses Buch auf die Bitte eines amerikanischen Verlages hin geschrieben wurde und in mehr als hundert Ländern in ziemlich großer Auflage – über zwei Millionen Exemplare – erschienen ist. Die Honorare dafür habe ich an die Partei und an gesellschaftliche Organisationen überwiesen: an den Fonds für die Erdbebenopfer in Armenien und Tadschikistan, an den sowjetischen Kulturfonds – für die Errichtung des Denkmals »Wassilij Tjorkin« – und für einen neuen Kinderspielplatz in Moskau. Zu den Wohnverhältnissen. Wir haben eine Stadtwohnung. Je nach der Art ihrer Funktion werden den Führungsmitgliedern des Landes staatliche Datschen zur Verfügung gestellt. Weder ich noch die Mitglieder meiner Familie haben jemals irgendwo eine eigene Datscha besessen. In der Datscha für den Generalsekretär des ZK der KPdSU und Vorsitzenden des Präsidiums des Obersten Sowjet der UdSSR gibt es die für die Erfüllung seiner Verpflichtungen notwendigen Einrichtungen wie Räumlichkeiten für die Abhaltung von Sitzungen des Politbüros und des Präsidiums des Obersten Sowjet der UdSSR – sofern dafür die Notwendigkeit besteht – sowie für Treffen mit anderen Staatschefs. Es gibt dort ein Arbeitszimmer und eine Bibliothek sowie eine Kommunikationszentrale mit modernster Ausrüstung. Es gibt technische Einrichtungen, die für die Ausübung der Funktion des Vorsitzenden des Verteidigungsrates des Landes notwendig sind. Ein Teil der Räume ist der persönlichen Nutzung durch die Familie vorbehalten.

Das ZK und die Regierung verfügen darüber hinaus über Gebäude, die für den Empfang hoher ausländischer Gäste und für andere Repräsentationszwecke genutzt werden.

Es wurde jetzt für möglich befunden, einen Teil der staatlichen Villen und Datschen, etwa auf der Krim und an der Küste des Schwarzen Meeres, an Gesundheitsorganisationen als Erholungsort für Kinder und Veteranen sowie kulturelle Vereinigungen und andere Institutionen zu übergeben.

Was die mir zur Verfügung stehenden Transportmittel betrifft, so sind auch diese durch meine Verpflichtungen bedingt. Ich werde Ihnen ein Beispiel erzählen. Nach meinem Auftritt bei der UNO in New York fuhr ich zum Treffen mit Präsident Reagan und danach mit dem damaligen Vize-Präsidenten Bush nach Governor's Island. Wir fuhren in seinem Wagen. In einem unserer Wagen befand sich die mobile Nachrichtenzentrale. Während wir mit den Wagen auf der Fähre zur Insel übersetzten, kam ein Anruf aus Moskau. Nikolai Iwanowitsch Ryschkow rief an und informierte mich über die Tragödie in Armenien. Wir vereinbarten sofort die Schaffung einer Kommission des Politbüros und die Durchführung von Notstandsmaßnahmen. Diese technische Einrichtung ermöglicht es mir, mich jederzeit und von jedem Ort aus mit jedem beliebigen Teil des Landes, mit sowjetischen Vertretungen im Ausland und mit Staatschefs anderer Länder in Verbindung zu setzen.

Korrespondent: Michail Sergejewitsch, was tun Sie besonders gerne, wenn Sie einmal etwas Freizeit haben? Diese Frage findet sich oft in den Briefen unserer Leser.

M. S. Gorbatschow: Meine wenigen freien Stunden versuche ich voll auszunutzen. Ich habe die verschiedensten Interessen: Literatur, Theater, Musik, Kino. Meine Lieblingsbeschäftigung in der Freizeit sind Waldspaziergänge. Aber leider finde ich dazu immer weniger und weniger Zeit.

Korrespondent: Michail Sergejewitsch, ich möchte mich im Namen der Leser für das bedanken, was Sie gesagt haben. Ich hoffe, daß Sie auch in Zukunft bereit sein werden, auf andere Fragen unserer Leser zu antworten.

M. S. Gorbatschow: Ich meine, daß es noch mehr solche Gespräche geben kann. Ich möchte die Gelegenheit nutzen und den Lesern der *Nachrichten des ZK der KPdSU* alles Gute für ihr persönliches Leben und Erfolg bei der Arbeit in diesem nicht leichten, aber dafür sehr interessanten Abschnitt unserer Geschichte wünschen.

# Bibliographische Notiz

Ich habe vielen sowjetischen Kollegen zu danken, die mich in Veröffentlichungen und privaten Gesprächen auf Zusammenhänge und Informationsquellen hingewiesen haben. Für die Vorgeschichte der Kollektivierung lernte ich viel aus dem Buch *Augenzeuge im Staate Lenins. Ein Korrespondent berichtet aus Moskau 1921–1930* von Paul Scheffer (München 1972). Über die Zeit bis zu Stalins Tod informierte ich mich hauptsächlich in Merle Fainsods *Wie Rußland regiert wird* (Köln 1965).

Besonders wichtig für den Gesamtüberblick über Umgestaltungsprozesse war für mich *Die Sowjetunion im Umbruch* von Boris Meissner (Stuttgart 1988), der die Entwicklungsgeschichte der Perestroika mit großem Verständnis für ihre politischen und staatsrechtlichen Probleme detailliert darstellt.

Christian Schmidt-Häuer und Maria Huber, deren Buch *Michail Gorbatschow* (München 1985) zum erstenmal die damals bekannten Informationen über Gorbatschow in einen politischen Zusammenhang brachte, verdanke ich besonders die Information über Raissa Gorbatschowas Dissertation.

Wolfgang Fritz Haugs anspruchsvolles analytisches Buch *Gorbatschow. Versuch über den Zusammenhang seiner Gedanken* (Hamburg 1989) fand ich besonders anregend.

Für die Beschreibungen der Jahre, in denen ich nicht in Moskau war und für die Analyse innerparteilicher Machtverschiebungen haben mir die Berichte des Bundesinstituts für ostwissenschaftliche und internationale Studien viele Informationen geliefert. Die regelmäßige und detaillierte Beschreibung der Hintergründe sowjetischer Entwicklungen stellt ein in der Welt unübertroffenes Arbeitsmaterial dar, das regelmäßig in Jahrbüchern über die Sowjetunion (Hanser Verlag, München) zusammengefaßt und einer breiteren Öffentlichkeit zugänglich gemacht wird.

Das Heinrich-Böll-Zitat über Sacharow stammt aus dem Sammelband *Für Sacharow*, herausgegeben von Alexander Babjonyschew und Lew Kopelew (München 1981).

Das Buch, nach dessen Veröffentlichung Kollegen in Moskau Schwierigkeiten für mich erwarteten, weil es auf die Krise der Sowjetgesellschaft und das Unabhängigkeitsstreben in Osteuropa hinwies, erschien unter dem Titel *Zwischen Washington und Moskau. Europa in der Konfrontation der Supermächte* 1984 bei S. Fischer in Frankfurt am Main.

# Namenregister

## Bildnachweis

Abbildung 8 © Sipa Press
Abbildungen 14, 46, 47 © Gosteleradio
Abbildung 15 © Blanche/Gamma
Abbildungen 27, 28, 34, 35, 36, 37, 38, 39, 48, 54 © TASS
Abbildung 29 © ADN-ZB
Abbildung 40 © Reuters/Bettmann Newsphotos
Abbildung 41 © The Associated Press
Abbildungen 42, 43, 44, 45, 49, 50, 51, 52, 53 © DPA

Die übrigen Abbildungen stammen aus Privatbesitz.